아동심리학

장 휘 숙

博英社

머 리 말

아동심리학 분야의 학문적 흐름을 새롭게 정리하고 우리 아이들의 건강한 발달을 생각하면서 『아동심리학』을 저술하였다. 세월의 깊이만큼 저자의 학문연구도 깊이를 더하였고, 더 본질적이고 체계적 시각에서 아동의 심리를 조망할 수 있어 자신 있게 이 책을 마무리할 수 있었다. 우리는 자주 요즈음 아이들이 문제가 많다고 한다. 때로 젊은 부모들의 자녀양육 방식에 문제가 있다고 이야기하기도 하고 아이들이 지나치게 자기중심적이고 통제력이 부족하다는 이야기도 한다. 우리는 지금과는 다른 세상을 살아갈 아동들을 위해 어떤 심리적 특성을 중요시하고 그들을 위해 어떤 노력을 해야 하는가? 혹시 한 세대 전의 진부한 가치관을 바탕으로 아동을 훈육하고 있지는 않은가? 이 책은 선진국으로 도약하고 있는 지금의 우리 사회에서 이러한 문제에 대한 해답을 얻기 위한 노력의 결실이라고 할 수 있다.

거의 30년 가까운 세월 동안 아동심리학을 강의해오면서 학문적 발전은 물론 실제적인 아동양육에 도움을 줄 수 있는 책을 저술하고 싶었다. 2001년에 저자의 『아동발달』이 출판되기는 하였지만, 이후 많은 새로운 연구들이 이루어졌고 아동심리학의 새로운 측면들이 부각되기도 하였으므로 저자는 새로운 저술을 시도하지 않을 수 없었다. 최근 진화심리학과 역동적 체계조망이 새롭게 등장하였고, 영아의 지각능력과 운동발달에 관한 새로운 연구와 이론, 피아제 연구를 비판하는 다양한 신피아제 연구들과 정보처리적 조망에서의 새로운 연구결과들, 유전과 환경의 상호작용에 관한 새로운 해석 그리고 맥락의 영향으로 컴퓨터와 인터넷의 역할 등이 새롭게 부각되고 있다.

이러한 학문적 변화를 반영한 이번 아동심리학은 5부 12장으로 구성되어 있다.

우선 2개의 장을 포함하는 제1부는 아동심리학의 학문적 특성으로 아동심리학의 기초와 이론적 조망을 기술하고, 4개의 장을 포함하는 제2부는 발달의 기저로서 유전과 환경, 태내기 발달과 출산, 신체·운동·감각 및 지각능력의 발달을 설명함으로써 인간발달의 기초에 관한 풍부한 정보를 얻을 수 있도록 하였다. 제3부는 다양한 인지발달이론과 언어발달 및 창의성발달을 설명하는 2개의 장으로 구성되고, 제4부는 기질, 애착, 정서, 자기 및 타인에 대한 이해와 성역할 발달 및 도덕성과 자기통제의 발달을 설명하는 3개의 장을 포함함으로써 아동의 다양한 특성들의 발달이 체계적으로 설명될 수 있도록 하였다. 또한 1개의 장을 포함하는 제5부는 가족, 또래 및 대중매체의 영향을 설명하고, 특히 컴퓨터나 인터넷의 영향을 함께 고찰함으로써 맥락이 아동의 발달에 미치는 영향을 심도 있게 논의하였다.

저술과정에서 건강에 이상이 생겨 병원을 오가면서도 최신의 자료를 수집·정리하고 그것을 이해하기 쉬운 문장으로 일관성 있게 기술하려고 노력한 결과로 이 책을 출판할 수 있었다. 전 생애에서 아동기는 청년기와 성인기 이해를 위한 기초이므로 심리학에 관심을 갖는 모든 독자들에게 이 책은 인생초기의 심리적 세계에 관한 풍부한 지식을 제공해줄 수 있을 것이다. 특히 아동심리학을 전공하는 학생들과 이 분야의 전문가들은 물론 아동을 양육하는 부모를 포함하여 아동의 건강한 발달을 위해 노력하는 모든 사람들에게 이 책은 큰 도움이 될 수 있을 것으로 기대한다.

학교 캠퍼스가 점차 고운 색깔로 물들어가던 2009년 가을에 시작하여 2010년 초여름 태양이 뜨거운 어느 날 저술작업을 완료하면서, 이 책의 출판을 도와주신 모든 분들께 감사함을 느끼지 않을 수 없었다. 지난 25년 가까운 세월 동안 한결같이 저자의 책을 출판해주신 박영사의 안종만 회장님과 마찬옥 부장님, 디자인실의 이선주 과장님께 심심한 사의를 표한다. 또한 편안한 마음으로 저술에 전념할 수 있도록 도와준 가족과 충남대학교 심리학과의 모든 교수님들, 학생들, 특히 자료를 찾아주고 교정을 도와준 발달심리학 전공의 대학원생인 김나연 양에게도 고마움을 표하고 싶다.

2010년 6월   저   자

목   차

○○○ 제1부 아동심리학의 학문적 특성 ○○○

⊙⊙⊙ 제 2 부 발달의 기저 ⊙⊙⊙

제 3 장 유전과 환경의 영향

제 6 장　인생초기의 발달: 운동발달과 감각 및 지각능력의 발달

제 3 부   인지발달

◟◠◟ 제 4 부　사회적 발달 ◝◠◝

제 9 장　기질, 애착 및 정서의 발달

⌒⌒⌒ 제5부 발달의 맥락 ⌒⌒⌒

제12장 가족맥락과 또래관계 및 대중매체의 영향

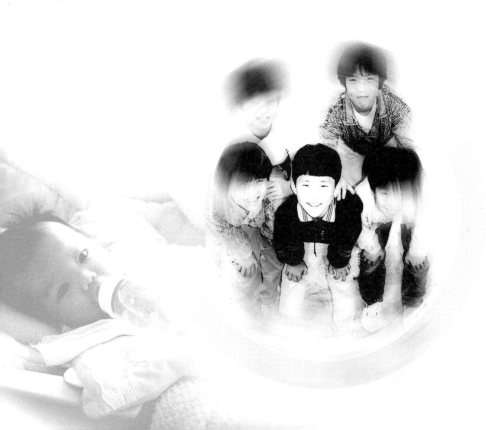

1부

아동심리학의 학문적 특성

[1부] 아동심리학의 학문적 특성

아동의 발달과정은 현재와 미래의 인생목표를 설정하기 위하여

그리고 우리 자신의 발달을 이해하기 위해 자세히 연구될 필요가 있다.

우리는 모두 아동기를 거쳐왔을 뿐 아니라

자라나는 세대의 바람직한 성장과 발달을 위해 아동의 행동을 관찰하고 기술하고

그리고 설명해야만 한다.

제1부에서는 아동심리학의 학문적 특성을 검토하기 위해

제1장에서 아동심리학의 기초를 설명하고

제2장에서 아동심리학의 이론적 조망을 고찰한다.

제1부를 통하여 우리가 왜 아동의 발달에 관심을 갖고 어떤 이론적 관점에서

아동을 이해하며 연구해야 하는지에 대한 통찰을 얻을 수 있을 것이다.

[1부] 아동심리학의 학문적 특성

제1장 아동심리학의 기초

제 1 장

...아동심리학의 기초...

심리학의 중심주제는 임신부터 청년기 이전까지 인간성장의 모든 측면과 변화를 이해하는 것이다. 전생애 동안 이루어지는 인간발달 단계의 초기 단계로서 아동기에 관한 연구는 복잡한 인간 행동의 기본규칙이나 원칙을 이해할 수 있도록 하므로 정상적 아동은 물론 비정상적 아동에 대한 이해를 가능하게 한다. 아동심리학자들이 관심갖는 분야는 매우 다양하지만, 그들의 목적은 인생초기의 극적 변화에 영향을 주는 요인들을 기술하고 설명하려고 한다. 이 장에서는 아동심리학의 기초로서 먼저 발달적 변화의 기초를 설명하고 아동연구의 역사와 연구방법을 차례로 검토한다.

I. 발달적 변화의 기초

발달(development)이란 변화를 의미한다. 그러나 모든 변화가 발달적 변화를 의미하는 것은 아니며, 체계적이고 영속적이며 진행적이고 누적적일 때만 발달적 변화로 간주한다. 발달적 변화는 그림 1-1과 같이 생물학적 과정과 인지적 과정 및 사회정서적 과정의 상호작용에 의해 이루어진다. 우선 생물학적 과정에 의해 개인의 신체에서 변화가 일어나고 인지과정에 의해 사고와 언어가 발달하며 사회정서적 과정에 의해 타인과의 관계, 정서, 성격에서 변화가 일어난다.

1. 발달단계

아동은 연령에 따라 변화를 나타내므로 이 분야의 연구자들은 다음과 같이 네 개의 단계로 구분하여 아동을 연구한다. 그러므로 아동심리학은 각 연령단계에서의 생물학적 변화와 인지적 변화 및 사회정서적 변화를 연구하는 학문으로 정의될 수 있다.

① 태내기: 임신부터 출생까지의 시기로서 9개월의 기간에 해당한다. 이 시기 동안 단세포인 유기체는 주위 환경에 적응하는 놀라운 능력을 지닌 인간 아기로 성장한다. 이 시기의 아기를 태아라고 명명한다.

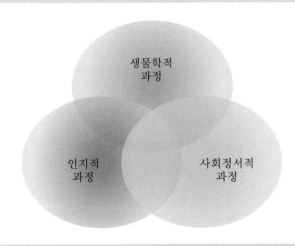

그림 1-1 ┃ 발달적 변화

출처: Santrock, 2009 참조.

② 영아기: 출생부터 2년까지로 이 시기의 아기는 영아로 명명된다. 이 시기 동안 신체발달에서 그리고 운동, 지각 및 지적 능력의 출현을 지원하는 대뇌 발달에서 극적 변화가 일어나며 언어발달이 시작된다. 또한 타인과 최초의 친밀한 유대가 형성되고 2세경에는 부모에 대한 의존에서 자율로 이동하는 최초의 독립적 행위가 나타난다.

③ 유아기: 2세부터 6세까지 기간에 해당하는 이 시기의 아동은 유아로 명명된다. 신체는 더 길어지고 가늘어지며 운동기술은 세련된다. 자기통제력의 증가와 함께 이 시기에 빈번하게 나타나는 가상놀이(make-believe play)는 아동의 심리적 발달을 지원한다. 또한 사고와 언어가 놀라운 속도로 확장되고 도덕성의 발달이 시작되며 또래와의 유대가 형성된다.

④ 아동기: 6세부터 11-12세까지의 초등학교 시기에 해당되며 그들의 전형적인 명칭은 아동이다. 이 시기 동안 운동능력이 개선되고 아동은 규칙을 포함하는 조직화된 게임에 참여하며 보다 넓은 세상에 대해 학습한다. 읽고 쓰는 능력의 발달과 함께 논리적인 사고가 가능해진다. 특히 자기관련적 개념과 도덕성 그리고 우정에 대한 이해의 발달은 이 시기의 특징적인 이정표를 형성한다.

2. 발달과업

발달과업(developmental task)이란 허비거스트(Havighurst, 1972)에 의해 제안된 개념으로 개인이 각 발달단계에서 환경에 적응하기 위하여 반드시 성취해야 하는 기술이나 적응을 의미한다. 허비거스트는 일생 동안의 발달과정에서 특정한 기술을 획득하고 적응을 성취해야만 하는 시기가 있다고 가정하였다. 만약 아동이 적절한 시기에 특정 과업을 성공적으로 수행하면 다음 시기의 성공을 위한 기초를 마련하지만, 그렇지 못하면 후속되는 과업의 수행에서 어려움을 느끼고 부적응과 불행을 경험할 수 있다고 제안하였다.

그는 일생을 여섯 개의 발달단계로 구분하고 각 단계별 과업을 제시하였으나, 여기서는 영아기와 유아기 및 아동기의 발달과업만을 소개한다.

제1부 아동심리학의 학문적 특성

1) 영아기와 유아기의 발달과업

① 보행을 연습한다.

② 고형의 음식물을 먹는 것을 학습한다.

③ 말하기를 학습한다.

④ 배설통제를 학습한다.

⑤ 성차를 알고 성예절을 학습한다.

⑥ 생리적 안정을 유지한다.

⑦ 사회적, 물리적 세계에 대한 단순개념을 형성한다.

⑧ 부모, 형제자매 그리고 다른 사람과 정서적 관계를 맺는 것을 학습한다.

⑨ 옳고 그름을 판단하는 것을 배우며 양심이 발달한다.

2) 아동기의 발달과업

① 놀이에 필요한 신체기술을 습득한다.

② 성장하는 유기체로서 자기 자신에 대한 건전한 태도를 형성한다.

③ 또래친구와 사귀는 방법을 배운다.

④ 적절한 성역할을 학습한다.

⑤ 읽기, 쓰기, 셈하기의 기본기술을 익힌다.

⑥ 일상생활에 필요한 개념을 학습한다.

⑦ 양심, 도덕, 가치체계가 발달한다.

⑧ 사회집단과 제도에 대한 태도가 발달한다.

3. 발달의 기본문제

아동심리학자들은 아동의 생물학적, 인지적 그리고 사회정서적 발달과정을 연구하고 있음에도 불구하고 항상 논쟁을 불러일으키는 기본적인 두 가지 문제에 봉착한다. 즉 천성 대 양육과 연속성 대 불연속성의 문제로서 그것은 아동심리학의 영역뿐 아니라 인간발달 전체에 적용되는 문제들이기도 하다.

1) 천성 대 양육

아동심리학 연구에서 가장 기본적이고 오래된 문제는 천성(nature)과 양육(nurture)의 문제이다. 그것은 개인의 행동이나 발달이 선천적, 생물학적 요인에 의해 이루어지는지 아니면 환경적, 양육적 요인에 의해 이루어지는지의 문제이다. 이 논쟁은 극단적인 환경론을 주장한 로크(John Locke)와 개인의 선천적, 생득적 요소를 중요시한 루소(Jean Jacques Rousseau)에서 시작된다. 로크의 극단적 환경모델은 이후에 왓슨과 후속적 학습이론가들의 이론적 기초를 형성한 반면, 루소의 생득적 모델은 홀과 게젤이론의 기초가 되었다.

현대에서의 천성과 양육 논쟁은 심리학 초기의 논쟁보다 질적으로 훨씬 더 복잡하다. 이제 단순히 천성이냐 양육이냐의 양자택일의 문제가 아니라 얼마나 많은 천성과 얼마나 많은 양육 요인들이 발달의 각 영역에 영향을 주는지를 논쟁한다. 소위 천성과 양육이 어떻게 상호작용하는지가 논쟁의 핵심주제가 되고 있다.

이 책에서 설명하고 있는 거의 모든 주제와 관련된 천성 대 양육의 문제는 때로 유전 대 환경, 성숙 대 학습 혹은 선천적 능력 대 학습된 기술과 같은 서로 다른 명칭으로 사용되기도 한다. 명칭이 어떠하든 모두가 천성과 양육의 문제를 의미한다는 것을 인식할 필요가 있다.

2) 연속성 대 불연속성

두 번째 문제는 연속성 대 불연속성의 문제로서 발달이 연속적으로 이루어지는지 아니면 변화가 없는 기간과 갑작스러운 변화가 교차하는 불연속적 방식으로 이루어지는지가 또 다른 논쟁적 주제이다. 이 문제는 발달의 패턴과 발달의 연결성 측면에서 자주 논의된다. 여기서 발달의 패턴이란 발달이 비교적 일정한 속도로 이루어져서 새로운 능력과 기술이 점차적으로 덧붙여지는지 아니면 변화가 거의 없는 기간과 갑작스럽고 빠른 변화의 기간이 교대하면서 발달적 변화가 이루어지는지의 문제이다. 대조적으로 발달의 연결성은 초기발달은 후기발달을 예언하는지 아니면 초기발달과 후기발달은 비교적 독립적으로 이루어

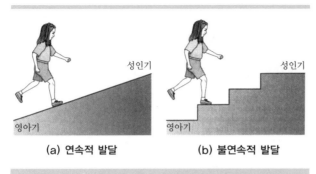

(a) 연속적 발달   (b) 불연속적 발달

그림 1-2 │ 발달의 연속성과 불연속성

지는지의 문제에 해당한다.

만약 청소년과 성인들이 나타내는 많은 행동과 능력들이 초기발달로 거슬러올라감으로써 더 잘 이해될 수 있다고 주장하는 사람들이 있다면 그는 연속성 이론가인 반면, 초기행동과는 상관없다고 주장하는 사람들은 불연속성이론가들이다. 발달의 연속성을 믿는 이론가들은 그림 1-2a와 같이 인간발달은 갑작스러운 변화없이 점진적으로 이루어지며 초기단계의 성취가 후기의 발달에 전이된다고 믿는다. 특히 프로이트 이론의 영향을 받은 연구자들은 초기경험이 후기경험보다 더 중요하다고 지각함으로써 대표적인 연속성이론가로 분류된다.

그러나 발달의 불연속성을 수용하는 이론가들은 발달은 질적 변화를 거듭하면서 새롭고 진보된 발달단계로 진행된다고 가정하고 초기의 발달과 후기의 발달은 연결되어 있지 않다고 믿는다. 발달단계의 개념을 중요시하는 불연속성 모델은 발달단계를 발달의 특정시기를 규정짓는 사고, 감정, 행동 등에서의 질적 변화들이라고 정의하고 그림 1-2b처럼 계단을 올라가는 것과 같이 진행된다고 주장한다. 이 모델에 의하면, 아동은 한 단계에서 다음 단계로 올라갈 때 빠른 변화를 경험한다.

결론적으로 연속성 모델은 양적 변화를 강조하고 발달에 미치는 환경적 영향을 중요시하는 반면, 불연속성 모델은 질적 변화를 강조하고 발달은 내적·생물학적 요인들에 의해 주로 이루어진다고 믿는다. 그러나 발달은 전적으로 연속적으로 일어나는 것도 아니고 전적으로 불연속적으로 일어나는 것도 아니다. 어느 편을 지지하든, 발달의 연속적 측면은 연속적 모델에 의해 그리고 불연속적 측면은 불연속적 모델에 의해 더 정확하게 기술될 수 있다.

II. 아동심리학의 역사

아동의 지위는 시대에 따라 변화되어 왔다. 아동기를 특별하고 중요한 인생의 한 단계로서 그리고 아동을 취약하고 관심과 보살핌을 필요로 하는 존재로 인식하기 시작한 것은 인간의 오랜 역사와 비교해볼 때 극히 최근의 일이다.

1. 고대와 중세의 아동

고대인들은 아동을 성인과 다른 존재로 생각하지도 않았고 그들에게 특별한 관심을 기울이지도 않았다. 아동은 부모의 소중한 존재가 아니었으며 단지 경제적 가치로서 인식되었기 때문에 자주 매질을 당하였다. 12세기까지 영아살해는 범죄행위로 인식되지도 않았다.

고대의 철학자들도 아동의 발달에 관심을 갖지 않았지만, 예외적으로 플라톤은 그의 저서 「공화국」(The Republic)에서 적성에 따라 아동을 훈련해야 한다고 역설하고 아동훈련을 위한 국가차원의 전담기구 설립을 제안하였다. 아리스토텔레스 역시 아동들은 각자 서로 다른 잠재능력을 지니고 있다고 주장하고 국가보다는 개별적인 가정에서 아동의 잠재능력 훈련에 관심을 가져야 한다는 선각자적 주장을 하기도 하였다.

그러나 중세에 들어오면서 아동에 대한 생각은 오히려 더 퇴보하는 양상을 나타내었다. 중세의 아동들은 작은 성인(miniature adults)으로 취급되었고 그림 1-3과 같이 단지 크기만 작은 성인의 의복을 입었다. 영아 사망률이 매우 높았기 때문에 부모들은 언제 사망할지 모르는 아기에게 강한 애착을 보이지 않았고 아기의 양육에 몰두하지도 않았다.

중세유럽의 아동들은 작은 성인으로 취급되고 크기만 작은 성인의 의복을 입었다.

그림 1-3 │ 중세의 아동

인간은 원죄*(original sin)를 지고 태어난다는 중세의 사고는 아동을 악한 존재로 인식하게 하였으므로 이 시대의 부모들은 2세경에 이유(離乳)가 이루어진 다음부터, 유아에게 거칠고 가혹한 훈육을 실시하였다. 영아기나 아동기의 개념 정의가 분명하지 않았던 중세기 동안, 이유가 이루어지면 아동은 작은 성인의 대우를 받았고 부모나 사회로부터 특별한 양육이나 보살핌을 받지 못하였다.

2세와 7세 사이에 대부분의 중세 유아들은 가정에서, 남아는 남성에게 적합한 일을 그리고 여아는 여성에게 적합한 일을 수행하였다. 3, 4세 이후부터 유아들은 성인들과 함께 도박하고 술을 마셨으며 성적인 이야기나 유머를 서로 나눌 수 있었다. 심지어 유아들은 성인의 성적 행위도 자유롭게 관찰할 수 있는 형편이었다.

7세경에 이르면 대부분의 아동들은 성인의 활동을 수행하였다. 소녀들은 청소, 바느질, 요리, 세탁 및 동생 돌보기와 같은 여성의 일을 배우고 행하였으며, 소년들은 보통 도제가 되어 각종 기술을 익혔다. 어떤 소년들은 일거리를 따라 집을 떠나 여행하는 경우도 있었다.

산업화되지 못한 사회에서는 오늘날에도 비교적 어린 연령에서 성인식

*원죄: 최초의 인간인 아담이 하나님의 명을 거역한 죄(아담의 자손인 모든 인간들은 그 죄를 지고 태어났다고 함).

(initiation rites)을 치름으로써 아동에게 성인의 지위를 부여한다. 사회마다 다소 차이가 있기는 하지만, 성인식은 7세부터 15세 사이에 치러진다. 성인식은 아동의 인내심이나 용기, 혹은 그 사회가 요구하는 관습, 법률 그리고 특별한 지식의 획득 여부를 테스트한다. 따라서 아동기의 존재 여부는 그 사회의 문명 정도를 가늠할 수 있는 지표라고 해도 과언이 아니다.

2. 17세기 이후의 아동—과학적 연구의 시작

17세기 이전까지 아동은 특별한 처치를 필요로 하는 존재로 생각되지 않았기 때문에, 아동기는 분리된 하나의 발달단계로 인식되지 않았다. 그러나 14세기와 15세기의 르네상스 동안 그리스와 로마시대의 철학에 대한 관심이 되살아났고 인간생활에서의 자유와 존엄, 그리고 순수성을 중요시하게 됨으로써 아동에 대한 중세기적 사고방식은 점차적으로 변화하기 시작하였다. 또한 인쇄기술의 발달은 이와 같은 변화된 사고를 빠른 속도로 유럽 전역으로 전파시켰다.

이제 아동은 천진난만하고 순수하게 태어난다고 생각되었으므로 비도덕적이거나 지각 없는 성인들의 유혹에 저항할 힘이 없는 존재로 인식되기 시작하였다. 이러한 생각은 아동에 대한 관심을 불러일으켰고 아동기를 하나의 독립된 발달단계로서 중요시하게 되었다. 1600년경에도 아동은 여전히 가족의 경제적 소유물로 인식되기는 하였지만, 그들은 성인과는 다른 옷을 입기 시작하였고 이제 더 이상 성인활동에 참여하지 않게 되었다. 아동이 훌륭한 근로자가 될 수 있도록 훈육의 중요성이 강조되면서 도덕적, 윤리적 가치관을 가르치기 위한 기관으로 학교와 같은 교육기관의 필요성이 강조되었다.

이 시대의 많은 철학자와 교육학자들은 아동기에 관한 관심을 불러일으키는 데 기여하였다. 특히 토머스 홉스(Thomas Hobbes)와 장 자크 루소(Jean Jacques Rousseau)는 아동기에 대한 사람들의 관심과 함께 인간의 본성이 선(善)한가 악(惡)한가의 논쟁을 불러일으켰다. 홉스는, 아동은 태어날 때부터 악한 존재이기 때문에 그들의 이기적, 공격적 충동을 통제하기 위해서는 사회의 역할이 중요하다고 주장하였다. 반면 루소는, 아동은 날 때부터 선하고 옳고 그름에 대한 직관적 이해를 지니고 있으므로 사회가 그들의 자연적 경향성을 방해하지 않는 한 긍정적 방향으로 발달한다는 입장을 취하였다. 루소는 그의 저서 「에밀」(Emile, 1762)에서 최상의 학습방법은 아동 자신의 속도에 맞춰 스스로 경험하게 하는 것이라고 강조하였다.

홉스나 루소와는 다르게 영국의 철학자 존 로크(John Locke)는, 아동은 선천적으로 선하지도 악하지도 않으며 단지 백지상태(tabula rasa 혹은 blank state)로 태어나기 때문에 경험에 의해 각기 다른 방향으로 발달할 수 있다고 믿었다. 그 결과 성인의 역할은 아동이 좋은 습관을 형성할 수 있도록 학습과 경험을 제공하는 것이었다.

인간본성에 대한 이와 같은 상이한 시각들은 아동의 발달을 최적화하기 위해 어떤 방법이 사용될 수 있는지에 대해 서로 다른 시사점을 제공하였고 각기 다른 발달이론으로 표현되었다.

3. 아동심리학의 출현

1) 유아전기

아동에 관한 과학적 연구는 유아전기(baby biography)에서 시작되었다. 유아전기는 개별적 영아와 어린 아동들의 매일의 생활에 대한 일기형식의 기록으로 보통 부모에 의해 기록되었다. 페스탈로찌(H. Pestalozzi)의 3세 된 아들에 관한 유아전기와 1년 이상의 기간 동안 정상적 아동의 심리적 발달을 추적한 독일의 티드만(E. Tiedemann)의 유아전기가 18세기 후반에 출판되었다.

19세기에 들어와서 많은 유아전기들이 출판되었으나 그 중에서도 영국의 생물학자 다윈(C. Darwin)과 독일의 심리학자 프레이어(W. Preyer)의 유아전기가 아동심리학의 발전에 크게 기

Darwin과 그의 아들

여하였다. 다윈은 자신의 아들을 대상으로 분노나 즐거움과 같은 정서표현을 관찰하였으며 프레이어는 출생 후 4년 동안 아들의 지적 발달을 기술하였다.

특히 다윈의 저서 「종의 기원」(On the Origin of Species, 1859)의 출판은 '과학적 학문으로서 아동심리학의 확립에 가장 큰 영향을 미친 단일적 사건'이었다 (Cairns, 1998). 다윈의 「종의 기원」은 인간의 기원에 대한 관심을 불러일으켰고 그것은 곧 아동기에 대한 사람들의 관심을 증대시킴으로써 아동기를 중요시하게 하였다.

2) 아동심리학의 확립: 홀과 볼드윈 및 게젤의 기여

과학으로서의 아동심리학 확립에 개척자적 기여를 한 사람으로 스탠리 홀 (G. Stanley Hall: 1844 – 1924)과 볼드윈(J. M. Baldwon: 1861 – 1934) 및 아놀드 게젤 (Arnold Gesell: 1880-1961)이 있다.

① 스탠리 홀

그는 미국에서 최초로 아동에 관한 체계적인 연구를 수행한 사람으로 아동심리학의 아버지라고 불린다. 1878년에 하버드 대학교에서 박사학위를 받은 그는 자신이 최초로 개발한 질문지를 사용하여 아동을 연구하고 그 결과를 「아동 마음의 내용」 (The Contents of Children's Minds)이라는 제목으로 출판하였다.

이 책의 출판은 아동을 온정과 애정으로 양육해야 한다는 생각을 확산시켰다. 더욱이 질문지법(questionnaire)의 사용은 아동심리학을 보다 더 객관적이고 과학적인 학문이 될 수 있도록 하였으며 아동에 관한 과학적 연구를 자극하는 역할을 하였다.

특히 다윈의 진화론에 매료된 홀은 아동의

G. Stanley Hall(1844-1924)

발달과정은 종의 진화과정을 반복한다고 가정하고 아동양육과 교육은 아동의 선천적 경향성을 격려하고 아동의 자연적 성장단계에 맞추어 실시되어야 한다고 강조하였다. 그러나 생물학 분야의 발달과 함께 인간의 발달에서 단순한 반복과정은 존재하지 않는다는 것이 밝혀지면서 많은 아동연구자들은 홀이 중요시한 유전적 측면보다는 아동의 환경적 측면을 더 중요하게 생각하기 시작하였다.

② 볼드윈

미국의 심리학자인 볼드윈은 아동의 사고는 일련의 단계를 거쳐 점차 논리적으로 발달한다고 주장하였다. 그는 신생아의 단순한 행동패턴에서 시작하여 성인의 추상적, 반성적 사고로 종결되는 일련의 단계를 가정함으로써 최초의 단계이론가라는 평가를 받는다. 아동의 선천적 경향성을 중요시한 그 시대의 다른 연구자들과는 대조적으로 볼드윈은 사회적 맥락의 역할을 강조하고, 아동은 천성과 양육의 상호작용에 의해 발달한다고 주장하였다.

볼드윈에 의하면, 아동은 성장과정 동안 자신의 사고를 능동적으로 수정해 가기도 하지만, 모방을 통해서도 학습하기 때문에 아동은 주위 사람들에 의해 영향을 받고 아동 또한 주위 사람들에게 영향을 주는 아동 – 환경 상호작용 체계를 형성한다. 발달에 대한 볼드윈의 선구자적 견해는 오늘날 새롭게 되살아나고 있다.

③ 아놀드 게젤

게젤은 클라크대학 재학시절 홀의 제자였으며 후에 예일대학 의학부를 졸업하였다. 1911년 예일아동발달 클리닉(Yale Clinic of Child Development)을 개설하였고 여기서 거의 50년 동안 정상적 아동의 발달을 연구하였다. 그는 인간의 발달은 종의 진화과정을 반복한다는 홀의 주장에 동의하지는 않았지만, 발달은 일차적으로 생물학적 과정에 의해 이루어진다고 믿었다. 게젤에 의하면, 환경은 특정한 기술이 나타나는 시기(연령)에 영향을 줄 뿐 발달의 순서나 패턴에는 영향을 주지 못한다. 게젤은 발달을 가능하게 하는 복잡한 생물학적 메커니즘을 성숙(maturation)현상으로 설명하였다.

심리학에 대한 게젤의 기여는 연구방법에 있다. 그는 최초로 관찰방법을 사

Arnold Gesell(1880-1961)

용하여 아동을 연구한 사람으로 일방전망스크린(one-way viewing screens)과 연구대상 아동을 방해하지 않고 모든 각도에서 관찰할 수 있는 정밀돔(photographic dome: 그림 1-4 참조)을 개발하였다. 종단적 접근법을 사용한 개척자로도 평가받는 게젤은 동료들과 함께 수백 명의 각기 다른 연령의 아동들을 관찰하고 운동발달을 위한 규준(norm)을 제작하였고 이후에는 사회적 발달과 정서발달을 위한 규준을 제작하기도 하였다. 평균적 수행을 의미하는 규준은 행동의 연령범위와 순서를 기술하는 발달시간표로서 발달적 진보를 평가하는 일반적 지침의 기능을 한다.

관찰연구를 통하여 게젤은 아동의 발달속도는 개인에 따라 차이가 있으나 발달의 패턴은 매우 일정하다는 것을 확인하였다. 특히 운동기술의 발달과 출현은 예측가능한 패턴을 따라 이루어진다고 제안하였다. 그는 200년 전의 루소와 같이 아동은 그들의 자연적 스케줄에 따라 잠자고 먹고 놀고 탐색할 수 있도록 하라고 충고하였다. 다시 말하면 아동은 선천적인 생물학적 계획표에 따라 발달한다는 것이다.

그러나 독립된 학문영역으로서의 아동심리학의 확립은 제1차 세계대전 후에 이루어졌다. 록펠러 재단의 후원으로 많은 아동발달연구소들이 설립됨으로써 아동에 관한 체계적인 연구가 이루어졌고 국가적 차원의 재정지원은 아동심리학의 위치를 확고히 하는 계기가 되었다.

Ⅲ. 아동심리학의 연구방법

아동심리학은 과학의 범주에 속하는 학문영역이기 때문에 과학적 연구방법이 그대로 적용된다. 즉 문제의 제기 - 가설의 설정 - 가설의 검증 - 결론의 도출과 같은 네 개의 단계를 따라 연구한다. 가설(hypothesis)은 이론으로부터 도출된

그림 1-4 | Gesell이 제작한 정밀돔

행동에 대한 예측으로서 가설검증을 위해서는 과학적인 절차가 요구되며 필요한 자료수집이 이루어져야 한다. 이 절에서는 다양한 자료수집 방법과 연구의 전체적 계획인, 연구설계(research design) 그리고 연구의 윤리적 문제를 함께 설명한다.

1. 자료수집 방법

아동에 관한 정보는 어떻게 수집되는가? 아동심리학 분야에서 가장 흔한 자료수집방법은 관찰, 자기보고방법, 심리생리적 방법, 단일적 아동에 대한 사례연구 등이 있다.

1) 관 찰

관찰은 아동이 실제로 어떻게 행동하는지를 알아내는 방법으로 체계적으로 이루어져야 한다. 체계적인 관찰이 이루어지기 위해서는 먼저 누가, 무엇을, 언제, 어디에서 그리고 어떻게 관찰하고 기록해야 할지를 결정해야 한다.

관찰은 자연 상황에서 그리고 실험실에서 이루어진다. 자연상황에서는 자연관찰(naturalistic observation)이나 통제관찰(controlled observation)이 이루어지고 실험실에서는 구조화된 관찰(structured observation)이 이루어진다.

(1) 자연관찰

자연관찰은 현장이나 자연적 환경으로 가서 거기서 필요한 행동을 직접 관찰하는 방법으로 어떠한 통제나 조작을 가하는 일 없이 자연적으로 발생하는 사건이나 행동을 그대로 기록한다. 관찰장면에서 발생하는 행동이나 사건을 모두 기록하기 때문에 신생아의 행동연구방법으로 적절하며 좀 더 성장한 아동을 위해서는 통제관찰이 오히려 효과적이다.

(2) 통제관찰

통제관찰은 연구자 자신이 관찰의 한계와 체계를 가지고 관찰대상 아동의 행동이나 관찰시간을 미리 정해 놓고 관찰하는 방법이다. 자연관찰의 문제점을 보충하기 위하여 사용되는 통제관찰에서의 통제의 의미는 관찰시간이나 관찰대상 행동을 미리 정해 놓는다는 뜻이지 관찰대상아동을 통제한다는 의미는 아니다.

아동의 친사회적 행동에 관한 통제관찰의 예로서 연구자는 여름 캠프에 참여한 5-8세 아동의 친사회적 행동을 오후 3시부터 5시까지 놀이활동 시간 동안 관찰하기로 결정한다. 아동이 또래에게 보여준 위로하기, 도움주기, 공유하기 혹은 동정심의 표현과 같은 친사회적 행동의 횟수가 기록된다.

통제관찰의 가장 큰 이점은 연구자가 연구하기 원하는 행동을 직접적으로 관찰할 수 있다는 것이다. 그러나 이 연구에서 일부의 아동들은 우연히 긍정적인 사회적 반응을 할 수 있는 단서에 더 많이 노출됨으로써, 더 많은 친사회적 행동을 할 기회를 가질 수 있다는 문제점이 있다. 연구자는 이러한 문제를 해결하기 위하여 구조화된 관찰을 실시한다.

(3) 구조화된 관찰

주로 실험실에서 이루어지는 구조화된 관찰은 모든 연구대상자들이 특정한 반응을 나타낼 동일한 기회를 가질 수 있도록 상황을 설정한다. 구조화된 관찰을 사용하여 아동의 도움행동을 관찰한다면, 마치 우연인 것처럼 물건이 가득 들어 있는 상자를 떨어뜨려서 쏟아지게 한 후 아동이 어떻게 행동하는지를 관찰한다.

구조화된 관찰은 자연관찰보다 연구상황에 대한 더 큰 통제를 가능하게 하고 일상생활에서 쉽게 관찰하기 어려운 행동을 연구할 수 있도록 한다. 그러나 구조화된 관찰의 가장 큰 문제점은 아동이 실제 생활에서 하는 것처럼 실험상황에서 항상 동일하게 행동하지 않는다는 것이다.

위에 제시된 어떤 유형의 관찰이든, 관찰은 아동이나 성인이 실제로 어떻게 행동하는지에 대한 가치있는 정보를 제공해 준다. 그러나 관찰방법은 행동현장에 관찰자가 존재하기 때문에 관찰결과에 영향을 줄 수 있다는 단점이 있다. 7세 이하의 아동들은 한두번의 접촉으로 알지 못하는 관찰자에게 쉽게 익숙해질 수 있으나 더 나이 많은 아동이나 성인들은 그들이 관찰대상이라는 것을 알 때, 보다 더 긍정적이고 바람직한 행동을 하기 쉽다. 이를 위해 관찰자는 미리 관찰대상과 접촉하고 그들이 관찰자의 존재에 익숙할 수 있도록 적응기간을 갖는 것은 물론 제3자가 아닌 가족구성원(보통 어머니)을 관찰자로 활용하는 방법도 고려할 수 있다.

관찰자의 존재 외에도 관찰자 편견(observer bias)은 체계적 관찰에 영향을 주는 또 다른 위험요인이다. 관찰자가 연구의 목적을 알 때, 그들은 참여자의 실제 행동보다는 오히려 기대되는 행동을 관찰할 수 있으므로 연구의 목적이나 가설을 모르는 사람을 관찰자로 활용하는 방법이 모색되어야 한다. 더욱이 관찰은 연구대상자들의 반응 뒤에 숨어 있는 행동의 이유에 대해서는 우리에게 아무런 정보도 제공해 주지 못하기 때문에, 연구자들은 다른 유형의 자료수집 방법에 관심을 갖지 않을 수 없다.

2) 자기보고방법

자기보고방법은 연구대상자들이 그들의 지각과 사고, 능력, 감정, 태도, 신념 및 과거경험에 대한 질문에 직접 대답하도록 설계된 도구로서 질문지법 (questionnaire)과 면접법(interview)이 있다. 많은 사람들로부터 정보를 얻어야 할 때 유용한 질문지법은 표본조사법(survey)이라고도 불리어진다.

(1) 질문지법

태도나 가치관 연구에서 많이 사용되며 연구자가 관심을 갖는 문제에 대한 응답을 얻기 위해 질문지가 제작되고 실시된다. 질문의 내용은 반응자들이 명백하게 대답할 수 있도록 분명하고 편향되지 않아야 한다. 효과적인 질문을 위해 질문지와 함께 표준화 검사도 사용될 수 있다.

질문지의 실시와 채점을 위해 정해진 절차를 포함하는 표준화 검사 (standardized test)는 개인의 수행과 다른 사람의 수행을 비교할 수 있도록 한다. 대표적인 표준화 검사인 스탠포드-비네 검사(Stanford-Binet test)는 개인의 수행이 다른 사람의 수행과 어떻게 비교되는지를 보여준다.

질문지법은 개인의 행동이 안정적이고 일관성 있다는 신념에 기초하지만, 행동은 상황에 따라 언제든지 달라질 수 있을 뿐 아니라 검사를 받지 않는 상황에서 개인이 어떻게 행동할지 예측할 수 없다는 문제점이 있다.

(2) 면 접 법

면접법은 면접자와 피면접자가 1 대 1로 만나 피면접자의 생각이나 느낌을 직접적으로 질문하고 응답을 분석하는 방법이다. 면접에는 비교적 구조화되지 않은 임상적 면접(clinical interview)에서부터 지극히 구조화된 면접까지 다양하다.

임상적 면접은 아동의 사고를 연구한 피아제에 의해 사용된 연구방법으로, 융통성 있는 개방형의 질문을 사용하여 연구대상자의 견해를 탐색한다. 아동의 최초의 반응이 다음 질문의 기초가 되며 더 풍부한 추론이 가능하도록 자극어가 제시되기도 한다.

임상적 면접은 사람들이 실제 생활에서 생각하는 방식에 가까운 용어로 자신의 생각을 나타낼 수 있도록 하며, 상당히 짧은 시간 내에 많은 양의 정보를 수집할 수 있는 장점이 있다. 그러나 피면접자의 언어능력과 표현성이 부족할 때는 면접자가 피면접자의 생각을 과소평가할 수 있는 문제점도 있다. 중요한 것은 사람들이 얼마나 정확하게 자신의 생각이나 감정을 보고하는가이다. 어떤 연구대상자들은 면접자를 기쁘게 하기 위해 실제 생각과는 다른 대답을 하기도 하고, 과거의 사건을 질문하면 실제로 어떤 일이 일어났는지를 회상하지 못하기도 한다.

구조화된 면접은 연구대상자들이 동일한 방식으로 동일한 질문에 대답할 수 있도록 설계된 면접으로 임상적 면접의 단점을 보완하기 위하여 개발되었다. 피면접자의 대답은 임상적 면접에서보다 더 짧고 연구자는 아동이나 부모집단의 전체로부터 동시에 기록된 반응을 얻을 수 있다. 임상적 면접에서처럼 연구대상자에 따라 질문이 다르게 표현되거나 특정 연구대상자에게만 더 많은 대답을 요구할 위험이 없기 때문에, 면접하는 방식에서의 차이에 기인된 반응을 차단할 수 있는 이점도 있다.

검사나 질문지에서 사용되는 것처럼 사지선다형(四肢選多型)이나 예-아니오 혹은 진위형의 문항을 사용하여 구조화된 면접이 이루어질 때, 반응은 기계로 채점되고 요약될 수 있다. 그러나 구조화된 면접은 임상적 면접과 같은 동일한 깊이의 정보를 도출할 수 없으며, 피면접자의 부정확한 보고에 의해서도 여전히 영향을 받는다는 문제점이 있다.

3) 심리생리적 방법

아동의 심리적 특성을 연구할 때 생리적 측정치들이 점점 더 많이 사용되고 있다(Moulson & Nelson, 2008). 특히 아동의 지각, 인지 그리고 정서반응의 생물학적 기초를 연구할 때 소위 심리생리적 방법(psychophysiological methods)들이 사용된다. 생리적 과정과 행동과의 관계를 연구하는 심리생리적 방법은 중추신경계의 어느 부분이 아동의 발달과 개인차에 기여하는지를 규명하려고 한다. 이 방법은 자신의 심리적 경험을 정확하게 보고하지 못하는 영아와 어린 아동을 연구할 때 특히 유용하다.

가장 흔하게 사용되는 생리적 측정치는 개인의 심리상태에 민감한 심장박동, 혈압, 호흡, 동공확대 그리고 피부의 전기전도 변화와 같은 자율신경계의 불수의적 활동들이다. 보통 심장박동은 영아가 특정 자극에 주의를 기울이고 정보를 처리하는지(주의집중 동안 심장박동은 느려진다), 괴로움을 경험하는지(심장박동이 증가한다), 아니면 자극을 단순히 바라보기만 하는지(심장박동이 안정되어 있다)를 추론하기 위하여 사용되며, 분노나 슬픔과 같은 특정한 정서표현을 연구하기 위해서도 사용될 수 있다.

뇌의 전기적 활동을 기록하는 EEG(electroencephalogram)도 자주 사용된다. 다양한 각성상태를 나타내주는 EEG는 개인의 각성상태가 연령에 따라 어떻게 변화하는지를 연구할 수 있도록 한다. EEG 패턴은 개인이 행복한지, 슬픈지 혹은 괴로워하는지에 따라 달라지므로 영아나 아동의 정서상태를 연구하기 위하여 사용되기도 한다. 또한 영아는 그들이 이전에 본 자극에 다시 노출되면 독특한 EEG 파형을 나타내기 때문에, EEG는 영아의 기억연구에서도 활용될 수 있다.

특히 뇌활동의 3차원 영상을 제공해 주는 기능적 자기공명영상(functional Magnetic Resonance Imaging: fMRI)기법은 아동의 뇌조직과 생화학적 활동의 영상을 구성하기 위하여 전자기파를 사용한다. fMRI로써 대뇌의 어떤 영역이 언어나 정서같은 특정 기능에 전문화되어 있는지 규명할 수 있도록 하므로, 근래에 심각한 학습장애나 정서장애를 갖는 아동의 뇌구조와 뇌기능에서의 연령관련적 변화를 연구하기 위하여 자주 사용된다.

4) 사례연구법

임상적 방법(clinical method)이라고도 불리는 사례연구(case study)는 한 개인을 집중적으로 연구하는 방법으로, 개인의 심리적 기능에 관해 가능한 완전한 모습을 얻기 위하여 면접, 검사점수, 관찰방법 등을 모두 동원하여 광범위한 정보를 수집한다.

사례연구는 주로 비구조화된 면접이나 자연관찰을 사용하여 개인의 행동을 기록하고 이것을 이야기식으로 기술하며, 심각한 정서문제를 갖는 아동이나 때로 잘 적응하지 못하는 아동들에게도 사용될 수 있다. 그러나 사례연구 방법은 기술적으로 풍부한 사례이야기를 산출하고 발달에 대한 가치로운 통찰을 제공해 주지만, 연구자의 이론적 선호에 따라 해석이 편향될 수 있다는 단점이 있다. 또한 연구된 아동 이상의 다른 아동들에게 연구결과를 적용할 수 없다는 문제점도 지닌다. 따라서 사례연구를 통하여 확인된 결과들은 다른 연구방법을 사용하여 재검증될 필요가 있다.

2. 연구설계

연구자가 설정한 가설을 효과적으로 검증하기 위하여 사용될 수 있는 대표적 설계법에는 실험설계(experimental design)와 상관설계(correlational design)가 있다. 이 두 가지 설계법의 구분은 연구자의 변인(variable) 조작 여부에 따라 이루어진다. 변인이란 양적 혹은 질적으로 변화할 수 있는 사람, 사물 혹은 사건의 예측가능한 특성으로 정의된다. 예를 들면, 낯선 사람에 대한 영아의 공포반응의 빈도는 양적 변인에 해당되는 반면, 공포반응의 유형은 질적 변인에 해당된다. 실험설계란 연구자가 변인을 조작하여 제2의 다른 변인에 미치는 영향 정도를 밝히려는 연구설계인 반면, 상관설계는 연구자의 변인조작 없이 변인간의 관계를 규명하는 연구설계이다.

이러한 두 가지 설계법 외에도 아동심리연구에만 적용되는 또 다른 독특한 설계법이 있다. 연령증가에 관심을 갖는 아동심리연구자들은 서로 다른 연령의 아동을 검사하고 비교함으로써 아동기 동안 일어나는 인지적, 사회적 그리고 성격적 변화를 연구하려고 한다. 그러나 연령은 조작될 수 없고 단지 선택될 수 있을 뿐이기 때문에, 독특한 설계법을 필요로 한다. 이 절에서는 실험설계와 상관설계 외에 발달연구를 위한 설계법도 설명한다.

1) 실험설계

실험설계란 인과관계를 밝히기 위한 연구설계로서 무엇이 무엇의 원인인지를 규명한다. 과학적 연구의 궁극적 목적은 인과관계의 규명이므로 실험적 절차는 과학적 방법론의 요체라고 할 수 있다. 우리는 실험을 위해 연구자가 조작하는 변인을 독립변인(independent variable)이라고 부르고 독립변인에 의해 영향을 받는 변인, 즉 제2의 변인을 종속변인(dependent variable)이라고 부른다. 실험은 주의깊게 통제된 조건하에서 정확하게 이루어진다. 잘 설계된 실험에서는 연구대상이 되는 변인 이외의 변인들(가외변인: extraneous variable)은 통제되거나 일정하게 유지되도록 한다.

《실 험 예》

"낯선 사람에 대한 공포"(stranger anxiety)는 생후 6개월경에 시작하여 거의 13개월까지 지속된다. 많은 영아들은 낯선 사람의 존재에 대해, 특히 그 낯선 사람이 남자일 때 부정적인 반응을 나타낸다. 영아의 부정적 반응은 울음이나 친숙한 사람(보통 어머니가 된다) 뒤에 숨기, 얼굴을 감추기, 다른 곳을 바라보기 혹은 움직이지도 못하고 얼어버린 상태 등을 포함한다. 이와 같은 영아의 공포반응은 종속변인이 되며 그것은 양적(빈도, 기간, 강도) 혹은 질적(반응의 유형)으로 변화될 수 있다. 공포반응에서의 변이는 사용되는 독립변인에 따라 달라진다. 가장 명백한 독립변인의 변이는 낯선 사람의 존재와 부재일 것이다.

연구자들이 낯선 방에서 어머니와 함께 있는 1세 된 영아의 행동을 관찰한다고 가정해 보자. 전체 영아들 중 1/2의 영아들에게는 낯선 사람이 들어와서 아기를 관찰하도록 하는 반면, 나머지 1/2의 영아들은 낯선 사람의 출현 없이 낯선 방에 어머니와 함께 있도록 설계한다. 낯선 사람의 출현에 대해 모든 영아들이 공포반응을 나타내는 것은 아니지만, 영아들은 낯선 사람의 출현시에 더 많이 울고 감소된 탐색행동을 나타낸다.

이와 같이 연구자들은 특별한 조건(condition)이나 처치(treatment)를 비처치 (no treatment)와 비교하는 데 관심이 있다. 영아의 낯선 사람에 대한 공포반응 연구에서, 낯선 사람이 출현하는 처치된 조건에 노출된 집단을 실험집단 (experimental group)이라고 부르고 낯선 사람의 출현 없이 어머니와 낯선 방에 남아 있었던 영아집단을 통제집단(controlled group)이라고 부른다. 이 과정을 도식화하면 그림 1-5와 같다.

실험연구에서 단 한 명의 아동을 연구하기보다는 많은 수의 아동들을 연구하면, 안정된 자료를 얻을 수 있고 연구결과의 일반화를 증대시킬 수 있다. 아동은 행동에서 큰 개인차를 나타내기 때문에 대표적 표본이 연구될 수 있도록 타당한 수의 아동들을 대상으로 실험을 실시하는 것이 중요하다.

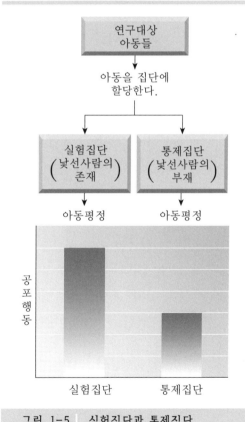

그림 1-5 | 실험집단과 통제집단

2) 상관설계

상관설계는 아동의 경험이나 특성과 그들의 행동 혹은 발달 사이의 관계를 규명하는 연구방식으로 인과관계를 추론할 수 없다는 제한점이 있다. 예를 들어 어머니의 상호작용방식이 아동의 지능과 관련되어 있다는 것이 상관연구에서 발견되었다면, 우리는 어머니의 행동이 실제로 아동의 개인차를 야기시켰는지 아닌지를 알 수가 없으며 그 반대도 마찬가지이다. 다시 말하면 상관설계는 실험설계와 동일하게 변인을 연구하기는 하지만, 변인의 조작 없이 변인들 사이의 관계를 연구하기 위해 사용되는 설계법으로 직접적인 인과관계를 제시해 주지 못하는 단점이 있다.

상관설계에서 연구자는 상관계수(correlation coefficient)를 사용하여 관계를 검토한다. 상관계수란 두 개의 척도나 변인들이 서로 어떻게 관련되어 있는지를 보여주는 계수값으로서 +1.00에서 −1.00까지의 수로 표시된다. 숫자의 크기는 관계의 강도를 나타낸다. 만약 상관계수값이 0이면 두 변인 사이에는 아무런 관계가 없음을 의미하는 반면, 그 값이 +1.00과 −1.00에 가까우면 가까울수록 더 강한 관계가 존재한다는 것을 의미한다. 계수값의 기호(+ 혹은 −)는 관계의 방향을 나타낸다. 정적 표시(+)는 한 변인이 증가할 때 다른 변인 또한 증가한다는 것을 의미하는 반면, 부적 표시(−)는 한 변인이 증가할 때 다른 변인은 감소한다는 것을 나타낸다.

일상생활에서 우리가 관심을 갖는 변인들은 때때로 조작하기 어렵거나 조작불가능한 경우가 많이 있다. 예를 들면, 우리는 아동의 연령이나 성별, 사회경제적 지위 및 국적 등을 조작할 수 없다. 그럼에도 불구하고, 이와 같은 변인들은 아동의 심리적 발달에 주는 영향이 크므로 단순히 관련 정도만을 확인하는 것도 매우 가치로운 일이다.

3) 발달적 변화를 위한 설계

앞에서 이미 언급한 바와 같이 아동심리학자들은 연령증가에 따른 변화에 관심을 갖는다. 일반적으로 연령에 따른 변화는 종단적 설계법(longitudinal design)과 횡단적 설계법(cross-sectional design)을 사용하여 연구된다. 이 절에서는 이러한 두 가지 설계법과 함께 계열설계법(sequential design)을 소개한다.

(1) 종단적 설계법

종단적 접근법(longitudinal approach)이라고도 불리는 이 설계법은 아동의 어떤 특성을 연구하기 위하여 동일한 아동을 대상으로 오랜 기간에 걸쳐(수개월에서 수십년까지) 반복적으로 관찰하고 연구하는 설계법이다. 만약 연구자가 종단적 설계법을 사용하여 연령증가에 따른 아동의 놀이발달을 연구한다면, 1세 아동들을 연구대상자로 선정하여 그들이 11세가 될 때까지 1년 간격으로 또래들과의 상호작용을 관찰한다. 따라서 아동의 놀이발달 패턴을 연구하기 위해 10년의 기간이 소요된다.

종단적 설계는 시간과 비용이 많이 들고 연구대상자의 손실이 일어나는 단점을 지니고 있기는 하지만, 시간경과에 따른 개별적 성장과 행동특성의 안정성(stability)을 검사할 수 있는 가치로운 설계법이다.

장 점

① 각 시기마다 동일한 아동을 대상으로 연구가 이루어지기 때문에 훨씬 더 정확한 발달적 변화를 그려낼 수 있다.

② 초기사건이 아동의 후기 행동에 끼친 영향을 찾아낼 수 있다.

③ 연구대상행동이 안정성을 유지한다.

④ 연구자들이 손쉽게 연구대상행동을 분리해 낼 수 있고 오염변인들의 통제가 용이하다.

단 점

① 시간과 비용이 많이 든다.

② 예기치 못한 사건들이 연구의 타당성을 저해한다. 시간경과에 따른 연구대상자의 손실은 물론 연구자들의 변동도 일어날 수 있다. 그 이유는 장기간 동안 지속되는 연구의 후반기에 이르면, 처음에 연구를 시작하였던 연구자들이 더 이상 포함되지 않을 수도 있기 때문이다.

③ 연습의 효과(practice effect)가 나타날 수 있다. 아동의 놀이발달 연구에서는 그 효과가 크지 않다고 할지라도, 반복된 검사결과(특히 지능검사)로서 아동의 검사점수가 해를 거듭함에 따라 높아질 수 있기 때문이다. 또한 검사가 반복될 것을 이미 알고 있는 아동의 부모들은 연구대상아동을 다른 아동과 다르게 취급할 가능성도 있다.

④ 연구가 장기간에 걸쳐 이루어지기 때문에 아무리 동일한 출생동시집단을 사용하였다고 할지라도 측정시기의 상황조건이 연구결과에 영향을 줄 수 있다. 따라서 종단연구 결과 연령증가에 따른 차이가 나타났다고 할지라도, 그것을 순수한 연령효과라고 단언하기는 어렵다. 그 이유는 각 세대마다 경험하는 서로 다른 사회적 환경이나 역사적 환경으로 인해, 연구자가 순수한 연령효과라고 생각하는 결과가 측정시기에 기인된 사회문화적 환경의 영향일 수 있기 때문이다.

(2) 횡단적 설계법

횡단적 접근법(cross-sectional approach)이라고도 불리는 이 설계법은 동일한 시기에 각기 다른 연령의 아동들을 동시에 연구함으로써 연령집단간의 차이를 확인하고 그것을 바탕으로 발달곡선을 추정하는 설계법이다. 앞에서 제시한 아동의 놀이발달을 횡단적 설계법으로 연구한다면, 6개의 연령집단(1, 3, 5, 7, 9, 그리고 11세) 아동들을 동시에 표집하고 또래집단과의 상호작용을 연구한다. 횡단적 설계법은 시간과 비용이 많이 드는 종단적 설계법의 단점을 보완하기 위해 고안되었으나, 서로 다른 연령의 각기 다른 아동들을 대상으로 연구하기 때문에 연령증가에 따른 정확한 발달곡선을 찾아내기 어렵다는 단점이 있다.

장 점
① 연구결과를 즉시 활용할 수 있다.
② 비교적 짧은 기간 내에 광범위한 연령범위에 대한 행동차이를 파악할 수 있다.
단 점
① 진정한 발달곡선을 알아낼 수 없다.
② 인생 초기의 사건이 후기의 행동에 주는 영향을 나타내 주지 않는다.
③ 전집을 대표할 수 있는 표본을 선정하기 어렵다.
④ 각 연령집단은 출생연도가 다르고 성장한 시기가 다르기 때문에 그들이 나타내는 차이는 순수한 연령차이가 아닌 출생연도가 다른 데 기인한 출생동시

집단효과(cohort effect)일 수 있다. 출생동시집단효과란 동일한 시기나 한정된 범위의 시기에 함께 태어난 사람들이 서로 공유하는 독특한 특성 때문에 출생시기가 다른 사람들 사이에서 나타나는 차이를 의미한다.

(3) 계열설계법

일명 단기종단적 설계법(short-term longitudinal design)이라고도 불리는 이 설계법은 개인의 발달적 변화를 연구하는 최상의 설계방안이다. 계열설계법 (sequential design)은 종단적 설계와 횡단적 설계의 장점을 최대화하고 단점을 최소화하며 동시에 출생동시집단효과(cohort effect)를 확인할 수 있도록 설계되어 있다. 그러므로 비교적 짧은 기간 내에 연구가 완료될 수 있고 한 개 이상의 출생동시집단을 포함하면서도 시간경과에 따른 개인의 발달양상을 알아낼 수 있다. 계열설계법을 도식화하면 그림 1-6과 같다.

계열설계법의 도식을 좀 더 구체적으로 설명해 보자. 한 연구자가 의존행동의 연령에 따른 변화를 연구한다고 가정하자. 연구자는 보다 짧은 기간에 출생

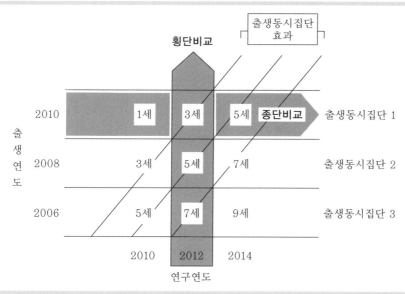

그림 1-6 | 계열설계법의 예

동시집단효과를 배제한 순수한 연령변화의 양상을 밝히고자 한다. 우선 2010년 현재, 1세, 3세 그리고 5세의 아동들을 표본으로 추출하여 연구를 시작하였다. 세 개의 연령집단 아동들은 출생연도가 모두 다르기 때문에 연구자는 세 개의 출생동시집단을 대상으로 가정과 유아원 혹은 초등학교에서 성인의 도움이나 관심을 끌기 위하여 노력하는 정도를 평정하였다. 2년 후 동일한 아동들이 각각 3세, 5세 그리고 7세가 되었을 때 다시 의존성 정도를 평정하며 다시 2년 후 그들이 각각 5세, 7세 그리고 9세가 되었을 때 다시 평정하였다.

연구자는 계열설계법으로써 1세부터 9세까지의 의존성 발달연구를 세 개의 출생동시집단을 사용하여 4년 만에 끝마칠 수 있었다. 순수한 종단연구로 연구를 수행하였다면 8년이 소요되지만, 연구자는 연구기간을 1/2로 단축시킬 수 있었다. 또한 가로방향은 횡단연구, 세로방향은 종단연구이기 때문에 두 가지 접근법에 의한 연구결과를 비교할 수 있는 동시에 대각선 방향의 동일한 연령집단들의 의존성점수를 비교함으로써 출생동시집단의 효과도 확인할 수 있다.

계열설계법은 샤이(Schaie, 1965)에 의해 개발되었으며 현재까지 가장 바람직한 발달연구의 설계법으로 인정받고 있다.

3. 아동연구의 윤리

아동을 대상으로 연구를 수행할 때, 아무리 연구의 결과가 인류에게 큰 도움을 줄 수 있다고 할지라도, 아동의 건강이나 안녕, 혹은 인간으로서의 존엄성을 손상시키는 연구는 수행될 수 없다. 특히 통제된 상황하에서 수행되는 아동연구방법들은 윤리적 문제를 불러일으킬 수 있다. 아동은 성인과는 달리 성장과정에 있기 때문에, 조그만 좌절이나 긴장에 의해서도 쉽게 손상을 입을 수 있으며 그 결과 정상적 성장이 저해될 수 있다. 그들은 아직도 지식이 부족하고 판단능력이 미숙하기 때문에 성인들이 사소하다고 생각하는 사건에 의해서도 큰 위해를 입을 수 있으므로 아동연구는 성인연구와는 다른 제한점을 갖는다.

일반적으로 아동에게 손상을 줄 위험이 있다고 생각되는 연구들은 아동 대신 어린 동물들을 연구대상으로 사용한다. 동물연구의 결과를 인간에게 일반화할 때에는 많은 제한점이 뒤따르는 데도 불구하고, 성공한 연구들도 많이 있다. 예를 들면, 애착형성에 관한 할로우(H. Harlow)의 새끼 원숭이를 대상으로 한 실험은 영아와 어머니 사이의 애착형성의 원인요인을 밝혀준 유명한 연구이다.

미국에서는 일찍부터 아동, 여성, 소비자, 혹은 흑인과 같이 법적인 권익을 보장받지 못하는 사람들에 대해 관심을 가져왔다. 특히 성장과정에 있는 아동들에 대한 성인들의 학대에 대해서는, 그것이 연구상황에서 일어난다고 할지라도, 엄격한 법의 심판이 가해지도록 규정하고 있다.

연구대상이 되는 아동의 권익옹호를 위해 미국심리학회의 발달심리분과회는 발달심리학자들을 위한 윤리지침을 발표한 바 있다(1968년). 또한 아동전문연구자들의 모임인 아동발달연구회(Society for Research in Child Development, 1973)에서는 22개의 윤리강령을 제정하였다. 22개의 지침 중 몇 가지를 소개하면 다음과 같다. 최근 우리나라에서도 아동발달연구회의 윤리지침을 참고하여 각 학회별로 윤리지침을 제정하고 윤리지침에 어긋나는 연구들을 엄격하게 규제하고 있다.

① 연구자는 아동 스스로 연구에 참여하거나 참여를 거부할 자유를 보장해 주어야 한다.

② 아동의 연구참여시 부모나 보호자의 동의를 받아야 한다. 연구자는 자신의 직업과 소속기관은 물론 연구목적과 실시방법에 대해서도 설명해야만 한다. 이때 부모나 보호자는 아동의 연구참여를 거절할 권리는 물론 거절할 기회를 가질 수 있어야 한다.

③ 연구자는 아동에게 신체적 · 심리적 손상을 주는 연구조작을 사용할 수 없다. 만약 연구 진행도중, 아동에게 해를 줄지도 모른다는 의심이 생기면, 동료 전문가에게 자문을 구하고 그 결과에 따라 연구를 포기하거나 다른 연구방법을 사용해야만 한다.

④ 아동에 관해 수집된 정보는 비밀이 보장되어야 한다. 연구 발표시에는

익명으로 취급되어야 하고 비공식 석상에서도 언급되어서는 안 된다.

⑤ 연구자는 연구도중이나 연구의 결과, 아동에게 심각한 영향을 줄 수 있는 어떤 사실을 발견하였다면, 부모나 보호자에게 알리고 그 분야의 전문가와 상의하여 대책을 강구해야 한다.

⑥ 실험집단 아동에게 적용된 동일한 윤리적 표준이 통제집단 아동과 그 부모에게도 적용되어야 한다. 실험처치가 아동에게 유익하다고 판단되면, 통제 집단의 아동들에게도 무처치 대신 그에 상응하는 대안적 처치를 제공해야 한다.

이외에도 연구자들 중에는 남녀 아동의 능력에 대해 편향된 시각을 갖거나 남녀 아동간의 작은 차이를 확대 · 해석하는 연구자들이 있다. 또한 가난한 하류계층 가정의 아동에 대해 부정적 고정관념을 지니고 있는 연구자도 있으나, 아동을 대상으로 연구를 수행하는 사람들은 특정 집단의 아동에 대한 편견이나 선입관을 갖지 않는 것이 기본적인 연구윤리임을 명심해야 한다.

[1부] 아동심리학의 학문적 특성

제2장 이론적 조망

제 2 장

...이론적 조망...

이론이란 복잡한 현상을 설명하기 위하여 형성된 명제나 가설의 통합된 체계이다. 아동심리학의 이론은 단세포의 유기체에서부터 청년으로 성장해 가는 아동의 심리적 발달을 이해할 수 있도록 도와주는 역할을 한다. 그러나 인간의 행동은 매우 복잡하기 때문에 행동의 모든 측면에서 일어나는 발달적 변화를 설명할 수 있는 이론적 조망은 존재하지 않는다. 여기에 제시된 6개의 이론적 조망들은 아동이라는 조각그림을 완성하기 위한 하나의 조각으로서 서로 상반되기보다는 보충적 역할을 한다.

I. 정신분석적 조망

정신분석적 조망은 1930, 40년대의 부모들에게 가장 큰 영향을 끼친 이론적 조망으로 아동의 성격이 어떻게 발달하는지를 설명한다. 정신분석적 조망에 의하면, 아동은 일련의 단계를 따라 발달하며 그 과정에서 생물학적 욕구와 사회적 기대 사이에서 갈등을 경험한다. 여기서 갈등이 해결되는 방식은 아동의 학습능력, 타인과 잘 지내는 능력 및 불안에 대처하는 능력 등을 결정한다. 대표적인 정신분석이론가로 프로이트(Sigmund Freud)와 에릭슨(Erik Erikson)이 있다.

1. 프로이트의 이론

인간에 대해 비관론적 견해를 지니고 있었던 프로이트는 인간을 성욕과 공격욕에 의해 움직이는 존재로 가정하였다. 인간의 행동은 이성적이고 합리적일 수 없으며 단지 성적 혹은 공격적 충동의 무의식적 표현에 지나지 않는다. 그는 인간의 정신세계를 우리가 주의를 기울이는 순간 인식되는 의식(consciousness)과 우리가 마음에 떠올리려고 노력할 때 떠오를 수 있는 전의식(preconsciousness) 및 어떠한 의식적 노력으로도 자각되지 않는 무의식(unconsciousness)의 세 개의 영역으로 구분하였다(그림 2-1 참조).

프로이트 이론에서 성격은 원초아(id)와 자아(ego) 그리고 초자아(superego)로 구성된다. 원초아는 무의식을 구성하는 핵심요소로서 출생시부터 존재하며 만족이나 기쁨을 최대화하기 위해 오로지 쾌락원리(pleasure principle)에 따라 움

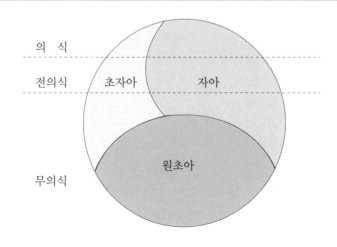

그림 2-1 │ 성격의 구조모형과 정신영역과의 관계

Sigmund Freud(1856-1939)

직인다. 또한 출생 후에 발달하기 시작하는 자아는 원초아의 충동을 제지하는 성격의 논리적 측면으로서 사회에 의해 설정된 한계 내에서 원초아의 요구를 충족시키려고 노력한다. 따라서 자아는 현실원리(reality principle)에 따라 움직인다.

한편, 초자아는 개인의 도덕적 양심으로 2세 이후에 점진적으로 발달한다. 초자아의 주된 목표는 옳고 그름을 구별하여 그 결과를 자아에게 전달하며 자아는 원초아를 조절함으로써 부모와 사회의 승인을 획득한다. 프로이트의 이론에 의하면, 신생아는 단지 동물적인 충동만을 가지고 태어나기 때문에 부모나 주위성인들은 충동표현을 억제하고 수용가능한 행동을 하도록 지도함으로써 자아와 초자아의 기능을 강화시켜야 한다.

프로이트는 개별적 아동을 직접적으로 관찰한 일은 없으나 그의 환자와 자신의 아동기 경험에 대한 회상을 바탕으로 그의 심리성적 이론(psychosexual theory)을 구성하였다. 프로이트 이론의 중심주제는 아동은 한정된 양의 리비도(libido)를 가지고 태어난다는 것이다. 성적 본능의 에너지인 리비도는 신체적 즐거움을 경험하는 능력으로 그것의 집중부위에 따라 표 2-1과 같이 발달단계가 구분된다. 즉 리비도가 구강에 부착되면 구강기, 항문에 부착되면 항문기 그리고 생식기에 부착되면 남근기가 도래한다. 그러므로 개인의 성격은 각 단계에서의 즐거움의 근원과 현실의 요구 사이의 갈등을 해결하는 방식에 의해 결정된다. 프로이트의 발달단계를 심리성적 단계라고 부르는 이유는 성욕을 자극하는 부위가 아동의 발달과 함께 변한다고 가정하기 때문이다.

프로이트는 남근기 동안 남아는 어머니를 사랑하는 에디푸스 갈등(Oedipus complex)을 그리고 여아는 아버지를 사랑하는 엘렉트라 갈등(Electra complex)을 경험하지만, 동성의 부모를 동일시(identification)함으로써 해결한다고 설명하였다. 약 6세까지 부모와의 접촉이 성격형성의 결정적 요인이라고 가정한 프로이

표 2-1 │ 프로이트의 심리성적 발달단계

단 계	특 징
구강기(oral stage) (0-1세)	리비도가 구강(입, 입술, 혀)에 집중한다. 영아는 젖빨기를 통하여 성적 욕구를 충족시킨다.
항문기(anal stage) (1-3세)	대소변 훈련의 시기로서 리비도가 항문 주위에 집중한다. 아동은 배설물을 보유하고 방출하는 것에서 쾌감을 얻는다.
남근기 (phallic stage) (3-6세)	리비도가 성기부위에 집중되며 성기의 자극으로부터 쾌감을 느낀다. 이 연령의 유아들은 인간의 발생에 관심을 나타내고 이성의 성기에 대해서도 강한 호기심을 보인다. 성기가 없는 여아는 남근선망(penis envy)을, 그리고 성기를 자랑스러워하는 남아는 아버지가 자신을 거세할지도 모른다는 거세불안(castration anxiety)에 빠진다.
잠복기 (latent stage) (아동기)	리비도가 무의식 속에 잠복한다. 아동은 성적 욕구를 일시적으로 잊어버리고 그 사회가 요구하는 기본기술을 획득하기 위하여 노력한다. 아동은 가족 이외의 성인들로부터 그리고 동성의 또래들과의 놀이로부터 새로운 사회적 가치를 획득한다.
생식기 (genital stage) (사춘기 이후)	진정한 의미에서 성욕이 나타나고 리비도는 이성에게로 향한다. 이전 단계의 발달이 성공적으로 이루어졌다면, 결혼, 성숙한 성욕 그리고 자녀의 출산과 양육이 모두 가능해진다.

트는 남근기가 끝날 무렵까지 아동 성격의 대부분이 형성된다고 믿었다.

그러나 다섯 개의 단계를 거쳐가는 동안, 만약 어느 단계에서의 성적 만족이 지나치게 부족하거나 과도하면 아동은 그 단계에 고착(fixation)되고 다음 단계로의 발달적 이행이 어려워진다. 프로이트는 개인이 성인으로 성장했을 때 아동기에 고착된 시기에 따라 문제행동을 나타내고 심할 경우 정신장애로 발전할 수 있다고 주장하였다. 그러나 프로이트가 제안한 고착의 효과는 다른 연구자들에 의해 실험적으로 확인되지 못하였다.

2. 에릭슨 이론

신프로이트 학파의 한 사람인 에릭슨은 발달이 이루어지는 사회적 맥락을 중요시한 성격이론가이다. 그는 프로이트가 제안한 성격구조의 3요소(원초아, 자아 및 초자아)를 수용하고 무의식적 동기를 인정하며 리비도의 역할을 받아들이지만, 다음과 같은 네 가지 관점에서 프로이트와 차이를 나타낸다.

Erik Erikson(1902-1994)

첫째, 에릭슨의 이론은 심리성적 이론이 아니라 심리사회적 이론(psychosocial theory)으로 자아의 기능이 중요시된다. 아동은 자신이 생활하는 사회와 세계에 대처해야 하므로, 원초아의 본능적 힘보다는 자아의 힘을 더 많이 요구한다.

둘째, 아동의 성격은 오로지 부모의 양육방법에 의해 결정된다고 주장한 프로이트와는 대조적으로, 에릭슨은 가족, 사회 및 문화적 유산 등이 아동의 성격발달에 영향을 준다고 가정하였다.

셋째, 인생 초기의 부모-아동 관계에 의해 형성된 아동의 성격은 불가역적이라고 주장한 프로이트와는 달리 에릭슨은 한 단계에서의 실패를 불가역적이라고 보지 않았고 오히려 바람직한 성격으로 성장할 수 있도록 도울 수 있는 환경조건에 관심을 가졌다. 병리적 성격형성의 예방을 중요시한 에릭슨은 한 단계에서 아동이 실패했다고 할지라도 이후의 단계에서 적절한 환경조건이 갖추어지면, 건강한 성인으로 성장할 수 있다고 믿었다.

넷째, 인생 초기의 발달을 중요시한 프로이트와는 달리 에릭슨은 일생 전체를 포함하는 성격발달의 8단계를 제시하였다(표 2-2 참조). 에릭슨이 제시한 여덟 개의 발달단계는 각 단계마다 심리사회적 위기를 지니고 있다. 위기(crisis)란 개인이 각 발달단계에서 환경적 요구에 적응하기 위한 심리적 노력으로 눈에 보이는 특정한 사건이라기보다는 일상생활에서 겪게 되는 긴장이나 갈등을 의미한다.

표 2-2 | 에릭슨의 심리사회적 발달단계

심리사회적 단계	발달시기	특징	상응하는 심리성적 단계
기본적 신뢰 대 불신 (Basic trust vs. mistrust)	출생-1세	따뜻하고 반응적인 돌보기에 의해 영아는 신뢰감을 획득하며, 불신은 위안을 얻으려는 영아가 너무 오래 기다리거나 거칠게 다루어질 때 형성된다.	구강기
자율성 대 수치와 의심 (Autonomy vs. shame and doubt)	1-3세	유아는 스스로 선택하고 결정하기를 원한다. 자율성은 부모가 합리적인 정도의 자유로운 선택을 허용하고 강요하거나 모욕을 주지 않을 때 획득된다.	항문기
선도성 대 죄책감 (Initiative vs. guilt)	3-6세	어떤 일을 솔선해서 수행하는 선도성은 부모가 아동의 의도와 방향감각을 지원할 때 발달한다. 지나친 자기통제의 요구는 과통제나 죄책감을 유발한다.	남근기
근면성 대 열등감 (Industry vs. inferiority)	6-11세	학교에서 다른 사람과 함께 일하고 협동하는 능력이 발달한다. 열등감은 가정이나 학교 혹은 또래와의 부정적 경험에 의해 형성된다.	잠복기
정체감 대 정체감 혼란 (Identity vs. identity diffusion)	청년기	내가 누구이고 무엇을 할 수 있는지에 대한 의문에 대답하려고 노력한다. 스스로 선택한 가치와 직업 목표는 개인적 정체감으로 통합되며 부정적 결과는 성인역할에 대한 혼란으로 표출된다.	생식기
친밀감 대 고립감 (Intimacy vs. isolation)	성인초기	타인과 친밀한 유대를 확립하는 데 몰두한다. 어떤 사람들은 타인과 가까운 관계를 형성하지 못하고 고립된 생활을 한다.	
생산성 대 침체 (Generativity vs. stagnation)	성인중기	생산성은 아동양육을 포함하여 타인을 돌보거나 생산적인 일을 통하여 다음 세대를 돌보는 것을 의미한다. 생산성을 확립하지 못하면 성취감을 경험하지 못하고 침체에 빠진다.	
자아통합 대 절망 (Ego integrity vs. despair)	성인후기	지나온 날에 대해 심사숙고한다. 자아통합은 자신의 인생이 충분히 가치있었다는 판단에 기초한다. 자신의 삶에 만족하지 못하는 사람은 죽음을 두려워한다.	

심리사회적 위기는 긍정적 요소와 부정적 요소를 모두 포함한다. 아동이 각 단계에서 위기를 만족스럽게 해결하면 자아의 긍정적 요소(기본신뢰, 자율성 등)들이 점차 성장하는 자아속에 흡수되어 보다 건전한 발달이 이루어진다. 반대로, 긴장이나 갈등이 계속되거나 불만스러운 양상으로 해결되면 자아발달은 손상을 입게 되고 자아의 부정적 요소(불신, 수치, 의심 등)들이 아동의 자아속에 통합된다.

에릭슨에 의하면, 초기의 성취나 실패가 영구불변하는 것은 아니지만, 건전한 방향의 발달이 이루어지려면 위기의 해결이 적절해야 한다. 에릭슨은 그의 8단계가 인간발달의 보편적 양상을 기술하고 있으나, 각 개인이 매 단계에서 위기를 해결하는 방식은 문화에 따라 달라질 수 있다고 제안하였다.

요약하면, 에릭슨의 이론은 성격형성의 주된 책임자였던 부모의 역할을 약화시키고 사회문화적, 심리역사적 환경의 영향을 중요시함으로써 성격발달의 실패에 대한 부모의 책임을 감소시켜 주었다. 더욱이 에릭슨은 성격발달에서의 초기실패는 후기에 교정될 수 있다는 희망을 제공해 준 낙관론자였다. 그러나 그의 심리사회적 이론의 구조는 과학적 및 논리적 정확성이 결여되어 있다는 비판을 받는다. 한 예로서 에릭슨이 제시한 각 단계에서의 자아의 측면들은 하나의 일직선상의 양극단에 위치하는 특성들도 있으나(신뢰 대 불신), 선도성 대 죄책감의 단계처럼 동일한 일직선상에 위치할 수 없는 자아의 특성들도 포함되어 있다는 것이다.

Ⅱ. 학습이론적 조망

정신분석이론이 인기를 얻고 있던 바로 그 시점에 아동연구는 학습이론(learning theory)이라는 새로운 조망의 영향을 받기 시작하였다. 행동주의(behaviorism) 심리학에서 도출된 학습이론은 20세기 초 미국의 왓슨(John B. Watson: 1878-1958)으로부터 시작된다. 왓슨은 정신분석이론가들과는 다르게 마음의 보이지 않는 작용보다는 직접적으로 관찰가능한 행동을 연구해야 한다고 주장하고 객관적이고 과학적인 심리학을 구상하였다.

1. 왓슨의 고전적 조건화

왓슨은 존 로크(John Locke)의 신념을 채택한 최초의 심리학자로서 러시아의 생리학자 이반 파블로프(Ivan Pavlov)에 의해 수행된 동물학습연구로부터 큰 감명을 받는다. 파블로프는 생득적 반사로서 개가 음식물을 먹을 때 타액을 분비한다고 생각하였으나, 음식물을 먹기 전에 먹이 주는 사람을 보기만 하여도 개가 타액을 분비한다는 것을 발견하였다. 타액은 유기체가 음식물을 먹을 때 분비하는 소화액임에도 불구하고, 그것은 음식물을 먹지 않을 때에도 분비될 수 있음은 물론 다른 자극과도 연합될 수 있었다.

이러한 원리를 기초로 파블로프는 벨소리와 음식물을 짝지음으로써 벨소리만 듣고도 개가 타액을 분비할 수 있도록 학습시킬 수 있었고 이 절차를 고전적 조건화 혹은 고전적 조건형성(classical conditioning)이라고 명명하였다. 타액분비 외에도 놀람, 회피, 눈깜박거리기 그리고 메스꺼움과 같은 반사적 행동들은 조건화 과정을 통하여 의미 있는 환경자극과 연합될 수 있다.

왓슨은 고전적 조건화 절차를 아동의 행동에도 적용할 수 있는지를 실험하였다. 그는 생후 9개월의 알버트에게 자연적으로 공포를 일으키는 큰 소리를 여러 번 들려주고 그것을 중립적 자극인 흰쥐와 짝지음으로써 흰쥐에 대한 공포를 학습시키려고 하였다. 처음에 흰쥐를 가지고 즐겁게 놀던 알버트는 흰쥐와 큰 소리가 여러 번 짝지어짐에 따라 흰쥐가 나타나면 고개를 돌리고 울음을 터뜨리기 시작하였다.

이 실험을 기초로 왓슨은 아동발달을 이루게 하는 최상의 원인요인은 환경조건이므로, 자극 – 반응 연합을 통제

John B. Watson(1878-1958)

하면 성인이나 사회가 원하는 대로 아동의 행동이 형성될 수 있다고 주장하였다. 왓슨에 의하면, 아동이 지니고 있는 어떤 능력이나 성격특성도 선천적이거나 유전된 것이 아니며 모두가 조건화의 결과, 즉 양육과 환경의 산물이라는 것이다.

B. F. Skinner(1904-1990)

2. 스키너의 조작적 조건화

왓슨 이후 미국의 행동주의는 여러 형태로 발전하였고 그 중의 하나가 스키너(B. F. Skinner)의 조작적 조건화 이론(operant conditioning theory)이다. 조작적 조건화란 행동의 결과 때문에 행동이 변화되는 기본적 학습과정으로 여기서 행동의 결과는 보상을 받느냐 처벌을 받느냐를 의미한다. 보상받은 행동은 반복될 것이고 처벌받은 행동은 감소될 것이므로 조작적 조건화 이론에서 가장 중요한 개념은 강화(reinforcement 혹은 보상)이다.

강화는 반응의 반복을 가져오게 하는 자극으로서 학습이 일어나게 하는 필수요건이다. 스키너에 의하면, 아동의 행동은 물이나 음식물 외에 칭찬이나 따뜻한 미소 혹은 새로운 장난감과 같은 다양한 강화자에 의해 증가될 수도 있고, 부모의 불승인이나 특권의 박탈과 같은 처벌에 의해 감소될 수도 있다.

조작적 조건화의 원리는 여러 가지 생활장면에 적용될 수 있다. 그 예로서 행동수정기법(behavior modification technique)은 조작적 조건화 원리를 적용한 대표적인 행동치료방법으로 영유아는 물론 초등학교 아동들의 문제행동을 교정할 수 있는 유용한 기법으로 알려져 있다. 행동수정기법의 절차는 우선 대상아동에게 강화적인 것이 무엇인가를 찾아내야 하며 원하는 행동이 나타날 때까지 기다린다. 그리고 그 행동이 나타나면 아동에게 즉시적인 보상을 준다. 보상받은 행동이 다시 나타나면 다시 보상을 줌으로써 원하는 행동이 나타날 확률을 증가시킨다. 이와 같이 문제행동은 무시되고 바람직한 행동은 보상을 받는 절차의 반복을 통하여 아동의 행동은 수정될 수 있다.

조작적 조건화 원리에 의하면, 아동에게 바람직한 행동을 하도록 가르치려면 아동 스스로 원하는 행동을 할 때까지 기다려야만 한다. 따라서 시간이 많이 소요되는 단점이 있다. 이것을 보완하기 위해 스키너는 조형(shaping)이라는 개념을 제안하였다. 조형은 아동의 행동을 유도하는 학습방법으로서 목표행동을 몇 가지 요소로 세분화한 다음 바람직한 방향의 행동을 할 때마다 선택적으로 강화하는 학습방법이다.

예를 들면, 아동 스스로 양치질하도록 가르치려고 한다고 가정해 보자. 우선, 아동이 식사 후에 목욕탕 가까이 접근하면 보상을 준다. 그 다음에는 목욕탕에 들어가면 보상을 주고 다음에는 목욕탕의 칫솔꽂이가 놓여 있는 곳 가까이로 가면 보상을 준다. 이와 같은 방식으로 결국 전체적인 행동계열(칫솔쥐기, 양치질하기, 물로 씻기, 칫솔을 제자리에 놓기 등을 포함)이 수행되었을 때만 보상을 줌으로써 양치질 습관을 형성하게 한다. 조형과정은 양치질하기 외에도 세수하기, 화장실 사용하기 그리고 식탁에서의 예절과 같이 어린 아동에게 다소 복잡한 행동을 학습시키려고 할 때 효과적이다.

스키너는 개인의 성격은 그의 보상역사를 요약하는 일관성 있는 행동유형이라고 강조한다. 왓슨과 동일하게 극단적인 환경론자였던 스키너는 적절한 강화유관의 사용에 의해 인간의 모든 행동이 학습될 수 있다고 믿었다.

3. 사회학습이론

20세기 중반에 아동의 사회적 행동에 관한 미국 사회의 관심은 사회학습이론(social learning theory)이라는 새로운 조망을 출현하게 하였다. 반두라(Bandura, 1977)의 관찰학습(observational learning)으로 대표되는 사회학습이론은 인간의 사회적 행동이나 성격은 외적 강화 없이도 타인(모델)의 행동을 관찰함으로써 획득된다고 주장한다.

그러므로 아동은 단순히 그들 주위의 타인들을 지켜봄으로써 많은 바람직

Albert Bandura(1925-)

한 반응과 바람직하지 못한 반응들을 획득할 수 있다. 어머니를 따라 손뼉을 치는 아기, 집에서 처벌받은 대로 화가 나면 친구를 때리는 아동, 친구가 입은 옷과 같은 옷을 입고 동일한 머리모양을 하는 10대는 모두 관찰학습의 예를 제공한다.

출생 직후부터 아동은 타인의 행동을 관찰하며, 이때 부모는 아동에게 가장 중요한 모델이다. 아동은 부모의 행동을 관찰함으로써 부모와 유사한 행동과 가치관 및 언어습관을 형성한다. 특히 개인의 성역할과 부모역할에 대한 아동의 태도는 주로 부모의 행동을 관찰한 결과로 획득된다. 부모 외에도 손위의 형제자매나 또래집단 혹은 이야기 속의 주인공들이 아동의 모델이 된다.

최근 반두라(Bandura, 2008, 2009)는 개인의 인지과정이 환경이나 행동과 연결된다는 것을 강조하고 사람은 타인의 행동을 인지적으로 표상한 다음 성공할 수 있다는 확신감이 있을 때(자기효능감) 그 행동을 채택한다고 주장한다. 초기의 이론이 모델링에 기초한 사회학습 접근(social learning approach)이었다면, 최근에는 자신과 타인에 대해 어떻게 생각하고 추론하는지를 강조하는 사회인지적 접근(social cognitive approach)을 지향한다.

사회인지적 접근에 의하면, 아동의 모방은 점점 더 선택적이 된다. 자기–칭찬과 자기–비난에 가담하는 타인을 관찰함으로써 그리고 자신의 행동가치에 대한 피드백을 통하여 아동은 특별한 상황에서 행동하기 위한 개인적 표준과 자기효능감(a sense of self-efficacy)을 발달시킨다.

자기효능감에 대한 판단은 활동과 상황의 선택은 물론 어려움에 직면했을 때, 우리가 얼마나 노력해야 하는지를 결정하기 때문에 중요하다. 자기효능감이 강하면 강할수록 특정과제를 더 오랫동안 지속하고 더 많은 노력을 투자할 수 있다. 그러므로 높은 자기효능감을 지니고 있는 아동들은 과제학습상황에서 자신이 지닌 기술을 잘 활용할 수 있으나 자기효능감이 낮은 아동들은 제대로 활용하지 못한다.

개인의 자기효능감은 반복된 과제관련 경험을 통하여 점진적으로 발달한다 (장휘숙, 1993; Bandura, 2009). 자기효능감의 지각은 개인적인 성공과 실패를 경험함으로써 그리고 타인의 성공과 실패를 관찰함으로써 발달하며, 실패경험보다는 성공경험이 많을 때 자기효능감이 높아질 수 있다.

Ⅲ. 인지론적 조망

정신분석이론이 무의식의 중요성을 강조한다면, 인지론적 조망은 의식적 사고를 중요시한다. 대표적인 이론으로 피아제의 인지발달이론과 정보처리이론 그리고 비고쯔키의 사회문화적 인지이론이 있다.

1. 피아제의 인지발달이론

피아제의 이론에 의하면, 아동은 주변 세계를 능동적으로 이해하려고 노력한다. 그들은 표 2-3과 같이 질적으로 다른 네 개의 단계를 거쳐 인지적 성장을 이룬다. 감각운동기에서는 감각과 운동활동으로 인지발달을 이루지만 전조작기의 인지체계는 상징적이면서도 비논리적 사고로 구성된다. 뒤이어 구체적 조작기에 이르면 아동의 추론은 더 조직화되고 마지막 형식적 조작단계에서 사고는 청소년과 성인의 복잡하고 추상적인 추론체계로 변형된다. 네 개의 단계 중 감각운동기와 전조작기는 다시 몇 개의 하위단계로 세분되지만, 여기서는 생략하고 제7장에서 자세히 설명한다.

피아제 이론의 기본개념은 도식(schema: 쉐마)이다.

Jean Piaget(1896-1980)

표 2-3 | 피아제의 인지발달단계

단 계	발달시기	특 징
감각운동기 (Sensorimotor stage)	출생-2세	눈, 귀, 손을 사용하여 세상을 지각한다. 음악을 듣기 위하여 스위치를 켜고 숨겨진 장난감을 찾아내며 용기 안에 물건을 넣고 꺼내는 것 같은 감각운동문제의 해결 방법을 고안해낸다.
전조작기 (Preoperational stage)	2-7세	감각운동적 발견을 표상하기 위하여 상징을 사용한다. 언어와 상징놀이의 발달이 이루어지지만, 사고는 아직 논리적이지 못하다.
구체적 조작기 (Concrete operational stage)	7-11세	사고는 논리적으로 변화하지만, 아직도 구체적 사물에 한정된다. 용기의 모양이 변하여도 그 양은 그대로 유지된다는 것을 이해할 수 있고 사물을 범주와 하위범주의 위계로 조직할 수도 있다.
형식적 조작기 (Foraml operational stage)	11세 이후	추상적 사고가 가능하다. 실제 세계의 사물과 연결되지 않은 상징을 사용하여 추론할 수 있으므로 고차적 수학도 가능하다. 과학 문제의 해결시에 모든 가능한 결과를 생각해낼 수 있다.

도식은 지식의 기본단위로서 유기체가 외계의 사물을 인지하기 위해 사용하는 '이해의 틀'에 해당한다. 도식의 개념은 매우 광범위하며, 반사행동 수준에서부터 장난감이나 우유병에 대한 이미지, 계획이나 기대, 신념 및 복잡한 아이디어까지 포함한다.

도식을 기초로 하는 아동의 인지발달은 조직(organization)과 적응(adaptation) 그리고 평형(equilibrium)의 세 가지 선천적 과정에 의해 이루어진다. 조직이란 두 개 혹은 그 이상의 분리된 도식을 결합하고 통합하여 조화시키는 경향성을 의미한다. 신생아들은 조직과정에 의해 보기반사(looking reflex)와 흡입반사(sucking reflex) 그리고 파악반사(grasping reflex)의 독립된 도식들을 결합시킴으로써 우유병을 보고, 그것을 붙잡으며 그리고 빨 수 있게 된다.

또한 적응은 내적 및 외적 경험과 상호작용하고 자신을 조절하는 개인의 경향성으로 동화(assimilation)와 조절(accommodation)의 상보적 과정에 의해 이루어진다. 동화는 아동이 지니고 있는 기존의 도식을 바탕으로 외부 환경자극의 정보를 받아들이는 과정에 해당한다. 반면, 조절은 기존의 도식으로는 환경자극을 받아들일 수 없을 때 도식 자체가 변화하거나 새로운 도식을 획득하는 과정을 의미한다.

딸랑이를 흔들면 소리가 난다는 것을 알고 있는 영아에게 말굽자석을 주면 처음에는 딸랑이처럼 흔들어보고 입으로 빨아본다(동화과정). 그러나 영아는 말굽자석에는 딸랑이를 위한 도식이 적용되지 않는다는 것을 발견하고, 말굽자석과의 반복된 접촉을 통하여 말굽자석에 적절한 도식을 발달시킨다(조절과정). 아동은 동화와 조절과정에 의해 지적 능력을 확대시키지만, 동화과정보다는 조절과정에 의해 더 많은 아이디어와 행동목록들을 획득하고 더 큰 지적 성장을 이룰 수 있다.

한편 평형은 지적 성장을 촉진시키는 동기적 요인이다. 우리가 외부환경과 상호작용할 때, 기존의 도식으로 해결할 수 없는 새로운 사태에 직면하면 조절이 일어나야 한다. 그러나 조절이 이루어지는 과정은 인지적 긴장과 갈등을 불러일으키며 유기체를 불평형(disequilibrium)상태에 처하게 한다. 인지적 불평형 상태는 유기체로 하여금 평형상태를 회복하려고 노력하게 하며 그 결과로서 기존의 도식이 수정되고 인지적 성장이 이루어진다.

그러나 피아제 이론은 다음과 같은 몇 가지 점에서 비판을 받는다.

첫째, 피아제는 어린 아동의 능력을 과소평가하였다. 어린 아동이라고 할지라도 과제가 일상생활과 관련된 문제이면 더 나이 많은 아동이나 성인과 같은 방식으로 해결할 수 있음이 확인됨으로써(Klahr & Nigam, 2004), 아동의 사고는 사용된 과제의 내용과 활용되는 지식의 친숙성 여부에 따라 달라진다는 것이 분명해졌다.

둘째, 피아제는 근본적으로 아동은 스스로 성장하려는 유전적 경향성을 지니고 있다고 믿었기 때문에 인위적으로 지적 발달을 촉진시키려는 시도는 효과가 없다고 주장하였다. 그러나 후속연구들은 피아제 과제에 대한 아동의 수행은 훈련에 의해 개선될 수 있음을 확인하고 적절한 실험과제를 사용한다면, 유아도 훨씬 더 유능한 지적 해결자가 될 수 있다는 데 동의한다(Siegler & Svetina, 2006).

셋째, 피아제는 아동의 사고는 연령에 따라 질적 변화를 이루므로 특정 연령에서 갑작스러운 변화가 일어난다고 가정하였다. 그러나 아동의 사고발달은 피아제가 가정한 것보다 훨씬 더 점진적, 계속적으로 이루어진다는 것이 확인되고 있다(Fischer & Bidell, 2006).

2. 정보처리이론

1970년대에 들어오면서 아동심리 연구자들은 행동주의 이론은 물론 피아제 이론의 문제점을 인식하고 아동의 사고발달을 이해하는 새로운 조망으로 정보처리이론(information processing theory)에 관심을 갖게 되었다. 비록 많은 요인들이 정보처리이론의 발달에 영향을 주었지만, 컴퓨터만큼 큰 영향을 주지는 못하였다.

심리학자들은 컴퓨터의 하드웨어와 대뇌 그리고 컴퓨터의 소프트웨어와 인지가 서로 유사하다고 가정하고 인간의 마음도 수학적이고 논리적인 단계를 따라 문제를 해결하는 컴퓨터의 정보처리과정과 같이 정보가 흘러가는 상징 – 조작체계(symbol-manipulating system)로 볼 수 있다는 것이다(Munakata, 2006).

정보처리이론은 피아제의 이론과 같이, 아동을 환경적 요구에 반응하여 자

신의 사고를 수정하는 능동적이고 사려깊은 존재로 인식하지만, 사고의 단계적 발달을 가정하지 않는다는 점에서 피아제 이론과 차이가 있다. 정보처리이론에 의하면, 어린 아동과 성인의 사고과정은 질적으로 유사하고 아동은 성인보다 단지 더 적은 양의 사고를 할 뿐이다. 연령증가와 함께 아동은 질적으로 상이한 지적 능력을 갖는다는 피아제의 주장과는 다르게, 정보처리이론가들은 지식의 양적 축적과 기억능력의 확장을 지

적 발달로 간주한다. 그러므로 발달은 갑작스럽게 일어나는 단계적 변화가 아니라 계속적, 연속적 변화에 의해 이루어진다는 것이다(Vallotton & Fischer, 2008).

아동의 정보처리과정을 연구하는 대표적 연구자로 로버트 지글러(Robert Siegler, 2006)가 있다. 그는 개인이 정보를 지각하고 부호화하고, 표상하고, 저장하고 그리고 인출할 때 사고(思考)하므로, 사고가 곧 정보처리라고 주장하고, 발달의 중요한 측면은 정보처리를 위한 좋은 전략을 학습하는 것이라고 강조한다.

정보처리이론이라고 해서 문제점이 없는 것은 아니다. 정보처리이론은 상상력이나 창의성과 같은 또 다른 인지적 측면들을 무시한다는 비판을 받는다. 또한 그것은 인지와 발달의 다른 영역들, 즉 동기, 정서, 사회적 경험과의 관련성에 대해 아무것도 설명하지 못함으로써 아동의 사고와 실제생활의 중요한 측면들을 분리시킨다는 문제점도 지닌다.

3. 비고쯔키의 사회문화적 인지이론

러시아의 발달심리학자인 비고쯔키(Lev Semenovich Vygotsky)는 문화가 아동의 발달에 주는 영향을 연구한 개척자적 인물이다. 사회문화적 인지이론(sociocultural cognitive theory)이라고 불리는 비고쯔키의 이론은 문화와 사회적 상호작용이 어떻게 인지발달을 가능하게 하고 그것이 다음 세대에 어떻게 전달되는지를 역점두어 다룬다. 그는 피아제와 같이 아동은 능동적으로 자신의 지식을 구성한다고 주장하면서도 사회적 상호작용과 문화가 인지발달에서 훨씬 더 중요한 역할을 한다고 강조한다. 여기서 사회적 상호작용이란 아동과 더 많은 지식을 갖는 사회구성원 사이의 협조적 대화를 의미한다.

비고쯔키에 의하면, 그 사회의 성인이나 많은 지식을 갖는 사람들은 아동과 대화를 나눔으로써 아동이 문

Lev Vygotsky(1896-1934)와 그의 딸

화적으로 의미있는 활동을 학습하도록 도움을 주며, 그들 사이의 의사소통은 아동사고의 일부가 된다. 아동은 자신의 사고와 행동을 조절하기 위하여 성인이 사용한 언어적 지시를 자신에게 그대로 반복한다.

언어적 지시의 반복은 보통 사적언어(private speech)의 형태로 이루어진다. 그 예로서 아동이 퍼즐을 풀거나 신발끈을 묶으면서 "너는 혼자 할 수 있어"라고 자신에게 이야기한다고 하자. 이때 어린 아동은 성인이 아동에게 가르치기 위해 설명하고 지시한 언어를 그대로 반복함으로써 자신의 행동을 격려하고 조절한다.

사회문화적 인지이론에서 아동의 발달과 사회문화적 활동은 서로 분리될 수 없으므로 아동의 기억이나 주의 혹은 추론능력의 발달은 그 사회에서 사용되는 독특한 언어와 수학체계 및 기억전략 등의 학습을 통해 이루어진다. 그에 따라 어떤 문화의 아동은 컴퓨터를 사용함으로써 그리고 다른 문화의 아동은 농기구를 사용함으로써 학습할 것이므로, 아동이 인지발달을 이루기 위해서는 더 숙련된 성인이나 또래와의 상호작용을 전제로 해야 한다(Alvarez & del Rio, 2007).

비고쯔키도 피아제와 동일하게 세상을 이해하려는 아동의 능동적이고 독립적인 노력을 중요시하기는 하지만, 인지발달을 사회적으로 중재된 과정으로 본다는 점에서 차이가 있다. 사회문화적 인지이론은 개인의 지식은 개인 내에서 생성되는 것이 아니라 오히려 다른 사람이나 특정 대상물(보통 책)과의 협조적 상호작용을 통해 획득된다고 주장한다.

Ⅳ. 동물행동학적 조망

동물행동학적 조망(ethological perspective)은 1960년대에 아동연구에 적용되기 시작하여 20세기 후반에 인기를 얻은 이론적 조망으로 행동의 적응적, 생존적 가치와 그것의 진화적 역사에 관심을 갖는다. 다윈(Charles Darwin)의 진화론에서 그 기원을 찾을 수 있는 동물행동학은 콘라드 로렌쯔(Konrad Lorenz)와 니

Konrad Lorenz에 각인된 새끼거위들

코 틴버겐(Niko Tinbergen)의 연구로 널리 알려지게 되었다.

자연 서식지에서 다양한 동물종의 행동을 관찰한 로렌쯔와 틴버겐은 생존을 증진시키는 다양한 행동패턴을 발견하였다. 그 중에서 가장 많이 알려진 것이 각인(imprinting)현상이다. 각인이란 어린 새끼동물이 생후 초기의 특정한 시기에 어떤 대상에게 노출되면(보통 어미), 그 대상에게 추종반응을 나타내고 비교적 영구적인 유대를 형성하는 현상을 의미한다.

각인은 새끼를 어미 가까이 머물게 하고 먹이를 얻을 수 있게 하며 위험으로부터 보호받는 것을 가능하게 한다. 만약 이 시기동안 어미가 아닌 다른 대상물(어미의 모델이나 인간)에 노출되면 어린 새끼동물들은 그 대상물에 각인된다. 출생 직후 로렌쯔의 보살핌을 받은 새끼거위들은 생물학적 어미를 무시하였고 거의 영구적으로 로렌쯔를 어미로 알고 따라다녔다(Lorenz, 1952).

각인 현상을 기초로 영국의 심리학자 존 볼비(John Bowlby, 1969)는 인간 영아와 양육자의 관계를 설명하기 위하여 동물행동학적 이론을 적용하였다. 그는 아기의 미소짓기, 옹알이, 붙잡기, 울기와 같은 애착행동들은 모두 부모를 아기에게 접근하게 하고 아기를 돌보고 아기와 상호작용하도록 하는 준비된 사회적 신호로서, 진화역사에서 보유된 적응적 행동이라고 주장하였다. 다시 말하면 이러한 행동들은 어머니를 아기 가까이 머물게 함으로써 아기가 음식물을 먹을 수 있도록 하고 위험으로부터 보호받으며 건강한 성장에 필요한 자극과 애정을 제공받을 수 있도록 하여 아기의 생존을 증진시킨다는 것이다.

볼비는 생후 1년 동안의 양육자에 대한 애착은 전생애에 걸쳐 개인의 발달에 영향을 준다고 주장하였다. 볼비에 의하면, 어머니에 대한 애착이 긍정적이고 안정적이면 영아는 아동기 이후까지 긍정적 발달을 이룰 수 있지만, 만약 애착이 부정적이고 불안정하면, 발달은 손상을 입는다.

각인 현상과 영아의 어머니에 대한 애착은 결정적 시기(critical period)의 개념과 연결된다. 결정적 시기란 아동이 어떤 능력을 획득하기 위하여 생물학적으로 준비되어 있는 기간으로 그것의 발현을 위해 적절하게 자극적인 환경을 필요로 하는 시기에 해당한다. 그렇다면 생후 2년 동안 영아가 어머니에 대한 애착을 형성하지 못한다면, 영아의 애착형성은 영구적으로 불가능한가?

그러나 인간은 학습이 이루어질 수 있는 최대의 가능성을 갖는 시기를 지니고 있기는 하지만, 조류나 다른 동물과 달리 그 시기 전후에도 가능성이 다소 감소된 시기가 존재한다. 더욱이 인간은 인생초기의 부정적 영향을 극복할 수 있는 가소성*(plasticity)을 지니고 있기 때문에, 외부적 도움과 지원에 의해 아동은 초기의 이상적이지 못한 영향에서 벗어날 수 있고 항상 수정될 수 있는 가능성을 지니고 있는 존재이다. 그러므로 결정적 시기라는 용어 대신에 민감기(sensitive period)라는 용어가 더 적합하다.

요약하면 동물행동학적 이론은 발달의 생물학적, 진화적 뿌리를 강조하면서도 행동에 융통성과 더 큰 적응성을 부여하는 학습을 또한 중요시한다. 특히 이 이론은 결정적 시기의 중요성과 연구방법으로 자연관찰법의 유용성을 입증하는 역할도 하였다. 그럼에도 불구하고 이 이론은 인간보다는 동물을 대상으로 수행된 연구에 주로 의존하고 지나치게 엄격한 결정적 시기를 가정할 뿐 아니라 인간의 인지능력에는 관심을 기울이지 않았다는 점에서 비판을 받는다.

---

*가소성 : 고체에 어떤 한도 이상의 힘을 가했을 때 고체가 부서지지 않고 모양이 달라져서 그 힘을 없애도 달라진 모양을 그대로 유지하는 성질

V. 생태학적 체계조망

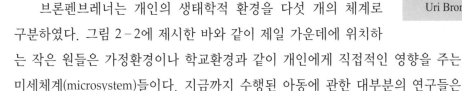

아동의 발달에 미치는 맥락의 영향을 설명하는 이론으로 생태학적 체계이론(ecological systems theory)이 있다. 미국의 심리학자인 유리 브론펜브레너(Bronfenbrenner, 2000, 2004)에 의해 제안된 이 이론은 "맥락 속의 발달" 혹은 "발달의 생태학"(the Ecology of Development)을 연구해야 한다고 강조한다. 여기서 생태학(Ecology)이란 개인이나 유기체가 경험하고 있는 혹은 개인과 직접, 간접으로 연결되어 있는 환경적 상황을 의미한다.

Uri Bronfenbrenner

브론펜브레너는 개인의 생태학적 환경을 다섯 개의 체계로 구분하였다. 그림 2-2에 제시한 바와 같이 제일 가운데에 위치하는 작은 원들은 가정환경이나 학교환경과 같이 개인에게 직접적인 영향을 주는 미세체계(microsystem)들이다. 지금까지 수행된 아동에 관한 대부분의 연구들은 이 수준에서 이루어졌다. 즉 어머니와 아기 사이의 의사소통, 또래집단 내에서의 인기 정도, 학교에서의 공격성 등에 관한 연구들이 좋은 예가 된다.

미세체계에서의 아동의 발달을 이해하기 위해서는 우리는 모든 관계가 양방향적이고 상호적이라는 것을 이해해야 하는 동시에 제3자에 의해서도 영향을 받는다는 것을 인식해야 한다. 다시 말하면 성인은 아동의 행동에 영향을 주지만 아동의 특성 또한 성인의 행동에 영향을 주며, 환경 내의 다른 사람들 역시 아동에게 지원적이라면 부모-아동 관계의 질을 증진시킬 수 있다는 것이다.

그 다음 수준에 중간체계(mesosystem)가 위치한다. 중간체계는 미세체계들 사이의 연결망에 해당된다. 아동의 부모와 교사의 관계 및 아동의 형제자매와 이웃 친구들의 관계 등이 여기에 포함된다. 일반적으로 이 체계들이 더 많이 상호연결되어 있으면 있을수록 아동의 발달은 분명하고 일관성 있는 방식으로 지원받을 수 있다.

중간체계의 바깥에는 외부체계(exosystem)가 존재한다. 외부체계는 아동이 직접적으로 참여하지는 않지만 아동에게 영향을 주는 환경요소들을 포함한다.

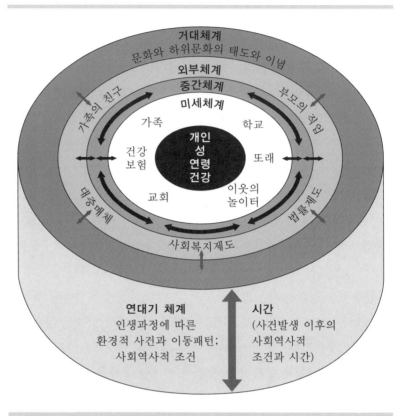

거대체계
문화와 하위문화의 태도와 이념

외부체계

중간체계

미세체계

가족의 친구

부모의 직업

가족   학교

개인
성
연령
건강

건강
보험   또래

대중매체

법률제도

교회   이웃의
놀이터

사회복지제도

연대기 체계
인생과정에 따른
환경적 사건과 이동패턴;
사회역사적 조건

시간
(사건발생 이후의
사회역사적
조건과 시간)

그림 2-2 | 생태학적 체계이론에서 환경의 구조

예를 들면, 부모가 종사하는 직업에서의 융통성 있는 작업 스케줄, 유급의 출산·육아 휴가, 자녀가 아플 때 부모의 병가(病暇) 등은 직업환경이 자녀를 양육하는 부모를 도움으로써 아동의 발달을 간접적으로 증진시키는 방법들이다. 외부체계는 친구나 확대가족의 구성원들과 같이 필요할 때 충고해 주고 재정적 도움을 주는 사람도 포함하기 때문에 비공식적일 수도 있다. 특히 가족이 이사해야만 할 때 어머니는 중요한 외부체계를 잃게 되고 자신이 고립되고 불행하다고 느낄 수 있으므로, 아동에게 거칠고 처벌적인 훈육을 실시하는 하나의 원인이 될 수 있다.

　　네 번째 수준은 거대체계(macrosystem)이다. 거대체계란 개인이 소속한 사회나 하위문화의 이념 및 제도의 일반적 패턴으로서 법적, 정치적, 사회적, 교육적 혹은 경제적 체계와 같이 개인에게 간접적 영향을 준다. 거대체계의 중요성은 더 낮은 수준에서 아동이 받는 지원에 영향을 준다는 것이다. 만약 국가가 탁아소 환경을 중요시하고 질 높은 양육이 이루어질 수 있도록 노력한다면, 아동은 미세체계 수준에서 더 바람직한 탁아소 환경을 경험할 수 있을 것이다.

마지막으로 다섯 번째 수준은 연대기체계(chronosystem)로서 인생과정을 따라 일어나는 환경적 사건들과 사회역사적 환경조건들의 변화를 포함한다(Schaie, 2007). 그 예로서 아동에게 미치는 이혼의 부정적 영향은 이혼 후 첫 1년 동안 최고조에 달한다(Hetherington, 2006). 그러나 이혼 후 2년이 경과하면, 가족간의 혼란은 감소하고 안정을 되찾기 시작하므로 연대기체계는 특정한 사건이 시기에 따라 아동에게 어떤 영향을 미치는지를 설명할 수 있도록 한다. 지난 30년 동안 여성들의 취업이 증가한 것 역시 아동의 발달에 영향을 주는 사회역사적 상황변화로서 연대기체계 속에 포함되어야 하는 중요한 환경조건이다.

비록 생태학적 체계이론이 발달의 생물학적 기초를 무시하고 아동의 인지적 측면에는 관심을 갖지 않는다는 비판을 받지만, 아동이 미세체계의 영향만 받는 존재가 아님을 분명하게 제시했다는 점에서 일차적으로 그 가치를 인정받을 수 있다. 이 이론을 통하여 거대체계의 변화가 외부체계에 영향을 주고 외부체계의 변화는 다시 아동의 중간체계와 미세체계에 영향을 준다는 것이 분명해졌다. 동시에 이 이론은 사회역사적 사건들의 변화가 아동의 발달에 미치는 영향까지 고려함으로써 아동에 관한 연구가 종래의 미세체계 수준에서 확대되어야 한다는 것을 강하게 시사한다. 최근에 브론펜브레너는 그의 이론에 생물학적 영향력을 덧붙여 생물생태학적 이론(bioecological theory)으로 기술하기도 하지만, 그는 여전히 생태학적, 환경적 맥락을 더 중요시한다(Bronfenbrenner, 2004; Bronfenbrenner & Morris, 2006).

VI. 새롭게 등장한 이론적 조망

최근에 새롭게 등장한 이론적 조망으로 진화심리학과 역동적 체계조망을 소개한다. 전자는 생존과 적응을 중요시하고 후자는 행동의 재조직화 과정에 관심을 갖는다.

1. 진화심리학

1859년에 다윈에 의해 소개된 진화론은 최근에 와서 인간행동을 설명하는 하나의 이론적 조망으로서 진화심리학을 출현하게 하였다. 진화론의 핵심인 자연선택(natural selection)은 개체들간의 생존경쟁 결과, 환경에 가장 적응적인 개체들만이 살아남게 되는 현상을 의미한다.

자연선택의 결과, 생존한 사람들은 비생존자들보다 더 잘 적응된 유기체들이며, 그들의 특성은 다음 세대에 전달되므로 진화심리학은 적응과 생식 그리고 적자생존(survival of the fittest)의 중요성을 강조한다. 여기서 적자(適者)는 자손 역시 그 자신의 자손을 출산할 수 있도록, 오랫동안 생존할 수 있는 자손을 출산하는 능력을 의미한다(Bjorklund, 2007). 인간은 다른 포유동물과 비교하여 긴 아동기를 갖는다. 그 이유는 무엇일까? 진화심리학적으로 인간은 복잡한 사회에서 유능한 성인으로 성장할 수 있기 위하여 더 큰 대뇌를 발달시키고 복잡한 인간 사회를 학습할 시간을 필요로 하기 때문이다(Brooker, 2009).

진화와 행동의 관계에 관심을 불러일으킨 사람은 부스(Buss, 2008)이다. 그는 「진화심리학」의 저자로서 진화가 신체적 특성을 형성하는 것과 똑같이 우리의 공격성과 공포 및 배우자 선택에도 영향을 준다고 주장한다. 수렵·채취시대의 우리 조상들을 생각해 보자. 남성들은 동물을 사냥하기 위해 자주 먼 곳으로 여행하고 여성들은 열매나 식물을 채취하면서 집 가까운 곳에서 생활하였을 것이다. 그 시대의 남성들은 훌륭한 사냥꾼이 되기 위하여 탁월한 신체적 특성은 물론 뛰어난 공간능력도 필요로 하였을 것이다.

물론 이러한 특성을 지니고 있는 남성들은 더 많은 음식물을 집으로 가져올 수 있을 것이고 배우자 선택시에 더 매력적인 배우자로 인식될 것이며, 자손에게 이러한 특성을 전달할 기회도 더 많아질 것이다. 결국 몇 세대가 지나가면 이러한 특성을 지니는 남성들의 수는 더 많아질 것이므로 진화는 개인의 신체적, 심리적 특성은 물론 배우자 선택에 큰 영향을 준다는 해석을 할 수 있도록 한다. 그렇다고 해서 역사 이전 시대의 우리 조상들에게 적응적이었던 행동이 현대 사회에서 반드시 적응적인 것은 아니다. 그 예로서 역사 이전 시대의 음식물-부족 환경은 음식물이 있으면 포식하고 고칼로리 음식물을 섭취하려는 경향성을 갖게 하였지만, 음식물이 풍부한 오늘날에는 비만을 일으키는 원인이 되고 있다.

진화적 조망 역시 많은 비판을 받는다. 특히 반두라(Bandura, 1998)는 인간적응에 미치는 진화의 영향을 인정하면서도, 인간의 사회적 행동을 진화생물학(evolved biology)의 산물로 보는 일방향적 진화론(one-sided evolutionism)을 반대하고 환경적 조건과 생물학적 조건이 상호작용하는 양방향적 견해(bidirectional view)를 지지한다.

양방향적 관점에서 보면, 진화적 압력은 도구 사용이 가능한 생물학적 구조를 갖도록 인간의 신체에 변화를 일으킴으로써 환경을 조작하거나 새로운 환경조건을 구성할 수 있도록 한다. 또한 이렇게 구성된 환경조건은 의식과 사고 및 언어를 위한 전문화된 생물학적 체계로의 진화를 유도하는 새로운 선택압력을 생성한다. 그러므로 진화는 개인의 신체구조와 생물학적 잠재력을 제공할 뿐 행동 자체를 결정하는 것은 아니며, 행동은 환경과의 상호작용을 통해 결정된다는 것이다.

2. 역동적 체계조망

역동적 체계조망(dynamic systems perspective)은 가장 최근에 제기된 이론적 조망으로 발달에서의 변화를 보다 더 효과적으로 설명하려고 한다. 생물학과 물리학, 정보처리이론, 맥락적 이론 등의 영향을 받은 이 조망에 의하면, 아동의

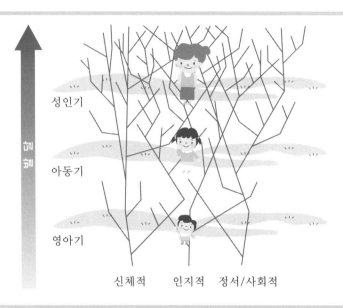

발달

성인기

아동기

영아기

신체적　　인지적　　정서/사회적

그림 2-3 │ 발달에 대한 역동적 체계조망

출처: Fischer & Bidell, 2006.

마음과 신체, 그리고 물리적, 사회적 세계는 새로운 기술의 숙달을 유도하는 통합적 체계를 형성한다.

항상 움직이고 있는 역동적 체계로서의 통합적 체계는 체계의 한 부분에서 변화가 일어나면 현재의 유기체-환경 관계는 붕괴되고 새로운 체계로 거듭나기 위한 재조직화가 일어난다. 대뇌의 성장이나 물리적, 사회적 환경의 변화가 체계의 한 부분에서 일어나면, 체계의 구성요소들이 보다 더 복잡하고 효과적인 방식으로 함께 작동할 수 있도록 하기 위하여 유기체(아동)는 자신의 행동을 적극적으로 재조직화한다는 것이다(Thelen & Smith, 2006). 그러므로 역동적 체계조망을 수용하는 연구자들은 아동이 어떻게 새로운 수준의 재조직화를 이루는지를 규명하려고 한다.

역동적 체계이론가들은 누구에게나 공통적인 유전적 특성과 기본적인 발달 규칙이 존재한다는 것을 인정하면서도 생물학적 구성과 매일의 과업 및 이러한 과업의 숙달에서 큰 개인차가 있음을 인정한다. 아동이 걷기, 말하기, 덧셈·뺄

제1부 아동심리학의 학문적 특성

셈과 같은 기술을 숙달할 때조차도 그들은 자주 각자의 톡특한 방식으로 숙달한다. 더욱이 아동은 특정한 맥락에서의 활동에 참여함으로써 능력을 발달시키므로 각 기술을 습득하는 시기는 같은 아동 내에서도 차이가 있다.

그에 따라 역동적 체계이론가들은 발달을 여러 방향으로 뻗어나가는 그물망으로 가정한다. 그림 2-3에서 그물망의 각 가닥은 신체, 인지 및 사회정서와 같은 발달의 주요한 영역을 나타내고 각기 다른 방향의 가닥들은 아동이 다양한 맥락에 참여하기 위해 요구되는 기술을 숙달해가는 경로와, 결과에서의 가능한 변이를 나타낸다. 이 그림에서 각 횡렬을 통과하는 가닥들의 상호연결은 개별적 기술이 전체로서 기능하기 위한 단계변화를 나타낸다. 그물망이 확장됨에 따라 기술의 수는 점점 더 많아지고 복잡해지며 효율적으로 변화한다.

이와 같이 역동적 체계조망에서의 발달은 여러 방향으로 갈라지는 그물망과 같아서, 신체, 인지, 사회정서 영역들 각각은 계속적이고 단계적 변형을 거쳐 성인기에 도달한다(Fischer & Bidell, 2006). 현재 역동적 체계조망은 주로 아동의 신체발달과 인지발달에 적용되고 있으나 일부의 연구자들은 정서발달이나 사회적 발달을 설명하기 위해서도 이 조망을 활용한다(Fogel & Garvey, 2007).

역동적 체계조망으로 부모-자녀관계의 변화를 설명해 보자. 아동의 신체와 추론능력이 급격히 증가하고 초등학교에서 중학교로 진학하는 시점에 이르렀다고 할 때, 자녀의 자기주장적 행동은 부모-자녀간의 의사소통에 변화를 일으킨다. 긍정적 상호작용보다는 중립적, 부정적 상호작용을 포함하는 의사소통이 더 많아지고, 이러한 상태는 상당기간 지속된다.

그러나 시간이 경과함에 따라 부모와 청소년 자녀는 점차적으로 새롭고 더 성숙한 상호작용 양식을 고안해냄으로써 체계는 재조직화를 이루고 안정을 되찾게 되므로, 이제 양자간의 상호작용 방식은 긍정적이고 예측가능해진다. 이 조망의 연구자들은 최근 복잡한 요소들 속에서의 발달을 추적하고 분석할 수 있게 됨으로써 발달적 변화에 대한 보다 종합적이고 포괄적인 이해가 가능해질 것으로 기대한다.

[2부]

발달의 기저

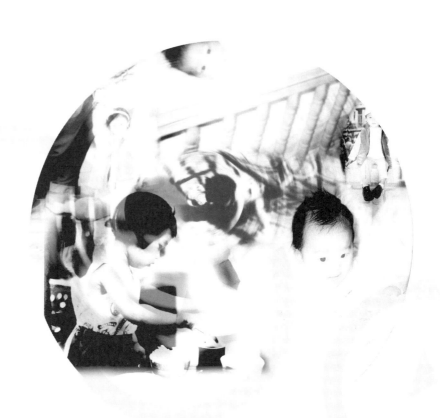

[2부] 발달의 기저

건강하고 정상적인 아동으로 성장할 수 있기 위해서는

다음과 같은 기본적인 발달이 이루어져야 한다.

즉 정상적인 유전의 활동과 세포분열, 태내발달, 신생아의 환경에 대한 성공적 적응

그리고 생존에 필수적인 신체, 운동, 지각능력의 발달이 그것이다.

제2부는 기본적 발달에 해당하는 내용들을 네 개의 장으로 나누어 고찰한다.

제3장에서는 발달의 기초로서 유전과 환경의 영향을 다루고

제4장에서는 태내기의 발달과 출산을

제5장에서는 인생초기의 신체발달을 그리고

제6장에서는 인생초기의 운동발달과 감각 및 지각능력의 발달을 차례로 설명함으로써

발달의 기저에 대한 충분한 이해를 가능하게 하였다.

[2부] 발달의 기저

제3장 유전과 환경의 영향

제3장

...유전과 환경의 영향...

🙎유전과 환경은 아동의 발달에 영향을 주는 중요한 요인들이
다. 제3장에서는 발달의 기초로서 유전의 영향을 먼저 설
명하고 행동유전학자들이 제안하는 유전과 환경의 상호작용 방식을 차례로
고찰한다. 아동연구의 초기에는 유전이 아동의 발달에 어느 정도로 영향을
미칠 수 있는지에 관심을 가졌다면, 현재는 유전과 환경이 어떻게 상호작용
하는지를 주로 연구한다.

I. 유전의 영향

모든 생물은 유전이라는 메커니즘에 의해 과거에서 현재로 그리고 영원한
미래로 그들의 생명과 특성을 이어간다. 그러나 유전의 메커니즘에 대해 알게
된 것은 20세기에 들어와서이며 19세기 이전까지도 사람들은 완전한 형태의 작
은 사람이 난자나 정자 속에 들어 있다고 생각하고 소형의 사람이 한 세대에서
다음 세대로 전달된다고 생각하였다.

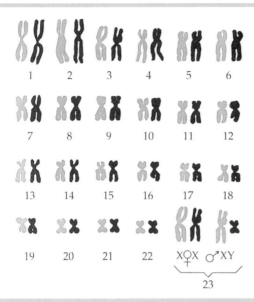

그림 3-1 | 23쌍으로 구성되는 사람의 염색체

1. 유전의 원리와 과정

1) 염색체와 유전인자

인간은 무수히 많은 세포로 구성되어 있다. 모든 세포 속에는 핵이 존재하며 핵 속에는 염색체가 쌍으로 존재한다. 크기, 형태 그리고 유전기능에서 동일한 특성을 지니고 있는 한 쌍의 염색체(남성 성염색체의 조합은 예외이다)의 각 구성원은 하나는 어머니로부터 그리고 나머지 하나는 아버지로부터 물려받은 것이다.

유사분열의 중기에 관찰될 수 있는 염색체 세트를 핵형(karyotype)이라고 하고 그것을 차례로 배열하면 그림 3-1과 같은 핵형도(核型圖)가 된다. 염색체의 종류에 따라 염색체의 굵기는 비슷하지만 길이는 큰 차이를 나타낸다. 사람의 염색체는 생식세포인 배우체(gametes)를 제외하고 2n=46개로 구성되며, 생물의 종류에 따라 그 수와 형태가 다르다. 인간과 가까운 고릴라나 침팬지의 염색체는 2n=48개이다.

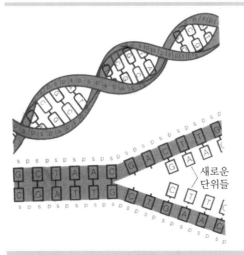

DNA분자는 두 가닥의 가운데가 갈라지
면서 스스로를 복제하며, 주위의 물질로
부터 적절한 염기결합을 만들어낸다.

새로운
단위들

그림 3-2 │ DNA 구조와 복제

염색체 속에는 생물의 형질을 나타내는 유전인자가 존재한다. 유전인자(gene)
는 유전특성의 전달자로서 DNA(deoxyribonucleic acid)라는 화학물질로 구성되어
있다. DNA는 산성물질로서 단백질 합성을 인도하는 RNA(ribonucleic acid)와 함
께 핵산을 구성한다. DNA의 긴 가닥은 유전부호를 운반하며 이 부호 속의 정보
들이 세포의 활동을 지배하는 특별한 효소나 단백질의 생산을 명령한다.

그림 3-2에 제시된 바와 같이 DNA분자는 이중나선형(double helix)의 형태
를 취하고 있으며 언제라도 풀어질 수 있는 준비를 갖추고 있다. DNA분자의 두
가닥은 당(糖)과 인산(燐酸)분자로 구성되며 두 가닥을 서로 연결하는 사닥다리
의 계단은 네 개의 염기(鹽基), 즉 구아닌(Guanine: G), 아데닌(Adenine: A), 시토
신(Cytosine: C), 그리고 티민(Thymine: T)으로 구성된다.

즉 당의 위치에서 나온 나선의 안쪽에 수직으로 나온 염기가 상대편 가닥에
서 나온 염기와 수소결합에 의해 연결된다. 이때 염기결합은 구아닌에 대하여
시토신, 아데닌에 대하여 티민이라는 두 가지 종류로 이루어지므로 네 개의 결
합이 가능해진다. 즉 구아닌-시토신(GC), 시토신-구아닌(CG), 아데닌-티민
(AT) 그리고 티민-아데닌(TA)이 그것이다. 이와 같은 네 가지 종류의 염기결합

패턴에 따라 유전정보를 전달하는 유전부호가 달라진다. 놀랍게도 인간은 이러한 4개의 염기결합을 약 30억 개 지니고 있다고 알려져 있다.

유기체가 성장하려면 DNA의 증식이 이루어져야 한다. DNA는 스스로 복제(複製)함으로써 증식을 반복한다. DNA의 복제가 시작되면 이중나선형 구조의 겹가닥이 풀어지면서 두 개의 외가닥으로 분리된다. 분리된 외가닥은 각각 주형(鑄型, template)이 되어 각 가닥마다 새로운 DNA를 합성한다. 기존의 DNA의 외가닥은 새로 합성된 DNA에 보존되며 외가닥의 염기배열순서는 상보적인 외가닥의 염기배열순서를 자동적으로 결정한다. 즉 기존의 외가닥의 염기배열이 A-T-A-C라면 형성된 DNA가닥의 염기배열은 T-A-T-G가 된다.

DNA 유전정보 전체를 게놈(genome)이라고 한다. 게놈이란 유전자(gene)와 염색체(chromosome)의 합성어로서 게놈을 해독한다는 것은 DNA를 구성하는 30억 개의 염기순서를 확인한다는 것이다. 또한 게놈 해독을 완료했다는 것은 4개의 염기가 어떤 순서로 30억 개를 이루는지를 알게 되었다는 뜻이다. 물론 그것은 단지 염기순서를 알게 되었다는 뜻일 뿐 그 염기들이 모여서 어떤 기능을 하는지는 아직 알지 못한다. 현재까지 일부의 유전정보만 해독된 상태이지만 전체 유전정보를 해독하는 데는 오랜 시간이 걸리지 않을 것으로 생각되므로 인류는 질병 치료와 예방을 위해 큰 혜택을 입을 수 있을 것으로 기대한다.

2) 유사분열과 감수분열

세포분열에는 유사분열(mitosis)과 감수분열(meiosis)이 있다. 유사분열은 한 개의 어미세포가 두 개의 딸세포로 이분되는 과정으로서 유전인자의 복제로부터 시작하여 염색체의 복제 그리고 뒤이어서 세포의 내용물이 이분됨으로써 완성된다. 유사분열에 의해 증식된 딸세포는 처음의 어미세포와 수와 종류에서 동일하므로 DNA도 똑같이 배분된다. 이와 같은 유사분열과정에 의해 유기체는 세포의 수를 늘리고 그에 따라 성장하므로 단세포인 접합자에서 수백만 개의 세포를 갖는 태아로 발달할 수 있다.

감수분열(meiosis)은 두 번의 분열이 연속해서 일어나는 세포분열 과정으로

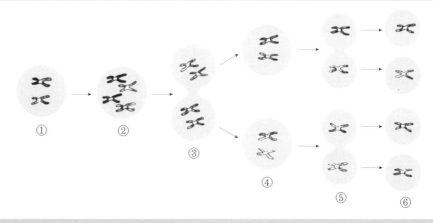

그림 3-3 │ 유사분열과 감수분열

처음 분열은 유사분열과 동일하게 염색체의 복제 배가 후에 이분되지만 두 번째 분열에서는 염색체의 복제 배가 없이 이분되기 때문에 염색체의 수가 1/2로 감소하는 독특한 분열에 해당한다. 감수분열은 생식세포(난자와 정자)를 만들어 내는 세포분열의 과정으로 남성의 고환과 여성의 난소에서 일어나며 이 과정에 의해 배우체(gametes)인 정자(sperm)와 난자(ovum)가 만들어진다. 그러므로 최종적으로 생산된 정자와 난자는 단지 체세포의 1/2의 염색체만을 갖는다.

유사분열과 감수분열의 차이는 분열이 몇 번 일어나는가 그리고 분열시에 염색체의 복제 배가가 이루어지는가 아닌가에 있다. 체세포분열인 유사분열 과정은 한 쌍의 염색체가 그림 3-3의 ②에서 스스로 복제 배가하여 이분되는 과정을 거치므로 ①에서 ④까지의 과정에 해당한다. 그러나 생식세포의 분열과정인 감수분열은 염색체가 복제 배가되는 ①에서 ④까지의 분열에서 끝나지 않고 염색체의 복제 배가 없이 또 한 번의 분열과정을 거치게 된다. 그림 3-3의 ④에서 ⑥까지의 과정이 감수분열에서 이루어지는 제2분열과정이다.

감수분열과정 동안 남성의 정세포는 두 개의 딸세포가 그대로 살아 남아 제2분열을 시작하는 반면, 여성의 난세포는 두 개의 딸세포 중 한 개의 딸세포가 퇴화하고 나머지 한 개의 딸세포만이 분열을 계속한다. 감수분열 결과, 남성의 경우에는 네 개의 정자가 만들어지나, 여성의 경우에는 단계 ⑥에서 두 개의 난자가 만들어지기는 하지만 단 한 개의 난자만이 살아남는다.

23개의 염색체만을 갖는 난자와 정자의 생식세포들은 제각기 상이한 조합으로 구성되는 단수의 염색체를 갖는다. 임신에 의해 정자와 난자가 결합됨으로써 46개의 완전한 염색체를 형성한다. 형제 사이라고 할지라도 서로 다른 특징을 나타내는 것은 감수분열과정에서 46개의 염색체 중 어떤 염색체가 이분될 것인지 일정하지 않기 때문이다. 따라서 형제가 완전히 동일한 염색체 조합을 이룰 가능성은 매우 적다. 또한 어떤 사람의 단수 염색체가 모두 부계(父系) 또는 모계(母系)만으로 구성될 확률은 $(1/2)^{23}$이므로 그 가능성은 거의 없다고 해도 과언이 아니다.

3) 성의 결정

그림 3-2에 제시된 핵형도의 23번째 염색체는 성염색체(sex chromosome)이다. 각 개체가 어떤 성염색체를 갖느냐에 따라 남성이 될 것인지 혹은 여성이 될 것인지가 결정된다. 정상적인 남성은 크기에서 차이가 있는 X염색체와 Y염색체를 하나씩 가짐으로써 XY조합을 이루는 반면, 정상적인 여성은 두 개의 X염색체를 가짐으로써 XX조합을 이룬다.

따라서 정자는 X염색체와 Y염색체를 전달할 수 있는 반면, 난자는 단지 X염색체만을 전달할 수 있기 때문에 난자가 X염색체를 갖는 정자와 결합하면 XX의 여성으로 그리고 Y염색체를 갖는 정자와 결합하면 XY조합의 남성으로 성장할 수 있다. 그러므로 자녀의 성은 아버지로부터 전달되는 성염색체의 종류에 따라 결정된다.

4) 유전인자의 작용

염색체와 동일하게 유전인자도 쌍으로 존재한다. 특정한 신체특성이나 행동을 결정하는 데 관여하는 유전인자를 대립인자(allele)라고 하며 한쌍의 대립인자 중에서 특성의 발현에 기여하는 대립인자는 우성(dominant)이 된다. 만약 어

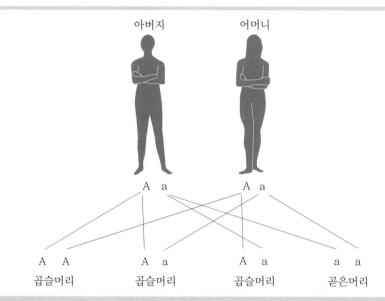

그림 3-4 │ 우성대립인자와 열성대립인자의 유전

떤 특성의 발현을 위해 한 쌍의 대립인자들이 모두 존재해야 한다면, 그 대립인
자는 열성(recessive)이라고 불린다. 한 쌍의 대립인자가 모두 열성일 때 열성적
특성이 나타나며 한 쌍의 대립인자의 한 개 혹은 두 개 모두가 우성일 때 우성적
특성이 나타난다.

　　우성과 열성의 대립인자에 관한 이해를 돕기 위해 곱슬머리카락의 우성대
립인자(A)와 곧은 머리카락의 열성대립인자(a)를 갖는 부부를 가정해보자. 부부
의 인자형(genotype: 염색체의 배합형태)은 Aa로서 이형접합대립인자(heterozy-
gous allele)를 이룬다. 즉 대립인자 중의 하나는 우성이고 다른 하나는 열성이라
는 의미이다. 이러한 사람들은 표면적으로는 곱슬머리를 하고 있지만 곧은 머리
카락의 열성대립인자를 보유하는 보인자에 해당하므로 자손대에 이르면 곧은
머리카락이 나타날 가능성이 크다.

　　그림 3-4는 자손대에 나타날 수 있는 가능한 인자형을 제시해 준다. 즉 자
손대에는 AA, Aa 그리고 aa의 인자형이 나타날 수 있다. AA는 곱슬머리카락
이며 Aa는 부모와 동일하게 곧은 머리카락의 보인자이나 표현형(phenotype: 외

부적으로 나타나는 눈에 보이는 특성)은 곱슬머리이다. 한편, aa의 인자형을 갖는 아동은 곧은 머리카락을 갖는다. Aa가 이형접합 대립인자라면, AA와 aa는 동형접합 대립인자(homozygous allele)이다.

그러나 유전인자의 작용은 그렇게 간단하게 이루어지는 것은 아니며 여기에 제시한 예는 지극히 간단한 유전과정을 나타내 주고 있을 뿐이다. 사람의 ABO혈액형은 세 개의 복대립유전자(複對立遺傳子) I^A, I^B 및 I^O에 의해 지배되며 I^O는 I^A와 I^B에 대해서 열성이고 I^A와 I^B사이에는 우열의 관계가 없으므로 A형, B형, AB형 및 O형의 네 가지 표현형이 나타나는 복잡한 유전을 한다.

또한 머리카락 색깔의 변화, 치아의 돌출과 상실, 성호르몬의 생산 등은 인생주기의 각기 다른 연령에서 어떤 대립인자가 우성이 되기 때문에 나타나는 현상이다. 동시에 돌연변이(mutation)가 일어남으로써 화학적 구성을 변화시킨다. 운동협응이나 지능과 같은 행동적 특성들의 발현에는 수백 개의 대립인자쌍들이 관여하는 것으로 알려져 있다.

2. 유전적 이상

비정상적 유전자는 유전법칙을 따라 자손에게 전달된다. 결함있는 유전자가 표현형으로 나타날 것인지 아닌지는 그것들이 우성이냐 열성이냐에 달려 있다. 만약 한쪽 부모로부터 전달된 결함을 가진 유전자가 열성이라면, 다른쪽 부모로부터 오는 우성대립인자가 결함의 발병을 예방할 수 있다. 물론 문제가 되는 유전자는 아직도 인자형으로 존재하면서 자손의 1/2에게 전달될 것이다.

1) 우성유전인자에 기인된 이상

심각한 문제를 일으키는 우성유전자는, 그 유전자를 지닌 사람들이 보통 생식할 때까지 살지 못하기 때문에 점차 사라지고 있다. 그러나 개인 자신이 유전질환을 지니고 있다는 것을 알지 못하고 자녀를 출산한다면, 문제의 유전자는 자손에게 전달될 수밖에 없으며 그 대표적인 유전질환이 무도병(Huntington's chorea)이다.

무도병이 시작되는 시점은 다양하지만, 전형적으로 30세와 40세 사이에 갑자기 나타난다. 아주 갑자기 신경계의 기능이 저하되기 시작하고 결국 통제불가능한 근운동이 나타나며 뇌기능에 장애를 일으켜 인지능력의 상실이 일어난다.

무도병은 10만명당 5 - 10명의 비율로 발생하는 드문 병이기는 하지만, 4번 염색체에 존재하는 무도병 유전자가 우성이기 때문에 무도병을 갖는 부모의 자녀가 이 병에 걸릴 가능성은 50%에 이른다. 증상이 나타난 후 10-20년간 생존할 수 있다.

2) 열성유전인자에 기인된 이상

부모는 자신에게는 영향을 미치지 않지만 문제 있는 열성유전자를 보유할 수 있다. 만약 양쪽 부모 모두 열성유전자를 보유하고 있다면, 그들은 장애를 가진 자녀를 출산할 수 있을 것이다. 우리 각자는 잠재적으로 치명적인 결함을 갖는 네 개의 열성유전자를 보유할 수 있다고 추정되지만 심각한 장애를 일으키는 유전인자들이 많지 않기 때문에, 보인자들끼리 짝지어지는 일은 아주 드물다.

열성유전자에 기인된 유전병으로 소아 흑내장성 지진아(Tay-Sachs disease)와 페닐케톤뇨증(PKU: phenylketonuria) 및 겸상적혈구빈혈증(SCA: sickle-cell anemia)이 있다.

① 소아 흑내장성 지진아

소아 흑내장성 지진아는 대뇌세포의 지방질을 분해하는 효소의 결핍으로 신경계의 조절이 불가능해져서 대뇌세포가 사망하는 질병이다. 이 질병에 걸린 영아는 출산시는 물론 생후 6개월까지는 정상적으로 보이지만 생후 7 - 8개월경에 이르면 심하게 무기력해지고 생후 1년경에는 대부분 장님이 된다.

소아 흑내장성 지진아들의 대부분은 6세 이전에 사망하며 현재까지 이 질병을 치료할 방법은 없는 상태이다. 그러나 간단한 혈액검사로써 예비부모가 소아 흑내장성 지진아의 열성유전자를 갖는 보인자인지 아닌지 확인할 수 있다.

이 병은 전체 인구에서는 30만명에 1명의 비율로 발생하고 있지만, 미국 유태인의 90% 이상을 차지하는 독일·폴란드·러시아계 유태인들 사이에서는 3,600명의 출산 중 1명의 비율로 발생한다.

② 페닐케톤뇨증

페닐케톤뇨증(Phenylketonuria: PKU)은 백인들 사이에서 빈번하게 발생하는 유전병으로 페닐알라닌(phenylalanine)을 분해하는 효소의 결핍으로 일어나는 정신지체이다. 페닐알라닌은 일반 음식물 속에 들어 있는 유독한 아미노산으로 PKU의 아기는 아미노산을 물질대사할 수 없기 때문에 독성이 그대로 체내에 축적된다.

PKU의 아기는 출생 직후 가능한 한 빨리 페닐알라닌이 포함되지 않은 식사를 하게 함으로써 정신지체를 예방할 수 있다. 4-6세경에 대뇌가 충분히 발달되었다고 생각되면, 페닐알라닌이 포함된 정상적 식사가 제공될 수 있으므로 PKU 아동들도 평균수준의 지능을 가지고 정상적 삶을 살아갈 수 있다.

그러나 매우 적은 양의 페닐알라닌조차도 대뇌기능을 손상시키므로 페닐알라닌이 포함되지 않은 식사를 한 아동이라고 할지라도, 정상 아동보다 약간 더 긴 정보처리시간을 필요로 하고 기억이나 의사결정, 혹은 문제해결과 같은 인지기능에 경미한 결함을 나타낼 위험성은 항상 존재한다(Christ 등, 2006).

③ 겸상적혈구빈혈증

겸상적혈구빈혈증의 유전자를 물려받은 사람들은 정상적 헤모글로빈을 포함하지 않은 낫모양의 적혈구를 지니고 있다. 이 낫모양의 혈액세포는 가는 혈관을 막히게 하여 혈액이 신체의 각 부분에 도달하는 것을 방해하기 때문에, 빈혈이나 황달 등의 증상을 일으킨다. 특히 신체운동을 할 때와 같이 많은 양의 산소가 요구되는 경우에는 심각한 통증과 조직손상을 일으키고 심한 경우에는 죽음까지도 초래할 수 있다.

이 증상을 갖는 개인들은 일찍 사망하기 때문에 겸상적혈구빈혈증의 유전인자를 전달할 가능성은 매우 적다. 미국 흑인의 약 9%가 이 열성유전자를 지니고 있으며 아프리카의 밤바(Bamba) 부족에서는 그 발병률이 39%에 이르고 있다.

3) 염색체의 구조적 결함에 기인된 이상

염색체의 구조적 이상은 난자와 정자가 형성되는 감수분열 동안 일어나며 염색체 쌍이 분리되지 않거나 염색체의 일부가 떨어져 나감으로써 결함을 일으킨다.

가장 흔하게 나타나는 염색체의 구조적 이상은 다운 증후군(Down syndrome)이다(그림 3-5). 1886년 영국의 의사, 다운(John Langdon H. Down)에 의해 발견된 이 증후군은 아동의 체세포가 여분의 염색체를 하나 더 갖게 될 때 나타나는 이상이다. 정상인은 46개의 염색체를 가지지만 다운 증후군 환자는 21번 염색체가 두 개가 아니라 세 개가 됨으로써 트리조미(trisomy)를 이룰 때 가장 많이 나타난다.

21번 염색체의 트리조미 상태는 양친의 배우체가 감수분열하는 동안 염색체의 부분리(nondisjunction)현상에 의해 자주 발생하며, 여분의 염색체는 부적절한 신체적 및 정신적 발달을 일으킨다. 여성이 21번 염색체에 이상을 갖는 아기를 출산할 가능성은 출산연령의 상승과 함께 현저하게 증가한다. 그 증거로서 30세 이하의 여성들은 1,000명당 1명의 비율로 다운 증후군 아기를 출산할 가능성이 있지만 45세의 여성들은 30명당 1명의 비율로 다운 증후군 아기를 출산할 수 있다. 아버지도 다운 증후군 사례의 20-30%에서 여분의 염색체에 기여한다.

다운 증후군 아기들은 신체특징이나 보잘것없는 근육긴장 상태를 제외하고, 처음에는 정상으로 보이나 출생 후 초기 2년 동안 결함이 나타나기 시작한다. 정상아기보다 영역별 발달은 더 늦게 시작되고 숙달되는 기간도 긴 다운 증후군 아기들은 성장하면서 정신지체를 보이고 특히 기억능력과 언어능력에서 문제를 나타낸다. 그들은

그림 3-5 | 전형적인 다운 증후군 아동

둥근 머리, 굵은 목, 작은 턱과 귀, 낮은 코, 갈라진 혀, 그리고 뭉툭하고 짧은 손과 발을 가지고 있으며 질병에 대한 저항력이 약하여 심장질환, 호흡기질환, 백혈병 등에 감염될 확률이 높다.

의학의 발달과 함께 그들의 평균수명은 연장되고 있으며, 상당수는 50세 혹은 그 이후까지도 생존할 수 있다(Roizen & Patterson, 2003). 그러나 40세 이후까지 생존하는 사람들의 절반 이상이 가장 흔한 형태의 치매인 알츠하이머 증상을 보인다(Menendez, 2005).

4) 성염색체 이상

다운 증후군을 제외하고 22쌍의 상염색체(autosomes: 성염색체 이외의 염색체들)에 기인된 장애들은 보통 태아를 심각하게 파괴하기 때문에 자연유산을 일으키기 쉽다. 또한 장애를 가진 아기가 태어난다고 할지라도 유아기를 넘어서까지 생존하기도 어려우므로 그렇게 많은 유전적 이상이 나타나지는 않는다.

그러나 더 적은 수의 사람들 사이에서 나타나는 성염색체의 이상은 생존여부와는 상관이 없지만, 개인의 성정체감과 관련되기 때문에 후속적 발달에 심각한 결함을 초래한다. 실제로 청년기가 올 때까지 성염색체 이상은 확인될 수도 없으며 어떤 경우에는 사춘기의 시작을 지연시키기도 한다.

성염색체 이상의 가장 흔한 형태는 여분의 염색체(X나 Y)가 존재하거나 여성에서 하나의 X염색체가 부재하는 경우에 해당한다. 대뇌영상 연구들(Cutter, 등, 2006; Itti 등, 2006)에 의하면, X염색체의 수가 더 많거나 부족하면 대뇌피질의 일부 영역이 정상적으로 발달하지 못하므로, 대뇌는 지적 결함을 일으키는 대뇌구조로 변형된다. 대표적인 성염색체 이상으로 터너 증후군(Turner's syndrome), 클라인펠터 증후군(Klinefelter's syndrome), XYY 증후군(XYY syndrome) 그리고 트리플 X 증후군(Triple X syndrome)을 설명한다.

① 터너 증후군
여성에서만 나타나는 성염색체의 이상으로 2,500-8,000명의 여자 아기 중

1명의 비율로 발생한다. 정상적인 여성의 성염색체는 XX이나 터너 증후군 여성은 X염색체가 한 개밖에 없는 XO를 가지므로 정상적인 난소조직이 결여되고 2차적인 성특징의 발달이 빈약하다.

터너 증후군 여성의 외형은 키가 작고 살이 쪘으며 목이 없이 얼굴과 어깨가 거의 붙어 있다. 귓볼이 돌출해 있고 팔꿈치, 무릎, 신장 및 대동맥에 이상이 있으며 가벼운 정도의 정신지체를 나타낸다. 이 여성들은 특히 공간지각능력의 발달이 저조하므로 지도를 이용하여 어떤 장소의 위치를 찾거나 공간적으로 복잡한 환경에서 길을 찾을 때 어려움을 느낀다(Kesler, 2007).

그러나 아동기 동안의 호르몬 치료는 터너 증후군 여성의 신체성장을 자극하고 사춘기의 성적 발달을 증진시킬 수 있어 정상수준의 성적 발달을 이루게 할 수 있다. 또한 공간지각 능력의 부족도 특수교육에 의해 완화될 수 있으므로, 중요한 것은 적절한 시기에 치료와 처치가 이루어져야 한다는 것이다.

② 클라인펠터 증후군

클라인펠터 증후군은 가장 흔한 성염색체 이상으로서 900명의 남자 아기 중 1명의 비율로 발생한다. 정상적인 남성의 성염색체는 XY이지만 이 증후군의 남성은 여분의 X염색체를 갖기 때문에 XXY의 성염색체를 갖는다. 다운 증후군과 동일하게 어머니의 출산연령이 높을수록 이 증후군을 갖는 아기의 출산율이 높아진다.

여분의 X염색체의 존재 때문에, XXY의 남아는 지나치게 키가 크고 성적 발달이 빈약하며 낮은 지능을 보인다. 고환의 크기는 작고 정자의 생산이 부족하며 남성호르몬의 수준도 정상보다 낮아 여성처럼 유방이 발달된다. 이 증후군의 남성은 수동적이고 내성적이며 우둔한 특징을 지니고 있다. 동시에 자신감이 결여되고 여성에 대해 관심을 나타내지 않으며 특히 언어지능에서 결함을 보인다. 사춘기에 호르몬 치료가 이루어지면 어느 정도 성적 발달을 이룰 수 있으며 특수교육은 언어능력 문제를 완화시킬 수 있다.

③ XYY 증후군

1,000명의 남아 중 1명의 비율로 발생하는 이 증후군은 야콥스 등(Jacobs 등,

1965)의 연구에 의해 관심의 대상이 되기 시작하였다. 야콥스 등은 XYY의 성염색체를 갖는 남성들은 정신지체되어 있고 공격적 행동을 하는 경향이 있으므로 감옥에 수용된 범죄자 중에 높은 비율로 나타난다고 주장하였으나 이후에 XYY 염색체와 범죄행동의 관계는 사실이 아님이 밝혀졌다.

XYY 증후군의 남성들은 평균 이상의 키와 큰 치아를 가지고 있고 때로 심한 여드름이 나는 것이 그 특징이다. 그들은 정상 혹은 정상보다 약간 낮은 지능을 지니고 있으나 정상 남성보다 반드시 더 공격적이거나 반사회적이지는 않다. 성특징의 발달은 정상이기 때문에 특별한 처치를 필요로 하지는 않는다.

④ 트리플 X 증후군

여분의 X염색체를 갖는 XXX의 여성들은 외모나 성적 발달에서 정상 여성들과 전혀 차이가 없으므로 대부분 정상적으로 임신할 수 있지만 불임인 여성들도 있다. 문제는 이 증후군을 갖는 여성들이 손상된 언어지능을 나타낸다는 것이다. 여분의 X염색체를 갖는 클라인펠터 증후군의 남성들도 동일하게 언어능력의 지체를 나타내므로 여분의 X염색체는 남녀 모두의 언어능력을 손상시킨다고 알려져 있다. 250-500명의 여자 아기 중 1명의 비율로 발생하는 이 증후군의 여성들은 언어장애문제를 완화시켜줄 수 있는 특별한 교육프로그램을 필요로 한다.

3. 유전상담

유전상담(genetic counseling)이란 임신중의 부부가 태아의 유전질환 가능성을 출산 전에 평가함으로써 현명한 판단을 할 수 있도록 도와주는 전문영역이다. 우리나라에서는 아기를 임신하게 되면 한 달에 한 번씩 정기적으로 검진을 받으면서 태아의 이상유무나 임신과정의 정상적 진행을 체크받는 것이 보통이지만, 완벽한 유전상담은 이루어지지 못하는 경우가 많다.

유전상담을 받아야 할 부부들의 조건은 다음과 같다.

① 여성이 35세 이후의 출산일 때, 보통 190명의 임부 중 1명의 비율로 염색체 이상이 일어난다(Wille 등, 2004).

② 적어도 한 자녀가 이미 유전장애로 의심되는 이상을 가질 때

③ 여러 번의 자연유산의 경험이 있을 때

④ 유전장애를 갖는 친척이 있거나 부부가 근친일 때

1) 태아의 이상유무 진단법

태아의 이상유무를 진단하기 위해 여러 가지 방법이 사용된다. 우선 부부를 대상으로 혈액검사와 생화학적 검사를 실시하며 부부 양쪽의 가계를 분석한다. 가까운 가족이나 친척 사이에 빈번하게 나타나는 유전병이 있는가, 그리고 있다면 그 유전병은 우성인가 열성인가 혹은 유전인자가 성염색체 위에 있는 반성(伴性)인가를 알아내기 위해 가계도 분석(pedigree analysis)을 실시한다.

가계도 분석은 현재의 본인에서 출발하여 형제, 부모, 조부모 등의 순으로 거슬러 올라가면서 유전병의 유무를 체크하는 방법이다. 각종 검사와 가계도 분석을 실시한 후 유전질환을 갖는 아기를 낳을 가능성이 매우 높다고 판단될 때에는, 유전상담자는 부부에게 입양과 같은 대안적 방법을 제시하기도 한다.

부부에게 실시한 각종 검사와 가계도 분석은 아기를 임신한 이후에도 가능하지만, 아기를 갖기 전에 실시하는 것이 더 바람직하다. 만약 부부가 이미 아기를 임신한 상태에서 유전질환의 가능성이 의심될 때에는 다음과 같은 검사들이 실시된다.

① 초음파검사

초음파검사(Ultrasonography)는 고주파의 초음파를 임신한 여성의 복부에 발신(發信)하여 그 반사파로부터 태아의 장기모양이나 내부구조에 관한 정보를 얻는 검사법으로 일명 에코 검사법(echo test)이라고도 한다. 이 검사는 태아의 성별과 쌍생아 여부는 물론 머리, 심장, 신장, 방광의 이상, 염색체 이상 및 신경관의 결함까지 찾아낼 수 있도록 하기 때문에 널리 활용된다. 임부와 태아 모

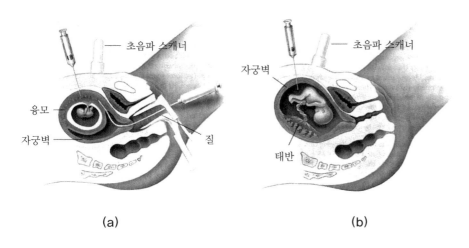

초음파 스캐너

융모

자궁벽

질

초음파 스캐너

자궁벽

태반

(a)   (b)

그림 3-6 │ 융모조직검사(a)와 양수채취법(b)

두에게 위험하지 않다고 알려져 있다.

② 태아 MRI

대뇌영상 기법의 발달로 태내기 이상유무를 진단하기 위해 태아 MRI(Fetal Magnetic Resonance Imaging)가 사용되고 있다. MRI는 인체 내의 수소 원자핵에서 발생하는 매우 약한 전자기 신호를 조절하고 분석하여 인체의 조직과 구조를 영상으로 만드는 기술이다. 태아의 이상 유무를 체크할 때 제일 먼저 초음파검사가 사용되고 있지만, 태아 MRI는 초음파 검사보다 더 상세한 영상을 제공해 주고 특히 중추신경계, 흉부, 위장, 생식/비뇨기 및 태반 이상을 더 잘 탐지할 수 있도록 한다. 그러므로 초음파검사에 의해 이상 가능성이 탐지되면 뒤이어 태아 MRI가 실시된다(Fratelli 등, 2007).

③ 융모조직검사

임신 10주와 12주 사이에 태아의 이상유무를 탐지하기 위하여 융모조직검사(Chorionic Villus Sampling: CVS)가 사용된다. 융모는 융모막(Chorionic) 바깥에 돋아 있는 털이며, 융모막은 양막 바깥에 있는 태아를 싸고 있는 막이다. 그림 3-6a에 제시된 바와 같이 의사는 융모조직을 채취하기 위해 초음파 스캐너(Ultrasound scanner)를 보면서 가느다란 튜브를 자궁경부를 통과하여 자궁 속에 삽입한다. 흡입능력을 가지고 있는 삽입된 튜브는 융모막에 돌출해 있는 융모조직을 채취한다. 속이 빈 바늘을 사용하여 복벽을 통과하여 직접 채취할 수도 있다.

융모조직은 태아와 유전적으로 동일하기 때문에 태아의 이상 여부를 정확하게 진단해 낼 수 있다. 융모조직검사는 다음에 설명할 양수채취법보다 더 이른 시기에 더 많은 장애를 탐지해 낼 수 있는 장점이 있고 진단기간도 10일이면 충분하다. 그러나 가능성은 매우 낮지만 사지기형을 초래할 위험은 있다.

④ 양수채취법

임신 15주에서 18주 사이에 태아의 유전적 이상을 확인하기 위해 양수채취법(Amniocentesis)이 실시된다. 초음파 스캐너에 의해 태아의 정확한 위치가 확인되면 가늘고 속이 빈 바늘을 삽입하여 양수를 채취한다(그림 3-6b 참조). 그러나 양수채취법은 어머니의 복부에서 자궁벽을 통과하여 양수주머니까지 바늘이 도달해야 하므로 비록 적은 비율이기는 하지만 태아나 태반 혹은 탯줄을 손상시킬 위험이 있으며 이 시술을 받은 여성 200-300명 중 1명의 비율로 태아가 유산될 위험도 있다. 채취된 양수 속에는 태아에게서 떨어져 나온 조직세포와 다른 여러 가지 물질들이 포함되어 있다.

양수는 비정상적 물질의 존재나 효소의 부재 여부를 조사하기 위하여 곧바로 분석되며, 약 2주 후에 대략 100여 가지 정도의 장애나 이상을 탐지해 낼 수 있다. 액체 속에 떠 있는 세포들은 태아의 세포와 동일한 인자형을 갖기 때문에, 이 세포들을 배양하면 염색체 이상은 물론 23번 염색체가 XX인지 혹은 XY인지도 확인할 수 있고 혈우병과 같은 반성유전*(伴性遺傳)에 의한 장애도 찾아낼 수 있다.

⑤ 임산부 혈액 선별검사

임신 16-18주 사이에 실시하는 임산부 혈액 선별검사(Maternal Blood Screening)는 태아의 척추파열(spina bifida)과 다운 증후군같은 출산결함의 위험

---

*반성유전(sex-linked inheritance): 성염색체 중의 하나인 X염색체에 자리잡고 있는, 유전인자에 지배되는 유전양식

성 여부를 확인할 수 있다(Palomaki 등, 2006). 이 검사는 어머니 혈액 속의 세 가지 물질을 측정하기 때문에 세 가지 선별검사(triple screen)라고도 불린다. 검사 결과 이상이 확인되면 그 다음으로 초음파검사가 실시되며, 초음파검사로도 이상유무를 확인할 수 없다면 다음에는 양수검사가 실시된다.

⑥ 비침입적 태내기 진단법

NIPD(Noninvasive Prenatal Diagnosis)라고 불리는 비침입적 태내기 진단법은 융모조직검사나 양수채취법의 대안으로 점점 더 많이 사용되고 있다. 이 검사는 주로 어머니의 혈액 속에서 순환하고 있는 태아세포를 분리하여 검사하고 어머니의 혈장 속에 있는 태아의 DNA를 분석한다(Norbury & Norbury, 2008). 연구자들(Hahn, Zhong, & Holzgreve, 2008)은 NIPD를 사용하여 아버지로부터 유전되는 낭포성 섬유증(cystic fibrosis)과 무도병을 일으키는 유전자를 성공적으로 확인한 바 있으며, 임신 5주 이전에 태아의 성별과 다운 증후군의 가능성도 확인하려고 노력하고 있다.

근래에는 태아경(fetoscope)도 사용되고 있다. 임신 15주부터 18주까지 주로 사용되는 태아경은 한쪽 끝에 빛이 있는 작은 튜브를 자궁 속에 삽입하여 태아의 사지와 얼굴 이상을 검사한다. 이 검사를 통해 태아의 혈액이 채취될 수 있기 때문에 신경계 결함은 물론 혈우병과 겸상적혈구빈혈증같은 질환이 진단될 수 있다.

이상의 여러 검사를 실시하여 태아의 유전적 이상이 확인되면, 부모는 태아를 유산시킬 것인지 아닌지를 결정해야만 한다. 태내기 진단법의 발달로 분만 전에 의학적 처치가 이루어지기도 한다. 예를 들면 자궁 속에 바늘을 삽입하여 태아에게 약물을 투여하고, 심장이나 허파의 기형, 요로폐색증, 신경결함 등의 문제를 치료하기 위한 수술이 이루어질 수도 있다. 심지어 혈액 장애가 있는 태아에게 수혈하는가 하면 면역결함을 가진 태아에게 골수이식이 이루어지기도 한다(Williams, 2006).

유전공학의 발달로 가까운 미래에는 유전결함까지도 교정할 수 있는 단계에 와 있기는 하지만, 태내기의 의학적 처치는 자주 조산이나 유산 혹은 다른 합병증을 유발하기 때문에 조심스럽게 실시되어야 한다(Flake, 2003). 만약 태아가 가지고 있는 장애가 출산 후에 처치가능한 장애라면, 보살필 준비를 갖추고 있어야 할 것이다.

2) 불임과 시험관 수정

정상적인 결혼생활을 시작한 후 1년이 지나도 임신이 이루어지지 않을 때 불임으로 진단된다. 국민건강보험공단 자료에 의하면, 국내 불임환자는 2000년도에 5만 2,816명이었으나 2006년에는 13만 6,547명으로 증가하였다. 그에 따라 불임치료에 들어간 진료비도 천문학적으로 늘어나는 추세이다.

결혼한 부부의 10-15%가 경험하는 불임의 원인은 여성의 결함에 기인한 경우는 전체 불임원인의 40%, 남성의 결함에 기인하는 경우 40% 그리고 나머지 20%는 부부 양자의 결함에 의해 발생한다.

여성의 불임은 주로 배란이 되지 않을 때, 난자가 비정상일 때, 나팔관이 막혔거나 접합자의 착상을 막는 질병이 있을 때 일어나고, 남성의 불임은 생산되는 정자의 수가 너무 적거나 정자의 추진력이 약할 때, 혹은 사정관이 막혔을 때 주로 발생한다. 또한 부부 두 사람에 기인된 불임은 두 사람이 모두 나이가 많거나 건강이 나쁠 때, 성교의 횟수가 너무 많거나 너무 부족할 때 자주 일어난다.

불임을 치료하기 위해 수술요법이나 호르몬 요법도 사용되지만, 가장 흔하게 사용되는 방법으로 시험관 수정(in vitro fertilization: IVF)이 있다. 부부 모두 난자와 정자의 생산이 가능할 때 실시되는 시험관 수정은 임신을 원하는 여성의 난자를 복부수술에 의해 채취한 다음, 체외에서 남편의 정자와 수정한다. 수정된 접합자가 8개의 세포로 분열되면, 그것을 여성의 자궁 속으로 재주입시킨다.

시험관 수정에 의해 태어난 최초의 시험관 아기(test-tube baby)는 1978년 영국에서 출산되었으며, 국내에서는 2007년에 6,540명의 아기가 그리고 2008년에는 거의 10,000명에 가까운 아기가 시험관 수정으로 태어났다는 보고가 있다. 미국의 질병통제국(2006)은 그림 3-7과 같이 여성의 연령증가와 함께 시험관 수

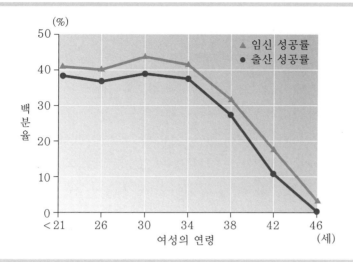

(%)

임신 성공률
출산 성공률

백분율

여성의 연령

(세)

그림 3-7 **여성의 연령에 따른 시험관 수정의 임신 및 출산 성공률**

출처: 미국질병통제국, 2006.

정의 성공률이 급격하게 감소한다는 것을 확인한 바 있다.

　문제는 시험관 수정을 포함하여 인위적 방법을 사용한 임신이 높은 쌍생아 출산율을 나타낸다는 것이다. 보통 인위적 임신의 25-30%가 쌍생아를 출산함으로써 지나치게 낮은 출산체중에 기인한 문제를 일으키기도 한다(Ito 등, 2006). 다행스럽게도 자연임신으로 출산한 아동과 시험관 수정으로 출산한 아동들이 청소년이 되었을 때, 두 집단은 자기존중감과 또래관계, 그리고 학업수행 등을 포함하는 광범위한 심리적 특성에서 어떤 유의미한 차이도 나타내지 않았다 (Golombok, MacCallum, & Goodman, 2001; Hahn & DiPietro, 2001).

Ⅱ. 유전과 환경의 상호작용

　아동은 부모로부터 독특한 인자형(genotype)을 물려받는다. 그러나 인자형이 그대로 표현되는 것은 아니며 인자형을 바탕으로 독특한 표현형(phenotype)

이 형성된다. 표현형은 개인의 유전적 특성뿐 아니라 임신되는 순간부터 개인이 노출되는 환경의 영향을 받기 때문에, 어떤 아기의 완전한 인자형을 알고 있다고 할지라도 그 아기가 어떤 사람으로 성장할 것인지 예측하기 어렵다.

환경적 요소들은 개인의 모든 특성의 발현에 기여한다. 예를 들면, 피부색깔은 유전인자와 환경이 발달에 어떻게 기여하는지를 보여주는 좋은 예이다. 개인의 피부색깔은 여러 개의 유전자에 지배된다. 그러나 피부색깔을 나타내는 유전인자의 특성들이 어느 정도로 표현될 수 있는지는 햇빛의 양에 달려 있다. 햇빛을 거의 받지 못하는 지역에서 생활하는 어떤 사람이 검은색 피부의 유전자를 가지고 태어났다고 할지라도, 그는 비교적 흰 피부를 갖게 될 것이다. 반면, 햇빛이 강하고 계속 내려 쪼이는 열대지방에서 생활하는 사람이 검은색 피부의 유전자를 갖는다면, 그는 매우 검은 피부를 가질 것이 분명하다. 이와 같이 환경조건은 피부색깔 유전자의 표현 정도를 결정한다.

환경조건이 피부색깔 유전자와 상호작용하는 것과 동일하게, 개인의 유전적 특성의 표현 역시 인자형의 패턴과 환경요인 양자의 영향을 받는다. 그렇다면 개인의 발달에 미치는 유전과 환경의 영향을 분리하는 것이 가능한가? 또한 유전과 환경이 상호작용할 때, 유전은 어떻게 환경에 영향을 주고, 환경은 어떻게 유전에 영향을 주는가?

1. 행동유전학

인간발달에 미치는 유전과 환경의 영향력을 연구하는 학문분야를 행동유전학(behavior genetics)이라고 한다. 행동유전학자들은 유전이나 환경 혹은 양자의 조합에서의 차이 때문에 사람들이 어느 정도로 달라지며 무엇이 개인차를 유발하는지를 규명하려고 한다. 인간의 행동은 동물의 행동보다 변이가 많고 문화적 특성이나 상황요인의 영향을 크게 받기 때문에 단일적인 모형으로 유전과 환경의 영향을 설명하기 어렵다. 이 절에서는 행동에 미치는 유전의 영향을 연구하기 위하여 행동유전학자들이 사용하는 연구방법을 먼저 설명하고 유전과 환경의 관계에 대한 다양한 견해들을 소개한다.

1) 행동유전학의 연구방법

행동에 미치는 유전의 영향을 연구하기 위하여 행동유전학자들은 자주 쌍생아 연구나 입양연구방법을 사용한다.

① 쌍생아 연구

쌍생아 연구(twin study)는 일란성 쌍생아(monozygote)와 이란성 쌍생아(dizygote)간에 나타나는 차이를 기초로 행동에 미치는 유전의 영향을 연구한다. 일란성 쌍생아는 하나의 난자와 하나의 정자가 결합하고 세포분열에 의해 이분되기 때문에 동일한 유전자형을 갖는다. 반면, 이란성 쌍생아는 형제자매들처럼 각각 두 개의 상이한 접합자에서부터 출발하기 때문에 평균 50% 정도의 유전인자만을 공유한다. 따라서 어떤 특성에서 일란성 쌍생아들이 이란성 쌍생아보다 더 유사하다면, 그 특성은 유전의 영향을 받는다고 말할 수 있다.

오늘날 정교한 쌍생아 연구는 함께 양육된 일란성 쌍생아와 이란성 쌍생아는 물론 분리해서 양육된 일란성 및 이란성 쌍생아들을 모두 포함한다. 이 네 개의 집단은 동일한 유전자를 공유하는 정도와 동일한 가정환경을 공유하는 정도에서 차이가 있다. 만약 출생 직후에 분리되어 매우 다른 환경에서 성장한 일란성 쌍생아들이 매우 유사한 특성을 지니고 있다면, 그들간의 유사성은 환경적 영향이 아니라 유전의 영향에 기인된다고 말할 수 있을 것이다.

문제는 일란성 쌍생아들이 이란성 쌍생아들보다 더 유사한 생활환경을 공유하고 다른 사람들이 그들을 더 유사하다고 지각하기 쉬우므로 서로 매우 유사한 행동을 하기 쉽다는 것이다. 또한 일란성 쌍생아들은 항상 동성이기 때문에 유사한 옷을 입고 서로 친구를 공유하며 동일한 활동에 참여할 가능성이 있기 때문에, 그들에게서 유전의 영향과 환경의 영향을 분리한다는 것은 그렇게 쉬운 일이 아니다.

② 입양연구

입양연구(adoption study)는 아주 어린 연령에서 다른 가정에 입양된 아동들을 그들의 친부모 및 양부모와 비교함으로써 행동특성에 미치는 유전의 영향을 규명하려고 한다. 입양아동을 양육하는 부모들은 환경적 자극만을 제시하는 역할을 하기 때문에 입양아동과 양부모의 유사성은 환경적 영향을 의미하는 반면, 입양아동과 친부모의 유사성은 그들이 일찍부터 분리되어 생활하였기 때문에 유전의 영향이라고 말할 수 있다.

때로 입양연구는 형제자매들을 비교하기도 한다. 한 아이를 입양한 가족들은 계속해서 두 번째 아이를 입양하는 경향이 있으므로, 입양된 두 아동의 유사성과 친형제자매들의 유사성을 비교할 수 있다. 입양된 아동들은 동일한 환경 내에서 성장하기는 하지만 유전자를 공유하지 않기 때문에 친형제자매와의 비교는 유전이나 환경 중 어느 것이 특정한 행동에 더 많은 영향을 주는지를 밝혀 낼 수 있도록 한다.

2) 유전가능성 추정치와 일치율

행동유전학자들은 복잡한 인간특성에서 유전의 기여 정도를 추정하기 위하여 두 가지 방법을 사용한다. 즉 유전가능성 추정치(heritability estimate)와 일치율(concordance rate)을 계산한다.

유전가능성 추정치는 지능이나 성격특성에서의 개인차가 유전요인에 기여하는 정도를 나타내는 방법으로 쌍생아 연구나 입양연구를 통해 계산될 수 있다. 유전가능성 추정치는 0에서 1.00까지의 수치로 표기된다. 그 예로서 지능에 관한 일란성 쌍생아와 이란성 쌍생아의 상관을 계산하고 복잡한 통계적 절차를 사용하여 이 두 개의 상관을 비교한 결과, 지능의 유전가능성 추정치는 .50으로 계산될 수 있었다. 이 수치는 지능에서의 변이의 1/2이 유전적 구성에서의 차이에 의해 설명될 수 있다는 것을 의미한다.

한편, 일치율은 쌍생아의 한 편이 어떤 특성을 나타낼 때 다른 한 편이 그 특성을 나타낼 가능성을 백분율로 표기한 것으로 0%에서 100%까지 범위한다.

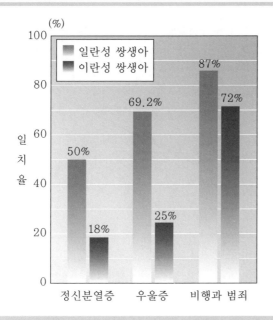

그림 3-8 │ 정신분열증, 우울증 및 비행과 범죄행위의 일치율

출처: Gottesman, 1991; McGuffin & Sargeant, 1991.

0이라는 수치는 만약 쌍생아의 한편이 그 특성을 지니고 있다면, 다른 한편이 그 특성을 지닐 가능성이 전무할 때를 의미한다. 대조적으로 100이라는 수치는 쌍생아 한편이 그 특성을 지닐 때, 다른 한편도 반드시 그 특성을 지니고 있다는 것을 의미한다.

일란성 쌍생아의 일치율이 이란성 쌍생아의 일치율보다 훨씬 더 높을 때, 우리는 유전이 주된 역할을 한다고 말할 수 있다. 그림 3-8은 정신분열증, 우울증 및 비행과 범죄행위에서의 일치율을 보여준다. 이 그림에서 일란성 쌍생아와 이란성 쌍생아의 일치율 차이가 비행과 범죄행위보다는 정신분열증과 우울증에서 더 크기 때문에, 정신분열증과 우울증은 유전의 영향을 크게 받고 비행과 범죄행위는 유전의 영향을 적게 받는다고 말할 수 있다.

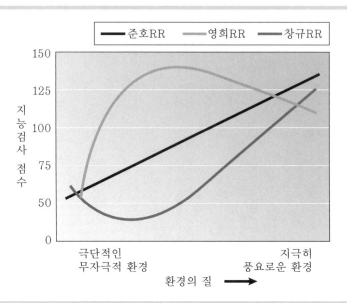

그림 3-9 | 고쯔만의 반응범위모델

출처: Wahlsten, 1994.

2. 유전 – 환경 상호작용모델

행동유전학자들이 쌍생아 연구나 입양연구의 결과를 해석할 때 직면하는 가장 큰 어려움은 유전-환경 상호작용의 복잡성을 어떻게 반영하고 설명해야 하는가의 문제이다. 연구자들마다 다소 다른 견해들을 제시하고 있으므로 여기서는 유전과 환경이 아동의 행동과 발달을 결정하기 위하여 어떻게 상호작용하는지를 설명하는 다섯 개의 이론적 모델을 소개한다.

1) 고쯔만의 반응범위모델

어빙 고쯔만(Irving Gottesman, 1963)에 의해 제기된 반응범위모델(reaction range model: RR 모형)은 유전적으로 결정된 특성을 바탕으로 각 개인은 환경과 상호작용한다고 제안한다. 반응범위모델은 그림 3-9와 같이 개인의 지적 수행에 적용될 수 있다.

이 그림에서 극단적인 무자극적 환경에서 지극히 풍요로운 환경까지 환경 조건이 변화할 때, 준호의 지능점수는 계속적으로 증가하고 영희의 지능점수는 급격하게 증가한 다음 감소하였으며, 창규의 점수는 적어도 보통 정도의 자극적 환경조건이 갖추어질 때 증가하기 시작하였다.

그러므로 반응범위모델은 각 개인이 독특한 유전적 구성을 지니고 있고, 우리는 동일한 환경에서 다르게 반응한다는 것을 보여준다. 극단적으로 무자극적 인 환경에서 세 아동은 유사하게 낮은 점수를 나타내었으나 중간 수준의 자극이 제공될 때, 영희는 가장 우수한 수행을 보였다. 지극히 풍요로운 환경에서는 준호의 점수가 가장 높고 그 다음이 창규 그리고 영희 순이었다.

또한 서로 다른 유전-환경 조합은 두 아동의 능력을 동일하게 보이도록 한다는 것도 분명하였다. 예를 들어 영희가 최소한도의 자극적인 환경에서 성장할 때 IQ 점수는 약 100점이지만, 준호와 창규가 100점의 IQ를 가질 수 있기 위해서는 상당히 풍요로운 환경에서 성장해야만 한다. 이와 같이 반응범위모델은 유전과 환경의 독특한 조합에 의해 아동 행동의 유사성과 차이가 결정된다는 것을 보여준다(Gottlieb, Wahlsten, & Lickliter, 2006).

2) 유전-환경 상관모델

유전-환경 상관(genotype-environment correlation)모델은 유전과 환경은 서로 상관되어 있기 때문에 유전적으로 유사성을 지니고 있는 사람들은 환경을 선택할 때도 서로 유사한 환경을 선택한다고 강조한다(Plomin 등, 2001; Scarr & McCartney, 1983). 이 모델에 의하면, 유전자는 반응범위모델에서처럼 단순히 한계를 설정하는 것이 아니라 아동이 경험하는 환경의 종류를 선택하는 역할을 한다.

심리학에서의 전통적 견해는 상이한 가족환경은 아동을 서로 다른 방식으로 발달시킨다는 것을 강조한다. 교육적 활동을 장려하고 성공을 격려하는 부모의 아동들은 학교에서 성공적으로 수행할 수 있으나 거칠고 처벌적인 부모의 자녀들은 공격적이고 다양한 행동문제를 일으킬 것으로 기대한다. 그러나 유전-

환경 상관모델은 이 견해와는 반대로 아동이 그의 유전자를 바탕으로 자신의 환경을 생성하는 역할을 한다고 주장한다.

유전 – 환경 상관모델에서 유전자가 영향을 주는 방식은 아동의 연령에 따라 달라진다. 우선 영아기 동안 유전자는 환경과 수동적 상관(passive correlation)을 이룬다. 영아는 스스로 환경자극을 선택할 능력이 없으므로 부모나 주위 성인들이 제공하는 환경자극에 수동적으로 노출된다. 그러나 부모와 아동은 많은 유전자를 공유하고 있으므로 부모가 제공하는 환경은 아동의 인자형과 일치할 뿐 아니라 아동의 인자형을 지원하는 역할을 한다. 그 예로서 음악을 좋아하는 부모들은 음악을 좋아하는 아동을 출산하고 그들에게 음악적 가정분위기를 제공한다.

아동이 성장함에 따라, 유전자는 환경과 자극유발적 상관(evocative correlation)을 이룬다. 즉 아동이 지니고 있는 유전적 특성이 사람들의 반응을 불러일으키고 이 반응은 다시 아동의 원래의 반응양식을 강화함으로써 발달을 이룬다는 것이다. 예를 들면, 다른 아동보다 일찍 말하고 읽을 수 있는 아동은 일찍부터 부모가 아동에게 책을 사주고 이야기책을 읽어주도록 하므로 풍부한 언어환경이 제공되도록 자극한다. 이와 같이 아동은 자신의 유전자와 조화되는 환경을 생성할 수 있도록 환경여건을 조성해간다.

아동이 성장하여 점점 더 독립적으로 행동할 수 있게 되면, 유전자는 환경과 능동적 상관(active correlation)을 이루고 아동 스스로 그들의 관심과 재능에 맞는 환경, 즉 적소(niches)를 선택한다. 따라서 유전–환경 상관모델은 때로 적소선택모델(niche-picking model)이라고 불리어지기도 한다(Scarr & McCartney, 1983). 책읽기를 좋아하는 아동은 스스로 도서관을 찾아가고 운동을 좋아하는 아동은 체육관을 그리고 음악을 좋아하는 아동은 록음악 콘서트장을 찾아감으로써 그들의 유전자가 발현될 수 있도록 한다는 것이다.

유전 – 환경 상관모델은 가족환경의 중요성을 무시하지는 않지만, 유전자가 발달을 인도하는 더 직접적 역할을 한다고 강조한다. 유전자는 아동이 그의 발달경로를 따라갈 수 있도록 인도하는 수단이므로 환경은 발달을 이루게 하는 간접적 요인에 지나지 않는다. 유전 – 환경 상관모델에 의하면, 아동의 연령이 증가할수록 아동은 그의 유전자가 요구하는 환경을 능동적으로 선택할 수 있으므로 유전의 영향은 실제로 더 커진다고 볼 수 있다.

3) 수로화모델

수로화(canalization)의 사전적 의미는 운하를 파고 배출구를 만들어 물이 흐르는 방향을 유도한다는 의미로서, 콘라드 웨딩턴(Conrad Waddington, 1966)이 유전자가 발달을 제한하는 사례를 언급하기 위하여 최초로 사용한 용어이다. 그러므로 수로화모델은 유전적으로 강하게 수로화된 행동일수록 변화시키기 어렵다는 의미를 내포한다.

강하게 수로화된 행동의 예로서 영아의 옹알이가 있다. 청각장애 아기를 포함하여 모든 영아들은 동일한 방식으로 거의 동일한 시기에 옹알이를 한다. 옹알이와 같이 유전적 성숙과정에 의해 발달하는, 지극히 수로화된 특성의 발달에서 환경은 거의 영향력을 행사하지 못한다. 옹알이 외에도 영아의 지각발달이나 운동발달은 강하게 수로화된 전형적인 행동특성들인 반면, 지능이나 성격은 환경적 영향에 쉽게 반응하기 때문에 수로화 정도가 약한 특성들이다. 강하게 수로화된 행동일수록 수정하거나 제한하기 위해서는 극단적인 환경조건을 필요로 한다.

근래에 와서 이 분야의 연구자들은 수로화의 개념을 확장하여 결정적인 환경의 영향도 발달을 제한할 수 있다고 설명한다(Gottlieb, 1996). 그 이유는 인생 초기에 유해한 환경에 노출된 아동들은 이후의 어떤 바람직한 환경에 의해서도 회복되기 어렵기 때문이다. 특히 태내기 동안 알코올이나 방사선에 노출된 아동들이나 문화적으로 박탈된 시설기관에서 성장한 아동들은 이후에 바람직한 환경이 제공된다고 할지라도 정상적으로 성장하기 어렵다는 사실은 수로화 개념이 환경적 영향에도 적용될 수 있음을 보여주는 좋은 예들이다.

요약하면, 수로화 모델은 개인이 발달할 수 있는 중다의 경로들이 존재하며 이 과정에서 유전은 발달에 미치는 환경의 영향을 제한하고 환경 또한 발달에 미치는 유전의 영향을 제한할 수 있음을 강조한다.

4) 공유환경과 비공유환경

행동유전학자들은 인간발달에 미치는 환경의 영향을 이해하기 위하여 공유환경과 비공유환경을 구별해야 한다고 주장한다. 공유환경(shared environment)이란 아동이 형제자매들과 공통적으로 경험하는 환경으로 부모의 성격특성이나 가족의 사회경제적 지위 혹은 가족이 생활하는 이웃과 같은 요인들이 여기에 해당한다. 반면, 비공유환경은 형제자매들과 공유하지 않는 가족의 내부나 외부에서 일어나는 아동의 독특한 경험을 의미한다.

공유환경의 결과로 형제자매들은 지능이나 신체능력 혹은 사회적 반응 등에서 서로 많은 유사점을 나타내지만, 비공유환경은 형제자매들이 서로 매우 다르게 행동하고 각기 다른 특성을 갖도록 한다. 가족 내에서 일어나는 경험조차도 비공유환경의 일부가 될 수 있다. 부모는 자주 형제자매들을 서로 다르게 취급하고 형제자매들 역시 동일한 가족 사건이나 경험에 다른 방식으로 반응한다. 또한 형제자매들은 서로 다른 친구나 또래집단을 가지고 있고 학교에서는 서로 다른 선생님을 만나기 때문에 결국 서로 다른 환경에 노출된다.

대표적인 행동유전학자인 로버트 플로민(Robert Plomin, 2004)은 공유환경은 아동의 성격특성이나 흥미에서의 변이를 거의 설명하지 못한다는 것을 발견하였다. 이것은 두 명의 아동이 한 집에서 같은 부모 밑에서 생활한다고 할지라도, 성격특성과 흥미가 매우 다른 경향이 있음을 의미한다. 또한 플로민은 유전적 특성은 유전-환경 상관을 통하여 형제자매들의 비공유 환경에 영향을 주는 것이지 유전이 독립적으로 영향을 주는 것은 아니라고 강조하였다. 즉 유전적으로 스포츠 재능을 물려받은 아동은 스포츠와 관련된 환경에서 더 많은 시간을 보내고, 음악적 재능을 물려받은 아동은 음악과 관련된 환경에서 더 많은 시간을 보내기 때문에 자신의 재능을 발휘할 수 있다는 것이다.

5) 점성적 견해

길버트 고트리브(Gilbert Gottlieb, 2007; Gottlieb, Wahlsten, & Lickliter, 2006)가 제안한 점성적 견해(Epigenetic View)는 인간의 발달이란 유전과 환경 사이의 계

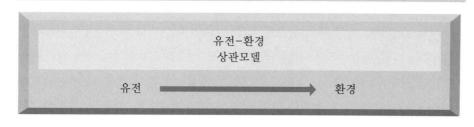

그림 3-10 │ 유전-환경 상관모델과 점성적 견해의 비교

출처: Santrock, 2009 참조.

속적인 양방향적 상호교환의 결과라고 주장한다. 그림 3-10에 제시된 바와 같이, 유전이 환경에 일방적인 영향을 주는 유전-환경 상관모델과는 대조적으로 발달에 대한 점성적 견해는 유전과 환경 사이에 양방향적 교환이 이루어진다는 것을 강조한다.

점성적 견해에 의하면, 유전자는 아동의 행동과 경험에 영향을 주지만, 경험과 행동 또한 유전자의 표현에 영향을 준다(Gottlieb, 2003; Rutter, 2006). 점성적 견해를 반영하는 예를 들어 보자. 임신되는 순간 아기는 부모로부터 특정한 유전인자들을 물려받는다. 태내기 동안, 독성물질이나 영양 혹은 스트레스같은 환경적 요인들은 일부의 유전인자의 기능을 멈추게 할 수 있으며, 또 다른 유전인자들을 더 강하게 혹은 더 약하게 만들 수도 있다. 영아기에 이르면 영양, 스트레스, 학습과 같은 환경적 경험들이 유기체의 유전적 활동과 행동에 기저하는 신경계의 활동을 계속해서 수정한다(Gottlieb, 2005). 이와 같이 유전과 환경은 개인의 지능과 기질, 키, 몸무게, 수능력, 읽기능력 등을 생성하기 위하여 서로 협력한다.

실제로 아동이 경험하는 환경은 부모로부터 물려받은 유전자들만큼 복잡하다(Parke 등, 2008). 환경적 영향이란 보통 양육이라는 이름하에 한덩어리로 묶여지는 부모역할과 가족역동, 학교교육 그리고 이웃환경에서부터 바이러스나 출산 합병증 및 세포 속에서 일어나는 생물학적 현상들까지 매우 다양하다. 더욱이 유전과 환경의 기여 정도는 부가적(附加的)이 아니므로, 아동의 특정한 행동에 미치는 유전과 환경의 상대적 기여비율을 계산할 수는 없는 일이다. 유전자는 전생애에 걸쳐 많은 상이한 환경에서 단백질을 만들어내지만, 환경조건에 따라 단백질을 만들지 않을 수도 있다. 어떤 청소년이 공격성과 연합된 유전자군을 물려받았다 할지라도, 애정적인 부모와 노련한 교사를 만나고 독서습관을 지니고 있다면 공격성 유전자는 범죄의 생물학적 토대를 형성하지 못할 것이다.

그러므로 아동심리학자들은 아동이 최적의 발달을 이룰 수 있도록 유전과 환경에 동등한 관심을 가질 수 있어야 한다. 우리가 원하는 대로 아동이 발달해 주지 않는다고 할지라도, 환경은 분명 유전적 영향력을 수정할 수 있는 능력을 지니고 있다. 그러므로 아동의 발달을 개선시키려는 우리의 노력은 아동의 유전적 구성과 우리가 변화시키려고 하는 아동의 행동특성 그리고 실시되는 중재의 유형과 시기에 따라 성공여부가 결정될 것이다.

[2부] 발달의 기저

제4장 태내기 발달과 출산

제 4 장

...태내기 발달과 출산...

　　인간의 발달은 임신되는 순간에서 시작된다. 정자와 난자가 결합된 접합자(zygote)는 한 사람의 완전한 개체를 형성하기 위해 필요한 유전정보를 운반한다. 접합자는 빠른 속도로 세포분열을 거듭하며 임신 4주 말경에 이르면 수백만 개의 세포로 번식한다. 일생에서 가장 빠른 속도로 발달하는 태내기 동안 출생 후의 생존을 가능하게 하기 위한 준비가 이루어진다. 이 장에서는 태내기 발달과 관련요인들 및 출산과정을 차례로 설명한다.

I. 태아의 발달

1. 임신 과정

　　임신은 난자와 정자의 결합으로 시작된다. 난자는 여성의 정상적인 생리주기의 시작 후 약 10일경에 두 개의 난소 중의 하나에서 발달하기 시작하여 3, 4일 동안 성장한다. 28일의 생리주기 중간쯤, 즉 생리주기 시작 후 13, 14일경에 난자를 싸고 있는 소낭이 터지면서 난자가 방출되며 나팔관을 거쳐 자궁으로 여행한다.

　여성의 생식체계는 두 개의 난소와 두 개의 나팔관 그리고 태아가 자라는 자궁으로 구성된다. 난소는 미성숙한 난자가 저장되어 있는 곳이며, 각 난자는 소낭(follicle)이라는 작은 주머니 속에 들어 있다. 난자는 여아가 출산되기 전 태내기에 이미 만들어지며 출생 후에는 새로운 난자가 생산되지 않는다. 갓 태어난 여아는 약 2백만 개의 미성숙한 난자를 가지고 있으나 이 중 대부분이 퇴화하고, 사춘기에 이르면 3만 - 4만 개 정도 남는다. 그러나 여성의 평균 임신가능 기간 동안 단지 500개 미만의 난자가 성숙될 뿐이다.

　방출된 난자가 나팔관을 거쳐 자궁에 도달하는 데는 3 - 7일이 걸린다. 그러나 난자가 정자와 결합될 수 있는 기간은 난소를 떠난 지 약 24시간 동안이며 그 이후에는 퇴화한다. 퇴화된 난자는 자궁에 도달하여 붕괴되며 생리로써 배출된다.

　정자는 난자와는 다르게 남아가 성적 성숙에 도달하면 생산된다. 고환은 매일 평균 약 3억 개의 정자를 생산하고 저장한다. 1회의 사정시에 약 3억 6천만 개의 정자가 고환에서 정관을 거쳐 정액낭까지 옮겨진다. 정액낭에서 흰 색깔의 매끄러운 액체인 정액과 결합되고 정관을 따라 내려와서 음경을 통해 방출된다.

　자궁경부를 통하여 자궁으로 들어온 정자는 난자가 있는 난소를 향해 간다. 추진하는 긴 꼬리를 가진 정자가 난소에 도착하는 데는 48 - 72시간이 소요된다. 여성의 질 속에 들어온 정자 중 나팔관 내의 난자와 접합할 수 있는 장소에 도달 가능한 정자는 500개 미만이며 그 중 단 한 개의 정자만이 난자와 접합할 수 있다. 접합이 이루어지면, 더 이상의 정자의 유입을 막기 위해 난자의 표면이 변화된다.

2. 태내발달의 3단계

태내기는 임신으로 시작하여 출산으로 끝난다. 태내발달의 평균기간은 266

일, 즉 38주 동안이지만, 아기에 따라 차이가 있다. 대부분의 아기들은 수정 후 34－40주 사이에 태어나며, 이 기간 동안 하나의 단세포에서 완전한 인간 아기로 성장한다.

38주 동안의 임신기간은 다시 3단계로 나누어진다. 제 1단계는 배종기(germinal stage)이며 수정되는 순간부터 접합자가 자궁벽에 부착하는 약 2주 동안의 기간에 해당된다. 제 2단계는 배아기(embryonic stage)로서 임신 3주부터 8주까지이며 이 기간 동안 기관들이 형성된다. 그리고 제 3단계인 태아기(fetal stage)는 임신 8주 이후부터 출산까지의 기간으로 태아의 크기가 커지고 기관과 근육의 기능이 시작된다.

1) 배 종 기

수정된 난자가 그림 4－1과 같이 세포분열을 거듭하면서 나팔관을 따라 자궁으로 향한다. 하나의 세포는 2개, 4개, 8개 등으로 분열되고 개별적 세포로 분화되기 직전에 포배낭(blastocyst)을 형성한다. 약 100개 정도의 세포로 구성되는 오목한 구체인 포배낭은 임신 7－14일 사이에 스스로 자궁벽에 착상하기 시작한다.

포배낭의 바깥 부분은 태아의 보호막인 융모막과 태반으로 분화된다. 태반은 후에 어머니로부터 산소와 영양물질을 받아 태아에게 공급될 수 있도록 합성하는 동시에 태아의 분비물을 어머니의 혈액 속으로 내보내는 역할을 한다. 태반에서 합성된 산소와 영양물질은 태반과 태아의 복벽을 연결하는 탯줄을 통하여 태아에게 공급된다.

탯줄을 통과할 수 있는 물질은 산소와 탄산가스, 물, 어머니 혈액으로부터의 영양분이나 태아의 혈액에서 나오는 노폐물같은 작은 크기의 분자들이다. 어머니의 적혈구나 박테리아같은 유해물질 혹은 호르몬과 같은 큰 분자의 물질은 탯줄을 통과할 수 없다. 그러나 어머니와 아기 사이에 이루어지는 탯줄의 물질교환 메커니즘은 너무 복잡하여 아직도 완전하게 규명되지 못하고 있다(Klieger, Pollex, & Koren, 2008).

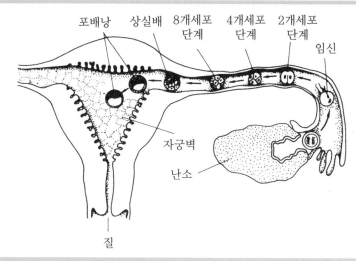

그림 4-1 | 임신과 초기 발생과정

포배낭의 안쪽 부분은 태아 자신과 양막으로 분화된다. 양막은 태아를 싸고 있는 막으로 양수로 가득찬다. 양수는 점진적으로 생성되며 임신 3개월 말경에 이르러야 양막 주머니가 가득 채워질 수 있다. 양수 속에 떠 있는 태아는 자유롭게 움직일 수 있고 위치를 바꿀 수 있으며, 양수가 외부충격을 막아주는 쿠션과 같은 역할을 하기 때문에 안전하게 성장을 계속할 수 있다.

수정 후 약 2주경에 이르면 접합자의 자궁착상은 완전히 끝난다. 그러나 접합자의 약 30%는 이 기간을 성공적으로 넘기지 못한다. 그 이유는 정자와 난자가 부적절하게 결합되었거나 혹은 알 수 없는 이유로 세포분열을 시작하지 못하기 때문이다. 자연은 이러한 접합자의 자궁착상을 막음으로써 발달의 초기에 대부분의 태내기 이상을 차단할 수 있다.

2) 배 아 기

자궁벽에 착상한 후부터 임신 약 8주까지의 기간을 배아기라고 하고, 이 시기의 분화하는 유기체를 배아(embryo)라고 부른다. 배아기 동안 계속해서 태반이 발달하고 탯줄이 형성된다. 배아는 외배엽, 내배엽 및 중배엽으로 분화되며 각 부분은 다시 세부적인 기관으로 분화를 계속한다. 배아의 각 부분에서 분화되는 기관들은 다음과 같다.

외배엽 - 뇌, 척수, 피부, 치아
중배엽 - 근육, 골격, 혈관
내배엽 - 허파, 간, 소화기관

처음에 신경계가 가장 빠르게 발달한다. 외배엽에서 원시적인 척수인 신경관이 형성된다. 신경계가 발달하는 동안 심장이 배아의 순환계에 혈액을 펌프질하기 시작한다. 임신 2개월째에 들어가서도 성장은 빠르게 계속된다. 눈, 귀, 코, 턱, 목이 형성되고 팔, 다리, 손가락, 발가락이 나타난다. 내부기관의 발달도 이루어져서 소장과 대장이 발달하고 심장은 분리된 심방을 형성하며 간과 비

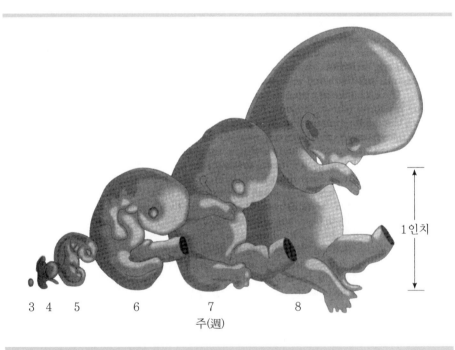

3 4   5   6   7   8
주(週)

그림 4-2 │ 임신 3주부터 8주까지의 배아의 성장

장이 혈액세포의 생성을 맡는다. 변화하는 신체비율은 배아가 직립한 자세를 취하게 한다.

이제 배아는 입주위와 발바닥의 자극에 반응할 수 있다. 비록 어머니에 의해 감지되기에는 지나치게 약한 움직임이기는 하지만, 배아는 움직일 수도 있다. 약 6주간의 기간 동안 그림 4-2와 같이 배아는 거의 완전한 인간의 모습을 갖춘 유기체로 성장한다.

3) 태 아 기

임신 3개월부터 출생까지를 태아기라고 부르고 이때부터 성장하는 유기체를 태아(fetus)라고 한다. 외형적으로 완전한 인간의 모습을 갖춘 태아는 크기에서 빠르게 증가한다. 임신 3개월이 되면 기관, 근육 그리고 신경계가 조직화되고 연결되기 시작한다. 대뇌는 신호를 보내고 여기에 반응하여 태아는 발로 차고, 팔을 구부리고, 주먹을 쥐고, 발가락을 비틀고, 입을 벌리며 엄지손가락을 빨기까지 한다. 출산 후의 숨쉬기 운동을 위한 준비로서 허파를 확장하고 수축한다.

임신 3개월에 외부생식기의 분화도 시작된다. 이미 분화를 시작한 내부생식기도 발달을 계속한다. 일반적으로 남아의 생식기가 여아보다 더 빨리 발달하며 임신 4개월에 이르면 태아의 성이 뚜렷이 구분된다.

눈의 홍채가 발달되고 눈과 뇌를 연결하는 모든 신경들이 형성된다. 잇몸 아래에 치아가 형성되고 손톱, 발톱이 발달한다. 내분비선들이 형성되며 간이 기능을 시작한다. 또한 허파와 위가 반응을 나타내기 시작하며 성대와 미뢰가 형성된다. 갈비뼈와 척추는 연골조직에서 경화되기 시작한다.

9개월의 임신기간은 3개월씩 나누어 1-3개월까지를 임신 제1분기, 4-6개월은 임신 제2분기, 그리고 7-9개월은 임신 제3분기로 명명된다. 임신 제2분기에 해당되는 4개월부터 6개월까지 제1분기의 발달이 계속된다. 신체가 길어지기 때문에 머리만 큰 불균형의 모습에서 벗어나기 시작한다.

임신 4개월경에 어머니는 태동이라고 불리는 태아의 움직임을 감지할 수 있다. 어머니는 처음에 뒤틀림 정도의 태동을 느낀다. 그러나 임신 5개월경에 이르면 태아의 손의 파악력이 증가하고, 움직이는 힘이 강하고 빈번해지므로 어머니는 태아의 팔꿈치, 머리, 무릎 등을 느낄 수 있는 정도의 분명한 태동을 경험한다. 임신 5개월 무렵에 태아의 지선(oil glands)이 형성되고 양수로부터 피부를 보호하기 위하여 태지(vernix caseosa)라고 불리는 치즈와 유사한 물질이 분비된다. 또한 솜털이 피부 전체를 덮으면서 태지가 피부에 부착되어 있을 수 있도록 돕는다.

임신 7개월부터 9개월까지의 제3분기의 시작 무렵부터 태아의 키와 몸무게는 급격하게 증가한다. 태아의 성장과 함께 자궁 내에서 움직일 수 있는 공간은 점점 더 감소되므로 태아의 움직임은 점차적으로 줄어든다. 이 시기의 건강한 태아는 어머니의 신체 바깥에서 생존할 수 있기 때문에, 임신 210일을 생존가능연령(age of viability)이라고 부른다. 그러나 조산된 태아는 호흡능력이 아직도 미숙하여 산소공급을 필요로 하므로 조산아보육기(incubator) 안에서 특별한 보살핌을 받아야 한다.

임신 8개월경에 체온조절을 위한 피하지방층이 형성되지만, 아직도 완전하게 형성되지 않았기 때문에 이때 조산되면 아기는 체온조절에서 어려움을 겪는다. 임신 9개월의 태아는 계속해서 성장하며 동시에 분만을 위한 준비를 갖춘다. 이 시기의 태아들은 임신 8개월의 태아보다 호흡능력, 흡입능력, 삼키는 능력, 소화기능 그리고 체온통제 등의 모든 부분에서 더 우수한 조절능력을 획득한다.

태아는 분만을 위해 머리가 어머니의 자궁경부 방향으로 향하도록 회전하며, 피부를 보호하기 위한 태지가 사라지기 시작한다. 질병에 대한 항체가 혈액을 통해 어머니에게서 태아에게로 흘러들어간다. 이 시기에 받는 항체로써 태아는 출생 후 초기 몇 달 동안 질병에 대처할 수 있다. 출산 1, 2주일 전에, 자궁이 골반부위까지 하강하므로 태아는 자궁경부까지 내려간다. 태아의 체중증가는 느려지고 어머니의 근육과 자궁은 간헐적인 수축을 시작하며(통증은 없다) 태반의 퇴화가 시작된다.

우리는 아직까지 임신관계의 종결이
어떤 메커니즘에 의해서 이루어지는지 알
지 못한다. 어머니의 자궁은 성장하는 태
아를 위해 무한히 확대될 수 없을 뿐 아니
라 태반도 900g 이상 증가할 수 없기 때문
에 태아에게 충분한 영양과 산소를 공급
할 수 없게 된다. 분명한 것은 임신 9개월
말경에 이르면, 어머니의 신체와 태아는
태아-자궁관계의 종결을 알리는 어떤 신
호에 의해 출산을 준비한다는 것이다.

그림 4-3 │ 임신 6주경의 신경관 형태

3. 태내기의 대뇌발달

대뇌의 발달은 임신 18-24일경에 외배엽에서 분화되는 신경관의 발달로부
터 시작된다. 임신 약 24일경에 이르면 신경관(neural tube)의 윗부분과 아랫부분
이 닫히며 태아의 등 부위에 속이 빈, 긴관으로 형성되고 이후에 뇌와 척수로 분
화된다. 그림 4-3은 임신 6주경의 신경관의 모습을 보여준다.

신경관이 닫히지 않을 때 심각한 출산결함인 무뇌증(anencephaly)과 척추파
열(spina bifida)이 일어난다. 대뇌피질이 발달하지 못한 무뇌증의 태아는 자궁
속에서 사망하거나 출산시 혹은 출산 직후에 사망한다(Koukoura 등, 2006). 척추
파열은 다리부분에 마비를 일으키므로 이 장애를 갖는 개인들은 목발이나 휠체
어와 같은 보조기를 필요로 한다.

임신 5주경에 신경관이 닫히면, 미성숙한 뉴런들이 대량 증식되며, 증식은
출산시까지 계속된다. 새로운 뉴런이 가장 많이 생성될 때는, 분당 약 20만 개의
뉴런이 생성되므로(Brown, Keynes, & Lumsden, 2001) 결국 아기는 약 1,000억 개
의 뉴런을 가지고 이 세상에 태어난다.

임신 6주에서 24주까지 뉴런의 이동이 일어난다. 뉴런은 생성된 위치에서

필요한 위치로 이동하고 뇌의 구조와 영역을 형성한다. 목표지점으로 이동한 뉴런은 성장을 계속하고 더 복잡한 구조로 발달한다. 임신 23주경에 뉴런간의 연결이 시작되고 출산 이후까지 계속된다(Moulson & Nelson, 2008). 결국 인간 대뇌의 기본조직은 임신 2분기까지 대부분 형성되고 임신 3분기부터 시작하여 출생 후 약 2년 동안 뉴런들간에 연결이 이루어짐으로써 기능을 시작한다.

II. 태아발달에 미치는 외부환경적 영향

대부분의 아기들이 정상아로 출산되고 있기는 하지만, 5 - 10% 미만의 아기들은 출생결함을 지니고 태어난다. 아기들이 지니는 출생결함은 출생 직후 사망하는 심각한 이상에서부터 아동의 발달에 거의 영향을 주지 않는 미세한 정신적 혹은 신체적 결함까지 다양하다. 또한 어떤 결함들은 수개월 혹은 수년이 지날 때까지 나타나지 않기도 한다. 일반적으로 출생결함들은 유전적 비정상에 기인된다고 생각되지만 유해한 환경 자극에 의한 출생결함들도 많이 있다. 태내기 결함을 일으키는 유해한 환경자극을 통틀어 기형발생물질(teratogen)이라고 한다.

1. 기형발생물질

기형발생물질에 의한 위험은 그렇게 단순하고 직접적이지 않으며 다음과 같은 여러 요인들의 영향을 받는다.

① 복용량: 어머니가 복용한 물질의 양이 장기간에 걸쳐 많으면 많을수록 태아는 더 많은 부정적 영향을 받는다.
② 유전: 태내기 결함의 유형이나 심각성 정도는 어머니와 태아의 인자형과 관련된다(Lidral & Murray, 2005). 유전인자의 영향으로 유해한 환경에 더 잘 견딜 수 있는 사람이 있는가 하면 그렇지 못한 사람도 있다. 특히 어머니가 특정한 약

물을 물질대사하는 방식과 그것을 수송하는 태반의 능력은 약물의 효과가 태아에게 전달되는 정도를 결정한다.

③ 노출시기: 태내발달의 특정시점에 기형발생물질에 노출되면 태아는 더 많은 손상을 입는다. 일반적으로 배아기는 기형발생의 민감기로서 기형발생물질에 가장 취약한 시기이다.

그림 4-4는 태내발달 동안 기형발생물질에 대한 민감기를 나타낸다. 중추신경계, 귀, 눈과 같은 신체부분들은 기형발생물질에 대한 긴 민감기를 갖는 반

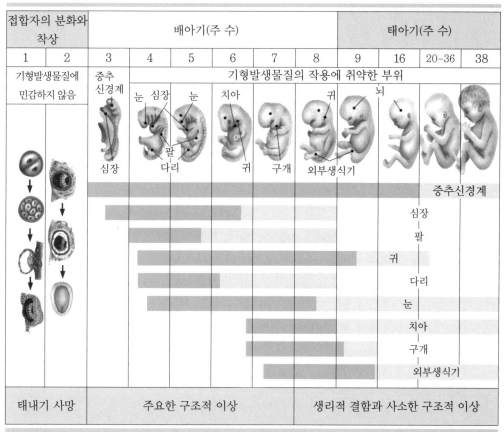

그림 4-4   태내기 동안 기형발생물질에 대한 민감기

출처: Moore & Persaud, 2008.

면, 사지나 치아 혹은 구개와 같은 신체부분들은 상대적으로 짧은 민감기를 갖는다. 이 그림에 의하면, 기형발생물질의 영향을 거의 받지 않는 배종기 동안, 접합자가 유해한 환경자극의 영향을 받으면 손상되어 사망한다. 그러나 모든 신체부분들의 기초가 형성되는 배아기는 기형발생물질에 특별히 취약하며 심각한 결함이 일어나기 쉬운 시기이다. 그러나 태아기에 이르면 기형발생물질에 의한 손상은 크게 감소한다.

태아기 동안에도 중추신경계와 외부생식기 및 귀와 같은 기관은 기형발생물질에 의해 큰 영향을 받을 수 있으나 그 외 기관들의 손상가능성은 크게 감소한다. 그림 4-4의 진회색 수평선은 기형발생물질에 특별히 취약한 시기를 나타내는 반면, 연회색 수평선은 손상이 일어날 수 있지만, 기형발생물질에 대한 위험이 다소 감소된 시기에 해당한다.

많은 여성들은 자신이 임신했다는 것을 인지하지 못한 채 배아기를 지나는 경우가 많다. 배아기가 기형발생물질에 가장 민감한 시기임에도 불구하고, 영양섭취와 약물복용 및 질병감염에 특별한 주의를 기울이지 못한 채 지나가기 쉬워 여성 자신이 임신했다는 것을 인지하기 전에 손상이 발생되는 사례가 자주 있다.

2. 기형발생물질의 유형과 특성

태내기 동안 손상을 일으키는 기형발생물질은 매우 다양하다. 여기서는 어머니가 복용한 약물과 어머니가 앓았거나 앓고 있는 질병, 그외 어머니 관련 요인과 아버지 관련 요인 및 환경오염물질들을 차례로 설명한다.

1) 어머니가 복용한 약물

성인에게 안전한 약물이 태아에게 해를 줄 수 있다는 것은 널리 알려진 일이다. 임부가 복용하는 약물에 대한 경각심은 사지가 없거나 청각손상을 일으키는 포코메리아(phocomelia)의 출현에 의해 제기되었다(그림 4-5 참조). 1960년대

초기에 독일에서, 임신초기에 발생하는 입덧증상을 완화시키기 위해 탈리도마이드(thalidomide)라는 안정제가 임부들에게 투여되었다. 그러나 놀랍게도 사지가 없는 아기들이 우연확률 이상으로 태어남으로써 정부 당국이 조사에 나서게 되었고 결국 임부가 복용한 탈리도마이드가 태아기형을 일으킨다는 것이 밝혀졌다.

어머니와 태아는 태반에서의 혈액체계에 의해 서로 연결되기 때문에, 어머니가 복용한 약물은 다른 영양물질들과 동일하게 태반을 통해 태아에게 전달된다. 그러나 태아는 성인들과 같이 약물의 독성을

발달되지 못한 팔과 기형의 손은 전형적인 포코메리아의 증상을 나타낸다.

그림 4-5 │ 탈리도마이드에 의한 포코메리아 아동

분해하거나 완화시킬 능력이 없으므로 약물의 효과는 훨씬 더 커진다. 임부가 복용한 각종 약물들은 태아에게 직접적으로 영향을 주기도 하고 태반을 통과하는 다른 물질들이 변화되도록 유도함으로써 태아에게 간접적인 영향도 준다.

① 카 페 인

많은 임신한 여성들은 커피나 홍차 혹은 콜라를 마심으로써 카페인(caffeine)을 섭취한다. 최근 연구는 다량의 카페인 섭취(하루에 3잔 이상 혹은 200 밀리그램 이상)가 유산의 위험을 증가시킨다고 보고한다(Weng, Odoulti, & Li, 2008). 또한 카페인은 조산의 위험을 증가시키고 신생아의 저체중과 과민성 그리고 보잘것 없는 반사능력을 나타내게 하며 근육발달에도 지장을 준다.

② 니코틴(흡연)

흡연하는 임부의 아기들이 비흡연 임부의 아기보다 더 적은 출산체중을 지니고 있다는 것은 널리 알려진 일이다. 또한 임부의 흡연은 태아의 체중감소는 물론 조산, 유산 및 영아사망의 가능성을 증가시킨다(Roza 등, 2007). 흡연하는

어머니의 아기들은 특별한 신체적 이상 없이 태어났다고 할지라도, 소리에 주의를 잘 기울이지 못하고 더 많은 근긴장을 나타내며, 5-16세에 이르면 높은 비율로 주의력결핍 과잉행동장애를 나타낸다는 보고도 있다. 간접흡연 역시 직접적으로 흡연한 것과 유사하게 태아의 저체중 위험을 증가시킨다.

그렇다면 임부의 흡연은 어떻게 태아를 손상시키는가? 담배 속에 들어 있는 중독물질인 니코틴(nicotine)이 태반을 비정상적으로 변하게 하여 영양물질의 운반을 감소시키는 역할을 하므로 태아는 충분한 영양분을 공급받을 수 없다. 또한 흡연은 어머니와 태아 모두의 혈류 속에 일산화탄소의 농도를 증가시키고, 증가된 일산화탄소는 적혈구 세포로부터 산소를 빼앗아감으로써 태아는 만성적인 산소부족을 경험한다.

어머니의 흡연양이 많으면 많을수록 태아의 위험은 증가한다. 만약 임신중 어떤 시기에(임신말기라고 할지라도) 임부가 흡연을 중지한다면, 태아에게 미치는 니코틴의 유해한 효과는 그 즉시 감소할 것이다.

③ 알 코 올

임부의 알코올 섭취는 태아알코올 스펙트럼 장애(fetal alcohol disorder)를 일으킨다. 이 장애는 태내기 동안 알코올에 노출됨으로써 태아가 나타내는 신체적, 정신적 그리고 행동적 장애를 의미하며, 세 가지 유형의 장애, 즉 태아알코올 증후군(Fetal alcohol syndrome: FAS)과 부분적 태아알코올 증후군(Partial fetal alcohol syndrome: p-FAS) 및 알코올 관련 신경발달장애(Alcohol-related neurodevelopmental disorder: ARND)를 포함한다(Loock 등, 2005). 우선 FAS(그림 4-6 참조) 아동은 i) 성장지체, ii) 세 가지 특징적인 얼굴기형: 비정상적 눈꺼풀, 얇은 윗입술 그리고 길고 밋밋하거나 움푹들어간 인중, iii) 대뇌손상: 작은 크기

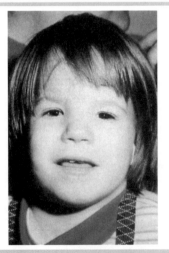

그림 4-6 | 태아알코올 증후군 아동

의 머리와 기억, 언어, 의사소통, 주의집중, 활동수준, 계획짜기, 추론능력, 운동협응 혹은 사회적 기술에서 손상을 나타낸다. 이 외에 눈, 귀, 코, 목, 심장, 생식기, 요도 및 면역체계에도 이상이 나타날 수 있다. 최근의 한 연구는 영아기에 FAS로 진단받은 아동들이 성인이 되었을 때 지적으로 무능하고 그들이 선택할 수 있는 직업수가 극히 적으며 의존적 생활을 한다고 보고하여, 알코올의 부정적 효과가 지속적임을 보여주었다(Spohr, Willms, Steinhausen, 2007).

p-FAS 아동은 특징적인 세 가지 얼굴기형 중 두 가지 기형과 FAS 아동과 유사한 대뇌기능의 손상을 나타낸다. 이 아동의 어머니들은 FAS의 어머니들보다 더 적은 양의 알코올을 섭취하지만, 아동에게 나타나는 결함은 알코올 노출의 시기와 기간에 따라 달라진다. 임신무렵의 아버지의 알코올 섭취 역시 p-FAS를 일으키는 데 기여한다(Abel, 2004). 가장 적은 양의 알코올을 섭취한 어머니에게서 나타나는 ARND아동은 전형적인 느린 신체성장이나 얼굴기형의 부재에도 불구하고, FAS나 p-FAS 아동과 유사한 대뇌손상을 나타낸다.

산모의 알코올 섭취는 어떻게 그와 같은 파괴적인 결과를 초래할 수 있는가? 우선 알코올은 세포분열과 뉴런의 발달을 방해한다. EEG와 fMRI 연구결과들은 임부의 알코올 섭취는 정보전달 기능을 하는 대뇌세포의 전기적, 화학적 활동을 손상시키고 감소된 대뇌크기와 여러 대뇌구조의 손상 그리고 대뇌기능에서의 비정상을 초래한다는 것을 확인하였다(Riley, McGee, & Sowell, 2004; Spadoni 등, 2007). 또한 알코올을 물질대사하기 위해서는 많은 양의 산소가 필요하기 때문에, 임부가 섭취하는 알코올은 뇌세포는 물론 신체 모든 부분의 성장에 필수적인 산소를 태아로부터 빼앗아가는 역할을 한다.

그렇다면 어느 정도의 알코올 섭취가 안전한가? 완전하게 안전한 알코올 섭취는 존재하지 않으며 임신초기의 소량의 알코올 섭취(하루에 1-2잔)도 굼뜨고 무기력한 아기를 출산하게 한다. 보통 하루에 3-4잔 정도의 알코올을 섭취하는 어머니의 아기들은 다소 더 심각한 주의집중장애와 낮은 지능을 나타내며, 알코올 섭취가 증가하면 위험 또한 증가한다.

④ 호 르 몬

임신중의 호르몬 복용은 태아의 생식기관에 이상을 일으키기 쉽다. 1945년 과 1970년 사이에 디에틸스틸베스트롤(diethylstilbestrol: DES)이라고 불리는 합성 여성호르몬이 유산을 방지하기 위하여 광범위하게 사용되었다. 그러나 이 호르몬제를 복용한 여성의 딸들이 청년기와 성인초기에 이르렀을 때, 우연 이상의 높은 비율로 질암과 자궁기형을 나타내었고 임신하게 되었을 때 더 높은 비율의 유산과 사산을 일으키고 저체중아를 출산하였다. 또한 DES 처치를 받은 어머니의 아들들도 청년기와 성인기에 이르러 높은 비율의 생식기 이상과 고환암으로 고통을 겪었다(Hammes & Laitman, 2003). 이러한 결과로 이제 더 이상 DES 처치는 이루어지지 않고 있으나 이 사건은 호르몬 투여에 대한 일반인의 경각심을 일깨우는 계기가 되었다.

피임약 속에 함유되어 있는 호르몬도 태아에게 영향을 줄 수 있다. 여성 자신이 임신했다는 것을 인지하는 데는 수주가 소요되기 때문에, 계속해서 피임약을 복용하기 쉽다. 정자와 난자의 접합이 이루어진 다음의 피임약 복용은 태아의 심장이상과 사지기형을 일으킬 수 있다.

⑤ 헤로인, 코카인, 마리화나

임신기간 동안 헤로인이나 코카인 혹은 마리화나와 같은, 기분을 변화시키는 중독성의 약물을 복용하면 심각한 태아장애를 일으킬 수 있다. 일반적으로 이러한 약물들은 사산과 조산을 일으키고 태아의 저체중을 야기시키며 신체적 결함이나 호흡곤란을 초래한다. 특히 헤로인에 중독된 임부에게서 태어난 아기들은 환경에 주의를 기울이는 능력이 부족하고 운동발달이 느린 것이 특징이지만, 성장함에 따라 회복되는 아동도 있고 계속해서 증상을 보이는 아동들도 있다. 그 이유는 어떤 유형의 부모역할이 제공되느냐에 따라 증상이 지속될 수도 있고 완화될 수도 있기 때문이다(Cosden, Peerson, & Elliott, 1997).

그러나 태내기에 코카인에 노출된 아동들은 부모역할유형과 상관없이 지속적인 결함을 보인다. 그들은 출산시 긴 분만시간을 필요로 하고 저체중을 나타낸다. 출생 1개월에 이르면, 더 낮은 수준의 각성과 효과적이지 못한 자기조절,

더 강한 흥분과 더 약한 반사행동을 보이며, 2세에는 손상된 운동능력을 그리고 유치원과 초등학교 연령에서는 주의력결핍 과잉행동장애를 나타낸다. 또한 태내기에 마리화나에 노출된 신생아들도 환경에 대한 관심이 저조하고 성장지체를 보이며 특히 기억과 정보처리 능력에 결함을 나타낸다(Williams & Ross, 2007). 문제는 대부분의 약물중독자들이 한 가지 이상의 약물을 함께 복용하기 때문에 특정 약물의 정확한 효과를 분리하는 것이 어렵다는 것이다.

지금까지 제시한 약물 이외에도 여성들은 임신기간 동안 다양한 약물을 복용한다. 아스피린(aspirin)은 임신한 여성들이 의사와 상의 없이 가장 많이 복용하는 약물로서 적은 양의 사용은 유해하지 않으나 반복적 사용은 산모와 태아에게 출혈을 일으킬 위험이 있다(James, Brancazio, & Price, 2008). 과도한 비타민 A 섭취는 언청이나 심장기형 등의 출산결함을 일으키고 결핵을 치료하기 위해 자주 사용되는 항생제인 스트렙토마이신(streptomycin)은 청력손상을 가져온다. 테라마이신(terramycin)과 테트라사이클린(tetracycline) 역시 조산을 일으키고 태아의 치아를 변색·약화시키며 뼈의 성장을 지체시킨다. 또한 진정·수면제인 바비츄레이트(barbiturate)는 무산소증과 태아의 성장지체 및 호흡기 기능저하를 일으키고 심장, 얼굴 그리고 사지기형을 초래할 수 있다.

2) 어머니의 질병

임신기간 동안 어머니가 앓는 질병 역시 태아에게 심각한 영향을 준다. 우선 풍진(rubella)은 감염시기에 따라 태아에게 주는 영향이 달라지는 전염성 질환이다. 임신 수주 이내의 감염은 태아사망이나 심각한 기형을 일으키지만, 임신 후기에는 거의 영향을 주지 않는다. 특히 배아기(임신 2개월 이전)에서의 어머니의 감염은 50% 이상의 태아에서 심장이상, 백내장, 청각장애를 일으키고 생식기, 비뇨기, 대장과 소장의 이상 및 정신지체를 일으킨다. 태아기의 감염은 덜 유해하기는 하지만, 출산시의 저체중과 청력손상 및 뼈의 결함을 일으킬 수 있다. 여성들은 임신을 결정하기 전에 풍진에 대한 면역 여부를 체크하고 임신 6

개월 이전에 예방접종을 받아 감염을 미연에 방지해야 한다.

당뇨병(diabetes)은 혈액의 혈당수준을 상승시키기 때문에 인슐린 처치가 요구되는 질환이다. 그러나 모체의 높은 혈당수준과 인슐린 처치는 태아의 유산이나 사산을 초래하고 신체의 이상과 신경학적 결함을 갖는 아기를 낳을 가능성을 증가시킨다. 적절한 의학적 도움과 식이요법으로 위험을 감소시켜야 한다.

매독(syphilis)과 임질(gonorrhea)은 성병으로서 태아에게 치명적 장애를 유발하는 질환들이다. 태아는 임신 4 - 5개월까지 매독 병원체(스피로헤타)에 비교적 저항적이기 때문에, 어머니의 매독감염이 조기에 발견되고 페니실린으로 치료하면 태아에게 영향을 주지 않을 수 있다. 그러나 치료되지 않은 채 방치되면 태아의 매독감염과 함께 유산, 조산, 출산시의 저체중, 중추신경계 손상, 치아와 골격의 기형, 청각장애, 피부장애를 일으키고 심한 경우 태아를 사망하게 한다.

또한 임질은 매독과 같이 태아에게 감염될 수 있을 뿐 아니라 유산이나 조산을 일으키고 눈의 감염으로 아기가 장님이 되게 한다. 다행스럽게도 출산 직후에 질산은(silver nitrate) 안약으로 치료하면 장님이 되는 것을 막을 수 있다.

후천적 면역결핍증후군(AIDS)을 일으키는 HIV(인간 면역결핍바이러스)에 감염된 어머니들은 다음과 같은 세 가지 방법으로 자녀에게 HIV를 감염시킨다. 첫째, 임신 동안 태반을 통해, 둘째, 분만시 어머니의 혈액이나 액체와의 접촉을 통하여, 그리고 산후에 수유를 통하여 이루어진다. 수유에 의한 감염은 저개발 국가에서 빈번하게 일어난다.

HIV에 감염된 어머니의 아기들 중에는 감염된 상태로 증상을 나타내는 아기가 있는가 하면 감염되기는 하였으나 증상을 나타내지 않는 아기도 있고 때로 전혀 감염되지 않은 아기도 있다. 감염되었음에도 증상이 없는 아기들은 보통 생후 15개월부터 증상이 나타난다.

성인들과는 다르게 HIV에 감염된 영아들의 증상은 매우 빠르게 진행되어 생후 6개월 무렵에 이르면 설사와 반복된 호흡기질환 및 체중손실이 일어난다. 또한 HIV는 대뇌손상을 일으키고 대뇌무게의 상실을 가져오며 지체된 지적 발달과 운동발달을 초래한다. 태내기에 HIV에 감염된 대부분의 아기들은 증상이 나타난 후 단지 5-8개월 정도 밖에 생존하지 못한다.

Rh인자의 부조화도 기형발생물질로서 작용한다. Rh⁻인 여성이 Rh⁺의 태아를 임신하게 될 때 Rh부조화가 일어난다. Rh인자는 적혈구에 존재하는 단백물질로서 혈액검사에 의해 확인될 수 있다. 만약 Rh인자가 혈액 내에 존재하면 혈액은 Rh⁺가 되고 Rh인자가 존재하지 않으면 혈액은 Rh⁻가 된다. Rh인자는 유전적으로 우성이기 때문에 한쪽 부모나 양쪽 부모로부터 대립인자를 받은 사람은 Rh⁺가 된다.

그러나 Rh⁻인 사람이 Rh⁺의 혈액이 유입되면 항체를 생성하기 때문에 문제가 된다. Rh⁻의 어머니혈액이 Rh⁺의 태아혈액과 혼합되면 어머니로부터 생성된 항체에 의해 태아의 적혈구는 파괴되고 유산이나 사산을 일으킨다. Rh⁻ 태아가 분만되면 태아는 빈혈증과 황달증세를 보이고 심장이상이나 대뇌손상을 갖게 된다.

다행스럽게도, 어머니의 혈액체계와 태아의 혈액체계는 태반에 의해 분리되기 때문에 보통 첫아이는 영향을 받지 않는다. 그러나 첫아이 출산시에 진통이나 분만과정 동안 일어나는 출혈로 인해 Rh⁻혈액과 Rh⁺ 혈액은 혼합될 수 있으며, 그 결과 둘째 아이부터 치명적인 손상을 입기 쉽다. 분만 직후마다(분만 후 3일 이내) Rh⁻의 어머니에게 Rh면역 글로브린(RhoGam)을 주사함으로써 Rh 항체 생성을 막을 수 있다. 최근에는 Rh 부조화의 영향을 받은 아기가 태어나기 전이나 직후에 수혈함으로써 부조화의 영향을 최소화하려고 한다.

3) 그 외의 어머니 관련 요인
① 어머니의 식사와 영양
어머니의 균형 있는 영양섭취는 태아의 정상적인 발달이 이루어질 수 있도록 하는 가장 중요한 요인 중의 하나이다. 임부의 부적절한 식사는 성장하는 태아의 요구를 충족시키지 못하므로 태아의 성장에 직접적인 영향을 주고 어머니의 질병에 대한 저항력을 감소시키므로 간접적인 영향도 준다. 전체 임신기간 동안 어머니의 체중이 10-13.5kg 증가할 때, 어머니와 태아는 최적의 건강상태를 유지할 수 있다(Berk, 2009).

임부의 영양부족이 임신 3분기 중 제 1분기에 일어나면 유산하거나 태아가 신체결함을 지닐 수 있고, 제 3분기에 일어나면 대뇌무게의 상실이 크게 일어난다. 임신 제 3분기는 대뇌크기가 빠르게 증가하는 시기이므로 이 시기의 영양부족은 대뇌무게의 증가를 심각하게 훼손시킬 수 있다.

구체적인 영양물질로서 단백질, 비타민, 무기질의 섭취가 중요하다. 동물연구결과에 의하면, 단백질 결핍은 신장과 대장, 소장 및 골격의 성장에 손상을 일으키고 비타민 부족은 눈과 내장기관에 영향을 미치며 기형발생을 증가시킨다.

특히 비타민 B복합체의 일종인 엽산(혹은 폴산: folic acid)의 부족은 신경관결함을 초래한다. 임신 1년 전에 엽산을 섭취하게 하였을 때 임신 20-28주의 분만위험을 약 70% 감소시켰고 28-32주 사이의 분만위험을 약 50% 감소시켰다(Bukowski 등, 2008). 또한 임신 첫 1개월 동안 엽산과 철분을 함께 복용하였을 때 태아의 다운 증후군 위험이 감소하였다는 보고도 있다(Czeizel & Puho, 2005). 오렌지 주스와 시금치는 엽산이 풍부한 음식물로 알려져 있다.

영양부족과 함께 최근에는 임부의 지나친 영양섭취가 자주 문제가 된다. 어머니의 과식으로 태아가 과도한 영양분을 공급받을 때, 태아의 내분비체계에 변화가 일어나 지방세포의 발달과 식욕조절체계에 영향을 줌으로써 태아는 출생 후에 비만이 되기 쉽다(McMillen 등, 2008). 또한 임신 전의 어머니의 비만은 사산과 신생아 사망의 위험을 증가시키고 태아의 중추신경계에 결함을 일으킨다(Frederick 등, 2007).

② 연 령

어머니의 임신연령은 태아의 이상 여부를 결정하는 중요한 요인 중의 하나이다. 일반적으로 여성들의 가임기간은 35 - 40년 정도로서 첫 월경 시작 1년-1년 6개월 이후부터 폐경기까지 임신이 가능하다. 그러나 10대의 임신과 35세 이후의 임신은 유산과 사산의 비율을 크게 증가시킨다(Bateman & Simpson, 2006).

특히 10대의 임신은 20대 여성의 임신보다 두 배 가량 높은 태아 사망률을 나타낸다. 그 이유는 산모의 생식체계가 아직 미성숙하기 때문이기도 하지만,

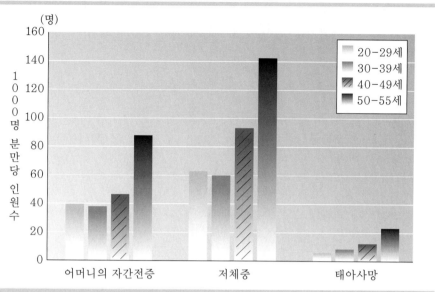

그림 4-7 | 어머니의 연령과 출산합병증 및 태아이상

출처: Salihu 등, 2006.

보잘것없는 영양섭취와 건강관리 및 낮은 사회경제적 지위가 영향을 주기 때문
이다(Lenders, McElrath, & Scholl, 2000). 실제로 임신한 대부분의 10대들은 미혼모
들이며 심리적으로도 아기를 출산할 준비가 되어 있지 않았다.

제3장에서 설명한 것처럼 어머니의 연령은 다운 증후군을 가진 아기를 출
산할 위험성을 높이고 어머니가 35세 이상일 때 태아의 저체중과 조산 및 태아
사망률이 증가한다(Fretts, Zera, & Heffner, 2008). 그림 4-7은 어머니의 연령과 출
산합병증 및 태아이상의 관계를 보여준다. 이 그림에서 산모의 높은 혈압과 갑
작스러운 체중 증가, 두통 그리고 얼굴, 손, 발의 부종을 동반하는 자간전증(子
癇前症)과 태아의 출산시 저체중 및 태아 사망 모두 20대와 30대 출산에서는 큰
차이를 나타내지 않았으나 40대부터 점점 더 높은 빈도로 발생한다는 것을 알
수 있다.

최근에 와서 여성들은 적극적으로 생활하고 규칙적으로 운동하며 적절한
영양섭취를 하기 때문에, 과거에 우리가 생각했던 것보다 훨씬 더 건강한 생식

체계를 유지한다. 호주에서는 임부가 45세 혹은 그 이상일 때도, 임신합병증을 전혀 경험하지 않았다고 보고한 여성들이 60% 이상이었다(Callaway, Lust, & McIntyre, 2005).

③ 어머니의 정서적 스트레스

극단적인 공포나 비탄 혹은 근심은 우리의 심장박동, 호흡 및 내분비체계에 변화를 일으키므로 임신한 여성이 경험하는 정서적 스트레스는 태아를 위태롭게 한다. 생리적으로 공포나 불안상태는 부신(adrenal glands)의 활동을 증가시켜 흥분성의 호르몬 분비를 자극한다. 이렇게 분비된 호르몬은 그 자체로서 태아에게 흘러들어가 태아의 심장박동과 활동수준을 증가시키고 어머니의 신체가 방어반응을 할 수 있도록 어머니의 뇌와 심장 및 팔, 다리로 가는 혈액량을 증가시킨다.

그에 따라 자궁으로 흘러들어가는 혈액의 흐름은 자연적으로 감소하므로 태아는 충분한 양의 산소와 영양분을 공급받지 못한다. 더욱이 어머니가 경험하는 장기간의 스트레스는 약물을 복용하고 음주나 흡연을 하게 하며, 영양섭취를 소홀히 하게 하므로 태아에게 간접적으로 영향을 줄 수도 있다.

임신한 어머니가 높은 수준의 스트레스를 경험하면 정서적 혹은 인지적 문제와 주의력결핍 과잉행동장애 및 언어발달의 지체를 보이는 아기를 출산할 위험성이 증가한다(Talge 등, 2007). 또한 어머니의 정서상태는 분만과정에도 영향을 주어 자궁수축을 불규칙하게 함으로써 출산시간을 연장시킨다. 이 과정에서 태아는 충분한 산소를 공급받지 못하고 출생 후 새로운 환경에 잘 적응하지 못하는 신경과민적 아기로 성장한다.

그럼에도 불구하고 어떤 종류의 스트레스가 태아에게 가장 유해한지는 아직 명확하지 않다. 실제로 배우자와의 관계에서 오는 스트레스가 태아에게 가장 부정적 영향을 줄 것으로 예상되지만, 스트레스의 심각성 정도와 어머니의 체질, 성격특성, 태아의 인자형, 합병증, 스트레스 발생시기 그리고 정서적 지원을 제공해 주는 사람의 존재에 따라 태아에게 주는 영향은 달라진다. 한 연구에 의하면, 심한 스트레스를 경험할 때도 낙천적인 여성들은 임신의 결과를 스스로 통제할 수 있다고 믿기 때문에 비관적인 여성들과 비교하여 태아에게 심각하게 유해한 영향을 주지 않음으로써 어머니의 성격특성이 스트레스 효과를 완충할 수 있음을 보여주었다(Loebel & Yali, 1999).

4) 아버지 관련 요인

어머니의 특성이 태내발달에 영향을 주는 것과 똑같이 아버지의 특성 또한 태내발달에 영향을 준다. 아버지의 비타민 C 섭취량이 부족할 때, 태아의 출생결함이 증가하고, 아버지의 코카인 사용은 그것이 정자에 부착되어 출생결함을 일으킬 수 있다. 또한 아버지의 장기적인 코카인 사용은 정자의 수와 수명을 감소시키고 기형의 정자가 생산되도록 한다(Bracken 등, 1990). 아버지의 흡연 또한 유산의 위험을 증가시키고 임신한 아내 가까운 곳에서 흡연한 아버지들은 그렇지 않은 아버지들보다 더 적은 체중의 태아를 출산하게 하였다(Venners 등, 2004).

아버지의 연령과 아기의 결함 사이에도 높지는 않으나 상관이 있다(Maconochie 등, 2007). 아버지의 연령이 많을 때 다운 증후군과 난쟁이병을 일으키는 아콘드로플라시아(Achondroplasia)의 아기를 출산할 가능성이 증가한다. 그 이유는 나이가 많은 남성의 정자는 돌연변이가 일어나기 쉽기 때문에 21번 염색체에 이상을 일으키거나, 뼈의 이상을 일으켜 큰 머리와 긴 몸통 그리고 짧은 사지를 갖는 아콘드로플라시아를 유발시키기 때문이다. 일반적으로 아버지가 40세 혹은 그 이상일 때 태아가 유산되거나 장애를 가질 위험성이 높아진다.

5) 환경오염물질

태아에게 영향을 줄 수 있는 환경오염물질들은 우리 주위에 많이 있다. 제2차 세계대전에서 히로시마와 나가사키에 투하된 원자폭탄이 가져온 비극적 결과로 방사능의 위험이 널리 알려지게 되었다. 방사능에 피폭된 임부는 유산과 사산을 일으키고 살아남은 태아는 해부학적 이상과 정신적 결함을 나타내었다.

X광선도 태아에게 손상을 줄 수 있다. X광선의 조사량이 많거나 골반 부위에 X광선을 쪼이면 조산이나 유산 혹은 사산을 일으킨다. 그러나 진단용으로 사

용되는 X광선은 그 용량이 적기 때문에 유해하지 않을 것으로 생각되지만, 임신 중의 X광선 조사는 아동기 암을 유발한다는 보고가 있으므로 가능하면 제한하는 것이 바람직하다.

중금속 중에서 그 심각성이 널리 알려진 기형발생물질에는 수은과 납이 있다. 수은의 맹독성은 1950년대 일본의 한 도시에 있는 공장에서 많은 양의 수은이 포함된 폐기물을 그 지역주민들의 식수로 공급되는 만(灣)으로 흘려보내면서 그 위력이 확인될 수 있었다. 그 당시에 태어난 아동들은 정신적으로 지체되었고 특히 언어발달의 지체와 씹고 삼키는 능력의 부족 및 통합되지 못한 움직임을 포함하여 여러 가지 심각한 증상을 나타내었다. 수은은 태반을 쉽게 통과하기 때문에, 태내기 동안 수은에의 노출은 유산이나 조산을 일으키고 태아의 뇌와 신경계에 영향을 주어 낮은 지능을 갖도록 한다(Axelrad 등, 2007).

또한 임부는 자동차 배기가스나 오래된 집과 아파트 벽면에서 떨어져 나온 납이 함유된 조각 혹은 공장에서 사용되는 다른 물질들로부터 납을 섭취할 수 있다. 많은 양의 납에 노출된 임부들은 조산을 하거나 저체중, 대뇌손상 및 광범위한 신체적 결함을 갖는 태아를 출산할 수 있다.

전기제품을 절연하기 위해서 사용되던 염화비페닐(polychlorinated biphenyls: PCB)은 그것의 맹독성으로 인해 1977년에 미국 연방정부에 의해 사용이 금지된 화학물질이다. PCB에 오염된 물고기를 자주 먹은 임부의 아기들은 저체중과 작은 크기의 머리를 지니고 있었고 자극에 대한 반응이 매우 느렸다. 이 아기들은 유치원 연령에 이르렀을 때 저조한 단기기억 능력을 지니고 있었고 11세에는 낮은 언어지능과 보잘것없는 읽기 이해능력을 나타내었다(Jacobson & Jacobson, 2002, 2003).

이 외에 살충제나 제초제, 대기오염 혹은 여성들이 사용하는 화장품도 태아에게 유해한 영향을 줄 수 있다. 또한 아버지가 납이나 방사선, 제초제 등에 노출될 때도 비정상적 정자가 만들어져 유산이나 아동기 암과 같은 질병을 유발시킬 수 있다(Fear 등, 2007).

Ⅲ. 출   산

자궁 내에서의 생활이 끝날 무렵에 이르면, 어머니와 태아는 각자 분만과 자궁 바깥으로 나갈 준비를 갖춘다. 우선, 태아는 머리가 먼저 나올 수 있도록 하기 위해 머리가 아래로 향하도록 회전하면서 자궁의 아래쪽으로 내려온다. 이때 모체의 횡격막에 미치는 태아의 압력이 감소되므로 어머니의 호흡은 보다 더 자유로워진다. 태아의 점진적인 이동과 함께 어머니는 가진통(false labor)을 경험한다. 가진통은 자궁의 불규칙적인 수축으로 복부에서 느껴지고 일반적으로 분만 전 10－14일경에 나타난다. 가진통은 가벼운 운동으로 쉽게 완화될 수 있다.

분만은 다음과 같은 세 가지 징후 중 한두 가지 혹은 세 가지 징후가 동시에 나타나면서 시작된다.

① 분만진통: 가진통과는 다르게 자궁의 규칙적인 수축으로 허리부분에서 오는 것으로 지각된다. 규칙적인 간격으로 일어나는 진통은 분만이 진행됨에 따라 간격은 짧아지고 강도는 점점 강해진다.

② 이슬: 자궁경부의 확대에 기인된 혈점이 있는 질 분비물로서 점액질의 이슬이 배출된다.

③ 양수의 배출 : 양수주머니가 파열됨으로써 양수가 배출된다.

1. 분만단계

어머니와 아기 사이의 복잡한 호르몬 교환의 결과로 시작되는 분만과정은 다음과 같이 세 개의 단계로 구분된다.

① 제1단계: 자궁경부의 확장

3단계 중 가장 긴 단계로서 초산에서는 평균 12-14시간 그리고 자녀를 출산한 경험이 있는 여성들에서는 4-6시간이 소요된다. 자궁의 수축이 점점 더 빈번해지고 강력해지며 어머니의 자궁경부가 태아의 통과가 가능한 정도로(약 4인치) 확대될 때까지 계속된다.

② 제2단계

아기의 분만이 이루어진다. 자궁경부가 완전히 확대되면 아기는 산도를 따라 내려오고 어머니는 자궁이 수축될 때마다 복근을 사용하여 아기를 밀어내림으로써 출산을 돕는다. 첫아기인 경우에는 약 50분이 소요되지만 둘째 아기부터는 약 20분이 소요된다.

③ 제3단계

아기의 출산 후 태반이 자궁으로부터 분리되고 태반과 관련조직이 방출되는 시기에 해당한다. 보통 분만 5-10분 후에 일어나며 어머니는 복근을 밀어내려서 태반배출을 돕는다. 아기의 출산과 함께 중지되었던 진통이 다시 시작되면서 태반이 자궁으로부터 떨어져 나오게 되지만, 진통의 강도는 아기출산시의 진통보다 훨씬 약하다.

분만과정 동안 일어나는 강한 자궁수축은 아기에 대한 산소공급을 일시적으로 감소시키나, 건강한 아기들은 스트레스 호르몬을 분비함으로써 분만과정의 스트레스에 대처한다. 임신기간 동안의 스트레스는 아기를 위태롭게 하지만, 분만과정 동안의 스트레스는 스트레스 호르몬을 생성하게 함으로써 아기의 생존을 돕는다.

분비된 스트레스 호르몬은 뇌와 심장에 충분한 혈액을 보낼 수 있도록 하여 아기가 산소부족에 견딜 수 있도록 돕고, 허파가 남아 있는 액체를 흡입하고 기관지를 확장시켜 호흡하기 위한 준비를 갖추도록 한다. 또한 스트레스 호르몬은 아기를 각성시켜 세상과 상호작용할 준비를 할 수 있도록 한다.

2. 인위적 분만

인위적 분만은 자연분만(natural childbirth)이 어려울 때 사용되는 여러 가지 대안적 방법들을 의미한다. 그러나 자연분만이 이루어지면서도 아기의 스트레스를 감소시키고 어머니의 통증을 완화시킬 수 있는 방법들이 많이 있다. 그 예로서 임신기간 동안 태아는 양수 속에서 생활하므로 수중에서 더 적은 스트레스를 느낄 것이라는 가정 하에 실시되는 수중분만(waterbirth), 분만중의 불안과 통증을 완화시키기 위한 최면요법(hypnosis)과 마사지요법(massage), 신체의 특정 부위에 침을 놓아 통증을 감소시키는 침술요법(acupunture), 그리고 스트레스와 통증을 완화시키기 위한 음악치료(music therapy) 등이 있으나 그 효과를 의문시하는 사람들도 많이 있다.

여기서는 인위적으로 분만을 시작하게 하는 유도분만(induced labor)과 태아의 산도통과가 어려울 때 이루어지는 제왕절개수술(cesarean operation)을 설명한다.

1) 유도분만

유도분만은 인공적으로 시작되는 분만으로 산모에게 자궁을 수축하게 하는 호르몬인 합성 옥시토신(synthetic oxytocin)을 투여함으로써 시작된다. 일반적으로 유도분만은 임신기간의 지속으로 산모와 태아 모두가 위태롭게 될 때 시행되지만, 실제로는 의사나 예비부모의 개인적 스케줄 때문에 더 자주 사용된다.

분만과정이 시작되면 자연분만과는 다르게 자궁수축의 시간이 더 길고 더 자주 일어나기 때문에 임부는 더 큰 아픔을 경험한다. 자궁수축과 수축 사이의 간격이 짧기 때문에 태아가 태반을 통하여 충분한 산소를 공급받지 못할 수 있다는 것이 가장 큰 문제점이다. 이 과정에서 임부는 아픔을 호소하게 되고 이를 경감시키기 위해 많은 양의 약물이 사용된다. 또한 분만시간을 단축시키기 위해 도구를 사용하여 아기를 끌어당기는 방법인, 도구분만을 함께 사용할 가능성을 증가시킨다. 일반적으로 도구분만은 어머니의 밀어내리는 힘이 약하여 적절한 시간내에 아기의 산도통과가 어려울 때 실시된다.

2) 제왕절개수술

정상적인 출산은 태아가 어머니의 산도를 통과함으로써 이루어지지만, 태아의 산도통과가 불가능할 때는 제왕절개수술을 실시한다. 제왕절개수술은 어머니의 복부와 자궁을 절개하고 아기를 들어내는 비교적 안전한 방법으로 로마의 줄리어스 시저가 이 수술에 의해 태어났다고 해서 그렇게 불리어진다.

제왕절개수술이 실시되는 경우는, 태아의 위치와 자리잡음이 정상이 아니어서 발이 먼저 나오는 거꾸로 된 자세이거나, 태아가 자궁 속에 가로누워 있을 때이다. 또한 산도가 지나치게 좁거나 태아가 너무 클 때 혹은 어머니가 피로하여 태아의 산도이동이 방해를 받을 때 실시되며 동시에 태반의 조기분리나 태아 피로증후(signs of fetal distress)같은 위기상황도 수술을 요한다. 이와 함께 어머니가 당뇨병이나 심장질환을 가지고 있을 때, 산도 통과시에 감염될 수 있는 질환이 있을 때 그리고 산모와 태아의 Rh인자가 부조화할 때도 시행된다.

문제는 제왕절개수술이 자연분만보다 수술후의 회복을 위해 더 많은 시간을 필요로 하고 특히 마취제의 사용은 자궁의 수축에 의해 분비되는 아기의 스트레스 호르몬 분비를 방해한다는 것이다. 앞에서도 설명한 것처럼 이 호르몬은 아기의 각성과 호흡을 증진시키는 역할을 하기 때문에, 제왕절개수술에 의해 출산되는 아기들은 활기도 없고 반응도 없으며 자주 호흡문제를 일으킨다.

3. 출산합병증

일부의 아기들은 출산합병증으로 고통을 겪는다. 출산합병증은 어머니가 건강하지 못하거나 임신기간 동안 의학적 보살핌을 받지 못했을 때 혹은 어머니가 이미 출산문제의 역사를 가지고 있을 때 나타나기 쉽다. 여기서는 출산합병증으로 산소부족에 기인한 아기의 무산소증과 조산을 설명한다.

1) 무산소증

무산소증(anoxia)은 아기에게 가장 심각한 손상을 가져오는 출산합병증이다. 제왕절개수술이 실시되어야 할 상황에서 자연분만을 유도할 때 가장 빈번하게 나타나며 소위 난산이라고 일컬어지는 분만에서 주로 발생한다. 일반적으로 정상분만보다 긴 분만시간이 요구되는 분만을 통틀어서 난산이라고 한다. 난산시의 가장 큰 위험은 태아의 산소부족이다. 중추신경계는 산소부족에 매우 민감하기 때문에 짧은 시간 동안의 산소부족조차도 뇌세포에 손상을 일으키며, 수분 동안의 산소부족에 의해 태아가 사망할 수도 있다.

출산시의 산소부족은 신생아가 자신의 허파를 사용하여 호흡을 시작할 때까지 탯줄이 산소를 공급하지 못할 때 일어난다. 보통 산소부족은 ① 탯줄이 압축되거나 수축되었을 때 혹은 손상되었을 때, ② 출산 전에 태반이 분리되었을 때, ③ 어머니가 지나치게 많은 양의 안정제를 복용하였거나 심하게 마취되었을 때, 그리고 ④ 출산 직후 아기의 호흡기가 적절하게 반응하지 않을 때 일어난다. 따라서 출산 직후에 아기가 울지 않으면 호흡기의 기능이 시작되지 않았다는 증거이므로 아기가 빨리 울 수 있도록 도와주어야 한다.

산소부족에 기인된 손상은 운동기능을 통제하는 뇌 부위에서 많이 발생한다. 산소부족 아기는 팔과 다리 및 신체 다른 부위의 근육통제에 어려움을 겪는 경우가 많고, 심각한 산소부족은 정신지체나 뇌성마비를 가져온다. 산소부족의 정도나 다른 합병증의 존재 여부에 따라 손상은 점차적으로 사라질 수도 있고 아동기 이후까지 계속될 수도 있다.

2) 조산과 저체중

조산이란 정상적인 임신기간인 37-40주를 채우지 못하고 그 이전에 아기를 분만하는 것을 말한다. 그러나 임신 37주 이후에 태어났다고 할지라도, 체중이 2.5kg 이하이면 조산으로 진단한다. 정상 신생아의 평균 몸무게는 3.2kg 정도이며 몸무게가 적으면 적을수록 생존율은 감소한다. 체중은 신생아의 생존과 건강한 발달을 예언하는 중요한 지표이다.

전체 임신의 10% 정도가 조산으로 태어나지만, 최근 조산이 증가하고 있다. 그 이유는 첫째, 결혼연령이 높아지면서 고령의 임산부가 늘어나고 있기 때

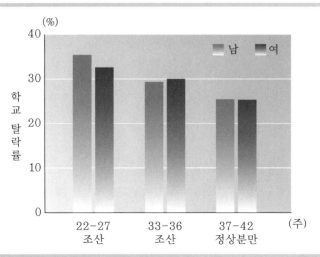

(%)

학교 탈락률

40

30

20

10

0

■ 남 ■ 여

22-27
조산

33-36
조산

37-42
정상분만

(주)

그림 4-8 │ 조산아와 정상아의 학교 탈락률 비교

출처: Swamy, Osbye, & Skjaerven, 2008.

문에, 둘째, 일하는 여성이 많아 스트레스를 받는 임산부가 증가하기 때문에 그리고 셋째, 흡연이나 알코올 같은 물질을 사용하는 여성이 증가했기 때문이다.

일반적으로 조산아들은 정상아들보다 신경통제가 불완전하고 체온조절이 미숙하며, 빨기, 기침하기, 삼키기와 같은 반사기능이 약하고 불규칙하다. 또한 그들은 혈관이 가늘고 쉽게 출혈하며 저항력이 약하여 자주 질병을 앓는다. 특히 허파의 발달이 미숙하기 때문에 충분한 산소를 혈액으로 공급하지 못하므로 산소부족으로 고통을 겪고 심한 경우 호흡곤란증후군(respiratory distress syndrome)으로 사망한다.

그들은 성장해감에 따라 언어발달에서 지체를 보이고 낮은 지능검사점수와 효과적이지 못한 정보처리 기술을 나타내었으며 행동문제를 보일 위험성도 더 많았다(Johnson, 2007). 그림 4-8은 노르웨이에서 수행된 연구결과(Swamy, Ostbye, & Skjaerven, 2008)로서 조산아들이 정상아들보다 학교에서 탈락할 가능성이 더 높다는 것을 보여준다.

이와 같이 아기의 출산이 빠르면 빠를수록 그리고 출산시 체중이 적으면 적을수록, 대뇌 손상의 가능성은 증가한다. 조산아들이 초등학교에 입학하면 정상 출산 아동들보다 학습불능이나 주의력결핍 과잉행동장애 혹은 천식과 같은 호흡기 문제를 일으킬 가능성도 더 많다(Greenough, 2007). 최근의 MRI 연구는 조산으로 출생한 청소년들이 전두엽과 뇌량(corpus callosum)의 기능이 감소되어 있음을 보고하여 조산의 효과가 지속적임을 보여주었다(Narberhaus 등, 2008).

중요한 것은 조산아의 성장이 전적으로 출산시의 저체중에 기인하는 것은 아니라는 것이다. 조산아의 부모가 가난에 시달리고 자신의 삶을 꾸려가기에 힘겨운 생활을 하고 있다면, 조산아가 갖는 문제는 더욱더 심각해진다. 그러나 부모가 안정된 생활을 하고 있고 사회적 지원체계를 가지고 있다면 조산아들이 처음에 상당한 정도의 지적 결함을 지니고 있었다고 할지라도, 아동기 동안 상당히 개선될 수 있다. 이와 같이 조산의 부정적 효과는 출생 이후의 성장 환경에 따라 강화될 수도 있고 약화될 수도 있다(Malamitsi-Puchner & Boutsikou, 2006).

Ⅳ. 신생아의 적응

갓 태어난 신생아의 신장은 약 50cm, 체중은 약 3.2kg이며, 몸의 크기와 비교했을 때 매우 큰 머리를 가지고 있다. 머리의 크기는 신장의 1/4 정도를 차지한다. 대부분의 신생아들은 눈을 감고 있고 피부는 얇고 햇빛에 탄 것처럼 불그스레하며 피부의 색소도 발달되어 있지 않다. 주름지고 탄력성이 부족한 피부에는 가늘고 부드러운 털이 돋아나 있다.

태아는 분만과정에 효과적으로 대처하기 위하여 스트레스 호르몬을 분비할 뿐 아니라 그의 혈액체계 내에는 비교적 많은 양의 통증억제물질이 포함되어 있기 때문에, 성인들이 생각하는 것만큼 출산을 고통스러운 사건으로 경험하지 않는다. 그러나 출산 후 새로운 환경에 적응해야 하는 신생아들은 출생 후 첫 2주 동안 체중감소를 경험한다. 보통 출생 당시 체중의 5-10%가 감소되며 생후 2주 말경부터 체중이 증가하기 시작한다.

물론 체중감소의 원인은 외부환경에 대한 적응의 어려움 때문이기도 하지만, 태내에서 흡수한 수분이 빠져나가는 것도 한 원인이 된다. 영아사망의 약 2/3는 출생 후 첫주 이내에 일어나므로 아기가 신생아기를 넘겼다는 것은 생존할 수 있다는 하나의 강력한 지표이기도 하다.

1. 신생아 평정

출생 후 한달 이내의 아기들을 신생아라고 한다. 신생아가 태어나면 새로운 환경에 잘 적응할 수 있도록 먼저 아프칼 검사(Apgar scale)로써 건강여부를 체크한다. 콜롬비아 대학교의 아프갈(Virginia Apgar) 박사에 의해 1953년에 개발된 이 검사는 신생아의 맥박, 호흡, 근육 긴장, 반사의 민감성 및 피부색깔을 평정하며, 출산 후 1분 그리고 5분 후에 실시된다. 검사의 각 요인들은 0점, 1점 그리고 2점으로 점수화되며 만점은 10점이다.

일반적으로 7점 이상은 정상으로 판단되고 7점 이하의 점수를 받은 아기들

표 4-1 | Apgar 검사의 점수표

요 인	점 수		
	0점	1점	2점
심장박동	없 음	느 림 (분당 100회 미만)	1분당 100-140회
호 흡	없 음	약하고 불규칙함	강한 호흡과 울음
근육긴장	약 함	사지를 약간 구부림	팔과 다리의 강한 움직임
반사능력 (발바닥 자극에 대한)	반응 없음	얼굴을 찌푸림 (약한 반사반응)	기침하거나 재채기하며 울기 (강한 반사반응)
피부색깔	몸 전체가 푸르거나 창백함	몸통은 분홍색이나 사지는 푸른색임	몸 전체가 분홍색

출처: Apgar, 1953.

은 신체기능이 완전하지 못하므로 주의가 요구된다. 특히 3점
이하의 점수를 받은 아기들은 심각한 위험상태에 있다는 의
미로서 생존하기 어렵다. 표 4-1의 아프갈 검사표에 의하면
건강한 신생아들은 1분에 100 - 140회의 심장박동과 강한 울
음 및 양호한 근육긴장능력을 지니고 있고, 발바닥을 자극하
면 기침하거나 재채기하고 울며 몸 전체가 분홍색을 띤다.

아기의 반사능력을 체크하는
T. Berry Brazelton

　　아프갈 검사는 분만 스트레스와 새로운 환경에 반응하는
신생아의 능력을 평정하기에 적합한 검사이지만(Oberlander
등, 2008), 보다 더 면밀한 평정을 위해 브라젤튼 신생아 행동
평정 척도(Brazelton Neonatal Behavioral Assessment Scale:
NBAS)가 사용될 수 있다.

　　출생 후 24-36시간에 주로 실시되는 이 검사는 신생아의 신경학적 발달과
반사능력 그리고 사람에 대한 반응을 검사한다. 27개의 문항으로 구성되어 있는
이 검사는 아기의 반사에 대한 민감성은 물론 정서적 반응이나 감각기능까지 확
인할 수 있으며, 검사점수에 기초하여 세 가지 유형의 아기 즉, "걱정스러운,"
"정상적," "우수한" 아기로 분류된다.

　　매우 낮은 NBAS 점수는 아기가 대뇌손상을 입었으므로 치료를 요한다는
것을 의미한다. 그러나 아기가 단순히 굼뜨기만 하다면, 아기에게 주의를 기울
이고 아기의 욕구에 민감하도록 부모를 격려해야 한다. 이 검사를 통해 신생아
가 사람에게 어떻게 반응해야 하고 그와 같은 반응을 자극하기 위해 양육자는
어떻게 해야 하는지를 부모에게 제시해 줌으로써 아기와 상호작용하는 부모의
기술을 개선시킬 수 있다(Girling, 2006).

2. 신생아와 부모의 유대

　　출산 후 아기를 처음 안아보는 대부분의 어머니들은 감사와 흥분으로 오랫
동안 잊지 못할 경험을 한다. 처음 아기를 안으면 아기를 가만히 만져보고 눈을

들여다 보며 부드럽게 이야기도 해본다. 아버지도 어머니와 같이 아기와의 첫만남에 흥분하고 그것을 형언할 수 없는 경험으로 오랫동안 기억한다. 그들은 계층과 상관없이 어머니만큼 아기를 만지고 들여다보고 이야기하고 키스한다. 때로 아기에 대한 아버지의 자극과 애정은 어머니를 능가할 정도이다.

신생아도 출생시에 이미 어머니와 유대를 형성하기 위한 기술을 갖추고 있다. 그들은 어머니의 반응과 자극을 유발할 수 있는 특별한 기민성을 때때로 나타내며 어머니의 제스처와 음성에 반응하여 움직일 수 있고 눈으로 어머니를 추적할 수도 있다. 신생아의 반사적 행동들은 어머니의 아기에 대한 관심을 유발하기에 충분하다.

또한 아기의 신체반응은 어머니 신체 내부의 기능을 시작하게 하는 중요한 단서가 된다. 아기가 어머니의 젖꼭지를 빨면 젖분비에 중요한 호르몬인 프로락틴(prolactin)의 분비가 촉진되고, 자궁을 수축시키고 출혈을 감소시키는 호르몬인 옥시토신(oxytocin)의 분비도 증가한다. 이 시기에 신생아와 어머니는 상호작용하면서 일생 동안 계속될 관계형성의 기초를 확립한다.

특히 신생아와 일찍 접촉하면 할수록 부모는 아기에게 강한 애정을 느끼고 긍정적 유대를 형성할 수 있다는 연구들이 1970년대에 발표되면서(Klaus & Kennell, 1976), 서구의 병원들은 출산과 함께 부모와 신생아가 함께 있을 수 있는 입원설비를 마련하였다. 그러나 입양아동과 이른 접촉을 하지 않은 대부분의 양부모들이 친자녀를 양육하는 부모들과 동일하게 입양아와 강한, 안정된 정서적 유대를 발달시킨다는 결과들이 보고됨으로써(Levy-Shiff, Goldschmidt & Har-Even, 1991), 이른 접촉이 정서적 유대형성을 위한 결정적 요인은 아니라는 것이 밝혀졌다. 이른 접촉은 어머니와 영아 사이에 정서적 유대를 형성하는 것을 돕기는 하지만, 이른 접촉을 하지 않는다고 해서 안정된 유대를 형성할 수 없는 것은 아니라는 것이다.

놀랍게도 어머니들은 출산 후 1시간 동안의 짧은 접촉 후에 아기의 모습과 촉감 그리고 냄새를 기초로 자신의 아기와 다른 아기를 구별할 수 있는 민감성을 지니고 있었다(Kaitz 등, 1992). 그러므로 신체접촉이 빠르면 빠를수록 어머니의 아기에 대한 반응성은 촉진될 수 있다. 또한 아버지와 신생아의 접촉도 빠르면 빠를수록 아버지가 자신을 가족의 일부로 지각하고 아내와 더 가깝다고 생각하기 때문에, 이후에 아버지가 자녀양육에 참여하는 것은 물론 아기에게 아내를 빼앗겼다는 느낌에서 벗어날 수 있고 어머니－아기 관계에서 오는 소외감을 감소시킬 수 있다.

3. 산모의 산후우울증

아기를 출산한 많은 여성들이 분만 수일 내에 가벼운 정도의 우울증을 경험하지만, 1–2주 정도 지나면 대부분 완화된다. 그러나 일부의 여성들은 산후우울증(postpartum depression)이라는 심각한 우울증을 경험한다. 이 증상을 나타내는 산모들은 자주 눈물을 흘리며 과민해져서 아기에게도 화를 내고 밤에도 잠을 잘 자지 못한다. 산모의 약 10%가 산후우울증으로 고생하고 그 중 25–50%는 적어도 6개월 혹은 그 이상 동안 증상이 계속된다. 적절한 치료가 이루어지지 않으면 산후우울증은 악화되고 상당한 기간 동안 지속될 수 있다.

실제로 산후우울증을 경험하는 여성들은 대부분 우울증의 역사를 가지고 있었고 다른 여러 가지 생활스트레스를 함께 경험하고 있었다. 특히 남편과의 바람직하지 못한 관계나 남편의 지원부족은 산후우울증의 가능성을 극적으로 증가시켰다(Gotlib 등, 1991). 문제는 산후우울증이 여성만의 문제로 끝나는 것이 아니라 신생아에게까지 영향을 준다는 것이다. 이 여성들은 자신의 아기에게 관심이 적을 뿐 아니라 신생아를 까다로운 아기로 지각하고 신생아와 긍정적 상호작용을 하지 않으며 적대적 반응을 나타내기까지 하였다(Teti & Towe-Goodman, 2008). 특히 조산한 어머니들이 그렇지 않은 어머니들보다 더 빈번하게 산후우울증을 경험하였다(Feldman & Eidelman, 2007).

산후우울증의 원인은 분만 후에 에스트로겐과 프로게스테론의 수준이 급격히 감소하기 때문이므로(Jolley등, 2007) 에스트로겐 보충이 도움이 될 수 있지만, 부작용이 있을 수 있어 주의를 요한다. 그에 따라 호르몬 치료보다는 오히려 모유 수유에도 영향을 주지 않는 항우울제를 사용하거나(Horowitz & Cousins, 2006) 인지치료(cognitive therapy)를 받는 것이 더 효과적이라는 보고도 있다(Beck, 2006). 그러나 무엇보다 중요한 것은 산모가 규칙적으로 운동하고 산후우울증을 스스로 극복하려고 노력하는 것이다(Daley, Macarthur, & Winter, 2007).

제 2 부 발달의 기저

[2부] 발달의 기저

제5장 인생초기의 발달: 신체발달

제 5 장

...인생초기의 발달:...
신체발달

부모로부터 물려받은 유전적 특성과 외부환경적 요인의 상호 작용에 의해 신생아는 빠르게 성장한다. 모든 성장은 일 정한 순서를 따라 이루어지지만 성장속도는 개인에 따라 큰 차이가 있다. 이 장에서는 인생초기의 발달로서 신생아의 특징을 먼저 설명하고 신체발달과 관련요인들을 차례로 설명한다. 특히 대뇌발달은 이 모든 발달을 가능하게 하기 때문에, 신체발달의 영역에서 함께 고찰한다.

I. 신생아의 특징

갓 태어난 신생아들은 볼 수도 없고 들을 수도 없고 느낄 수도 없는 무기력 한 존재로 생각되기 쉬우나 생존에 필수적인 반사능력과 감각능력 및 학습능력 을 갖추고 있다. 그들은 부모로부터 관심과 보살핌을 불러일으킬 수 있을 뿐 아 니라 주변의 물리적 세계와 관련을 맺고 최초의 사회적 관계를 형성하기 위하여 처음부터 매우 능동적이다. 감각능력은 다음 장에서 설명하기로 하고 여기서는 신생아의 신체기능과 반사능력 및 학습능력을 설명한다.

1. 신생아의 신체기능

태반을 통하여 산소와 영양물질을 공급받던 태아는 출산과 동시에 스스로 신체를 움직여서 다양한 욕구를 충족시키지 않으면 안 된다. 신생아는 스스로 산소를 흡입하고 영양물질을 흡수하며 체온을 조절해야만 생존할 수 있다.

1) 호흡과 혈액순환

호흡과 혈액순환은 출생 직후에 그 기능을 시작한다. 물론 처음 며칠 동안은 완전하게 기능하지 못하지만, 신생아는 빠른 속도로 외계의 환경자극에 적응한다. 신생아의 모든 행동이 반사에 의해 일어나기는 하지만, 출생 즉시 신생아는 허파벽에 있는 공기주머니를 팽창시켜서 산소를 흡입하고 기침과 재채기를 하여 기도로부터 점액과 양수를 배출한다.

만약 출산 직후에 신생아가 울지 않는다면 아직도 호흡을 하지 못하고 있다는 신호이므로 호흡을 시작할 수 있도록 응급처치를 실시해야 한다. 아기의 등을 가볍게 문지르는 것으로 충분히 호흡하게 할 수 있으나 액체와 점액이 기도를 막고 있을지도 모르기 때문에 거꾸로 들고 궁둥이를 때려주기도 한다. 그러나 근래에 와서 호흡을 시키기 위한 거친 행동들이 지양되어야 한다는 소리가 높아지면서 산소호흡기를 사용하여 호흡을 하게 하기도 한다. 신생아가 울지 않은 상태로 방치된다면, 신생아는 산소부족에 기인된 대뇌손상을 입을 수 있다.

일반적으로 신생아의 호흡은 얕고 불규칙하며 이상한 소리를 낸다. 때로는 그르렁거리고 때로는 깔딱거리는 소리를 내기도 하지만 해로운 것은 아니다. 휴식상태에서의 신생아의 호흡은 1분당 30-60회 정도로, 성인보다 약 2배 정도 빠르게 호흡한다.

신생아의 심장은 이제 더 이상 태반으로 혈액을 보내지 않는다. 그 대신 혈액은 산소를 얻고 탄산가스를 제거하기 위해 허파까지 순환해야 한다. 지금까지 열려 있던 신생아의 좌심실과 우심실 사이의 판막이 출생 후 며칠 이내에 막히게 됨으로써 혈액의 흐름이 섞이지 않도록 한다. 신생아의 맥박은 1분에 약 140회 정도로 빠르나 혈압은 낮다.

2) 소화와 배설

태반을 통하여 영양물질을 공급받던 태아는 이제 스스로의 소화체계를 기능함으로써 영양물질을 섭취한다. 소화체계에서의 적응은 순환체계나 호흡체계에서 보다 더 긴 적응기간을 필요로 한다.

어머니의 젖은 출산 후 1, 2일 정도 지나서 분비된다. 최초로 분비되는 젖을 초유(初乳)라고 부르며 그 속에는 신생아에게 적합한 고단백 물질과 각종 질병에 대한 항체가 함유되어 있다. 신생아는 출생 직후부터 빨기반사와 삼키기반사가 가능하기 때문에 젖을 빨 수 있다. 적은 양의 젖을 자주 먹는 신생아들은 한번에 30-60cc씩, 하루에 12차례 정도로 젖을 먹는다.

배설횟수도 많다. 처음에는 초록빛이 도는 까맣고 찐득찐득한 소위 태변(胎便)을 배설하며 차차 노란색의 변을 보게 된다. 태변은 어머니의 자궁 속에서 삼킨 양수나 점액을 포함하고 있기 때문에 정상적인 변과 차이가 있다. 출생 후 약 8주까지는 보통 하루에 4-7회 정도로 배설하나 그 이후에는 2회 정도로 감소된다. 또한 신생아는 하루에 10-20회 정도로 소변을 보며 1회의 소변양은 매우 적다.

3) 체온조절

어머니 자궁 내에서 태아의 체온은 어머니 신체의 체온조절에 의해 36.5℃를 유지하였다. 출산과 함께 갑작스럽게 추운 환경에 노출된 신생아들은 약간 낮은 체온을 유지하지만, 8시간 정도 지나면 다시 정상으로 회복된다. 그러나 신생아의 피부에는 지방층이 거의 형성되지 않아 성인들보다 훨씬 빠르게 열을 잃게 되므로 양육자는 담요나 의복으로 아기를 싸줌으로써 체온이 유지될 수 있도록 해야 한다. 피부에 지방층이 형성되기 시작하면 신생아들은 점차적으로 체온을 조절할 수 있게 된다.

2. 신생아의 반사능력

반사(reflex)란 특별한 형태의 자극에 대한 선천적, 자동적 반응으로 신생아는 약 20 - 30개의 반사행동을 가지고 태어난다. 반사행동 중 일부는 신생아의 생존과 직결되는 필수적인 행동목록인 반면, 어떤 반사들은 생존과 관계없이 단지 진화된 흔적만을 나타낸다. 그러나 눈깜박거리기 반사나 슬개건 반사, 재채기 반사 등은 일생 동안 계속된다.

1) 생존반사

생존을 위한 가장 중요한 반사 중의 하나는 섭식과 관련된 반사들이다. 섭식에는 젖찾기반사(rooting reflex), 빨기반사(sucking reflex) 그리고 삼키기반사(swallowing reflex)가 관여한다. 아기가 어머니의 젖을 먹는 것은 언뜻 보기에 간단하게 보이지만 사실 매우 복잡한 과정으로 위에 제시한 세 가지의 반사들이 조화롭게 이루어질 때 성공적으로 젖을 먹을 수 있다.

젖찾기반사는 그림 5 - 1과 같이 신생아가 그의 뺨에 닿는 대상물을 향하여 입을 벌리고 고개를 돌리는 경향성으로 생후 3주경에 이르면 수의적 머리돌리기로 전환된다. 이 반사는 신생아가 젖꼭지를 찾고 음식물을 먹을 수 있도록 도와준다.

조그만 둥근 물체로써 입술을 자극하면 빨기반사를 유발시킨다. 빨기반사는 보기와는 다르게 매우 복잡한 과정으로 아기들은 10 - 20초 동안 20

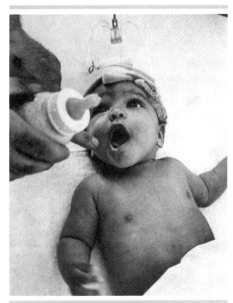

그림 5-1 | 젖찾기반사

회 정도 빤 다음, 4–15초 동안의 휴식기간을 갖는다. 빠는 행동은 삼키기와 호흡하기를 동시적으로 수행해야 하기 때문에 쉬운 일이 아니다. 그러나 빨기반사는 생후 4개월경에 수의적 빨기로 대치되며 그 이후에는 의식적인 노력에 의해서만 빠는 것이 가능하다. 보통 정상적인 아기들은 생후 1, 2주경에 이르면 능숙하게 빨고 삼킬 수 있다.

신생아의 생존을 위한 또 다른 중요한 반사에는 기침반사(coughing reflex), 재채기반사(sneezing reflex) 그리고 하품반사(yawning reflex)가 있다. 기침반사와 재채기반사는 기도를 깨끗하게 하는 역할을 하고, 하품반사는 갑작스럽게 요구되는 산소를 공급하는 역할을 한다. 또한 혐오적 자극에 대한 철회반사(withdrawal reflex), 빛의 양을 조절하는 동공반사(pupillary reflex) 그리고 갑작스런 강한 자극에 대한 눈깜박거리기 반사(blinking reflex) 등은 모두 아기의 생존과 관련되는 중요한 반사들이다.

2) 원시적 반사(비생존반사)

진화적 의미를 갖는 원시적 반사 혹은 비생존반사는 신생아의 생존과는 무관하지만, 그들의 정상성 여부를 판단하는 데 도움을 준다. 대표적인 원시적 반

그림 5-2 │ 바빈스키반사

사들을 제시하면 다음과 같다.

① 바빈스키반사(Babinski reflex): 아기의 발바닥을 간질이면 발가락을 발등 위쪽으로 부챗살처럼 편다(그림 5 - 2 참조). 생후 8-12개월경에 사라진다.

② 모로반사 혹은 경악반사(Moro 혹은 Startle reflex): 갑작스럽게 큰 소리가 나거나 머리의 위치가 변하면, 아기는 제일 먼저 팔과 다리를 벌리고 손가락을 펴며 마치 무엇을 껴안으려는 듯이 몸쪽으로 팔과 다리를 움츠린다. 생후 6개월 경에 사라진다(그림 5 - 3 참조).

③ 파악반사(Grasping reflex): 아기의 손바닥을 손가락으로 누르면 아기는 손가락을 꽉 쥔다. 짧은 시간 동안이기는 하지만, 자신의 체중을 매달 수 있는 정도의 힘을 나타낸다(그림 5 - 4 참조). 생후 3 - 4개월 이후에는 사라진다.

④ 걷기반사(Stepping reflex): 아기를 맨발로 세워놓고 붙잡아 주면 마치 걷는 것처럼 다리를 움직인다(그림 5 - 5 참조). 생후 2, 3개월경에 사라진다.

⑤ 수영반사(Swimming reflex): 물 속에 아기를 수평으로 엎어 놓으면 아기는 팔과 다리를 교대로 움직이며 입으로 숨을 쉰다. 생후 4 - 6개월경에 사라진다.

그림 5-3 | 모로반사

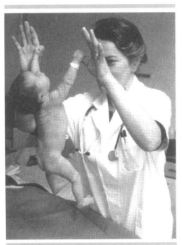

그림 5-4 | 파악반사

그림 5-5 | 걷기반사

⑥ 슬개건반사(Knee-jerk reflex): 무릎뼈 아래를 가볍게 두드리면 갑자기 무릎을 뻗는다. 우울한 아기나 근육질환을 가진 아기는 반응하지 않으며 지나치게 흥분하는 아기는 과장되게 반응한다. 일생 동안 지속되는 반사이다.

특히 걷기반사는 이후에 발달할 걷는 기술의 기초가 된다. 그러나 신생아기가 지나면서 체중이 빠르게 증가하면, 아기의 넓적다리와 종아리 근육이 살이 찌고 있는 다리를 들어올리기에 충분히 강하지 못하므로 걷기반사는 생후 2, 3개월경이면 사라진다. 영아의 신체 하부가 물속에 잠기면, 물의 부력으로 아기의 근육은 다리를 받칠 수 있게 되므로 걷기반사가 다시 나타난다. 걷기반사를 규칙적으로 연습시키면, 연습하지 않은 영아들보다 몇 주 더 일찍 걸을 수 있으나 다리가 휘어질 염려가 있으므로 주의를 요한다.

반사행동들이 사라지는 이유는 무엇인가? 대뇌피질의 성숙으로 행동통제의 중추가 척수에서 대뇌로 이동하였기 때문이다. 그것은 곧 행동의 불수의적 통제에서 수의적 통제가 가능해졌다는 것을 의미하므로, 어떤 반사가 예정된 시기에 사라지지 않는다면 중추신경계의 이상을 가정할 수 있다. 따라서 반사행동의 존재는 아기의 신경학적 정상성 여부를 평가할 수 있는 중요한 지표이므로 소아과 의사들은 아기의 반사행동을 주의깊게 관찰한다.

특히 뇌가 손상된 신생아의 반사는 약하거나 부재하며 어떤 경우에는 지나치게 과장되는가 하면 사라져야 할 때 사라지지 않기도 한다. 그러나 아기에 따라 개인차가 존재하기 때문에 중추신경계의 정상성 여부를 평가할 때는 아기의 다른 능력도 함께 평가할 수 있어야 한다.

3. 신생아의 학습능력

신생아도 학습할 수 있다는 증거로서 고전적 조건화와 조작적 조건화에 의한 학습과 습관화 – 탈습관화 현상 및 모방행동을 설명한다.

1) 고전적 조건화와 조작적 조건화

신생아가 가지고 있는 반사능력은 고전적 조건화를 가능하게 한다. 아기에게 젖을 먹일 때마다 어머니가 아기의 앞이마를 부드럽게 쓰다듬는다고 가정해 보자. 얼마 지나지 않아 어머니는 아기의 앞이마를 쓰다듬을 때마다 아기가 젖을 빠는 행동을 한다는 것을 관찰할 수 있을 것이다. 여기서 어머니의 젖은 무조건 자극(UCS)이고 빠는 행동은 무조건 반응(UCR)이다. 어머니가 아기의 머리를 쓰다듬는 행동은 중립적 자극(조건자극, CS가 된다)으로서 어머니의 젖과 짝지어지면 중립적 자극인 머리쓰다듬는 행동만으로 젖을 빠는 행동을 유발할 수 있다.

특히 조건자극과 무조건 자극의 연합이 생존가치를 가질 때 고전적 조건화는 쉽게 일어나므로 수유(授乳)를 동반하는 자극은 빠르게 학습될 수 있다. 심지어 수유와 수유 사이의 시간간격조차 효과적인 조건자극(CS)이 될 수 있다. 그 증거로서 3 – 4시간 간격으로 수유하는 신생아들은 이 간격의 끝무렵에 조건반응에 해당하는 행동인 입을 오물거리거나 빨기 혹은 타액분비의 빈도와 강도가 증가한다.

신생아들은 조작적 조건화에 의해서도 학습할 수 있지만 신생아의 행동은 매우 제한적이기 때문에, 조작적 조건화는 머리돌리기와 빨기반응에 한정된다. 그 예로 강화자로서 설탕물이 제공되면 신생아들은 머리를 옆으로 돌리고 제공되는 액체의 단맛에 따라 빠는 비율을 변화시킨다. 또한 신생아는 아름다운 디자인을 보기 위하여 혹은 음악소리나 사람의 목소리를 듣기 위하여 더 빠르게 빠는 행동을 조절하였다.

조산아기들조차도 강화적 자극을 추구한다. 한 연구에서 조산아기들은 자신과 동일한 속도로 조용히 호흡하는 곰인형 가까이로 다가가는 경향이 있는 반면,

호흡하지 않는 곰인형과는 접촉을 하지 않으려고 하였다(Thoman & Ingersoll, 1993). 그 이유는 곰인형의 규칙적이고 율동적인 호흡이 신생아가 편안히 잠잘 수 있도록 함으로써 에너지를 보존하고 체중증가를 이룰 수 있도록 하기 때문이다.

이 예에서처럼 조작적 조건화는 아기가 어떤 자극을 지각하고 어느 자극을 선호하는지를 확인할 수 있도록 해주는 동시에 부모와 신생아의 상호적 반응도 증가시킨다. 아기가 어머니의 눈을 응시하면 어머니는 아기를 바라보고 미소를 지을 것이며 그에 따라 아기는 다시 미소짓는 어머니를 응시할 것이다. 두 사람의 이러한 행동은 서로를 강화하고 양자는 즐거운 상호작용을 계속한다.

조작적 조건화의 증거들은 어린 아기들이 능동적 학습자라는 것을 시사한다. 행동주의 심리학자들이 아동을 환경에 대한 수동적 반응자로 규정하였음에도 불구하고, 조작적 조건화의 연구결과들은 신생아조차 휴식과 영양, 자극 그리고 사회적 접촉에 대한 욕구를 충족시키기 위하여 주위를 탐색하고 적극적으로 반응한다는 것을 보여준다.

2) 습관화와 탈습관화

습관화(habituation)란 어떤 종류의 자극에 익숙해지면 더 이상 반응하지 않는 현상으로, 반복적인 자극에 대해 반응강도가 점진적으로 감소하는 것을 의미한다. 대조적으로 탈습관화(dishabituation)는 새로운 자극이 제시될 때 높은 수준의 반응으로 되돌아오는 현상에 해당한다. 따라서 습관화는 바라보기, 맥박, 호흡 등을 감소시키는 반면, 새로운 자극이 제시되면 그것들은 다시 상승한다(탈습관화).

습관화현상은 신생아와 영아의 감각능력과 지각능력에 관한 연구에 많이 활용된다. 예를 들면, 적당하게 큰소리가 들리면 신생아의 맥박과 호흡이 증가하고 울거나 움직이지만, 그 소리가 계속 들려오면 신생아는 습관화됨으로써 더 이상 반응하지 않는다. 그때, 조금 더 큰 소리가 들려오면 신생아는 다시 소리자극에 관심을 나타내고 귀를 기울인다.

이와 같이 신생아는 변화를 감지할 수 있고 조그만 차이에도 반응할 수 있

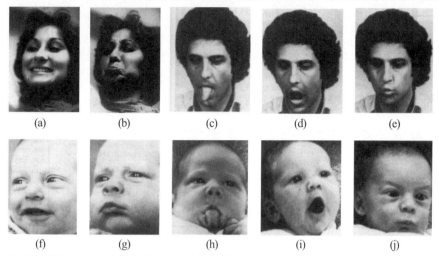

f와 g는 생후 2일 된 신생아의 행동모방을 나타내고 h, i 그리고 j는 생후 2-3주 된 신생아의 모방행동을 보여준다.

그림 5-6 ┃ 신생아의 모방을 연구한 두 개의 연구로부터 나온 결과

출처: Field 등, 1982; Meltzoff & Moore, 1992.

는 능력을 지니고 있다. 일반적으로 생후 4-5개월 된 영아들은 평균 5-10초만에 습관화-탈습관화를 이룰 수 있는 데 반하여, 신생아는 3-4분 정도의 긴 시간을 요구한다(Slater 등, 1996). 놀랍게도 습관화-탈습관화는 태내기에도 가능하다. 임신 제3분기 동안 동일한 소리가 계속되면 태아의 심장박동이 느려지다가(습관화) 새로운 소리가 들려오면 또다시 심장박동이 빨라짐으로써 임신 3분기에 이미 습관화와 탈습관화가 가능함을 보여준다(Doherty & Hepper, 2000).

3) 모 방

모방(imitation)이란 다른 사람의 행동을 그대로 따라 하는 것으로 어린 아기들에게는 가능하지 않은 행동으로 생각되었다. 그러나 그림 5-6에 제시된 바와 같이, 신생아의 모방행동에 대한 초기 연구들(Field 등, 1982; Meltzoff & Moore, 1992)은 생후 2일 된 신생아조차도 행복한 얼굴표정과 슬픈 얼굴표정을 모방할 수 있고 생후 2-3주경에 이르면 혀내밀기, 입벌리기, 입술오므리기의 모방행동이 가능함을 제시하였다.

멜조프(Meltzoff, 2007: Meltzoff & Decety, 2003)에 의하면, 신생아는 더 나이 많은 아동이나 성인과 동일한 방식으로 모델의 얼굴표정과 머리의 움직임을 모방할 수 있고 성인이 더 이상 그 행동을 하고 있지 않을 때도 계속해서 모방행동을 한다. 조금 성장하여 생후 2개월경에 이르면, 영아는 성인의 행동을 곧바로 모방하지 않는다. 그들은 이미 면대면의 상호작용을 시도하기 때문에, 성인의 행동에 적절한 반응을 하려고 애쓰지만, 성인모델이 반복적으로 동일한 행동을 할 때에는 다시 모방행동을 보이기 시작한다. 이와 같이 신생아의 모방행동은 융통성이 있을 뿐 아니라 자발적으로 이루어진다.

모방행동은 대뇌피질의 운동영역에 존재하는 거울뉴런(mirror nueron)에 의해 일어난다(Rizzolatti & Craighero, 2004). 거울뉴런은 다른 사람의 행동을 관찰하면서 우리 자신의 뇌속에서 그 행동을 실행하도록 자극한다. 그에 따라 우리는 목격한 모든 행동을 정신적으로 시연하거나 모방할 수 있음은 물론 타인과 감정이입적 정서를 공유하고 타인의 의도를 이해하는 것과 같은 다양한 사회적 행동을 할 수 있다.

거울뉴런이 출생시에 기능한다고 할지라도, 아동의 모방능력은 생후 2년 동안 계속해서 발달한다. 그러므로 어떤 연구자들은 신생아의 모방행동은 반사행동과 같은 자동반응이므로 시간이 경과하면 사라진다고 주장한다(Heyes, 2005). 이를 뒷받침하는 증거로서 대뇌영상 연구들은 생후 6개월경에 처음으로 거울뉴런의 존재를 확인함으로써 신생아의 모방행동은 거울뉴런과 상관없는 자동반응일 가능성을 제안하였다(Shimada & Hiraki, 2006).

분명한 것은 그것이 반사행동이든 거울뉴런 때문이든, 신생아에게 모방은 사회적 세계를 탐색하는 강력한 학습수단이라는 것이다. 그들은 모방을 통하여 타인과 행동을 공유하고 자신과 타인의 유사성을 인식함으로써 서로가 어떤 사람이고 어떤 관계인지를 발견하려고 한다.

4. 신생아의 상태

신생아가 깨어 있다고 해서 항상 동일한 상태를 유지하는 것은 아니다. 조용히 눈을 감고 누워 있을 때에도 얼굴을 찌푸리거나 몸을 꿈틀거린다. 또 때로는 거칠게 몸부림치기도 하고 울기도 한다. 신생아의 행동을 주의 깊게 관찰하면 규칙적인 수면상태에서부터 불규칙한 수면상태, 졸린상태, 조용히 긴장하고 있는 상태, 활발하게 움직이는 상태, 그리고 울음상태를 분리해 낼 수 있다. 이와 같은 여섯 가지 상태 중에서 양극단에 해당하는 수면과 울음은 정상적, 비정상적 발달에 대한 정보를 제공하기 때문에 중요시된다.

1) 수   면

신생아의 상태는 자주 변한다. 조용한 경계상태는 잠깐이고 안달하고 우는 상태가 많이 나타나며, 가장 많은 시간을 수면으로 보낸다. 신생아는 하루 평균 15-20시간 동안 잠을 잔다. 그렇다고 해서 15-20시간을 계속해서 자는 것은 아니며 짧은 각성기간으로 분리된 약 2-4시간의 선잠을 잔다. 다행스럽게도 낮보다는 밤에 다소 더 길게 잠을 잔다.

신생아의 수면은 생리적으로 뚜렷이 구별되는 두 개의 수면형태인 렘(REM)수면과 비렘(non-REM)수면으로 분리될 수 있다. 렘(REM: Rapid Eye Movement)수면이란 빠른 눈운동과 함께 근육운동과 사지의 움직임을 수반하는 불규칙적 수면인 반면, 비렘수면은 조용하고 움직임이 거의 없는 규칙적 수면이다. 특히 렘수면 동안에는 심장박동, 혈압 그리고 호흡이 증가하고 각성상태에서와 유사한 피부전기저항반응(galvanic skin response)이 나타난다. 신생아는 렘수면 동안 미소짓고 얼굴을 찡그리며 입을 오므리는가 하면 사지를 움직인다.

성인이 90분 정도의 렘-비렘 수면주기를 갖는 것과는 대조적으로 1세 미만의 영아들은 50분 정도 지속되는 수면주기를 가지며 이 주기의 50%가 렘수면으로 이루어진다. 흥미롭게도 인생초기에는 렘수면으로 수면주기를 시작하지만 생후 3개월에 이르면 비렘수면으로 수면주기를 시작하고, 이후 동일한 패턴이

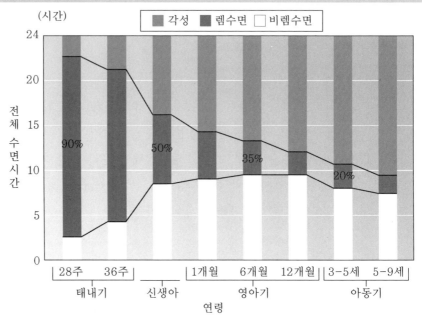

(시간)

| 각성 | 렘수면 | □ 비렘수면 |

백분율은 전체 수면시간에 대한 REM수면의 비율을 나타낸다.

그림 5-7 | 전체 수면시간에 대한 렘수면과 비렘수면 및 각성시간의 연령에 따른 비교

출처: de Weerd & van den Bossche, 2003.

유지된다(Sadeh, 2008).

그림 5-7과 같이 임신 28주의 태아들이 수면시간의 90%를 렘수면으로 보내는 반면 신생아의 렘수면은 전체 수면시간의 50%로 감소한다. 만 1세경에 이르면 렘수면은 전체 수면시간의 25% 정도로 감소하고 3-5세에 이르면 성인의 렘수면 양과 유사하게 전체수면 시간의 20%로 감소한다. 이와 같이 태내기와 생후 초기에 렘수면의 양이 많은 이유는 무엇인가? 렘수면의 기능은 무엇인가?

렘수면의 기능은 신경세포의 활동을 자극하고 대뇌 속의 혈액 흐름을 촉진시켜 대뇌 조직이 정상적으로 성장할 수 있도록 할 것으로 생각되지만, 분명한 것은 아니다. 환경자극을 거의 받지 못하는 태아는 말할 것도 없고, 환경자극을 효과적으로 처리할 능력을 갖추지 못한 신생아들의 경우에 렘수면은 대뇌에 주기적인 활동을 제공함으로써 뇌가 자극을 처리할 수 있는 능력을 갖추도록 돕는

다는 것이다. 아기가 성장하여 뇌가 내적·외적 정보를 능숙하게 조정하고 통합할 수 있게 되면 렘수면의 역할은 점차적으로 감소할 것이다.

렘수면은 눈의 건강도 촉진시킨다. 렘수면 동안의 눈운동은 눈 속에 있는 젤라틴같은 물질인 유리질(vitreous)을 순환하게 하여 눈에 산소를 공급하는 역할을 한다. 수면 동안 눈과 유리질이 전혀 움직이지 않는다면 시각구조는 산소를 공급받지 못하므로 무산소증의 위험에 처한다.

또한 대뇌손상을 입었거나 출산외상을 경험한 영아들은 혼란된 렘-비렘 수면주기를 나타내므로 신생아의 불규칙한 수면은 중추신경계의 이상을 확인할 수 있도록 한다. 혼란된 렘-비렘 수면주기를 보이는 아기들은 혼란된 행동을 보이고 학습하기 어려우며 양육자와의 상호작용을 효과적으로 유발시키지 못한다. 불행하게도 이 아기들은 영아사망의 주된 원인인 영아돌연사 증후군*(sudden infant death syndrome)의 희생자가 되기 쉽다. 이 아기들이 유치원 연령에 이르면, 운동발달과 인지발달 및 언어발달에서 지체를 나타낸다(Feldman, 2006; Holditch-Davis, Belyea, & Edwards, 2005).

2) 울 음

울음은 강도에서 다양하고 복잡한 청각적 자극으로 아기가 사용하는 최초의 의사소통 방식이다. 아기는 울음을 통하여 음식물이나 위안을 얻고 생존에 필요한 보살핌과 보호를 받을 수 있으므로 울음은 선천적으로 프로그램되어 있는 인간의 특성이다. 울음은 그림 5-8a, b와 같이 출생 직후에 가장 많고 저녁 시간에 가장 많이 나타나며 연령증가와 함께 감소한다. 일찍부터 울음의 독특한 음성적 특징에 의해 개별적 아동들이 구별될 수 있으므로 어머니는 울음소리만 듣고도 자신의 아기를 식별할 수 있다.

신생아나 어린 영아들은 주로 신체적 욕구가 충족되지 않을 때 울음을 운다. 배고픔은 가장 흔한 원인이며 그 외 옷이 벗겨져서 온도변화를 느낄 때, 갑작스럽게 큰 소리가 들릴 때 그리고 고통스러운 자극 등이 아기의 울음을 유발

---

* 영아돌연사 증후군: 0-12개월 아기들의 갑작스러운 죽음으로, 잠자다가 사망하는 사례가 가장 많다.

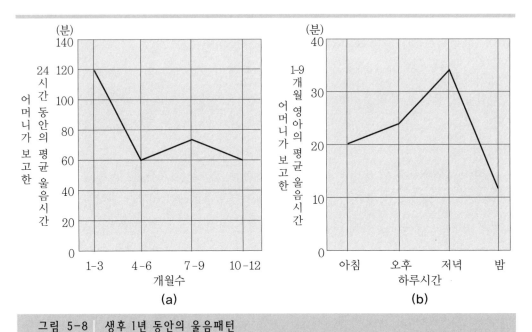

그림 5-8 | 생후 1년 동안의 울음패턴

출처: St. James-Roberts & Halil, 1991.

한다. 아기의 성장과 함께 신체적 이유보다는 관심을 요구하거나 좌절의 표현으로 울음이 발생한다.

부모라고 할지라도 아기의 울음을 항상 정확하게 해석할 수 있는 것은 아니다. 첫아이를 출산한 부모들이 가장 어려워하는 것은 아기가 왜 우는가이다. 시간이 지남에 따라 부모들은 아기가 배가 고파서 우는지 혹은 배가 아파서 우는지, 기저귀가 젖어서 우는지 아니면 안아달라고 우는지를 구별할 수 있다. 경험은 울음의 의미를 파악하는 부모의 능력을 빠르게 개선시킨다.

우는 아기에게 우리는 어떻게 반응해야 하는가? 아기가 울기 시작하면 곧바로 달려가서 아기를 달랠 것인가 아니면 그냥 둘 것인가? 동물행동학적 이론은 울음 자체가 영아의 기본욕구를 충족시키고 위험으로부터 아기를 보호하는 역할을 하기 때문에 아기가 울기 시작하면 신속하게 달려가서 일관성 있게 보살펴주어야 한다고 주장한다. 그들은 이렇게 양육된 아기들은 시간경과와 함께 울음보다는 제스처나 발성과 같은 대안적 의사소통 수단을 사용하여 그들의 불편을 전달할 수 있다고 강조한다. 물론 그냥 내버려두면 생후 1세 말경에도 더 많이 울고 대안적 방법을 더 적게 사용하는 아기로 성장한다는 것이다(Hubbard & Van IJzendoorn, 1991).

일반적으로 높은 수준의 감정이입능력을 지니고 있는 부모들이나 아동중심의 양육을 실시하는 부모들이 영아의 울음에 더 빠르게 반응한다(Zeifman, 2003). 특히 양육자가 아기와 거의 계속적으로 신체접촉을 갖는 문화의 아기들이 더 짧은 울음을 운다는 보고도 있다(Barr, 2001). 그러나 모든 연구들이 울음에 신속하게 대처하는 것에 찬성하는 것은 아니다.

그러므로 아기를 양육하는 사람들은 각 문화에서 수용되는 양육방법을 기초로 울음의 원인과 강도 및 울음이 일어나는 맥락 등을 고려하여 효과적인 대처를 할 수 있어야 한다. 특히 날카롭고 귀를 찢는 듯한 울음은 아기가 아픔을 겪고 있다는 신호로서, 대뇌손상이나 출산합병증을 가진 아기들에서 자주 나타나므로 주의를 요한다(Green, Irwin, & Gustafson, 2000).

Ⅱ. 신체발달

어른들은 빠르게 성장하는 아기를 보면서 놀랄 때가 많이 있다. 출생 후 처음 몇 개월 동안 하루에 거의 25 – 30g씩 체중이 증가하고 매달 2.5cm씩 키가 자란다. 눈으로 쉽게 확인할 수 있는 키와 몸무게에서의 극적 증가는 뼈와 근육 및 중추신경계와 같은 많은 중요한 내적 발달을 동반한다.

1. 신체발달의 원리

신체변화를 포함하여 모든 발달적 변화는 예측가능한 일정한 원리에 따라 이루어진다. 무작위적 변화와는 달리 발달적 변화는 다음과 같은 규칙성을 전제로 한다.

첫째, 발달은 일정한 방향을 따라 이루어진다. 두부에서 미부 방향(cephalo-caudal direction)과 중심에서 말초 방향(proximo-distal direction)을 따른다. 두부에서 미부 방향 혹은 상부에서 하부 방향(head-to-ail direction)으로의 발달은 성장이 머리에서 발로 진행된다는 것을 의미하므로 발보다는 손을 더 일찍 기능적으로 사용할 수 있다. 한편, 중심에서 말초 방향의 발달은 성장이 신체(몸통)의 중심축에서 말초 방향(손과 발)으로 진행된다는 것을 의미한다. 따라서 아동은 신체의 중심에 가까운 팔을 움직이다가 차차 손목, 손가락을 움직일 수 있다.

둘째, 분화(differentiation)의 원리가 적용된다. 아동의 신체기술이나 운동기술은 단순한 것에서 복잡한 것으로 발달한다. 또한 일반적 반응은 특수한 반응을 선행한다. 일반에서 특수로의 반응(general-to-specific response) 예를 들어 보자. 운동발달수준에서는 손가락을 사용하여 물건을 잡을 수 있기 이전에 팔 전체를 움직여 물건을 붙잡으며, 팔 전체를 움직여서 물건을 잡을 수 있기 이전에는 몸 전체를 움직이는 덩어리 운동(mass activity)에 의해 물건을 붙잡는다. 언어발달수준에서도 아동들은 처음에 털을 가진 모든 동물들을 '개'라고 부르다가 점차적으로 고양이, 토끼, 쥐 등으로 분류할 수 있게 된다.

셋째, 성장이 일시적으로 지체되면 따라잡기성장(catch-up growth)이 나타난다. 영양부족이나 질병은 아동의 성장을 일시적으로 지체시키지만, 질병이나 영양부족에서 회복되고 적절한 영양섭취가 이루어지면 성장의 가속화현상인 따라잡기성장이 이루어진다. 그러나 손상기간이 길어지면 충분한 따라잡기가 불가능하므로 영구적인 성장지체를 일으킬 수 있다.

2. 신체발달의 특징

아기는 처음 2년 동안 매우 빠르게 성장한다. 생후 4 – 6개월이 되면 출산시 체중의 2배가 되고 첫해 말에는 출산시 체중의 3배가 된다. 2세 말에 이르면, 영아는 최종적인 성인키의 1/2에 이르고 체중은 출산시의 4배에 이른다. 태내기부터 시작된 급속한 성장은 영아기 초기까지 계속되며 이 시기를 제 1 성장급등기

(the first growth spurt)라고 부른다.

성장과 함께 신체비율에서도 변화가 일어난다. 갓 태어난 신생아들의 머리는 신장의 1/4을 차지할 정도로 크다. 그들의 머리는 이미 최종적인 성인 머리의 70%의 크기에 도달해 있기 때문에 신생아를 보면 머리가 전부인 것처럼 보인다.

아동이 자람에 따라 신체형태는 빠르게 변화한다. 발달은 두부에서 미부로 진행되므로 태내기 동안 머리가 가장 먼저 발달하고 뒤이어 신체 하부의 발달이 이루어진다. 영아기 동안에도 머리와 가슴은 여전히 빠르게 발달하지만, 몸통과 다리의 발달도 점차 속도를 내기 시작한다. 전체 키에 대한 다리의 비율이 태내기에는 4:1이었으나 출생시에는 3:1이 된다. 영아기와 아동기 동안에도 신체성장은 두부에서 미부로의 발달방향을 따르기 때문에 머리와 가슴 그리고 몸통이 먼저 자라고 팔과 다리의 발달이 뒤따르며 손과 발은 가장 늦게 발달한다.

출산시에 태아가 자궁경부와 산도를 통과할 수 있는 것은 두개골이 부드러운 뼈로 되어 있기 때문이다. 물론 신생아가 앉을 수 없고 설 수 없는 중요한 이유 중의 하나는 그들의 뼈가 너무 작고 유연하다는 것이다. 출생시에는 두개골의 뼈도 완전히 연합되지 않아 천문(fontanelle: 일명 숫구멍)이 그대로 남아 있다. 그러나 골격에서도 성장이 이루어져 신생아기에 부드럽던 뼈의 조직이 경화되기 시작하고 만 1세경에 이르면 두개골이 자라서 천문이 닫히며 머리 전체가 단단한 뼈로 덮이게 된다.

유치의 발달은 영아들 사이에 큰 변이를 나타낸다. 출생시에 이미 유치를 가지고 태어나는 아기가 있는가 하면 생후 3개월경에 유치가 나는 아기도 있고 만 1년이 경과하여도 유치가 나지 않는 아기들도 있다. 일반적으로 여아보다는 남아들이 더 큰 변이를 경험한다. 그러나 대부분의 영아들은 생후 6-8개월경에 이르면 제1유치가 솟아나고 만 2세경에 20개의 유치가 모두 나온다. 유치가 나오기 3, 4개월 전부터 침을 흘리고 무엇이든 깨물며 짜증을 부리는 영아들이 많이 있다.

아동의 신체성숙을 측정하는 하나의 방법은 X광선을 조사(照射)하여 손목과 손의 골격을 검사하는 것이다. X광선은 손목과 손이 갖는 뼈의 수와 경화 정도를 보여주며 그것은 골격연령(skeletal age)으로 활용된다. 이 방법을 사용한 연구자들은 여아가 남아보다 더 빨리 성장하고 출생시에 골격의 성숙수준에서 여아가 남아보다 4 – 6주 앞선다는 것을 확인하였다(Malina & Bouchard, 1991). 그러나 골격의 모든 부분이 동일한 비율로 경화되는 것은 아니며, 먼저 두개골과 손이 경화되고 다리뼈는 10대 후반까지 계속해서 발달한다.

3. 신체발달의 속도와 개인차

인간의 신체는 다양한 기관과 신체부위로 이루어지며 각기 서로 다른 속도로 발달한다. 10세 이전에 이미 성인수준에 도달하는 신체부위가 있는가 하면, 사춘기가 올 때까지 거의 발달하지 않는 신체부위도 있다. 신체부위에 따라 성장비율과 성장시기에서 차이를 나타내는 현상을 비동시적 성장(asynchronous growth)이라고 한다.

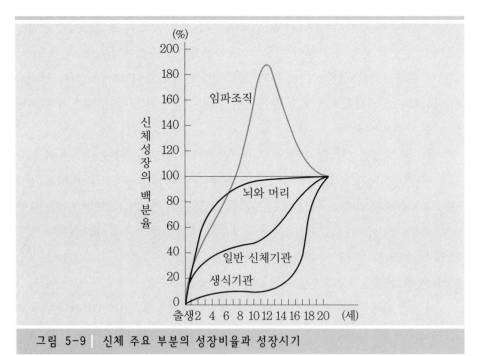

그림 5-9 ▎ 신체 주요 부분의 성장비율과 성장시기

출처: Tanner, 1962.

그림 5-9는 성인의 성장비율을 100%로 가정했을 때 신체 주요 부분의 성장비율과 성장시기를 나타낸다. 뇌와 머리는 신체 다른 부분보다 훨씬 더 빨리 성장하고 더 빨리 성인비율에 도달하는 반면, 생식기관은 아동기 동안 큰 변화가 없다가 청년기에 이르러서야 급속하게 성장하는 양상을 나타낸다. 흥미롭게도 면역체계를 구성하는 임파조직은 활동량이 많은 아동기에 성인수준의 2배에 이르고 청년기에 오히려 빠르게 감소하여 20세경에 성인비율에 도달한다. 임파조직의 성장이 최고도에 도달함에 따라 아동의 질병감염률은 매년 감소한다.

신체 각 부위의 발달은 개인에 따라 차이를 보이며 이러한 차이를 발달의 개인차(individual difference)라고 한다. 태내기 동안에도 어떤 아기들은 지나치게 활동적이고 어떤 아기들은 지나치게 조용하여 뚜렷한 개인차가 나타나며, 갓 태어난 신생아에서도 개인차는 명백하다. 그들은 키와 몸무게는 물론 신체 움직임의 정도에서부터 환경자극에 대한 반응성까지 현저한 차이를 나타낸다. 각 개인은 개인차를 바탕으로 인간발달 예정표의 광범위한 범위 내에서 자신의 개인적 시간표를 따라 발달한다.

Ⅲ. 대뇌발달

대뇌는 인생초기에 놀라운 속도로 빠르게 발달한다. 출생초기에 신생아의 대뇌는 성인 대뇌무게의 약 25%를 차지하였으나 2세가 되면 약 75%에 이른다. 놀랍게도 태내기 마지막 3개월과 생후 2년 동안 성인 대뇌무게의 50%가량이 첨가되기 때문에 이 시기를 대뇌의 성장급등기(brain growth spurt)라고 부른다. 이 절에서는 대뇌발달을 이해하기 위하여 뇌의 내부조직의 발달을 설명한다.

1. 신경계의 발달

배아의 외배엽에서 분화된 신경계는 영아기 동안 빠른 성장을 거듭한다. 뇌

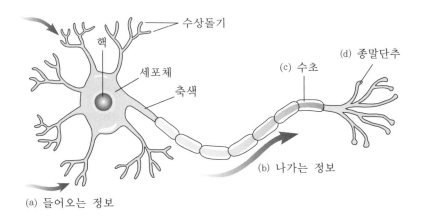

수상돌기

핵

세포체

축색

(c) 수초

(d) 종말단추

(b) 나가는 정보

(a) 들어오는 정보

그림 5-10 │ 뉴런의 구조

와 척수(중추신경계) 그리고 신경조직(말초신경계)으로 구성되는 신경계는 뉴런이라고 불리는 전문화된 세포의 연결망을 통하여 정보를 전달하고 저장한다. 하나의 단일적인 뉴런은 세포체(cell body), 수상돌기(dendrites) 및 축색(axon)으로 구성되며(그림 5-10 참조) 축색의 다발을 신경이라고 부른다. 수상돌기는 다른 뉴런으로부터 정보를 받는 역할을 하는 반면, 축색은 다른 뉴런으로 정보를 전달하는 기능을 한다.

뉴런은 시냅스(synapse) 연결에 의해 정보를 주고받는다. 시냅스란 축색의 끝부분에 있는 종말단추(terminal button)와 다른 뉴런의 수상돌기의 끝부분 및 그들 사이의 벌어진 미세한 틈으로 구성된다. 수상돌기와 세포체를 거쳐 축색을 따라 내려온 신경충동이 종말단추에 도달하면 종말단추는 특정한 신경전달물질(neurotransmitter)을 방출하며, 인접한 뉴런의 수상돌기의 막에 전기적 변화를 일으켜 신경충동이 전달될 수 있도록 한다.

대뇌무게의 증가는 글리아 세포(glial cell)의 증가와 수초(myelin)라는 유지방물질의 생성 및 수상돌기와 축색들의 연결망 확장에 기인한다. 글리아 세포는 뉴런을 지지하고 영양물질을 공급하는 역할을 하는 지지세포이다. 또한 수초는

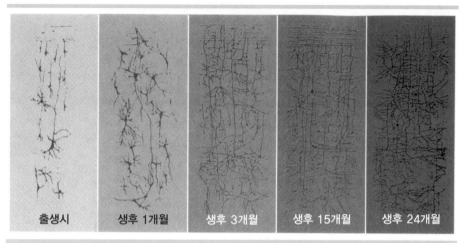

| 출생시 | 생후 1개월 | 생후 3개월 | 생후 15개월 | 생후 24개월 |

그림 5-11 | 출생시부터 2세까지의 수상돌기와 축색의 연결망 증가

축색을 싸고 있는 절연물질로서 신경충동의 전달을 촉진시키고 인접한 뉴런으로 충동이 흘러가는 것을 막는 역할을 한다. 수초가 축색을 싸고 있는 부분에서는 신경충동이 도약하기 때문에 흐름이 매우 빨라진다. 대뇌영역 중 운동영역의 수초화가 가장 빠르고 그 다음이 체성감각영역, 시각정보영역 그리고 청각정보영역 순으로 수초화가 이루어진다.

정상적인 신생아들은 거의 모든 뉴런의 기본구조를 갖추고 있으나 기본구조들 사이의 연결이 이루어지지 않기 때문에 제대로 기능할 수가 없다. 영아기와 유아기 동안 수상돌기와 축색돌기의 연결망은 그림 5-11과 같이 놀라운 속도로 확장된다(Moore & Persaud, 2008). 그러나 대뇌성장은 연결망의 확장으로 끝나는 것이 아니라 유전적으로 계획된 세포의 사망(programmed cell death)을 또한 포함한다. 태내기 동안 실제로 필요한 뉴런보다 훨씬 더 많은 뉴런이 생성되기 때문에 출생 후의 시냅스 연결 동안 대뇌의 부위에 따라 20-80%의 뉴런이 사망한다(de Haan & Johnson, 2003b). 다시 말하면 시냅스가 형성될 때 연결구조의 생성을 위한 공간을 확보하기 위해 주변의 연결되지 않는 뉴런들은 사망한다는 것이다.

시냅스 연결 역시 처음에 과도하게 많이 이루어지므로, 결국 사용하지 않는

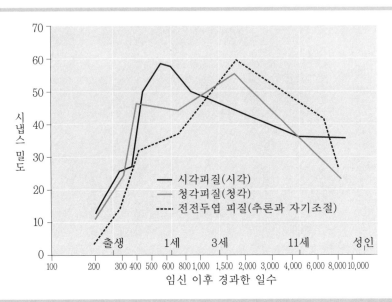

그림 5-12 | 영아기부터 성인기까지의 대뇌의 시냅스 밀도 변화

출처: Thompson & Nelson, 2001.

연결들은 다른 경로로 대치되거나 사라지는 시냅스 가지치기(synaptic pruning)가 이루어진다. 그림 5-12는 시냅스 연결의 증가와 가지치기가 대뇌부위에 따라 각기 다른 시기에 일어난다는 것을 보여준다.

우선 시각피질 영역에서의 과도한 시냅스 생성은 생후 1년 이전에 절정에 도달하고 그 이후부터 초등학교 입학 이전까지 점차적인 가지치기가 이루어진다(Huttenlocher & Dabholkar, 1997). 청각과 언어영역에서의 과도한 시냅스 생성은 4세 무렵에 절정에 도달하고 그 이후에 감소하며, 고차적 사고와 자기조절능력을 통제하는 전두엽 피질의 과도한 시냅스 생성은 3세 이후에 절정에 도달하고 그 이후에 가지치기가 이루어진다는 것을 알 수 있다. 결국 생성된 시냅스의 약 40%가 아동기와 청년기 동안 제거된다(Webb, Monk, & Nelson, 2001).

2. 대뇌피질의 발달

대뇌피질(cerebral cortex)은 가장 많은 수의 뉴런과 시냅스를 포함하는 대뇌의 구조물로서 대뇌무게의 85%를 차지하는 대뇌중추 부위이다. 인간의 지능과 관련된 구조물인 대뇌피질은 가장 늦게까지 발달하기 때문에 뇌의 어떤 다른 부분보다 환경적 영향에 민감하다.

1) 대뇌피질의 측화

대뇌피질은 좌반구와 우반구의 두 개의 분리된 영역으로 구성되어 있다. 두 개의 반구(hemisphere)는 외관상으로는 매우 비슷하게 보이지만 수행하는 기능은 서로 다르다. 일반적으로 좌반구는 언어능력과 수리능력 및 긍정적 정서와 관련한 정보를 처리하는 반면, 우반구는 공간지각능력과 예술적 재능 및 부정적 정서와 관련된 정보를 처리한다. 이와 같이 좌우반구의 기능에서의 전문화를 대뇌피질의 측화(lateralization)라고 한다.

피질의 측화는 대뇌의 가소성(plasticity)과 밀접히 연결된다. 만약 피질의 어떤 영역이 특정한 기능에 전문화되어 있지 않다면, 뇌의 한 부분이 손상을 입었을 때 다른 부위가 그 기능을 대신해 줄 수 있을 것이다. 그러나 일단 측화가 이루어지면 특정한 부위의 손상은 그 부위와 관련된 기능을 영구적으로 상실하게 할 것이다.

피질의 측화는 언제 이루어지는가? 한때 두 살이 될 때까지 피질의 측화가 이루어지지 않는다고 생각되기도 하였으나 피질의 측화는 출생시에 이미 이루어져 있음이 확인되고 있다. 그 예로서 신생아들은 반사반응시에 신체의 오른편을 선호하였고 말소리에 귀를 기울이거나 긍정적 정서를 나타낼 때 대부분의 영아들은 성인들과 같이 좌반구에서 더 큰 전기적 활동을 나타내었다. 대조적으로 우반구는 부정적 정서를 유발하는 자극이나 말소리가 아닌 다른 소리에 대해 더 강하게 반응하였다(Davidson, 1994).

비록 피질의 측화가 인생초기에 시작되기는 하지만 완전한 것은 아니다. 분만시 혹은 출생 후 초기 6개월 동안 대뇌피질에 손상을 입은 아동들에 관한 대규모 종단연구에서(Stiles 등, 2005), 손상이 좌반구나 우반구 중 어디에서 일어났든, 언어발달은 3½세까지 지체되었고 손상 부위가 어디든 언어는 대뇌의 광범위한 영역에서 처리되고 있었다. 그러나 5세에 이르렀을 때 이 아동들은 정상아동과 동일한 수준의 어휘능력과 문법능력을 획득하였고, 좌반구든 우반구든 손상받지 않은 영역에 언어중추가 새롭게 생성되었음이 확인될 수 있었다.

이러한 결과는 뇌의 다른 부위가 손상된 부위의 기능을 대신하였다는 것을 의미하는 동시에 대뇌 반구의 전문화가 유전적으로 계획되어 있다고 할지라도, 측화의 속도는 경험에 의해 크게 좌우될 수 있다는 것을 시사한다. 일반적으로 8-10세경에 성인패턴의 피질 활동이 관찰되기 때문에, 이 연령이 측화가 완성되는 시기로 인식된다(Nelson, 2002).

2) 대뇌피질의 측화와 왼손잡이

인간이 어느 한쪽 손을 선호하는 현상은 생후 6개월경에 나타나고, 생후 1년경에 이르면 오른손 선호가 뚜렷해진다(Rönnqvist & Domellöf, 2006). 오른손의 선호는 도구의 사용이나 던지기, 받기, 그리기, 쓰기와 같은 부가적 기술로 확장된다. 여기서 어느 한편의 손을 선호한다는 것은 대뇌의 한쪽 반구가 더 우세하고 더 큰 능력을 갖는다는 것을 의미하는 동시에 중요한 능력들은 이 우세한 반구에 위치한다는 것을 의미한다.

보통 인구의 90%는 오른손잡이로 성장하고 나머지 10%는 왼손잡이로 성장한다. 문제는 왼손잡이냐 오른손잡이냐에 따라 언어중추의 위치가 달라진다는 것이다. 일반적으로 오른손잡이의 언어중추는 좌반구에 있으나 왼손잡이의 언어중추는 좌반구와 우반구가 공유한다. 또한 많은 왼손잡이들은 오른손도 능숙하게 사용할 수 있는 양손잡이들이다. 이러한 사실들은 왼손잡이의 뇌가 오른손잡이의 뇌보다 더 적게 측화되어 있음을 시사한다.

왼손잡이는 유전하는가? 유전한다고 생각하는 연구자들도 있고 유전하지 않는다고 생각하는 연구자들도 있다. 유전에 반대하는 연구자들은 만약 왼손잡이의 발달에 유전이 중요한 역할을 한다면, 일란성 쌍생아들의 손선호는 동일해야 하지만 실제는 그렇지 않다는 것이다. 쌍생아들은 일란성이든 이란성이든 상관없이, 어느 한편이 오른손잡이이면 다른 한편은 왼손잡이라는 것이다.

쌍생아의 손선호는 자궁 내에서의 위치와 관련된다는 주장도 있다(Derom 등, 1996). 즉 쌍생아들은 서로 반대방향으로 누워 있기 때문에 태내기에서 자유롭게 사용할 수 있었던 손을 선호한다는 것이다. 일반 아기들도 자궁 내에서 보통 왼편을 향해 누워 있기 때문에 상대적으로 자유로운 오른손을 사용함으로써 오른손잡이가 된다고 제안하는 연구자도 있다(Previc, 1991).

대부분의 사회는 왼손잡이를 억제하고 오른손을 사용하도록 환경적 여건을 조성하고 격려하므로 대부분이 오른손잡이가 된다. 왼손의 사용을 극도로 혐오하는 아프리카의 탄자니아에서 왼손잡이의 비율이 단지 1% 미만에 지나지 않는다는 사실은 훈련의 효과를 반영하는 좋은 예가 될 수 있다.

왼손잡이들 중에는 정신지체자나 정신적인 문제를 가진 사람이 많이 있다. 그렇다고 해서 왼손잡이 자체가 발달적 문제를 일으키는 원인이라는 것은 아니다. 일반적으로 왼손잡이는 연장된 분만시간과 조산, Rh인자의 부조화, 그리고 태아의 위치가 거꾸로 된 분만과 같은 출산문제를 경험한 아기들 중에서 많이 나타난다(Powls 등, 1996). 이러한 출산문제들은 좌반구에 손상을 일으켜 왼손잡이가 되게 할 것이고 그 중 일부는 아동을 심각하게 지체되게 하거나 정신병질적인 특성을 갖도록 할 것이므로, 마치 모든 왼손잡이들이 발달문제를 갖는 것처럼 보이게 할 수 있을 것이다.

Ⅳ. 신체발달에 영향을 주는 요인

아동의 신체발달에 영향을 주는 요인들은 많이 있다. 이 절에서는 아동의 신체발달과 밀접한 관련이 있는 영양문제와 그 외의 다른 요인들에 관해 설명한다.

1. 영   양

영양은 발달의 어떤 시기에도 중요하지만, 아기의 대뇌와 신체가 급속도로 성장하는 생후 2년 동안 특히 중요하다. 성인이 필요로 하는 에너지의 약 2배를 필요로 하는 영아들은 섭취하는 전체 칼로리의 25%를 성장에 사용하며, 나머지는 각 기관의 정상적 기능과 발달을 위해 사용된다.

1) 모유와 우유

모유는 영아에게 꼭 필요한 성분을 함유한 이상적 식품이기 때문에, 가난한 지역에서 성장하는 아기들조차 모유를 먹는 아기들은 영양부족 증상을 보이지 않으며, 출산 후 수주 동안 호흡기나 대장의 감염을 일으키는 일도 거의 없다. 여기에 그치지 않고 모유수유는 어머니의 임신가능성을 감소시키고 자녀들간의 출산간격을 증가시키므로 전세계의 빈곤국가들에서 자주 발생하는 영 · 유아기 사망을 감소시키는 역할도 한다(Bellamy, 2005).

최근 미국을 포함한 여러 나라에서는 어머니가 바이러스나 박테리아(HIV나 폐결핵)에 감염되지 않은 한, 아기에게 모유수유를 하도록 권장한다. 세계보건기구(WHO)도 생후 6개월부터는 고형의 음식물을 곁들여야 하지만, 적어도 2세까지 모유를 먹이도록 추천한다.

모유는 우유보다 더 쉽게 소화되기 때문에 아기들은 1-2시간 간격으로 모유를 먹어야 하므로 취업한 어머니들은 모유수유를 계속하기 어렵다. 그러나 우유를 먹는 아기들의 수유간격은 보통 3-4시간이기 때문에, 취업한 어머니들은 우유를 선호한다. 미국과 캐나다 보건당국은 적어도 생후 6개월 동안은 전적으로 모유수유를 할 것을 권하지만, 현재 취업한 많은 어머니들은 아기에게 전적으로 우유를 섭취하게 하거나 모유와 우유를 함께 섭취하게 하고 있다.

모유가 아기에게 좋다고 해서, 아기의 심리적 발달에까지 차이를 가져오는 것은 아니다. 모유를 먹는 아기와 우유를 먹는 아기 사이에 정서적 적응이나 인지능력에서 차이가 없을 뿐 아니라 모유를 먹이는 어머니들이 아기에게 더 강하게 애착되는 것도 아니었다(Wilkinson & Scherl, 2006: Der, Batty, & Deary, 2006).

2) 영양부족

전세계 아동의 약 1/3이 5세 이전에 영양부족을 경험한다 (Bellamy, 2005). 그중 약 9%의 아동들은 심각한 영양부족에 기인한 마라스무스(marasmus)와 콰시오쿼(kwashiorkor)로 고통을 겪는다. 마라스무스란 '소모'라는 의미의 희랍어에서 유래된 이름으로 생후 1년 동안 탄수화물을 포함하여 필수 영양소가 부족한 식사를 할 때 나타나는 전신쇠약 증상을 말한다. 이 병은 어머니의 영양부족으로 모유가 부족하고 우유공급조차 적절하지 않을 때 나타나며 아기를 사망하게 할 수도 있다.

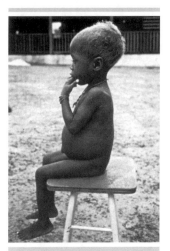

콰시오쿼 아동

콰시오쿼는 굶주림에 기인한 단순한 영양부족 증상이 아니다. 1세와 3세 사이에, 이유(離乳)가 이루어진 이후에 주로 나타나는 콰시오쿼는 탄수화물로부터 칼로리를 섭취하고 단백질이 부족한 균형잃은 식사를 할 때 나타난다. 이 병에 걸린 아동들은 배가 불쑥 나와 있고 발이 부어오르며 머리카락이 빠지는가 하면 피부에 종기가 많이 돋는다. 또한 이 아동들은 무감각하고 위축되며 식욕이 없다.

극단적인 영양부족에도 불구하고 생존한 아동들은 아주 작은 체구의 성인으로 성장하며 대뇌와 심장, 간 혹은 다른 기관에 영구적인 손상을 입는다 (Müller & Krawinkel, 2005). 놀랍게도 신체가 영양부족 상태에 있으면 유기체는 스스로를 보호하기 위하여 낮은 기초대사율을 확립함으로써 영양상태가 개선될 때까지 견딜 수 있도록 한다. 또한 영양부족은 대뇌의 식욕통제중추를 손상시켜, 음식물이 풍부해지면 과식하게 하므로 비만을 일으킨다(Martins 등, 2004).

더 중요한 것은 영양부족이 대뇌의 신경섬유의 성장과 수초화를 방해하여 대뇌무게의 영구적 상실을 가져온다는 것이다. 마라스무스 아동이 개선된 영양 섭취를 할 수 있게 되어도 키에서는 따라잡기 성장이 일어나지만, 머리크기에는 변화가 없어 영구적으로 작은 크기의 머리를 갖는다. 이 아동들은 초등학교 연령에서 낮은 지능점수를 나타내고 주의집중능력에서 결함을 보이며 미세하고 정교한 운동기술의 발달이 저조하였다(Liu 등, 2003). 더욱이 영양부족 아기의 무감각과 수동성은 사물에 주의를 기울이는 아동의 능력을 감소시키고 가난과 생활고로 고통을 겪고 있는 부모의 관심을 불러일으키지 못함으로써 영양부족의 부정적 효과를 극대화하였다. 그러므로 영양부족 아동을 위한 중재프로그램은 아동의 영양섭취는 물론 가족상황을 개선시킬 수 있는 내용으로 구성되어야 한다.

3) 비 만

개인의 연령, 성별 그리고 체격을 기준으로 평균 체중의 20% 이상을 초과할 때 우리는 비만이라고 한다. 인스턴트 식품과 육류, 계란 등의 고칼로리 음식물의 섭취는 비만을 부추긴다. 흥미로운 것은 인생초기에 극심한 영양부족으로 성장이 지체된 사람들이 체중증가에 극도로 취약하여, 비만 아동이나 성인으로 성장한다는 것이다.

한때 영아기나 유아기의 비만은 세포의 수만을 증가시킬 뿐 세포의 크기를 확대시키지 않는다고 생각되었다. 따라서 세포의 수를 감소시키는 것은 그렇게 어려운 일이 아니라고 생각하였기 때문에, 어린 아동의 비만을 크게 걱정하지 않았다. 그러나 비만 아동들은 지방세포의 수도 많을 뿐 아니라 성인과 동일한 크기의 지방세포를 가지고 있음이 확인됨으로써 영·유아의 비만에 대한 관심이 높아졌다.

아동기에 비만인 사람의 80% 이상이 비만 성인이 된다. 비만 아동들은 '뚱보'라는 또래들의 놀림에 의해 심리사회적 문제를 갖는 것 외에도 일생 동안 건강문제로 고통을 겪는다. 그들은 유아기에 이미 호흡기 이상과 높은 수준의 콜레스테롤 및 고혈압으로 고통을 겪는다. 비만이 계속되면 심장병과 다른 순환계 질환, 당뇨병, 담낭질환, 수면과 소화장애 그리고 암이 발생하기 쉽고 조기사망의 위험성이 있다(Krishnamoorthy, Hart, & Jelalian, 2006).

아동기 비만은 여러 가지 원인에 의해 일어나는 복잡한 신체적 장애이다. 비만의 원인이 완전하게 규명되지는 않았지만, 비만은 유전될 가능성이 크다.

비만 아동은 비만 부모를 가지고 있고, 일란성 쌍생아들이 이란성 쌍생아들보다 훨씬 더 비슷한 몸무게를 가지고 있다(Salbe 등, 2002a). 그러나 유전은 단지 체중 획득의 경향성만을 설명할 뿐이며, 아동은 식습관이나 음식기호를 부모를 통해 학습하기 때문에 부모의 역할이 매우 중요하다.

살찐 아동의 부모들은 고지방질의 음식물을 아동에게 과도하게 많이 섭취 하게 하고, 아동이 나타내는 불만을 자주 음식물에 대한 요구로 잘못 해석한다. 어떤 부모들은 아동이 먹는 음식물을 지나치게 통제함으로써 음식물을 많이 먹 이는 부모들과 동일하게, 아동이 자신의 음식물 섭취를 조절할 수 없도록 한다.

밤에 잠을 적게 자는 아동들은 비만아가 되기 쉽다(Snell, Adam, & Duncan, 2007). 적은 수면은 아동을 피곤하게 하고 음식물 섭취 시간을 증가시키며 배고 픔을 조절하는 대뇌의 조절기능을 파괴함으로써 비만을 촉진시킨다. 또한 과체 중의 아동들은 칼로리를 소모하는 활동에 더 적게 참여한다. 특히 TV 앞에서 보 내는 시간은 초등학교 아동들 사이에서 미래의 비만을 예측할 수 있는 단일적 요인이기도 하다. TV시청은 신체활동 시간을 감소시키고, TV 광고는 살찌게 하 는 스낵이나 청량음료를 섭취하게 함으로써 비만에 기여한다(Salbe 등, 2002b).

비만은 신체적 문제로 끝나는 것이 아니라 보잘것없는 자기개념과 정서적 불안정성 및 손상된 사회적 기능과 같은 정서적, 사회적 문제와 연결된다. 일반 적으로 먹는 행위를 통하여 정서적 문제나 사회적 문제를 해소하려고 할 때 비 만이 일어난다. 그러나 정서적 문제가 과식하게 하고 움직이는 것을 싫어하도록 하는지 아니면 비만이 정서적 문제를 일으키는지는 분명하지 않다.

아동과 성인 모두 살찐 아동을 호감이 가지 않는 매력 없는 인물로 지각한 다(Penny & Haddock, 2007). 초등학교 연령의 살찐 아동들은 낮은 자기존중감을 지니고 있고 더 우울하며 더 많은 행동문제를 나타낸다. 더 큰 문제는 비만에 기 인한 이러한 심리적 문제들이 또다시 과식을 불러일으켜 비만의 악순환을 초래 한다는 것이다. 비만 아동이 성인초기에 이르렀을 때, 정상적인 체중의 다른 성 인과 비교하면 그들은 더 낮은 학력과 더 적은 수입 그리고 만성적인 건강문제 로 고통을 겪고 있었다.

2. 그 외의 요인들

영양부족이나 부적절한 음식물 섭취와 높은 상관이 있는 질병 또한 아동의 신체발달에 영향을 준다. 세계보건기구(WHO, 2005)의 보고에 의하면, 5세 이하 아동사망의 70%는 전염성 질환에 의해 일어난다. 또한 아동에 대한 애정이나 자극이 결여될 때도, 아동의 건강한 신체발달은 이루어지기 어렵다.

부모의 애정결핍으로 일어나는 성장장애인 소위 비유기체적 성장실패 (nonorganic failure to thrive)는 보통 생후 18개월경에 나타나고 마라스무스와 거의 동일한 증상을 나타낸다(Black, 2005). 비유기체적 성장실패의 가장 두드러진 특징은 이 장애를 일으키는 어떤 생물학적 원인도 찾을 수 없다는 것이다.

일반적으로 이 장애를 갖는 영아의 어머니들은 음식물을 먹일 때나 기저귀를 갈 때 혹은 놀이할 때 아기에게 무관심하고 냉담하다. 그들은 인내심이 없고 누구에게나 적대적이며 불행한 결혼생활을 하고 있거나 심리적 장애를 지니고 있는 경우가 많다.

그에 상응하게 영아 역시 양육자에게 미소짓는 일이 거의 없이 가까이 있는 성인에게 시선을 고정시키고 그들의 모든 움직임을 불안하게 지켜보며, 위협적인 성인이 다가오면 시선을 피한다. 이 아기들 중에는 지나치게 민감하고 신경과민적이며 잘 빨지 못하거나 구토와 같은 비정상적인 섭식행동을 보이는 아기도 있다. 영아기 동안 치료가 이루어지지 않는다면, 대부분의 아동들은 작은 체구를 갖고 지속적인 인지적, 정서적 결함을 나타낼 것이다(Drewett, Corbett, & Wright, 2006).

더욱 심각한 것은 극단적인 정서적 박탈이 성장호르몬의 생성을 방해하여 보통 2세와 15세 사이에 나타나는 성장장애인 심리사회적 난쟁이증(psychosocial dwarfism)을 유발할 수 있다는 것이다. 난쟁이증 아동들은 성장호르몬의 분비가 부족하여 매우 작은 체구를 갖고 미성숙한 골격연령과 심각한 적응문제를 나타내므로 정상적으로 작은 체구를 갖는 아동들과는 쉽게 구분된다(Tarren-Sweeney, 2006). 정서적으로 부적절한 환경이 개선되면 성장호르몬의 수준은 빠르게 회복될 수 있지만, 지연되면 영구적인 난쟁이증 성인으로 성장한다.

[2부] 발달의 기저

제6장 인생초기의 발달:
운동발달과 감각 및 지각능력의 발달

제6장

...인생초기의 발달:...

운동발달과 감각 및 지각능력의 발달

제5장에서 설명한 신체발달을 포함하여 운동, 감각 및 지각 능력의 발달은 인생초기에 이루어지고 이후의 건강한 발달을 위한 토대를 형성한다. 이 장에서는 운동발달의 원리를 포함하여 대근 육운동과 소근육운동의 발달, 감각 및 지각능력의 발달을 차례로 설명한다.

I. 운동발달

아동의 운동발달은 골격과 신경근육의 발달에 의존하는 동시에 연습이나 훈련의 기회가 얼마나 많으냐에 의해 영향을 받는다. 운동발달 중 팔을 움직이 거나 기기 혹은 걷기와 같은 움직임은 대근육운동을 요구하지만 물체를 붙잡고 조작하는 정교한 운동기술들은 소근육운동을 필요로 하며, 이 모든 발달은 일정 한 원리에 따라 이루어진다.

1. 운동발달의 원리: 역동적 체계이론

아놀드 게젤(Arnold Gesell, 1934)을 중심으로 하는 초기 연구자들은 영아나 아동의 운동발달은 개인의 유전계획(혹은 성숙)에 따라 정해진 시기에 고정된 순서로 전개된다고 주장하였다. 그러나 최근의 연구자들(Adolph, 2008; Adolph & Joh, 2009)은 발달적 이정표의 전개는 게젤이 주장한 것만큼 고정되어 있지도 않고 전적으로 유전의 영향을 받는 것도 아니라고 주장한다.

운동발달에 관한 가장 영향력 있는 이론인 텔렌(Thelen, 2000, 2001)의 역동적 체계이론(dynamic stystems theory)에 의하면, 새로운 운동기술은 단순히 유전계획에 따른 성숙의 결과가 아니라 영아의 신경계와 신체구조의 발달, 영아의 움직이려는 욕구와 도달하려는 목표 및 그 기술에 대한 환경적 지원의 결과로 이루어진다. 다시 말하면 영아가 첫발을 뗄 수 있기 위해서는 먼저 방을 가로질러 가고 싶은 욕구가 있어야 하고 효과적으로 움직이기 위해 행동을 반복하며 그 결과를 지각하는 소위 지각과 행위의 조합을 이룰 수 있어야 한다는 것이다.

어떤 아기가 새로운 장난감을 잡으려고 한다고 가정하자. 우리는 이 아기에게 장난감을 어떻게 잡는지를 가르칠 수 있는 정확한 프로그램을 가지고 있지 않다. 장난감을 잡을 수 있기 위해 아기는 먼저 장난감을 잡으려는 그의 욕구와 맥락에 적응해야만 한다. 이를 위해 아기는 앉아 있는 자리에서, 팔을 뻗치고 그의 팔과 몸통이 장난감에 부딪치지 않도록 자세를 유지하며, 팔과 어깨의 근육은 다양한 힘을 발휘하기 위하여 오므리고 뻗을 수 있어야 한다. 이제 아기는 반복적으로 행동을 시도하고 이 과정에서 어디에 잘못이 있는지를 지각하면 즉시 행동을 수정하고 다시 시도함으로써 결국 한 팔로 장난감에 도달하여 손가락으로 장난감을 감싸는 방법을 발달시킬 수 있다. 이와 같이 운동기술의 발달은 그 기술의 발달에 필요한 행동의 반복과 그 결과에 대한 지각을 통합하려는 영아의 능동적 노력을 요구한다(Thelen & Smith, 2006).

2. 대근육운동기술의 발달

대근육운동기술(gross motor skills)이 발달하기 위해서는 먼저 자세를 통제할 수 있어야 한다(Thelen & Smith, 2006). 자세(posture)는 세 가지 정보를 통합함으로써 통제될 수 있다. 즉 공간 내의 위치를 알려주는 피부와 관절 및 근육 속의 자기수용 단서로부터 오는 정보, 신체의 균형과 평형을 조절하는 내이의 전정기관으로부터 오는 정보 그리고 시각과 청각으로부터 오는 정보가 그것이다.

신생아들은 수의적으로 자세를 통제할 수 없다. 그러나 몇 주 지나면 영아는 머리를 똑바로 세울 수 있고 곧 엎드린 상태로 머리를 들어 올릴 수 있다. 생후 2개월 무렵에는 지지를 받으면 성인의 무릎이나 아기의자에 앉을 수 있으나 혼자 앉기 위해서는 생후 6-7개월이 되어야 한다. 생후 6-8개월 무렵에는 물건을 붙잡고 일어서고 10-12개월에는 혼자 설 수 있다.

1) 보   행

생후 1년 동안 이루어지는 가장 중요한 대근육운동의 발달은 보행이다. 영아기 동안의 운동발달은 결국 자유로운 보행을 가능하게 하기 위한 준비과정이므로 보행은 영아가 숙달해야만 하는 중요한 발달과업이다. 그림 6-1은 영아의 보행과정을 그림으로 제시한다. 이 그림에서 사각형의 아랫부분은 25%의 영아가 과업을 수행할 수 있는 연령이고 윗부분은 75%의 영아들이 수행할 수 있는 연령이며, 각 사각형 안에 그려진 검은 선은 50%의 아기들이 수행할 수 있는 연령을 표시한 것이다.

예를 들면, 출생 직후에 약 25%의 아기들이 엎드려 45도의 각도로 머리를 들 수 있으며 생후 2개월에는 약 75%의 아기들이 머리를 들 수 있다. 또한 50%의 아기들이 엎드려 45도 각도로 머리를 들 수 있는 연령은 1개월 7일 정도이다. 영아는 10-11개월에 혼자 설 수 있고 1개월 혹은 그 이후에 첫발을 뗄 수 있다. 다른 사람의 도움을 받지 않고 걸을 수 있으려면 12-14개월이 되어야 한다.

자세통제와 밀접하게 연결된 보행을 위해(Adolph, 2009), 아기는 한 다리가

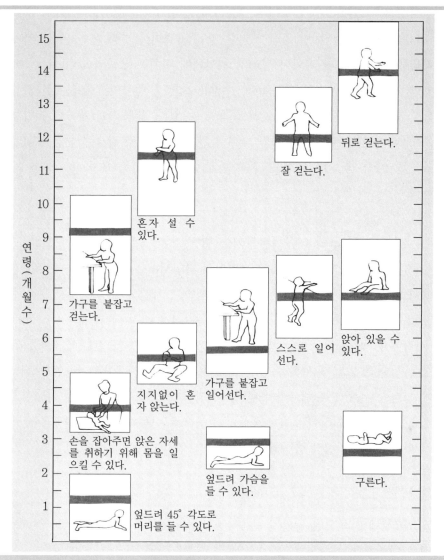

그림 6-1 │ 영아의 보행발달 과정

앞으로 나갈 때 다른 편 다리로 균형을 이루고 체중은 한 다리에서 다른 편 다리로 이동할 수 있어야 한다. 영아가 걷기를 배울 때, 제한된 균형통제능력 때문에 매우 짧은 보폭의 걸음마를 하지만, 때때로 자신의 다리길이를 초과하는 큰 보폭의 걸음마도 할 수 있다. 이것은 증가된 균형감각과 힘을 반영한다.

보행의 학습에서 연습은 매우 중요하다. 걸을 수 있기 위하여, 매일 수천번씩 걸음을 옮기지만, 매번 조금씩 다른 걸음을 걸어야 한다. 그 이유는 영아가 발자국을 옮길 때마다 지형이 달라지고 신체에 미치는 생물역학적(biomechamical) 방해요인도 달라지기 때문이다. 수많은 보행을 통하여, 영아는 걷기 위해 필요한 힘과 균형의 적절한 조합을 습득할 수 있다. 역동적 체계이론과 일치되게, 아동의 보행은 대상물과 표면 및 수평면이 있는 실제 환경에서 양육자의 도움을 받아야만 습득될 수 있는 새로운 기술임이 분명하다(Adolph, 2008, 2009; Adolph & Berger, 2005).

2) 영아기 이후의 대근육운동기술 발달

생후 1년 동안의 보행의 발달은 영아의 경험세계를 확대시킨다. 2세의 걸음마쟁이들은 보행과 더불어 능동적으로 탐색하고 자신의 경험을 통제하며 주도적으로 활동한다. 이제 걸음마쟁이들의 행동반경은 점점 더 확대되고 스스로 다른 사람에게 접근함으로써 더 많은 사회적 상호작용을 시도한다. 2세아들의 운동활동은 지적 발달과 사회적 발달을 촉진시키므로 안전을 고려하면서도 과감하게 모험할 수 있도록 해주어야 한다. 이 시기 동안 신체는 점점 더 가늘어지고 머리크기의 비율이 작아져 무게중심이 몸통으로 이동하므로, 신체균형이 개선되고 다양한 운동기술을 습득할 수 있다.

(1) 걷기 · 달리기 · 뛰기 · 던지기

18개월에서 24개월 사이에 걸음마쟁이들은 빠르게 걸을 수 있고 무릎을 유연하게 굽히지는 못하지만 잠시 동안 뻣뻣하게 달릴 수도 있으며 균형을 잃지 않고 뒤로도 걸을 수 있다. 또한 서서 공을 던지고 찰 수 있으며 제자리에서 뛸 수도 있다. 3, 4세에 이르면 유아의 걸음걸이는 보다 유연하고 민첩해지며 자동화된다.

최초의 달리기는 빠른 걷기와 유사하다. 한 발이 항상 땅에 닿기 때문에 양쪽 발이 잠깐 동안 땅에서 떨어지는 성숙한 달리기와 구별된다. 무릎을 제대로 구부리지 못하고 발걸음이 고르지 않기 때문에 자주 넘어지며 달리는 동안 편평족의 발은 쿵쿵 소리를 낸다. 속도조절이 어렵기 때문에 장애물 앞에서 즉시 멈추지 못하므로 부딪치는 일이 많다. 3세경에 이르면 발걸음의 간격은 넓어지고 규칙적으로 변화하지만, 아직도 갑작스런 멈춤이나 회전의 통제는 용이하지 않아 무릎이 벗겨지고 다리에 멍이 드는 일이 자주 일어난다.

이제 3, 4세의 유아들은 30-60cm의 높이에서 뛸 수 있고 두 발로 동시에 뛰는 도약도 가능하다. 던지는 능력도 개선된다. 2세 유아가 던진 공은 머리 위로 높이 올라가거나 발 앞에 떨어지지만, 4세경에 이르면 더 멀리 더 정확하게 던질 수 있다.

(2) 기어오르기

기어오르기는 걷기와 동일한 속도로 발달한다. 영아가 일어서기 위하여 사람이나 사물을 붙잡을 때 이미 기어오르기 시작한다. 2세 이전의 영아들은 선 자세로 올라가지 못하고 손과 발을 모두 사용하여 계단을 기어오르지만, 2세 유아들은 난간을 붙잡거나 다른 사람의 손을 붙잡고 똑바로 선 자세로 계단을 올라갈 수 있다. 그러나 아직까지 한 다리로 한 칸씩 올라가지 못하고 한 발로 계단을 올라간 다음, 다시 다른 한 발을 동일한 계단 위에 올려놓는다. 다음 계단을 올라가기 위하여 다시 한 발을 다음 계단 위에 올려놓고 다른 한 발을 마저 올려놓는 식으로 계단을 올라간다. 3세가 되면, 유아는 발을 바꾸면서 계단을 올라갈 수 있고 4세경에는 동일한 방식으로 계단을 내려올 수 있다.

(3) 수영과 자전거타기

어린 영아들이 물속에서 개구리헤엄을 칠 수 있다고 할지라도 머리를 물 바깥으로 완전히 드러내지는 못한다. 그러나 3세경에 이르면 유아는 수영을 배울 수 있고 수영 외에도 스키, 스케이트 그리고 썰매를 탈 수 있다. 물론 이러한 기술들을 능숙하게 구사할 수 있기 위해서는 초등학교 연령에 이르러야 하며, 이때는 수영 외에도 야구, 축구, 롤러스케이트, 스케이트보드 등 대부분의 성인운

세발자전거는 가족으로부터의 독립을 경험하고 또래들과의 동일시를 증가시킨다.

동이 가능하다.

일반적으로 2세 유아의 50% 그리고 3세 유아의 90%가 세발자전거를 탈 수 있다. 세발자전거를 타고 집에서 조금씩 멀어짐에 따라 유아는 가족으로부터 독립을 경험하고 또래들과의 동일시를 증가시킨다. 세발자전거에 익숙해짐에 따라 유아는 거꾸로 앉아타기, 서서타기, 뒤로가기 등의 묘기를 부리는 데 몰두한다. 5세와 7세 사이에 유아는 세발자전거에서 두발자전거로 옮겨간다. 이제 두발자전거는 심부름 가고 또래집을 방문하며 유치원과 학교에 가는 실제적 수단이 된다.

3. 소근육운동기술의 발달

소근육운동기술(fine motor skills)의 발달도 신경세포의 성장과 일치한다. 손으로 물체를 쥐거나 밥먹기, 옷입기, 그리기, 쓰기, 만들기 등이 전형적인 소근육운동이다. 다양한 소근육운동기술의 발달은 사물과 움직임, 3차원 및 인과관계에 대한 개념을 제공해 주고 아동의 자신감과 독립심을 증진시킨다.

1) 영아기의 발달

출생시에 신생아는 소근육운동기술을 거의 지니고 있지 않았으나 팔과 손 그리고 손가락의 움직임을 조화시킬 수 있는 많은 구성요소들을 지니고 있다. 이 구성요소들을 바탕으로 영아는 생후 2년 동안 물체에 도달할 수 있고 물체를 쥘 수 있는 기술을 발달시킨다(Barrett & Needham, 2008).

물체를 잡으려고 할 때, 우리는 물체와 손을 번갈아 보면서 물체를 붙잡지만, 생후 4개월까지의 영아들은 물체를 붙잡으려고 할 때 자신의 손을 바라보지 못한다. 그들은 근육과 근, 그리고 관절로부터 오는 자기수용 단서(proprioceptive cues)를 바탕으로 물체에 도달한다. 영아는 제일 처음 어깨와 팔꿈치를 움직인 다음 손목을 움직이고 손을 회전하여 엄지손가락과 집게손가락이 협력하도록 한다.

영아의 잡기체계는 매우 융통성이 있어 대상물의 크기와 자신의 손의 크기를 비교하는 것은 물론 물체의 크기와 형태에 따라 대상물을 붙잡는 방법을 변화시킨다. 작은 물건을 잡을 때는 엄지손가락과 집게손가락만을 사용하고 큰 물건을 집을 때는 한 손이나 양손의 모든 손가락을 사용한다.

이와 같이 영아가 물건을 잡을 수 있기 위해서는 지각–운동연결(perceptual-motor coupling)이 이루어지고 반복적인 연습이 뒤따라야 한다(Keen, 2005). 주로 촉각을 사용하여 물건을 붙잡았던 영아들은 생후 8개월에 이르면 시각을 사용하여 물건을 붙잡을 수 있다. 시각은 영아가 물건에 도달하려고 할 때 손을 미리 조절할 수 있도록 하기 때문에 효과적이다.

2) 유아기의 발달

유아기 동안 다양한 소근육운동기술이 발달한다. 표 6-1에 제시된 바와 같이, 2세 유아는 한 손으로 컵을 쥘 수 있다. 3세에 이르면 때로 서투르기는 하지만, 엄지손가락과 집게손가락을 사용하여 아주 작은 물건을 집을 수 있고 숟가락으로 밥을 먹을 수 있으며 주전자의 물을 따를 수 있다. 특히 젓가락 사용은 서양의 포크 사용보다 더 발달된 운동기술을 요구하므로 3세 이후부터 시작되지만 성인들이 집는 방식과는 다르게 젓가락을 엇갈리게 하여 음식물을 집는다. 유아가 소속한 문화에서 요구하는 방식으로 숟가락과 젓가락 혹은 포크를 사용

표 6-1 | 아동초기 유아의 소근육운동기술 발달

연 령	소근육운동기술
2세	· 자발적으로 끄적거린다. · 수직선을 따라 그린다. · 간단한 옷을 입는다. · 6-8개 블록으로 탑을 쌓는다. · 한손으로 유리잔을 쥔다. · 한 장씩 책장을 넘길 수 있다.
3세	· 블록으로 훨씬 높은 탑을 쌓을 수 있지만, 탑모양은 똑바르지 못하다. · 간단한 조각그림 맞추기를 할 수 있다. · 원을 베낄 수 있다. · 직선을 그린다. · 숟가락으로 음식물을 먹을 수 있다. · 물감을 칠할 수 있다. · 주전자 물을 따를 수 있다.
4세	· 간단한 형태를 그릴 수 있다. · 세 부분으로 된 사람을 그릴 수 있다. · 스스로 옷을 입을 수 있다. · 서툰 글씨를 쓸 수 있다. · 블록으로 똑바르고 완전한 형태의 탑을 높게 쌓기 원하지만 잘 만들지 못할 때도 많다. · 선분을 따라 가위로 자를 수 있다.
5세	· 사각형을 보고 그대로 그릴 수 있다. · 구슬을 꿸 수 있다. · 눈에 보이는 단추를 잠글 수 있다. · 지퍼를 내리고 올릴 수 있다. · 신발끈을 묶을 수 있다.

출처: Berk, 2009; Santrock, 2008.

할 수 있기 위해서는 7, 8세는 되어야 하며 개인차도 크다.

2세 유아는 간단한 옷을 입을 수 있고 4세에 이르면 혼자 옷을 입을 수 있다. 4세 유아들은 블록으로 높은 탑을 쌓기 원하지만 똑바르고 완전한 탑을 쌓지는 못한다. 그러나 5세에는 이제 더 이상 단순한 탑을 쌓는 일에는 관심을 보이지 않으며, 블록으로 집이나 뾰족탑이 있는 교회와 같은 복잡한 건물을 만들기 원한다. 또한 단추를 잠그고 지퍼를 올리며 신발끈을 묶을 수 있다. 물론 옷을 벗는 기술은 입는 기술보다 몇 개월 더 빨리 발달한다.

그리는 기술도 함께 발달한다. 2세에 자발적으로 끄적거릴 수 있는 유아는 3세에 원과 직선을 그리고 4세에 단순한 형태의 사람을 그릴 수 있다. 비록 서툴기는 하지만, 4세 유아는 자신의 이름과 몇 개의 숫자를 쓸 수 있다. 그러나 쓰는 동작은 느리고 글자의 모양은 삐뚤삐뚤하고 지나치게 크다.

3) 아동기의 발달

초등학교에 입학할 무렵에 조립식 집이나 탱크를 만들기 시작하고 혼자서 신발끈을 묶을 수 있으나 아직까지 신발의 오른쪽, 왼쪽을 구별하지 못하고 바꿔신는 일이 많다. 그러나 7세 아동은 떨림 없이 손을 사용할 수 있다. 이제 연필로 글씨 쓰기를 좋아하며, 글씨 크기도 점점 더 작아진다. 8-12세에 이르면 아동은 유능하게 글씨를 쓸 수 있고 드라이버와 망치를 다룰 수 있으며 톱질을 할 수 있다. 이제 혼자서 손톱과 발톱을 깎고 눈에 보이지 않는 단추를 잠그며 레이스 묶기, 뜨개질, 바느질도 할 수 있는가 하면 사다리나 나무를 기어오르는 등 성인이 가능한 대부분의 소근육운동기술의 발달을 이룬다. 보통 여아들의 소근육운동기술 발달이 남아들을 앞선다.

신체활동은 아동의 신체기술을 발달시킬 뿐 아니라 아동의 자기존중감을 증가시킨다. 빨리 달릴 수 있고 높은 장애물을 뛰어넘을 수 있는 초등학교 아동들은 또래집단에서 인기가 있다. 신체활동은 아동의 근육을 발달시키고 적절한 체중을 유지할 수 있도록 도와주기 때문에, 심장질환이나 비만 혹은 고혈압과 같은 만성적 성인질환들이 예방될 수 있도록 한다.

Ⅱ. 감각능력의 발달

감각(sensation)이란 눈, 귀, 코 등의 감각기관에 들어온 정보를 신경충동으로 번역하여 대뇌로 전달하는 것을 의미하는 반면, 지각(perception)은 대뇌로 전달된 감각정보를 조직하고 해석하는 과정에 해당한다. 감각이나 지각능력은 생존에 필수적인 능력이므로 신생아들은 출생시에 이미 기본적인 구조와 기능을 갖추고 있으며 매우 이른 시기에 감각 및 지각발달을 이룬다. 이 절에서는 감각능력의 발달을 먼저 설명하고 지각능력의 발달은 다음 절에서 설명한다.

1. 촉 각

촉각은 신체성장을 자극하고 정서발달도 촉진시키므로 촉각에 대한 민감성은 출생시에 이미 잘 발달되어 있다. 신생아들은 입 주위와 손바닥 그리고 발바닥의 촉각에 민감하게 반응하고 온도변화에도 민감하여 옷을 벗기면 몸을 움직이면서 울음으로 불쾌함을 표현한다. 신생아는 통증에도 민감하다(Streri, 2005). 그들은 통증에 반응하여 강하고 높은 소리의 울음을 운다. 이때 심장박동과 혈압 및 근(muscle)긴장은 증가하며 손바닥에 땀이 차는가 하면 동공이 확대된다.

통증에 대한 어린 아기의 민감성에도 불구하고, 포경수술시에 마취제를 사용하지 않는다. 그 이유는 통증완화제들이 아기에게 부작용을 일으킬 수 있기 때문이다. 대뇌영상 연구들은 고통스러운 의학적 처치가 이루어질 때 특히 조산아기와 남자 아기들이 중추신경계의 미성숙으로 대뇌피질의 운동영역에서 강한 활성화가 일어나고 더 강한 통증을 경험한다고 보고한다(Bartocci 등, 2006).

그러나 설탕용액에 담근 젖꼭지를 조산아기나 정상아기의 입에 물리고 시술하면 아기의 울음과 불쾌함은 빠르게 감소된다. 이때 부모가 아기를 부드럽게 안아주면 고통은 더 쉽게 감소된다. 신체접촉은 대뇌의 통증억제물질인 엔돌핀(endorphin)을 방출하게 하므로(Axelin, Salantera, & Lehtonen, 2006) 부드러운 접촉은 아기를 진정시킨다. 때로 팔이나 다리를 붙잡아 주거나 배를 가볍게 어루만져 주는 것만으로도 아기는 진정될 수 있다. 반대로 아기의 중추신경계가 견디기 어려운 정도로 심각한 통증을 경험하게 하면, 아기는 통증에 대한 과도한 민감성과 수면장애 및 섭식장애를 일으키고 화가 났을 때 쉽게 진정하지 못하게 되므로 매일의 일상적 스트레스에 대처하는 능력이 심각하게 훼손된다(Mitchell & Boss, 2002).

촉각은 환경을 탐색하기 위한 도구이기도 하다. 신생아조차도 손바닥에 놓인 물체에 습관화되고 새로운 물체가 손바닥에 닿으면 탈습관화되므로 신생아가 촉각으로 사물의 형태를 구별하고 있음을 보여준다. 일반적으로 입의 촉감을 사용한 외계환경의 탐색은 생후 6개월 무렵에 절정에 도달하고 그 이후에는 손의 촉감을 사용한 보다 정교한 접촉으로 사물을 파악한다.

2. 미각과 후각

신생아가 여러 가지 맛을 구별할 수 있다는 것은 얼굴표정으로 쉽게 확인될 수 있다. 그들은 단맛에 반응하여 얼굴근육을 이완하고 신맛에는 입술을 오므리며 쓴맛에는 입을 둥근 아치형태로 만든다(Steiner 등, 2001).

영아의 초기 성장을 지원하는 음식물은 단맛이 나는 어머니의 젖이므로 개인의 단맛선호는 이미 태내기에 확립된다. 양수 속에 설탕물을 주입하면 임신 4개월의 태아가 이전보다 더 빠른 속도로 양수를 삼킨다는 것은 널리 알려진 일이다. 또한 생후 4개월까지 아기들은 짠맛을 맹물보다 더 싫어하지만, 고형의 음식물을 먹을 준비를 갖추어야 할 무렵에 이르면 맹물보다 짠맛을 더 선호하는 변화를 보인다.

후각 선호도 출생시에 존재한다. 신생아들은 바나나 초콜릿의 냄새를 맡으면 이완된 즐거운 얼굴표정을 짓는 반면, 썩은 계란 냄새에는 얼굴을 찡그린다. 또한 암모니아와 같은 강한 냄새를 맡으면 고개를 돌리며, 단 냄새가 나면 냄새가 나는 방향으로 얼굴을 돌리고 맥박과 호흡은 느려진다.

포유동물에서 후각은 어미와 새끼가 서로를 인지하고 음식물을 섭취할 수 있도록 하며 맹수로부터 새끼를 보호하는 역할을 한다. 인간의 경우에도 생존과 관련된 흔적을 찾을 수 있다. 그 예로서 신생아에게 자신의 어머니와 다른 여성의 양수 냄새를 맡게 하였을 때 아기는 어머니의 양수 냄새를 더 오래 맡았다. 어머니의 양수 냄새는 울고 있는 아기를 편안하게 하고 달래는 역할도 하였다 (Varendi 등, 1998).

출생 직후에 모든 신생아는 어머니 젖가슴에 얼굴을 묻고 젖꼭지에 달라붙어 있으며, 한 시간 정도 지나면 젖을 빨기 시작한다. 이때 한편의 젖가슴을 물로 씻어 어머니 냄새를 사라지게 하면 아기는 씻지 않은 젖가슴을 붙잡는다. 이러한 사실은 아기가 냄새를 바탕으로 어머니를 식별한다는 것을 의미한다. 아기는 생후 4일 무렵에 이미 다른 여성의 젖냄새보다 어머니의 젖냄새를 더 좋아한다.

3. 청   각

신생아의 청각체계는 출생시에 완전한 해부학적 구조를 갖추고 있으며 거의 성인크기의 고막과 잘 발달된 와우각을 지니고 있어 그들이 볼 수 있는 것보다 더 잘 들을 수 있다. 그러나 낮은 소리를 들을 수 있는 내이(inner ear) 속의 몇 가지 구조물들이 완전하게 기능하지 못하기 때문에 속삭이는 정도의 낮은 소리는 들을 수 없지만 초기 몇 개월 동안 크게 개선된다.

소리에 대한 반응성은 어린 아기의 환경탐색을 지원한다. 생후 3일 된 아기들은 소리나는 방향으로 그들의 눈과 머리를 돌릴 수 있다. 소리의 위치를 확인하는 신생아의 능력은 처음 6개월 동안 크게 개선되고 유치원 연령까지 계속해서 발달한다.

신생아는 크고 작은 소리를 듣는 데 그치지 않고 여러 가지 소리를 식별할 수 있다. 그들은 소음과 사람의 말소리를 구별하고 오름차순과 내림차순으로 배열된 소리 및 2음절과 3음절의 발성을 구별할 수 있다. 그들은 인간의 말소리에 특별히 민감하며 모음과 자음의 단음(ba, ga, ma, no 등) 및 아(a)와 이(i)의 모음을 구별할 수 있어, 일찍부터 언어획득을 위한 준비를 갖추고 있음을 보여준다. 또한 단어의 악센트(강세), 행복한 억양과 부정적 혹은 중립적 억양의 말소리 그리고 불어와 러시아어같이 억양패턴이 서로 다른 두 가지 언어를 사용하는 사람의 언어까지도 구별할 수 있다(Ramus, 2002).

뇌파기록은 생후 5개월 무렵에 아기는 모국어 음절의 악센트 패턴에 민감해지고(Weber 등, 2004), 생후 6개월과 8개월 사이에 모국어에서 사용되지 않는 소리들을 선별하기 시작한다는 것을 보여준다(Anderson, Morgan, & White, 2003). 생후 6-7개월 무렵에는 운율패턴과 악센트 구조의 변이를 기초로 음악의 멜로디를 구별할 수 있고(Hannon & Johnson, 2004), 첫돌 무렵에는 동일한 멜로디를 다른 장단조(調)로 연주해도 식별할 수 있다(Trehub, 2001).

영아는 복잡하고 계속적인 이야기 속에서 규칙성을 찾아낼 수 있는 능력을 지니고 있기 때문에, 말할 수 있기 훨씬 오래 전에 소리의 규칙성을 탐지하고 상당한 양의 언어구조를 획득한다. 무의미 단어를 사용한 한 연구는 7개월 영아들이 "ga ti ga" 및 "li na li"의 구조와 "wo fe fe" 및 "ta la la"의 구조를 구별할 수 있음을 확인하였다(Marcus 등, 1999). 그들은 언어의 기본적 문법을 이해하는 것을 돕는 단어-순서(word-order) 규칙을 이해하는 것처럼 보였다. 흥미롭게도 일련의 무의미 단어의 규칙성에 노출된 7개월 영아들은 음악소리나 동물의 소리에서도 유사한 패턴을 찾아낼 수 있었다.

의사소통은 자주 중다감각(언어적, 시각적, 촉각적)을 동시적으로 요구하기 때문에, 영아가 언어를 분석할 때 다른 감각으로부터 도움을 받을 수 있도록 어머니는 지원적 학습환경을 제공한다. 그 예로서 어머니가 5-8개월 영아에게 이야기할 때, 단어와 함께 움직이는 대상물과 촉각을 동시적으로 제공한다. 즉 인형이 움직이는 동안 "인형"이라고 말하면서 영아가 인형을 만지도록 함으로써 어머니는 영아의 언어학습을 돕는다(Gogate, Bahrick, & Watson, 2000).

4. 시 각

환경을 탐색하기 위하여, 인간은 시각에 가장 많이 의존한다. 그러나 출생시에 눈과 대뇌의 시각구조들은 아직 완전하게 형성되지 않아 어떤 감각보다 가장 저조한 발달상태에 있다. 빛을 메시지로 변형하여 대뇌로 전달하는 망막과 이 메시지를 전달하는 시신경 및 그것을 받는 대뇌의 시각중추 모두 미성숙한 상태에 있고 다양한 거리에 초점을 맞추는 수정체의 근(muscle)도 연약하기만 하다(Kellman & Arterberry, 2006).

그러므로 신생아는 물체에 초점을 잘 맞추지 못하고 그들의 시각정확도(visual acuity)는 단지 20/600 스넬른*(snellen)이어서 성인들이 600피트 떨어진 거리에 있는 대상물을 지각하는 정확도로 20피트 거리에 있는 대상물을 지각할 수 있다(Slater, 2001). 물론 가까이 있는 물체라고 해서 잘 볼 수 있는 것도 아니다. 그들은 광범위한 거리의 물체를 모두 분명하게 보지 못하기 때문에, 가까이 있는 어머니의 얼굴도 그림 6-2와 같이 단지 흐릿하게 볼 수 있을 뿐이다. 신생아들이 무채색보다는 유채색을 더 선호하기는 하지만, 아직 색깔을 구별하지도 못한다(Kellman & Afterberry, 2006).

그러나 아기의 시각체계는 매우 빠르게 발달한다. 생후 2개월에 영아는 대상물에 초점을 맞출 수 있고 생후 4개월에는 성인들과 같이 색깔을 구별할 수 있다. 시각정확도도 꾸준히 증가하여 생후 6개월에는 20/20 스넬른으로서 거의 성인수준에 도달한다. 시각조절(visual accomodation)능력의 제한으로 어린 영아의 세계는 흐릿하였으나 생후 6개월에 이르면 거의 성인수준의 시각조절능력을 갖추게 된다.

제한된 시각능력에도 불구하고 신생아들은 주위 환경을 능동적으로 탐색한다. 그들은 흥미로운 물체를 보기 위해 시각장을 주사(走査, scanning)하고 움직이는 물체를 눈으로 추적하지만, 눈운동(eye movement)은 아직도 느리고 정확하지 못하여 전체형태를 제대로 파악하지 못한다.

*스넬른(snellen): 시각정확도의 단위로서 네덜란드 안과 의사의 이름에서 유래된 용어이다.

(a) 신생아의 시각   (b) 성인의 시각

그림 6-2 │ 어머니 얼굴에 대한 신생아의 시각과 성인의 시각

출처: Slater, 2001.

생후 1년의 전반기 동안 눈운동은 더 정확해지고 더 잘 통제할 수 있게 됨
으로써 조직화된 지각체계가 구축될 수 있다. 이제 영아는 체계적인 눈운동으로
중요한 정보를 추출하고 다음에 일어날 일도 예상할 수 있게 되므로(Johnson,
Slemmer, & Amso, 2004), 영아의 지각능력은 향상되며, 그것은 다시 시각장을 주
사하는 능력을 향상시키는 순환성을 보인다.

III. 지각능력의 발달

감각기관에 들어온 정보는 신경충동으로 번역되어 대뇌로 전달되고 대뇌는
다양한 방식으로 자극에 반응한다. 이 절에서는 대뇌로 전달된 감각정보를 조직
하고 해석하는 지각능력을 설명하기 전에 지각발달에 대한 논쟁을 불러일으키
는 두 가지 문제를 먼저 소개한다.

1. 지각발달에 대한 논쟁

1) 천성과 양육의 역할

인간은 선천적인 지각능력을 지니고 있는가 아니면 출생 후에 세계를 지각하는 방법을 학습하는가? 철학자들은 지각능력에 관한 연구가 수행되기 오래 전부터 천성/양육문제를 제기하였다. 생득론자(nativist)들은 인간은 처음부터 의미있는 세상을 지각할 수 있는 능력을 지니고 있다고 주장한다. 데카르트(Rene Descaret)나 칸트(Immanuel Kant)같은 철학자들은 인간은 공간적 세계에 대한 선천적 이해를 지니고 있기 때문에, 어린 영아들도 멀리 있는 물체는 작아 보이고 가까이 다가오는 물체는 더 크게 보인다는 것을 이해한다고 강조한다. 생득론자들에 의하면, 지각능력은 진화과정을 통하여 인간의 신경체계 속에 구축된 능력이므로 영아나 성인들은 매우 유사하게 지각한다는 것이다.

대조적으로 영국의 철학자 존 로크(John Locke)같은 경험주의자(empiricist)들은, 인간은 백지상태로 태어나기 때문에 지각하는 방법을 학습해야 한다고 주장한다. 그들에 의하면, 영아는 성인과는 매우 다른 방식으로 세상을 지각하며, 지각적 경험을 축적해감에 따라 감각자극을 의미있는 방식으로 해석하는 방식을 학습한다.

오늘날의 발달이론가들은 인간의 선천적 능력과 경험 모두가 지각발달에 영향을 준다는 데 동의한다. 지각발달에 관심을 갖는 연구자들은 어떤 유형의 지각능력이 출생시에 존재하고 어떤 유형의 능력이 보다 긴 학습과정을 필요로 하는지를 확인하려고 한다. 때로는 제한된 환경에 노출된 결과로서 자극박탈을 경험한 아동을 연구함으로써 정상적 지각발달에 필요한 경험이 무엇인지를 찾아내려고 한다.

2) 분화이론과 보강이론

지각연구자들이 논쟁하는 두 번째 문제는 인간의 감각수용기에 들어오는 자극 속에 우리가 원하는 모든 정보들이 포함되어 있는지, 아니면 감각자극만으로는 부족하여 지각적으로 보충해야만 의미 있는 지각이 가능한지의 문제이다. 전자는 분화이론(differentiation theory)으로 설명되고 후자는 보강이론(enrichment theory)으로 설명된다.

분화이론은 깁슨(Eleanor Gibson, 1969, 2003)에 의해 제안된 이론으로 감각수용기에 들어오는 자극들 속에는 우리가 원하는 모든 정보들이 포함되어 있으므로 어떻게 추출하는지가 지각능력의 핵심이라고 주장한다. 환경 내에는 유기체가 지각할 수 있는 것보다 훨씬 더 많은 정보들이 산재해 있다.

분화이론에 의하면, 연령이 어릴수록 환경 내의 자극을 표집하는 능력이 제한되어 있으므로 자극의 다양한 특징을 동시에 고려하지 못한다. 그러나 연령증가와 함께 정보를 추출하는 능력이 분화되면 자극의 다양한 특징을 동시에 고려할 수 있고 사물을 전체적으로 파악할 수 있게 된다. 즉 아동은 성장함에 따라 점차적으로 자극을 분류하고 조직할 수 있게 되므로 전체적인 지각이 가능해진다는 것이다. 깁슨은 아동이 유용한 자극을 표집하고 그것을 사용하기 위해 능동적 탐색을 수행할 때 지각발달이 이루어진다고 주장하였다.

분화이론과는 대조적으로 피아제(Piaget, 1967)에 의해 제안된 보강이론은 감각수용기에 들어오는 자극은 혼란스럽고 조각나 있기 때문에 덧붙여지고 첨가되어야 완전한 지각이 가능하다고 주장한다. 보강이론에 의하면, 우리가 유의미한 지각을 하기 위해서는 우리의 기억 속에 저장된 지식을 기초로 감각적 자극들을 해석하지 않으면 안 된다. 따라서 지식이나 경험이 더 적은 영아나 어린 아동들은 성인들보다 환경자극을 유능하게 지각하지 못한다.

어느 이론이 타당한가? 두 이론 모두 타당하다고 말할 수밖에 없다. 그 이유는 분화이론에서의 주장대로 아동은 성장함에 따라 감각자극 속에 포함된 정보를 점점 더 잘 탐지하게 될 뿐 아니라 보강이론과 일치되게 기존의 지식들은 감각자극을 이해하는 기초를 제공하기 때문이다.

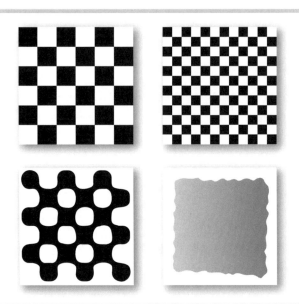

그림 6-3 | 단순한 체크무늬판(왼편 그림)과 복잡한 체크무늬판(오른쪽 그림)

2. 시지각능력의 발달

1) 형태지각

1960년대에, 판쯔(Fantz, 1961, 1963)는 영아가 다양한 형태를 구별할 수 있는 지를 확인하기 위하여 많은 개척자적 연구를 수행하였다. 그녀는 다음과 같은 두 가지 방법을 사용하여 영아의 시각적 선호를 확인하였다. 첫째, 영아에게 여러 가지 자극을 제시하고 각 자극에 대한 응시시간을 측정한 다음, 가장 오랫동안 응시한 자극을 선호한다고 결정한다. 둘째, 영아의 눈운동을 관찰하고 영아가 가장 오랫동안 주사하는 자극을 선호한다고 해석한다. 가장 오랫동안 바라보는 것과 오랫동안 주사하는 것이 과연 선호하는 것으로 해석될 수 있는지는 논란의 여지가 많지만, 어린 영아들은 언어로 표현할 수 없고 행동으로도 나타낼 수 없기 때문에 지금까지도 판쯔의 연구방법은 그대로 활용되고 있다.

신생아의 형태지각은 대비민감성(contrast sentivity)에 기초한다. 대비민감성이란 형태의 인접한 영역들간의 밝기 차이에 예민하게 반응하는 현상이다. 만약 아기들이 두 개 혹은 그 이상의 도형이나 형태의 대비에 민감하다면, 그들은 더 많은 대비를 포함하는 복잡한 패턴을 선호할 것이다. 그림 6-3과 같이 상단의 2가지 종류의 체크무늬판 중에서 많은 작은 사각형으로 구성된 체크무늬판(오른편 상단)이 더 많은 대비요소를 포함한다.

그러나 보잘것없는 시지각능력을 지니고 있는 어린 영아들은 오른편 상단의 복잡한 체크무늬판을 오른편 하단의 무늬 없는 회색판으로 지각하고 왼편 상단의 단순한 체크무늬판(왼편 상단)을 왼편 하단의 체크무늬판으로 지각하므로 왼편 상단의 체크무늬판에 강한 선호를 보인다. 그러나 생후 2개월 무렵 세부를 지각하는 능력이 발달하면, 영아는 복잡한 패턴 속에 포함된 더 큰 대비에 민감해지므로 오른편 상단의 복잡한 체크무늬판을 더 오랫동안 바라본다. 대비민감성은 영아기와 아동기 동안 계속해서 발달한다(Gwiazda & Birch, 2001).

2) 얼굴지각

제한된 지각능력에 의해, 어린 영아들이 어머니의 얼굴을 바라볼 때도 얼굴형태의 다양한 요소들을 결합하지 못하고 강한 대비를 이루는 하나의 요소만을 주로 응시한다(Hunnius & Geuze, 2004). 보통 얼굴의 가장자리와 머리선 혹은 턱선을 바라보는 데 그치지만, 생후 2-3개월경에 대비민감성이 개선되면 영아는 얼굴의 현저한 부분들을 잠깐씩 바라보면서 내부특징을 탐색할 수 있다.

일찍이 그림 6-4와 같은 장치를 사용하여 시각적 선호를 연구한 판쯔에 의하면, 영아는 무늬 없는 원반보다는 무늬 있는 원반을 더 오랫동안 바라보며 무늬 있는 원반 중에서도 사람의 얼굴을

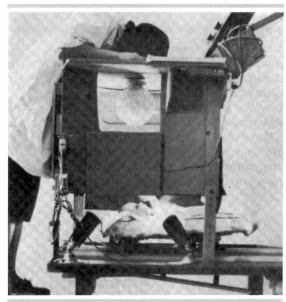

그림 6-4 | Fantz가 사용한 실험장치

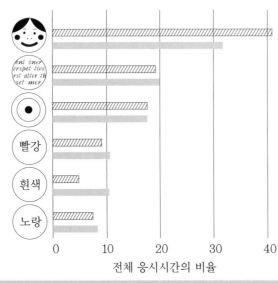

세 개의 무늬 있는 원반과 무늬 없는 빨강, 흰색 및 노랑 원반에 대한 1~6개월 영아의 응시시간. 그래프의 사선막대는 3개월 이하의 어린영아들의 응시시간이며 연회색막대는 3개월 이상 된 영아들의 응시시간이다.
출처: Fantz, 1961.

빨강

흰색

노랑

0   10   20   30   40

전체 응시시간의 비율

그림 6-5   영아의 응시시간 비교

가장 오랫동안 응시하였다(그림 6-5 참조). 카시아 등(Cassia, Turati, & Simon, 2004)의 연구에서도 그림 6-6a,b와 같이 신생아들은 얼굴 사진이나 자연스럽게 배열된 단순화된 얼굴 그림을 더 선호하였다.

비록 얼굴의 내부 특성을 바탕으로 실제 얼굴을 잘 구별하지 못한다고 할지라도, 신생아들은 시각장에서 움직이는 얼굴형태의 도형을 추적하는가 하면, 눈을 뜨고 응시하는 얼굴 사진을 선호하는 경향을 나타낸다(Farroni 등, 2002). 놀랍게도 신생아들은 성인들에 의해 매력적으로 평가된 얼굴을 덜 매력적으로 평가된 얼굴보다 더 오랫동안 주시하여 신체적 매력에 대한 사회적 편향의 기원을 추론하게 하였다.

일부의 연구자들은 신생아의 이러한 행동을 종의 구성원에 대한 선천적 경향성이라고 주장하지만(Slater & Quinn, 2001), 또 다른 연구자들은 신생아들이 사람의 얼굴형태에 특별한 민감성을 갖는 것은 아니며, 그림 6-6b와 같이 가장 현저한 요소들이 도형의 상부에 수평으로 배치되는 자극을 선호하기 때문이라고 주장한다(Turati, 2004). 넬슨(Nelson, 2001)같은 연구자는 신생아들이 다른 자극보다 사람의 얼굴에 더 많이 노출되기 때문에, 이러한 초기 경험이 얼굴을 탐지하도록 뇌를 활성화하여 매력적인 얼굴을 선호하게 한다고 주장하기도 한다.

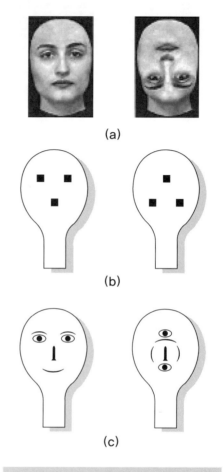

(a)

(b)

(c)

문제는 신생아들이 움직이지 않는 복잡한 얼굴그림과 그와 유사하게 복잡한 도형을 구별하지 못한다는 것이다. 그림 6-6c에 제시된 바와 같이 왼편의 복잡한 얼굴그림과 오른편의 뒤죽박죽된 얼굴그림이 아기의 시각장에서 움직이고 있을 때 그들은 얼굴그림을 더 오랫동안 추적하였으나, 두 그림이 정지하고 있으면 신생아는 생후 2개월이 될 때까지 얼굴에 대한 선호를 나타내지 않았다.

그럼에도 불구하고 신생아들은 어머니의 얼굴에 반복적으로 노출되기 때문에, 친숙하지 않은 여성의 얼굴보다 어머니의 얼굴을 더 선호한다. 그림 6-7과 같이 생후 1개월 된 영아들은 얼굴의 외부적 요소인 어머니의 머리선을 응시한 반면, 2개월 된 영아들은 얼굴의 내부요소인 어머니의 눈과 입을 가장 많이 응시하였다. 최근 연구에서도 생후 2개월 무렵의 영아들은 전체자극을 주사하고 요소들을 조직화된 전체로 결합함으로써 어머니의 얼굴 특징을 인지할 수 있으며, 어떤 다른 복잡한 자극보다 사람의 얼굴에 대한 더 강한 선호를 나타내었다(Bartrip, Morton, & de Schonen, 2001).

생후 3-4개월경에 이르면, 영아는 서로 다른 사람의 얼굴 특징을 구별할 수 있고, 4개월 영아는 서로 비슷하게 생긴 낯선 사람의 사진도 구별할 수 있다(Farroni 등, 2007). 생후 5개월에는 정서적 표정을 의미 있는 전체로 지각할 수 있으므로 영아는 긍정적 얼굴과 부정적 얼굴을 서로 다르게 취급하고(Bornstein & Arter-

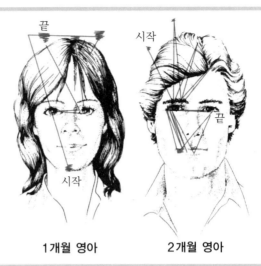

그림 6-7 어머니 얼굴에 대한 영아의 눈운동 패턴

출처: Salapatek, 1975.

berry, 2003), 얼굴정보를 처리하기 위해 점차 관계적 정보에 더 많이 의존한다.

경험은 아기의 얼굴에 대한 지각에 영향을 준다. 출생 직후부터 아기들은 남성들보다 여성들과 더 많은 시간을 보내기 때문에, 생후 3개월의 영아들은 남성의 얼굴보다 여성의 얼굴을 더 선호하고 더 쉽게 변별한다(Ramsey-Rennels & Langlois, 2006). 물론 영아 자신과 동일한 인종의 구성원들에게 대부분 노출되기 때문에, 다른 인종보다 동일한 인종의 구성원들의 얼굴을 더 선호하고, 다른 인종과의 차이도 쉽게 탐지할 수 있다(Kelly 등, 2007).

3) 거리지각

심리학자들은 오래 전부터 영아가 멀고 가까움을 지각할 수 있는지에 관심을 가졌다. 물론 완전한 거리지각 능력을 획득할 수 있기 위해서는 수년이 요구되기는 하지만, 생후 1개월 된 어린 영아들도 사물이 얼굴을 향해 다가오면 방어적으로 눈을 깜박거린다. 이러한 반응은 어쩌다가 한 번 나타난 반응이 아니며 수개월 동안 지속적으로 나타나 거리지각의 증거로 볼 수 있다(Nanez &

(a)   (b)

그림 6-8 | 신생아의 크기 항등성 검사

출처: Slater, Mattock, & Brown, 1990.

Yonas, 1994).

(1) 항등성의 지각

감각기관에 수용되는 외부자극들은 동일한 자극이라고 할지라도 개인이 바라보는 위치, 거리 및 조명조건 등에 따라 수시로 변화한다. 멀리 떨어져 있는 어떤 사람이 가까이 접근해 오면 망막에 맺히는 상은 점점 더 커진다. 그러나 우리는 망막상의 변화에도 불구하고, 그 사람을 동일인으로 지각한다. 이와 같이 자극조건의 변화에도 불구하고 동일한 대상으로 지각하는 현상을 항등성(constancy)이라고 한다. 특히 망막상의 크기가 변하여도 동일한 크기로 지각하는 현상을 크기항등성(size constancy)으로 그리고 망막상의 모양이 변하는데도 동일한 모양으로 지각하는 현상을 형태항등성(shape constancy)으로 명명한다.

크기항등성의 증거를 실험하기 위하여 연구자들(Slater, 2001; Slater, Mattock, & Brown, 1990)은 그림 6-8과 같은 실험을 하였다. 그림 6-8a에서처럼, 검정색과 흰색으로 이루어진 하나의 입방체를 아기로부터 떨어진 거리를 달리하여 여러 번 제시하였을 때 신생아는 습관화되었다. 신생아는 상이한 거리에 기인된 망막상의 차이에도 불구하고, 실제크기를 지각하는 것이 분명하였다.

그때 그림 6-8b와 같이 원래의 작은 입방체와 새로운 큰 입방체를 서로 다른 거리에서 제시하여 동일한 망막상이 맺힐 수 있도록 하였다. 모든 아기들은 새로운 큰 입방체에 탈습관화됨으로써(더 오랫동안 바라봄) 망막상이 아니라 실제 크기를 기초로 사물을 구별할 수 있음을 보여주었다. 이러한 결과는 신생아가 크기항등성을 지니고 있음을 보여주는 동시에 거리지각이 가능하다는 것을 의미한다. 형태항등성 또한 습관화-탈습관화 절차를 사용한 슬레트와 존슨의 연구에서(Slater & Johnson, 1999), 아기가 다른 각도에서 물체를 바라보거나 손으로 물체를 회전시킬 수 있기 훨씬 이전인 생후 첫주 이내에 존재한다는 것이 확인될 수 있었다.

생후 1년 동안 양안단서*(binocular cues)에 대한 민감성이 증가함에 따라 크기 항등성의 정확도는 점차 개선된다. 크기항등성이나 형태항등성 모두 선천적 지각능력으로 인식되기는 하지만, 성인수준의 지각능력을 획득하기 위해서는 환경과의 상호작용을 필요로 한다. 일반적으로 크기항등성은 8세경에 성인수준에 도달하나 형태항등성은 망막상보다는 실제사물에 대한 기억을 바탕으로 지각하기 때문에 크기항등성보다 더 어린 연령에서 획득된다. 열려 있는 문은 사각형이 아니라 마름모 형태인데도 우리는 그것을 사각형의 문으로 지각하는 것도 형태항등성 때문이다. 4세 정도의 유아들은 이미 청소년 수준의 형태항등성을 지각할 수 있다.

(2) 깊이지각

거리지각에 대한 또 다른 연구로서 깊이지각 연구가 있다. 깊이지각은 인간이 생존하기 위해 반드시 갖추고 있어야 할 필수능력으로 움직일 수 있는 영아가 깊이를 지각하지 못한다면, 계단이나 높은 장소에서 떨어져서 다칠 것이고 그의 생존은 위협받게 될 것이다. 깁슨과 워크(Gibson과 Walk, 1960)는 그림 6-9

---

*양안단서: 두 눈과 관련되는 깊이와 거리의 단서. 두 눈이 떨어져 있다는 사실에서 비롯됨.

와 같이 그들이 고안한 시각적 절벽(visual cliff)을 사용하여 영아가 깊이를 지각할 수 있는지를 연구하였다. 시각적 절벽은 단으로 분리되는 두 개의 면 위에 아기를 올려놓을 수 있도록 두꺼운 유리를 깔아놓았다. 얕게 보이는 면은 유리 바로 밑에 체크무늬판이 깔려 있는 반면, 깊게 보이는 면은 유리에서 약 30cm 이상 아래에 체크무늬판을 깔아놓았다. 비록 두 개의 면이 동일한 평면임에도 불구하고 한쪽 면이 시각적으로 더 깊게 보인다.

그림 6-9 │ 시각적 절벽

생후 6개월의 길 수 있는 영아들은 깊은 면의 시각적 절벽으로 기어가려고 하지 않았으며 어머니가 오라고 불러도 얕은 면으로 되돌아가거나 단 위에서 울기만 하였다. 깁슨과 워크의 연구는 적어도 영아가 생후 6개월이 되면 깊이를 지각할 수 있음을 시사한다. 그러나 깊이지각은 선천적 능력이기 때문에 출생시부터 존재한다고 주장하는 학자들도 있다. 동물의 경우에는 걷기 시작하는 것과 동시에 깊은 면을 회피한다.

길 수 없는 영아들도 깊이를 지각할 수 있는지를 연구하기 위하여 캠포스와 그 동료들(Campos, Langer, & Krowitz, 1970)은 2-4개월의 움직일 수 없는 영아를 시각적 절벽 위에 엎어놓고 깊은 면과 얕은 면 위에서의 심장박동을 측정하였다. 측정결과 얕은 면과 깊은 면에서의 영아의 심장박동이 서로 달랐기 때문에, 연구자들은 2-4개월의 어린 영아들도 깊이를 지각할 수 있다고 주장하였다. 그러나 이 연구에 나타난 문제점은 깊은 면에서의 심장박동이 더 느려졌다는 것이다. 느린 심장박동은 공포나 불안을 의미하는 것이 아니라 흥미나 관심의 표시로 해석되므로, 어린 영아에서 나타난 심장박동의 차이는 깊이지각에 기인한 공포 때문이 아니라 단순히 깊은 면과 얕은 면이 다르다고 지각한 결과로 보인다.

캠포스 등은 깊은 곳에 대한 공포는 기어다닌 경험이나 떨어진 경험 혹은 낭떠러지 가까이 가본 경험을 통하여 학습된다고 주장한다. 이제 막 기기 시작한 영아들은 침대 끝이나 계단 꼭대기에서 아무 두려움 없이 움직일 수 있으나 몇 주 동안 기어다닌 경험이 있는 영아들은 두려움을 보인다. 아동의 성숙과 높고 낮은 곳을 다녀본 경험이 깊이지각을 가능하게 한다는 것이다.

3. 통합지각능력의 발달

우리는 항상 보고, 듣고, 느낄 수 있는 대상물이나 사건들에 노출되어 있으므로 하나의 에피소드를 경험할 때도, 보면서 듣거나 보면서 만지는 것처럼 두 가지 이상의 감각정보를 접한다. 그렇다면 어린 아기들도 시각과 청각 혹은 시각과 촉각처럼 두 가지 이상의 감각으로부터 오는 정보를 통합하는 소위 통합지각(intermodal perception)을 할 수 있는가?

통합지각을 연구한 한 고전적 연구에서(Elizabeth Spelke, 1979), 생후 4개월의 영아들에게 두 개의 필름을 동시적으로 제시하고 영아의 응시를 측정하였다. 이 때 하나의 필름은 음악소리에 맞추어 춤을 추는 인형 그림을 담고 있었고, 다른 필름은 오로지 춤만 추는 인형 그림만을 포함하고 있었다. 흥미롭게도 영아는 음악소리에 맞추어 춤을 추는 인형을 더 많이 바라보았다. 또 다른 연구에서 생후 3½개월의 영아들은 어머니의 목소리를 들을 때 어머니를 더 많이 바라보았고 아버지의 목소리를 들을 때 아버지를 더 오랫동안 바라보았다(Spelke & Owsley, 1979). 이러한 결과는 영아가 인형의 모습과 음악소리 혹은 부모의 모습과 목소리를 동시적으로 지각할 수 있음을 나타내는 것으로 시각과 청각의 통합이 가능함을 보여준다.

신생아들도 시각과 청각을 통합할 수 있는가? 신생아들은 사람의 목소리나 딸랑이 소리가 수초 동안 지속되면 소리가 나는 방향으로 눈과 머리를 돌리지만, 단지 미숙한 방식으로 소리에 집중하고 물체를 바라볼 뿐이므로 탐색적 수준의 통합지각만이 가능하다(Bahrick & Hollich, 2008).

통합지각능력은 경험을 통하여 점차적으로 개선된다. 생후 첫해의 전반기 동안 영아는 각기 다른 감각기관으로부터 들어오는 자극을 효과적으로 연결짓지 못하지만, 후반기에 이르면 서로 다른 자극을 연결할 수 있는 능력이 발달한다. 시각정보와 촉각정보를 연결하는 능력은 생후 6개월경에 나타난다(Acredolo & Hake, 1982).

4. 주의(력)의 발달

특정한 자극에 주의를 기울이는 능력은 학교에서의 학습이나 수행과 관련되기 때문에 중요하다. 주의(attention)는 제8장에서 설명할 정보처리의 첫 단계로서 주의력에 결함이 있으면 아동은 이후의 정보처리가 불가능하다. 아동은 성인들과 같이 필요에 따라 각기 다른 방식으로 그들의 주의를 할당하기 때문에 주의는 다음과 같은 몇 가지 유형으로 구분될 수 있다.

① 선택적 주의(selective attention): 여러 개의 자극 중 하나의 자극에 주의를 집중하고 다른 자극을 무시한다. 시끄러운 레스토랑에서 많은 사람들의 말소리 중에서 하나의 말소리에 집중하는 것은 선택적 주의의 한 예이다.

② 분할된 주의(devided attention): 동시에 하나의 활동 이상에 집중하는 것으로 책을 읽으면서 음악을 듣는 것이 여기에 해당한다.

③ 지속적 주의(sustained attention): 특정한 자극에 오랜 시간 동안 주의를 기울이는 것으로 집중적 주의(focused attention) 혹은 경계상태(vigilance)라고도 불린다.

④ 실행적 주의(executive attention): 행동을 계획하고 목표물에 주의를 할당하며, 오류의 확인, 과제진행의 탐지 그리고 신기하거나 어려운 상황에 대처하는 것을 포함한다.

1) 영아기 주의(력) 발달

출생 직후부터 어린 아기들은 환경을 탐색하기 위하여 그들의 감각을 능동적으로 사용할 수 있으나 그들은 주의를 기울일 대상을 스스로 선택하지 못하고 단지 신기한 자극에 주의를 점령당하는 양상을 나타낸다. 그러나 생후 3개월부터 주의를 배분하기 시작하고 5-10초 정도 지속적으로 주의를 기울일 수도 있으므로, 특정한 자극을 학습하면 그 특징을 기억하여 그것을 친숙한 자극으로 인지할 수 있다(Courage & Richards, 2008). 생후 9개월경에 이르면 영아는 보다 빠르고 융통성 있게 주의를 배분할 수 있고, 지속적 주의시간도 2세까지 계속해서 증가한다.

그러나 영아의 주의는 신기함과 습관화에 의해 지배되므로 어떤 자극에 친숙해지면 영아의 주의시간은 짧아지고 자주 분산된다. 연령증가와 함께 주의지속 시간은 더 길어지지만, 영아기 동안에는 지속적 주의시간이 짧은 아기들이 긴 아기들보다 더 좋은 기억력을 지니고 있었다(Courage, Howe, & Squire, 2004).

생후 7-8개월경에 공동주의(joint attention)도 나타난다. 공동주의란 특정한 두 사람이 동일한 대상물이나 사건에 주의를 기울이는 능력으로, 두 사람 모두 상대방이 그 대상에 주의를 기울이고 있음을 알고 있는 상태이다(Tomasello, 1995). 영아기 초기의 공동주의는 보통 양육자가 영아의 주의를 끌기 위하여 가리키거나 말을 거는 형태로 이루어진다. 이 시기의 공동주의는 영아가 언어를 학습할 때 양육자와 영아 사이의 상호교환에 의해 가장 분명하게 나타나며, 그것은 영아의 학습능력을 증가시킨다(Mundy & Newell, 2007).

부룩스와 멜조프(Brooks & Meltzoff, 2005)는 생후 10-11개월경에 처음으로 영아가 다른 사람이 바라보는 것을 또한 바라보는 "협응적 응시"(gaze following)가 나타난다고 보고하였고, 또 다른 연구자들은 첫돌 무렵에 영아 자신이 관심갖는 대상물에 성인도 관심을 갖게 하려고 노력한다는 것을 확인하였다(Heimann 등, 2006). 생후 9개월부터 18개월까지의 한국 영아들을 대상으로 자유놀이 상황에서 이루어진 연구(정윤경, 곽금주, 2005)는 이 시기 동안 협응적 공동주의 비율이 꾸준하게 증가하며, 특히 15개월부터 18개월 사이에 큰 폭의 증가를 보인다고 보고하였다.

양육자와 빈번한 공동주의를 경험한 영아들은 첫 단어를 더 일찍 말하고 더 많은 어휘를 획득할 수 있다(박영신, 박난희, 김효정, 2009; Flom & Pick, 2003). 공동주의 능력은 언어발달 외에도 인지발달과 사회적 발달에 영향을 주며 특히 4, 5세경에 발달하는 마음이론의 전조행동으로 평가된다(김연수, 정윤경, 곽금주, 2009; 박영신 등, 2009; Charman 등, 2000; Van Hecke 등, 2007).

2) 유아기 및 아동기의 주의(력) 발달

주의력은 유아기 동안 크게 발달한다. 보통 걸음마쟁이들은 하나의 활동에서 다른 활동으로 자주 주의를 이동하고 하나의 대상물이나 사건에 집중하는 시간이 매우 짧지만, 유치원 연령의 아동들은 30분 동안 계속해서 TV를 시청할 수 있다(Giavecchio, 2001). 특히 이 시기 동안 이해력과 언어능력이 발달하므로 지속적 주의력과 실행적 주의력이 크게 증가한다. 그들은 환경에 대한 증가된 이해를 바탕으로 어린 유아들보다 더 오랜 시간 동안 주의를 기울일 수 있다.

그러나 유치원 연령의 4, 5세 유아들은 아직도 스스로 주의를 통제하지 못하고 얼마 동안 주의를 기울여야 하는지 결정하지도 못한다. 유아들에게 길을 알려주는 반짝거리는 예쁜 어릿광대를 보여주면, 그들은 환경의 현저한 특성에 강하게 영향받기 때문에, 어릿광대에만 관심을 가질 뿐 어릿광대가 알려주는 길에는 주의를 기울이지 않는다(Santrock, 2009).

대조적으로 6, 7세 이후의 아동들은 이제 문제해결과 관련된 특성에 더 많은 주의를 기울일 수 있으므로 어릿광대의 특성보다는 어릿광대가 알려주는 정보에 더 많은 관심을 보인다. 이러한 변화는 주의에 대한 인지적 통제(cognitive control of attention)가 가능해졌기 때문이다. 초등학교 연령의 아동들은 감소된 충동성을 바탕으로 더 중요한 자극에 관심과 주의를 돌릴 수 있다.

유치원 연령에서의 주의력은 학교에서의 수행이나 문제행동과 연결된다. 생후 54개월 유아의 지속적 주의력과 학교 준비도(school readiness; 성취와 언어기술 포함)간에 높은 상관이 있었고(NICHD Early Child Care Research Network, 2005), 아동기 주의력 문제는 청년후기의 정보처리능력의 결함과도 관련되어 있어(Friedman 등, 2007), 유아기나 아동기 주의력 문제가 그대로 지속됨을 보여주었다.

5. 주의력결핍과잉행동 장애

근래에 크게 증가하고 있는 주의력결핍과잉행동 장애(attention-deficit hyper-activity disorder: ADHD)는 오래된 문제행동에 붙여진 비교적 새로운 명칭으로 보통 7세 이전에 나타나서 일생 동안 지속된다. ADHD를 갖는 아동들은 매우 들떠 있고 자리에 앉아 있을 수 없으며 잠시도 주의집중하기 어렵다. 그들은 자주 과활동적이고 통제불가능하며 충동적이다. 이 아동들은 학교에서의 수행이 저조하고 또한 대인관계에서 어려움을 겪는다. 그들은 집중하지 못하기 때문에 지능검사에서도 정상 아동들보다 7-15점 낮은 점수를 획득한다(Barkley, 2002). 초등학교 아동의 3-6%가 이 장애로 진단되고 소녀들보다 소년들 사이에서 4배 더 많이 나타난다(Barkely, 2006).

ADHD의 정확한 원인은 아직 규명되지 않았으나 유전의 영향이 크다고 알려져 있다. 일란성 쌍생아의 ADHD의 일치율이 이란성 쌍생아의 일치율보다 훨씬 더 높고(Rasmussen 등, 2004), ADHD 아동을 갖는 부모의 약 20-30%가 ADHD 환자라는 사실(Silver, 1992)은 생물학적 요인이 중요한 역할을 하고 있음을 시사한다. 또한 ADHD를 갖는 개인들은 주의력과 행동통제에 관여하는 대뇌피질의 전두엽에 이상이 있다는 보고도 있다(Mackie 등, 2007).

ADHD에 미치는 경험의 영향도 무시할 수 없다. 일반적으로 ADHD를 갖는 아동의 가족은 높은 수준의 스트레스를 경험하고 부모가 아동에게 독재적이고 처벌적인 경향이 있다(Bernier & Sigel, 1994). 또한 아동이 태내기에 알코올이나 다른 약물에 노출되었을 때도 ADHD를 일으킨다(Silver, 1992).

현재 ADHD 아동을 위해 사용되는 가장 흔하고 효과적인 방법은 리타린(ritalin)이나 페모린(pemolin)과 같은 흥분제를 투여하는 것이다. 1930년대 이래로 사용되어온 이 방법은 약물이 투여된 사례의 70-80%에서 증상을 완화시킬 수 있었다(Silver, 1992). 에너지가 넘치는 아동에게 흥분제를 투여한다는 것은 이상하게 보일지 모르지만, 아동기 동안의 흥분제 사용은 오히려 활동수준을 감소시키고 주의력을 증가시키는 효과가 있다.

그러나 흥분제는 ADHD 증상을 효과적으로 완화시킬 수 있을 뿐 그것을 치료하지는 못한다. 약물사용과 함께 환경변화가 시도될 때 효과적인 치료가 가능하다. 보통 학업적, 사회적 행동에 대한 모델링이나 강화와 함께 부모의 처벌적이고 일관성 없는 양육방식을 개선시키기 위한 가족치료가 병행될 때 가장 효과적인 치료가 이루어질 수 있다(Smith, Barkley, & Shapiro, 2006).

[3 부]

인지발달

[3부] 인지발달

아동은 세계를 이해하고 적응하기 위해

성인과는 다른 방식으로 사고하고, 추론하고, 문제를 해결한다.

소위 인지기술에 해당하는 이러한 능력들은 어떻게 발달하고

'아는 사람' 으로서의 아동은 어떻게 만들어지는가?

제3부는 아동의 인지발달을 두 개의 장으로 나누어 고찰한다.

제7장에서는 피아제의 인지단계이론과 비고쯔키의 사회문화적 이론 그리고

인지발달과 밀접한 관련이 있는 언어발달을 설명하고,

제8장에서는 정보처리이론과 심리측정적 접근에서의 지능 및 창의성의

발달을 차례로 설명한다.

제3부를 통하여 아동의 지적 세계가 어떻게 확장되어가는지 분명해질 것이다.

[3부] 인지발달

제7장 인지발달(I): 피아제와 비고쯔키의 이론 및 언어발달

...인지발달(Ⅰ):...
피아제와 비고쯔키의 이론 및 언어발달

인지란 아는 것으로 인도하는 우리의 내적 과정으로 사고하기, 기억하기, 추론하기, 문제해결하기, 창조하기 등 우리의 모든 정신활동을 포함한다. 20세기 동안 인지발달에 대한 네 가지 이론적 조망이 출현하였다. 즉 피아제의 인지단계(발달)이론, 비고쯔키의 사회문화적 이론, 정보처리이론 및 심리측정적 접근에 기초한 지능이론들이 그것이다. 이 장에서는 네 가지 이론적 조망 중 피아제의 인지단계이론과 비고쯔키의 사회문화적 이론을 설명하고 사고의 발달과 연결되어 있는 언어발달 과정을 함께 설명한다.

Ⅰ. 피아제의 인지단계이론

피아제는 인간의 사고는 질적으로 상이한 4개의 단계 즉 감각운동기, 전조작기, 구체적 조작기 그리고 형식적 조작기를 거쳐 발달한다고 가정하였다. 각 단계별 특징을 차례로 설명한다.

1. 감각운동기

피아제에 의하면, 출생부터 2세까지의 감각운동기에 해당하는 영아들은 감각적 경험과 운동활동의 관계를 학습함으로써 사물을 이해한다. 출생 직후의 반사행동과 선천적 지각능력을 바탕으로 영아는 환경탐색을 시도하고 개념형성을 위한 기초를 확립한다.

1) 감각운동기의 하위단계

감각운동기는 다음과 같은 여섯 개의 하위단계로 세분화되며 영아는 이 시기 동안 감각운동적 지능의 발달을 이룬다.

① 반사기(출생 – 1개월)

신생아는 선천적 반사행동을 도식으로 하여 환경자극과 접촉한다. 반사적 행동은 환경과의 접촉을 통해 적응적 행동으로 전환된다.

② 1차 순환반응(1 – 4개월)

순환반응이란 영아가 수행한 행동이 만족스러운 결과를 가져올 때, 영아가 반복해서 수행하는 행동들로서 습관적인 엄지손가락 빨기가 그 예가 될 수 있다. 최초의 순환반응은 영아의 신체에 국한되기 때문에 1차라는 단어를 붙여준다.

③ 2차 순환반응(4 – 8개월)

영아는 자신의 신체에서 벗어나 외부세계에 관심을 갖는다. 영아의 우연한 행동이 만족스러운 결과를 가져오면 그 행동은 반복되기 때문에 아직도 순환적이다. 우연히 매달려 있는 딸랑이를 건드렸더니 소리가 났다면, 이제 영아는 딸랑이의 소리를 듣기 위해 반복적으로 딸랑이를 흔들고 그것이 소리를 낼 것을 기대한다.

④ 2차 순환반응의 협응(8 - 12개월)

영아는 원하는 목표에 도달하기 위하여 이전에 획득한 행동들을 통합하기 시작한다. 이제 영아의 행동은 의도적이고 목적적이다. 그들은 어머니를 놀라게 하기 위하여 딸랑이를 흔들 수 있으며, 원하는 장난감을 얻기 위하여 베개를 옆으로 밀어버릴 수도 있다.

⑤ 3차 순환반응(12 - 18개월)

영아는 만족스러운 결과를 가져오는 것뿐 아니라 사물이 왜, 어떻게 일어나는지에 관심을 갖는다. 지금까지의 친숙한 방식으로 목표에 도달할 수 없을 때, 영아는 새로운 상황에 적합하도록 전략을 수정할 수 있다. 그러나 영아의 문제해결전략은 행동적이고 시행착오적이며, 새로운 전략을 찾기 위한 정신적인 노력은 아직 나타나지 않는다.

⑥ 정신적 표상(18 - 24개월)

영아기가 끝나고 유아기에 진입함에 따라, 유아는 정신적으로 아이디어를 조합하기 시작하고 문제에 대한 해결을 예상하기도 한다. 하나의 대상물이 다른 것을 표상할 수 있다는 것을 알게 됨에 따라 둥근 그릇이 모자가 되고 아버지의 구두는 전화기가 된다. 행동적 시행착오에 의존하던 유아는 행동하기 전에 사고함으로써 돌연한 이해나 통찰을 얻는다.

피아제의 감각운동기는 인과관계의 이해과정과 밀접하게 연결되어 있다. 영아는 감각적 경험과 운동활동을 바탕으로 인과관계를 이해하게 된다. 어머니가 자신에게 다가오는 것은 자신의 울음 때문이며, 의자가 움직인 것은 자신이 의자를 발로 찼기 때문이라는 것을 알게 된다. 인과관계를 이해하기 위해서는 사물의 특성을 이해하고 사물을 조작하기 위한 다양한 전략을 갖추고 있어야 한다.

2) 대상영속성

대상영속성(object permanence)이란 사물이 눈앞에 보이지 않거나 만질 수 없을 때에도 여전히 존재한다는 것을 아는 것으로 감각운동기의 3단계 말기에 이르면 대상연속성 개념획득을 위한 전조가 나타난다. 이 시기 이전까지의 영아들은 가지고 있던 장난감이 영아의 시각장에서 제거되어도 찾으려고 하지 않는다.

그러나 감각운동기의 제3단계에서부터 영아는 사라진 물건에 대한 관심을 보이기 시작하고 제4단계에서는 숨기는 것을 보면 찾을 수 있으며, 제5단계에서는 물건의 이동과정을 목격하면 이동된 장소에서 물건을 찾아낸다. 대상영속성의 개념을 완전히 획득한 제6단계의 영아들은 물건의 이동과정을 보지 않고도 물건이 있을 것으로 예상되는 장소에서 물건을 찾아냄으로써 정신적 추적이 가능함을 보여준다.

대상영속성의 개념을 획득한 영아는 세계에 대한 기대와 계획을 세우고 상징을 사용할 수 있게 되므로 어떤 사물이나 사람이 눈앞에 보이지 않으면 상실감을 느끼고 그것을 되돌아오게 하려고 노력할 것이다. 이제 영아는 물체의 이

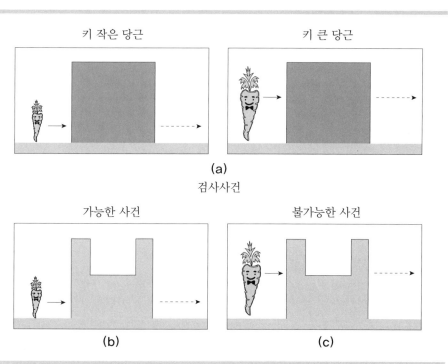

그림 7-1 | 기대-파괴방법을 사용한 대상영속성 이해에 관한 실험

출처: Baillargeon & DeVos, 1991.

미지를 마음속에 그릴 수 있기 때문에 표상적 사고를 하기 시작한다.

대상영속성의 개념을 획득하지 못한 영아들은 '아웅-까꿍' 놀이에 몰두한다. 눈을 감으면 눈에 보이던 모든 사물들이 사라졌다가 눈을 뜨면 다시 나타날 때 영아는 흥분한다. 그러나 대상영속성의 개념을 획득한 영아들은 더 이상 흥분하지 않는다.

피아제는 영아나 어린 아동의 능력을 과소평가했다는 비판을 받는다. 베일라전과 드보스(Baillargeon & DeVos, 1991)는 그림 7-1과 같은 기대-파괴방법(violation-of-expectation method)을 사용하여 영아의 대상영속성 개념획득 여부를 실험하였다.

(a)그림은 영아를 습관화하게 하는 자극물로서 작은 당근과 큰 당근이 진회색 스크린 뒤로 차례로 이동한다. (a)그림에 영아가 습관화되면 실험자는 두 개의 검사자극, 즉 가능한 사건(b)과 불가능한 사건(c)을 영아에게 제시한다. 탈습관화를 위해 스크린의 색깔은 연회색으로 변화된다. 가능한 사건에서 작은 당근은 연회색 스크린 뒤로 이동하여 반대편에 다시 나타난다. 불가능한 사건에서는 창문의 높이보다 키가 더 큰 당근이 창문 너머로 보이지 않은 채 스크린 뒤로 이동하여 반대편에 나타난다. $2\frac{1}{2}-3\frac{1}{2}$개월의 어린 영아들도 불가능한 사건에 탈습관화되어 그것을 더 오랫동안 바라본다. 이것은 영아가 대상영속성의 개념을 지니고 있다는 증거가 될 수 있다고 연구자들은 주장하였다.

베일라전의 후속 연구들(Baillargeon, 2004; Wang, Baillargeon, & Paterson, 2005) 역시 유사한 결과를 보고하지만, 비판이 없는 것은 아니다. 멜조프와 무어(Meltzoff, 2008; Moore & Meltzoff, 2008)같은 연구자들은 베일라전의 연구는 오로지 영아가 기대하지 않았던 사건을 얼마나 오랫동안 바라보는가에만 관심을 갖는다고 비판한다. 베일라전의 연구는 영아가 사라진 대상물이 어디에 있는지를 알고 있는가 아닌가를 측정하는 것이 아니라(대상물에 대한 지식) 대상물이 언제 어디서 나타날 것인지에 대한 영아의 지각적 기대(perceptual expectation)를 측정할 뿐이라는 것이다.

베일라전 등의 주장대로, 어린 영아가 대상영속성의 개념을 이해한다면, 그들은 왜 숨겨진 물건을 찾아내지 못하는가? 하나의 설명은 영아는 숨겨진 물건을 찾아내는 데 필요한 행동인 장애물을 치우고 대상물을 집는, 수단-목적 도식의 협응을 이룰 수 없기 때문이라는 것이다. 즉 영아는 대상영속성의 개념을 이해하고 있기는 하지만, 그것을 탐색행동과 연결짓지 못한다는 것이다. 그러나 단순히 더 오랫동안 바라보는 것이 대상영속성 개념의 획득 여부를 측정할 수 있는 타당한 방법인지에 대해 아직도 많은 연구자들이 의문시하므로 더 많은 연구와 논의가 이루어져야 할 것이다.

2. 전조작기

2세부터 7세까지는 피아제 인지발달단계의 전조작기에 해당한다. 피아제에 의하면, 7세 이하의 전조작기 유아들은 문제를 효과적으로 해결하기 위해 필요한 인지적 조작을 수행하지 못한다. 조작(operation)이란 정보의 전환을 이해하는 정신능력으로 추리의 출발점으로 되돌아갈 수 있는 사고능력이다.

이 시기 동안 일어나는 가장 명백한 변화는 표상적, 상징적 활동의 증가이다. 영아기에 획득한 활동의 도식들이 내적으로 표상됨에 따라 사물을 머리 속에 떠올릴 수 있게 된다. 소위 심상은 언어와 함께 유아가 상징적으로 사물을 조작할 수 있도록 돕는 대표적 표상기술이다. 유아는 심상을 형성할 수 있기 때문에 가상놀이(make-believe play)를 할 수 있고 상징화를 그릴 수 있다. 또한 대표적 상징체계인 언어의 사용은 유아의 상징적 사고의 범위를 확대시킨다.

전조작기 유아들은 표상기술을 사용하여 여기, 지금에 제한되지 않고 과거와 미래의 사건을 표현해낼 수 있다. 외계 환경에 대해 강한 호기심을 갖는 이 단계의 유아들은 그들이 경험하는 사물에 대해 '왜'라는 질문을 계속한다. 주위의 성인이나 손위 형제자매들의 백과사전식 대답에 만족하지 못하고 반복적으로 질문하기 때문에 결국 부모를 화나게 한다.

1) 가상놀이

가상놀이란 가상적인 사물이나 상황을 실제 사물이나 상황으로 상징화하는 놀이로서 전조작기 유아의 표상적 발달을 보여주는 좋은 예이다. 초등학교 입학 이전의 유아들의 놀이(소꿉놀이, 병원놀이, 기차놀이 등)는 대부분 가상놀이로 이루어진다.

(1) 가상놀이의 발달적 특징

1-3세 사이에 가장 흔하게 나타나는 가상놀이의 발달적 특징을 정리하면 다음과 같다.

첫째, 시간경과와 함께 놀이는 실제생활 조건과 점점 더 많이 분리된다.

처음에 유아는 단지 실제적인 대상물을 사용하여 놀이를 한다. 장난감 전화기로 전화를 걸고 빈컵을 들고 마시는 행동을 한다. 그러나 2세경에 이르면 블록을 전화수신기로 사용하여 전화를 하고 막대기를 칼로 가장함으로써 실제 물건을 점점 더 적게 사용한다. 곧 유아는 손가락을 칫솔로 사용하고 팔을 벌리고 뛰어다니며 자신을 새로 가장하는 것과 같이 자신의 신체일부를 사용하여 대상물을 표현한다. 3세경에 이르면 실제적인 사물의 지원 없이도 대상물이나 사건을 가장할 수 있다. 이것은 유아의 표상능력이 더 큰 융통성을 갖게 되었음을 의미한다.

둘째, 유아가 가상놀이 속에 참여하는 방식은 연령과 함께 변화한다.

최초의 가상놀이에서 유아는 음식물을 먹거나 씻는 체 한다. 조금 지나면 유아 자신이 음식물을 먹는 것이 아니라 인형에게 음식물을 먹이는 행동을 한다. 3세경에 이르면 대상물은 능동적 대리인이 되어 인형 스스로 음식물을 먹거나 엄마 인형이 아기 인형에게 음식물을 먹이는 것처럼, 유아 자신은 가상놀이로부터 분리된다.

셋째, 가상놀이는 점차 여러 개의 더 복잡한 도식을 포함하는 구조로 변형된다.

빈컵으로 마시는 행동을 가장했던 영아는 생후 18개월이 지나면 물을 따르는 행동과 마시는 행동을 함께 나타냄으로써 두 가지 도식을 결합한다. 성장과 함께 유아 자신의 도식과 또래의 도식을 결합하는 사회극놀이(sociodramatic play)가 나타난다(Kavanaugh, 2006). 사회극놀이는 이야기의 줄거리가 있고 놀이하기 전에 미리 역할을 정하며 역할간의 조화를 이루면서 이야기가 전개된다. 그 예로서 사회극놀이를 하는 유아는 또래에게 "이사놀이를 하자. 나는 운전기사이고, 철수 너는 조수야. 영희는 엄마고 창호는 아기야. 이 상자는 새집으로 가져가야 할 이삿짐이야"라고 말한다.

이러한 가상놀이는 표상적 도식을 연습하고 유아의 공포와 좌절을 해소시키는 역할을 한다. 유아는 불쾌한 사건을 완화시키기 위하여 혹은 현실적으로 금지된 놀이활동을 수행하기 위하여 가상놀이를 한다. 뜨거운 난로에 가까이 갔다가 꾸지람을 들은 유아는 가상의 난로에서 요리하는 체 하며 면도칼이 없는 면도기로 면도하는 흉내를 낸다. 또한 놀이 속에서 괴물을 쳐부수고 무서운 주사를 놓은 의사선생님이나 간호사 언니를 처벌하기도 한다.

어느 문화에서나 어린 아동의 가상놀이는 경찰관, 의사, 간호사같은 눈에 잘 띄는 직업을 표현함으로 유아에게 자신과 더 큰 사회간의 연결성에 대한 통찰을 제공한다. 연구자들은 가상놀이가 지속적 주의력과 기억력, 논리적 추리력, 언어능력, 자신의 사고를 반영하는 능력, 상상력, 창의성, 정서에 대한 이해, 충동억제, 그리고 타인의 조망을 수용하는 능력 등 다양한 정신능력을 강화한다고 보고한다(Berk, 2006; Lindsey & Colwell, 2003).

한때 상상의 놀이친구*(imaginary companion)를 가지고 있거나 혼자 가상놀이를 하는 유아들을 부적응아로 판단하기도 하였으나 최근의 연구는 이 생각이 잘못되었음을 입증한다. 상상의 놀이친구를 가지고 있고 가상놀이를 하는 유아들은 더 발달된 정신적 표상능력을 지니고 있고 더 많은 사교성을 지니고 있어

---

*상상의 놀이친구: 유아 자신의 성격과 특성을 지닌 가상의 존재로서 유아가 자신의 내적 감정을 털어놓는 대상이기도 하고 유아 자신이 저지른 비행을 책임지는 속죄양이기도 하다.

또래들과도 잘 어울릴 수 있다(Bouldin, 2006; Gleason, 2002).

2) 상징화

유아의 그림은 그들의 상징적 사고 발달을 반영한다. 세계를 표상하는 능력이 발달함에 따라 유아가 그려놓은 여러 형태들은 뚜렷한 의미를 지니게 된다. 그러나 유아의 표상능력은 소근육운동의 발달과 공간에 대한 이해를 동반해야만 표현될 수 있다.

어느 문화의 아동이나 유사한 그리기 발달단계를 거쳐간다. 무작위적인 끄적거림에서 발달된 유아의 그림은 처음에는 직선으로 그 다음에는 곡선과 나선형을 포함한다. 3세 정도의 유아는 몇 개의 길고 짧은 선을 그려놓고 "이것은 집, 이것은 엄마, 저것은 아빠"라고 이야기한다.

4세 유아들은 인물그림을 그리지만, 그림 속에는 얼굴과 같아 보이는 둥근 부분과 다리를 의미하는 두 개의 수직선 및 팔을 나타내는 두 개의 수평선을 포함할 뿐이다. 유아의 인물그림은 그들의 제한된 소근육운동기술과 불완전하고 전체적인 정신적 이미지를 반영한다. 인지기술과 소근육기술이 발달하면, 유아는 보다 사실적인 그림을 그릴 수 있으며 6세경에는 팔과 다리가 몸통에서 분화되기 시작한다. 그러나 아직도 현실을 제대로 반영하지 못하고 지각적 왜곡을 포함한다. 유아기가 끝날 무렵에 이르면 그림속에 3차원이 표상될 수 있다.

3) 전조작적 사고의 제한점

조작이 불가능한 전조작기의 유아들은 그들이 경험하는 사건이나 대상에 대한 개념을 형성하지만, 아직도 불완전하고 부정확하며 비효율적인 방식으로 논리적 문제에 접근한다. 유아들은 현재의 보고 듣는 것을 바탕으로 판단하기 때문에, 그들의 사고는 직관적이고 특징적인 결함을 나타낸다.

(1) 자아중심성

전조작기의 유아들은 타인도 자신과 동일한 방식으로 지각한다고 생각한다. 피아제는 이와 같은 아동의 특성을 자아중심성(egocentrism)이라고 명명하고 "세 개의 산 실험"(three mountain experiment)으로 아동의 자아중심성을 확인하였다.

실험절차는 먼저, 그림 7-2와 같이 서로 다른 모양을 하고 있는 3차원의 세 개의 산 모형을 테이블 위에 올려놓는다. 유아가 세 개의 산이 어떻게 보이는지를 알 수 있도록 테이블 주위를 한 바퀴 돌아보게 한다. 유아가 의자에 앉으면, 나무인형을 아동의 측면이나 맞은 편 의자에 앉힌다. 그때 유아에게 테이블의 각 면에서 바라본 산의 모습을 그린, 네 개의 카드를 보여주고 인형이 바라보는 산의 모습을 선택하게 한다.

그림 7-2 │ 세 개의 산 실험

이 연구에서 4세 유아는 네 개의 카드 중 아무것이나 선택하고 5세 유아는 자신이 바라보는 산의 모습을 선택한다. 그리고 6, 7세 아동은 다른 사람의 조망을 부분적으로 이해할 수 있기 때문에 생각하고 망설이고 다시 생각하지만 자주 오류를 범한다. 그러나 7, 8세 이후의 아동들은 오류 없이 인형이 바라보는 산의 모습을 정확하게 선택할 수 있다.

문제는 피아제의 주장처럼 어린 아동들이 항상 자아중심적이 아니라는 것이다. 2세 유아들조차도 다른 사람이 특정한 대상물을 보지 않는다고 생각하면 그 사람이 어디를 보고 있는지 혹은 눈가리개를 했는지를 조사할 수 있다. 또한 4세 유아들은 또래나 성인에게 이야기할 때보다 2세 유아에게 이야기할 때 더 짧고 간단한 표현을 사용함으로써 청자의 요구에 맞추어 언어를 조절할 수 있다.

(2) 물 활 론

전조작적 사고의 또 다른 특징은 무생물을 살아 있다고 생각하는 것이다.

209

이 시기의 유아들은 무생물도 우리처럼 감정이나 의도를 가지고 있다고 생각하기 때문에, 피아제는 이것을 물활론(animism)이라고 명명하였다. 공은 공 자신이 원하기 때문에 구르고 눈 덮인 나무는 춥다고 느끼며 텅빈 자동차는 쓸쓸하다고 느낀다.

4-6세의 유아는 활동하는 모든 대상물을 살아 있다고 여기지만(태양은 빛을 내므로 살아 있고, 나무는 아무것도 하지 않으므로 죽은 것이다), 6-8세의 아동은 움직이는 것에만 생명을 부여하며 곧 스스로 움직이는 대상물만을 살아 있다고 생각한다. 8세가 지나면 아동들은 생물과 무생물을 완전히 구별할 수 있다.

그러나 3-5세의 유아들이 모든 대상물에 대해 물활론적 사고를 하는 것은 아니다. 피아제의 주장과는 다르게, 관찰가능하고 구체적인 사물들에 대해서는 유아들도 생물과 무생물을 구별할 수 있다. 그러나 유아가 잘 알지 못하거나 동화 속에 나오는 무생물들, 즉 구름, 바람, 태양 등에 대해서만 물활론적 사고를 한다.

(3) 전도추리

전조작기의 유아들은 단지 개별적인 특성이나 사례만을 고려하여 사물이나 사건에 대해 추리하는 경향이 있다. 5-6세 유아에게 "자동차는 살아 있는가?"라고 질문하면 "예"라고 대답한다. 그 이유를 물어보면 "자동차는 움직이니까"라고 대답한다. 그러나 유아는 '움직이는 모든 것은 살아 있다'는 일반적 명제를 언급하지는 못한다. 이와 같은 추리방식을 피아제는 전도추리(transductive thinking)라고 명명하였다. 성인들의 추리는 일반에서 특수(연역적 추리) 혹은 특수에서 일반(귀납적 추리)으로의 형식을 취하지만, 특수에서 특수로 진행되는 유아들의 추리는 사물에 대한 모순된 설명을 하도록 유도한다.

(4) 꿈과 죽음에 대한 지각

전조작기 유아의 특징적 사고는 꿈을 해석하는 방식에서도 나타난다. 4세경의 유아들은 꿈을 자신의 바깥에서 일어나는 실제적 사건이라고 생각하고 꿈과 실제사건을 구별하지 못한다. 그러나 5, 6세의 유아들은 꿈과 실제사건을 구별하고 꿈은 사람의 머릿속에서 온다고 이해할 수 있지만, 아직도 몸 바깥에서 일어난다고 생각한다. 7세경에 이르면, 아동은 꿈은 사람의 내부에서 오는 생각과 이미지라는 것을 이해함으로써 꿈의 특성을 완전히 파악한다.

죽음에 대한 완전한 이해는 다음과 같은 세 가지 측면을 포함해야 한다. 첫째, 죽음은 불가역적이고 최후를 의미한다. 둘째, 생명기능의 부재를 수반한다. 셋째, 죽음은 보편적인 것이므로 모든 사람은 죽어야만 한다.

그러나 5세 이하의 유아들은 위에 제시한 세 가지 측면 모두에 대한 이해가 부족하다. 그들은 죽음을 잠자거나 멀리 가버리는 것과 같은 일시적 상태로 지각하고 잠시 후에 깨어나거나 되살아난다고 생각한다. 또한 생명기능의 부재에 대한 이해도 부족하여 그들은 죽은 사람은 음식을 먹고 이야기하는 것과 같이 눈에 보이는 일은 할 수 없지만, 꿈을 꾸고 어떤 사실을 아는 것과 같은 눈에 보이지 않는 일을 할 수 있다고 생각한다.

또한 유아들은 죽음이 보편적이라는 사실을 이해하지 못하고 기도를 많이 하면 죽지 않는다고 생각한다. 죽음이란 운이 좋으면 회피될 수 있으며 좋아하는 선생님이나 가까운 가족구성원 혹은 자기 자신과는 상관없는 일이라고 믿기 때문에 유아들에게 가까운 사람의 죽음을 설명하는 것은 어려운 일이다. 더욱이 어린 아동들은 인과관계를 이해하지 못하기 때문에 질병이나 다른 원인에 의해 가까운 사람이 사망했다는 것을 인정하지 않는다. '내가 나쁜 행동을 했기 때문에 할머니가 돌아가셨다. 내가 착한 행동을 한다면, 할머니는 되돌아오실 것이다' 라고 생각하기도 한다.

대부분의 아동들은 7세경에 죽음을 의미하는 세 가지의 기본요소에 대한 개념을 획득한다. 죽음에 대한 개념획득은 전조작기에서 구체적 조작기로 전환되는 사고의 발달과 함께 이루어지기 때문에 초등학교 2학년경에 이르면 죽음이 무엇인지를 이해할 수 있다. 그러나 아동의 죽음에 대한 개념은 종교를 가지고 있는지 아닌지 그리고 어떤 종교를 가지고 있는지에 따라 달라진다(김남주, 1984; 윤현민, 박현경, 2009; Sagara-Rosemeyer & Davies, 2007).

3. 구체적 조작기

피아제의 이론에 의하면, 약 7세경에 아동들은 정신적 조작을 수행할 수 있는 능력을 획득한다. 이 시기의 아동들은 전조작적 사고의 제한된 특성에서 벗어나서 논리적 사고를 하기 시작한다. 또한 그들의 추리능력도 정확해지고 복잡해지며 융통성을 갖게 된다. 그러나 이 시기의 아동들이 해결할 수 있는 논리적 문제는 여기 그리고 현재의 구체적 사물에 한정되며 추상적이고 가설적인 문제의 해결에서는 아직도 어려움을 보인다. 이와 같은 아동들의 사고를 피아제는 구체적 조작사고(concrete operational thinking)라고 명명하고 7세부터 약 12세까지 계속된다고 제안하였다.

1) 보존기술

보존(conservation)이란 사물의 외형이 변한다고 할지라도 그것의 길이, 양, 크기, 무게, 그리고 부피는 변하지 않는다는 것을 이해하는 능력이다. 동일한 양의 진흙으로 만들어진 두 개의 진흙공을 아동에게 보여주고 "똑같다"는 대답을 하면, 하나의 진흙공을 아동이 보는 앞에서 소시지처럼 길게 만든 후 어느 쪽의 진흙양이 더 많은지 질문한다. 이때 전조작기의 아동들은 상황의 한 차원이나 하나의 특성에 초점을 맞추는 중심화(centration)경향 때문에 문제해결에 어려움을 겪지만, 6, 7세의 구체적 조작기 아동들은 다음과 같은 세 가지 원리를 이해할 수 있으므로 보존개념 문제를 해결할 수 있다.

① 동일성(identity)의 원리: 더 이상의 진흙이 첨가되지도 제거되지도 않았으므로 진흙공과 진흙 소시지의 진흙양은 동일하다.
② 가역성(reversibility)의 원리: 진흙 소시지는 다시 뭉치면 진흙공으로 되돌아갈 수 있으므로 진흙공과 진흙 소시지의 양은 동일하다. 가역성은 모든 논리적 조작의 기초로서 추리의 출발점으로 되돌아갈 수 있도록 한다.
③ 상보성(reciprocity)의 원리: 진흙 소시지는 길이가 길지만 가늘고, 진흙

표 7-1 | 보존개념의 획득연령

조작	제1단계	제2단계	전조작적 사고 (오답)	조작획득 연령
수	두 줄의 점들이 동일한 간격으로 놓여 있다.	아래 줄의 점들 사이의 간격을 넓힌다.	아래 줄의 점들이 윗줄보다 더 많다.	6세
길이	두 개의 막대기	막대기를 엇비슷하게 놓는다.	위(혹은 아래)의 막대기가 더 길다.	6-7세
면적	큰 사각형 속에 네 개의 작은 사각형이 있다.	한 개의 큰 사각형 속의 작은 사각형을 흩어 놓는다.	왼쪽 사각형 속에 남아 있는 공간이 더 넓다.	7-8세
액체 (양)	동일한 두 개의 유리컵에 동일한 양의 물이 담겨 있다.	하나의 컵에 있는 물을 길고 가는 컵에 옮겨 붓는다.	왼쪽(혹은 오른쪽) 물이 더 많다.	7-8세
무게	공모양의 같은 크기의 찰흙	한 개를 납작하게 만든다.	왼쪽(혹은 오른쪽)이 더 무겁다.	7-8세
부피	동일한 양의 액체가 들어 있는 컵 속에 동일한 무게의 진흙공이 담겨 있다.	하나의 진흙공을 물에서 꺼내어 모양을 변형시킨 다음 다시 물 속에 넣는다.	오른쪽 액체의 높이가 더 높아질 것이다.	11-12세

출처: Sigelman & Shaffer, 1991에서 인용.

공은 길이는 짧지만 굵기 때문에 진흙양은 동일하다.

일반적으로 수에 대한 보존개념이 가장 먼저 획득되고 그 다음으로 길이, 면적, 양, 무게 그리고 부피의 순서로 보존개념이 획득된다(표 7-1 참조). 부피에 대한 보존개념은 3차원에 대한 이해를 필요로 하기 때문에 구체적 조작기가 끝날 무렵에 가능하다.

2) 분류기술

그림 7-3 | 유목포함과제

대상물을 위계적으로 분류할 수 있기 위해서는 대상과 대상간의 공통점과 차이점 그리고 관련성을 이해할 수 있어야 한다. 구체적 조작기의 아동들은 대상물이 지니고 있는 공통적인 차원에 따라 물체를 분류할 수 있고 위계적인 방식으로 하위그룹을 나열하여 하나의 새로운 그룹으로 묶을 수도 있다. 아동들에게 기타·하프·플루트·드라이버·망치·톱·포도·배 그리고 귤을 제시하면, 구체적 조작기의 아동들은 악기·연장·과일의 세 개 그룹으로 분류할 수 있다.

그러나 7세 이전의 유아들은 분류나 범주에 대한 이해가 불완전하다. 피아제에 의해 고안된 유목포함과제(class inclusion task)를 사용하여 분류능력을 측정하면, 전조작기 유아와 구체적 조작기 아동간에 차이를 보인다. 유목포함과제로서 그림 7-3과 같이 9개의 튤립꽃과 5개의 국화꽃을 사용하였을 때, 유아들은 튤립꽃이 국화꽃보다 더 많다는 것을 이해할 수 있다. 그러나 유아들은 튤립꽃이 많다는 사실에 압도당하여 "꽃이 더 많니? 튤립꽃이 더 많니?"라고 물으면 여전히 튤립꽃이 더 많다고 대답한다. 그들은 튤립꽃과 국화꽃이 모두 꽃이라는 하나의 범주에 속한다는 것을 깨닫지 못한다. 그러나 상위개념과 하위개념을 구별할 수 있는 구체적 조작기의 아동들은 튤립꽃과 국화꽃은 모두 꽃이기 때문에 튤립꽃보다 꽃이 더 많다고 대답한다.

10세 정도에 이르면 완전한 분류능력이 획득된다(Berk, 2000; 김혜리와 조경자, 1993). 이 연령의 남아들은 프로야구선수를 투수와 타자로 분리하고, 투수의 경우에는 방어율이나 탈삼진수, 승수 혹은 피안타율을 기초로 그리고 타자의 경우에는 타율이나 홈런수, 출루율, 타점 혹은 도루수를 기초로 분류하기를 좋아한다.

비록 유아들이 피아제의 유목포함과제에서 어려움을 겪는다고 할지라도, 최근 아주 어린 연령에서 분류기술을 획득한다는 연구결과들이 보고되고 있다. 카사솔라와 그 동료들(Casasola, Cohen, & Chiarello, 2003)은 생후 6-12개월의 영아들도 대상물을 음식항목, 가구, 새, 동물, 탈것, 부엌용품, 식물과 같은 의미 있는 범주로 구조화할 수 있고, 성별과 연령에 따라 사람은 물론 그 사람의 목소리를 분류할 수 있다고 보고하였다. 놀랍게도 2-5세 유아들은 범주를 이루는 항목들이 공유하는 뚜렷하지 않은 특성에 대해서도 추론할 수 있으므로 피아제가 가정한 연령보다 훨씬 더 어린 연령에서 분류기술을 획득하는 것이 분명하다 (Wasserman & Rovee-Collier, 2001).

3) 서열기술

서열(seriation)이란 사물의 특성을 양적 차원에 따라 차례로 배열하는 능력을 의미한다. 가장 간단한 형태의 서열화는 여러 개의 막대기를 가장 짧은 것부터 가장 긴 것까지 순서대로 배열하는 것이다. 4-5세의 유아들은 여러 개의 막대기를 짧은 막대, 중간 막대 그리고 긴 막대의 2-3개의 군(群)으로 분류할 수 있을 뿐 가장 짧은 막대부터 가장 긴 막대까지 한 줄로 배열하지 못한다. 그러나 6-7세에 이르면 가장 짧은 막대부터 가장 긴 막대까지 오류 없이 체계적으로 막대를 배열할 수 있다.

구체적 조작기 동안 두 개 이상의 차원을 동시에 고려하여 사물을 배열하는 중다서열(multiple seriation)기술도 획득된다. 예를 들면 높이와 넓이가 다른 9개의 컵을 아동에게 제시하고 가로에는 넓이 순서로 그리고 세로에는 높이 순서로 컵을 배열하게 한다. 이와 같은 과제는 높이와 넓이를 동시에 고려하여 순서대로 배열해야 하기 때문에 서열기술보다 더 발달된 능력을 요구한다. 일반적으로 중다서열기술은 7세 이후에 가능하다.

이 시기의 아동들은 추이추론(transitive inference)문제도 해결할 수 있다. 피아제가 사용한 추이추론문제로서, 길이가 다른 A, B, C 막대기를 주고 A와 B막대기 그리고 B와 C막대기를 비교하게 하여 A가 B보다 더 길고, 또한 B가 C보다 더 길다는 것을 직접 확인하게 한다. 이제 세 개의 막대기를 직접 비교하지 않고 A와 C막대 중 어느 것이 더 긴가를 예상하게 하면, 7-8세 아동들은 A가 C보다 더 길다는 것을 정확하게 추론할 수 있다(Wright, 2006). 그러나 이 연령의 아동들은 "선화는 영주보다 더 크고 영주는 혜란이보다 더 크다고 할 때, 누가 가장 큰가?"라는 질문에는 제대로 대답하지 못한다. 막대기 문제와는 달리 키의 크기를 눈으로 확인할 수 없기 때문에, 아직도 해결하기 어렵다. 적어도 11-12세는 되어야 아동은 키의 비교와 같은 가설적 과제로 구성된 추이추론문제를 해결할 수 있다.

초등학교를 졸업할 무렵에 이르면 아동은 구체적 경험을 넘어 추상적, 논리적 방식으로 사고하기 시작한다. 이 시기의 청소년들은 미래에 일어날 일, 즉 가능성에 대해서도 사고하기 시작하며, 문제를 해결하기 위해 더 체계적이고 논리적 추론을 함으로써 피아제 인지발달의 최상의 단계인 형식적 조작단계에 도달한다.

4. 아동의 인지발달은 촉진될 수 있는가?

피아제는 아동의 인지발달은 유전에 의해 결정되기 때문에 인지발달을 촉진시키기 위한 인위적 노력은 효과가 없다고 주장하였다. 그러나 보존개념을 획득하지 못한 3, 4세 유아들에게 수와 길이에 대한 보존개념을 훈련시켰을 때, 연구대상 유아들은 수와 길이에 대한 보존개념을 획득하였을 뿐 아니라 훈련받지 않은 액체량, 고체량 그리고 무게 중 적어도 하나의 과제에 대한 보존개념을 획득함으로써 학습의 일반화현상을 나타내었다. 또한 훈련효과는 수 개월 이후에까지 지속되었고 다양한 문화의 서로 다른 연령의 아동들에게서도 확인될 수 있었다(Rogoff & Chavajay, 1995).

분명한 것은 피아제가 생각한 것보다 문화와 교육이 아동의 인지발달에 훨씬 더 큰 영향을 준다는 것이다(Holzman, 2009). 일반적으로 보존기술 획득연령은 각 문화가 이 기술의 획득을 위해 얼마나 많은 훈련기회를 제공하느냐에 달려 있다. 특히 수학이나 과학교육은 구체적 조작사고나 형식적 조작사고를 증진시키므로, 이러한 교육을 받지 않는 문화의 청소년들은 발달된 인지능력을 갖기 어렵다. 아프리카에 위치한 세네갈의 한 부족에서는 10-13세 청소년들의 단지 50%만이 보존원리를 이해한다. 또한 뉴기니아나 아마존 정글지역에서도 유사한 결과를 나타냄으로써 인지발달을 촉진시키기 위한 인위적 노력은 효과가 없다는 피아제의 주장은 더 이상 수용되기 어렵게 되었다.

II. 비고쯔키의 사회문화적 이론

러시아의 심리학자인 비고쯔키(Lev Semenovich Vygotsky)는 피아제와 같은 해인 1896년에 출생하였고 피아제가 그의 이론을 세상에 내놓았던 1920년대와 1930년대에 활발한 활동을 한 사람이다. 그러나 그의 이론이 충분히 확립되기도 전에, 폐결핵으로 사망하였고 그때 그는 37세였다. 짧은 생애에도 불구하고, 그가 일관성 있게 주장한 것은 개인의 인지적 성장은 사회문화적 맥락 내에서 일어나고 사회적 상호작용을 통하여 발달한다는 것이었다.

1. 문화와 사고

비고쯔키는 사람이 아는 것과 생각하는 방식은 그가 성장하는 문화적 그리고 역사적 맥락에 의해 형성된다고 가정하였다. 전세계의 모든 문화는 구성원들에게 전달하는 "마음의 도구"(tools of mind)를 가지고 있다. 그 도구는 언어일 수도 있고 문제해결전략이나 기억전략일 수도 있다. 그는 특정 문화가 어떤 마음의 도구를 중요시하고 활용가능하게 만드느냐에 따라 상이한 인지발달이 이루어지므로, 문화에 따라서는 피아제가 제안한 형식적 조작능력은 거의 사용되지 않을 수 있다고 주장하였다.

다양한 문화의 아동들은 그 사회에서 중요시하는 마음의 도구들을 어떻게 획득하는가? 비고쯔키는 부모나 다른 경험 많은 구성원들과 상호작용함으로써 그리고 언어를 습득함으로써 마음의 도구를 획득할 수 있다고 주장하였다.

2. 인지발달의 사회적 기원

비고쯔키는 개인의 인지능력은 사회적 상호작용으로부터 발달한다고 주장하였다. 아동은 사회의 보다 더 성숙한 구성원과의 공동활동을 통하여 그 문화에서 의미있는 방식으로 사고하는 것을 학습한다. 이를 위해 비고쯔키는 근접발달영역(Zone of Proximal Development: ZPD)이라는 용어를 사용하였다. 이것은 아동이 아직 혼자서는 처리할 수 없으나 성인이나 더 숙련된 또래의 도움으로 성취할 수 있는 과제범위에 해당한다. 근접발달영역 내에 있는 기술은 가르침이나 교육이 목표로 하는 기술로서 발달가능한 수준의 지식이다. 물론 이 영역 바깥에 있는 기술은 이미 습득되었거나 너무 어려워서 아직 접근할 수 없는 지식들이다.

어려운 조각그림 맞추기를 하고 있는 민수와 옆에서 그것을 도와주는 어머니를 상상해보라. 민수의 어머니는 민수에게 질문하고, 자극하고 그리고 전략을 제안함으로써 조각그림 맞추기를 근접발달영역 내에 포함될 수 있도록 할 것이다. 결국 민수는 어머니의 도움으로 유능하게 조각그림을 맞출 수 있게 될 것이고 어머니와의 협동과정에서 발견한 문제해결전략을 내면화할 것이며 독립적인 습득수준에 도달하게 될 것이다.

비록 비고쯔키는 인지발달을 증진시키는 상호작용의 특성을 명백하게 설명하지는 않았지만, 후속 연구자들은 비고쯔키의 이론에서 다음과 같은 두 가지 개념을 중요시한다.

① 상호주관성(intersubjectivity): 서로 다른 이해수준을 갖는 두 사람의 참여

자가 공유된 이해수준에 도달하는 과정을 의미한다. 두 사람의 참여자는 상대편의 수준을 고려하여 의사소통을 위한 공통의 기초를 구축하고 근접발달영역을 형성한다. 보통 성인들은 아동이 이해할 수 있는 수준에서 학습내용을 설명하고 아동은 그것을 이해하려고 노력함으로써 결국 아동은 상황에 대한 보다 더 성숙한 이해가 가능해진다(Rogoff, 1998). 어린 아기의 상호적 응시나, 정서적 신호의 교환 혹은 양육자의 모방 등은 아주 어린 연령에서 나타나는 상호주관성의 능력으로서 부모-아동관계, 교사-아동관계, 또래관계 등 여러 맥락에 적용될 수 있다.

② 발판(scaffolding): 발달을 촉진시키는 사회적 상호작용의 또 다른 특성으로서 상호작용 동안 변화하는 지원의 수준을 의미한다. 아동이 독립적으로 학습할 수 있도록 효과적인 발판을 제공하는 성인들은 아동의 수행수준에 맞추어 도움을 조절한다. 아동이 아무것도 알지 못할 때, 성인은 직접적으로 지시하는 방법을 사용하고 과제를 처리가능한 단위로 세분화하며 아동의 주의를 환기시키려고 노력한다. 아동의 능력이 증가하면, 효과적인 발판자(scaffolder)는 점차적으로 지원을 철회하고 아동 스스로 문제해결을 할 수 있도록 한다.

요약하면 아동의 인지발달수준이 그가 무엇을 학습할 수 있는지를 결정한다고 제안한 피아제와는 대조적으로, 비고쯔키는 더 많은 지식을 가진 사람과의 협력적 상호작용이 아동의 인지발달을 가능하게 한다고 주장하였다.

3. 사적언어

피아제와 비고쯔키는 유아들이 혼자 놀면서 마치 다른 아동과 함께 놀고 있는 것처럼 혼자 이야기하는 것을 발견하였다. 두 명의 아동이 옆에서 함께 놀고 있다고 할지라도, 그들은 서로 대화하기보다는 각기 독백을 하는 경우가 많다. 피아제는 이러한 언어를 자아중심적 언어(egocentric speech)라고 명명하고, 전조작기 유아들은 타인의 조망을 고려할 수 없기 때문에 청자의 이해여부와는 상관없이 이야기한다고 설명하였다. 이러한 자아중심적 언어는 사회적 언어(social

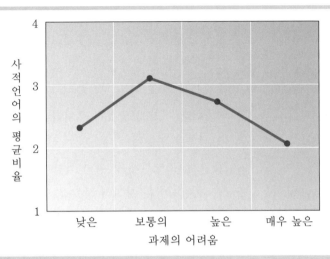

그림 7-4 │ 과제의 어려움과 사적언어의 관계

출처: Fernyhough & Fradley, 2005.

speech) 능력이 결여된 결과이므로 인지발달에 어떤 유효한 역할을 할 수 있는 것이 아니라는 것이다.

대조적으로 비고쯔키는 그것을 사적언어(private speech)라고 명명하고 자신의 생각과 행동을 인도하기 위하여 아동 자신에게 하는 말이라고 정의하였다. 그는 사적언어를 인지적 미성숙의 표시로 보기보다는 성숙한 사고의 발달을 이룰 수 있도록 하는 중요한 단계로서 그리고 성인들이 매일 사용하는 침묵의 내적언어(inner speech - 매일의 상황에서 사고하고 행동하는 동안 우리가 우리 자신과 나누는 언어적 대화)의 전조로 이해하였다. 비고쯔키는 아동의 연령이 증가하고 과제가 그렇게 어렵지 않다고 인식되면, 사적언어는 감소하고 침묵의 내적언어로 내면화한다고 주장하였다.

지난 30년간 이루어진 이 분야 연구들의 대부분이 비고쯔키의 주장을 지지함으로써 아동의 혼잣말은 자아중심적 언어가 아니라 사적언어라고 불리어질 수 있게 되었다. 일반적으로 유아들은 과제가 적절하게 어려울 때, 오류를 범했을 때 그리고 어떻게 해야 할지 모를 때 사적언어를 더 많이 사용한다. 그림 7-4에 제시된 바와 같이, 과제수행시에 5-6세 아동들은 과제가 매우 쉽거나 매우 어려울 때보다 적절하게 어려울 때 사적언어를 가장 많이 사용하였다(Ferny-hough & Fradley, 2005).

사적언어를 많이 사용하는 아동들은 적게 사용하는 아동들보다 사회적으로 더 유능하다(Santiago-Delefosse & Delefosse, 2002). 특히 도전적인 과제에 직면했을 때, 사적언어를 사용하는 유아들은 말이 없는 유아들보다 수행시에 더 많은 주의를 기울이고 더 많이 몰입하며 더 큰 개선을 보인다(Al-Namlah, Fernyhough, & Meins, 2006). 또한 정상아동과 비교하여 학습장애나 행동문제를 갖는 아동들이 더 오랫동안 그리고 더 높은 비율로 사적언어를 사용하는 경향이 있다(Winsler 등, 2007).

4. 언어와 사고의 관계

언어와 사고는 어떤 관계가 있는가? 피아제와 비고쯔키는 언어와 사고의 발달에 관해서도 서로 다른 입장을 취한다. 우선 피아제는 아동의 인지구조와 인지능력의 발달결과로서 언어발달이 이루어진다고 주장하고 아동은 자신의 의

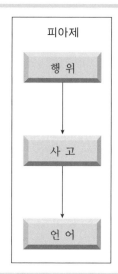
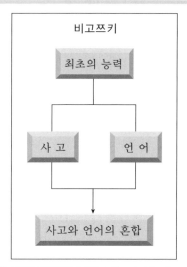

그림 7-5 | 언어와 사고의 관계

도나 아이디어를 표현하기 위한 수단으로 언어를 사용하기 때문에, 언어발달은 인지능력의 발달에 기초한다고 주장한다. 피아제에 의하면, 아동이 첫 단어를 말할 수 있기 위해서는 대상물에 대한 개념, 영속성, 인과관계, 공간개념 및 시간개념을 획득해야만 하므로 사고가 먼저 발달하고 뒤이어 언어가 발달한다는 것이다.

대조적으로 비고쯔키는 언어를, 문화적으로 중요한 성인의 사고와 문제해결양식을 아동에게 전달하는 일차적 수단이라고 주장하였다. 언어는 사고의 중요한 도구의 기능을 할 뿐 아니라 사고 또한 언어 발달에 기여한다. 그림 7-5는 사고와 언어의 관계에 대한 피아제와 비고쯔키의 견해를 제시한다. 사고가 먼저 발달하고 거기에서 언어가 발달한다는 피아제의 주장과는 대조적으로, 비고쯔키는 언어와 사고는 각기 다른 근원에서 독립적으로 발달하여 2세경에 이르면 결합되고, 서로서로 영향을 주면서 발달한다고 주장하였다. 그 결과 언어는 합리적이 되고 지적 발달에 기여하게 되는 반면, 사고는 언어적이 된다. 사고와 언어의 결합으로 아동은 단어에 대한 호기심을 나타내고 사물을 명명하기 때문에 어휘가 발달한다.

Ⅲ. 언어발달

언어는 가장 복잡한 형태의 인지과제임에도 불구하고, 모든 정상적 아동들은 인생초기에 언어를 획득한다. 언어는 사회적 의사소통의 수단인 동시에 사고의 필수적 도구이다. 첫 단어를 말하기 훨씬 전부터 영아는 언어획득을 위한 준비를 시작한다. 영아는 어떤 과정을 거쳐 언어를 학습하는가?

1. 언어의 구성요소

아동이 타인의 언어를 이해하고 자신의 생각이나 의도를 언어로 표현하기 위해서는 다음과 같은 네 가지 영역의 발달을 이루어야 한다. 즉, 음운론(phono-logy), 의미론(semantics), 구문론(syntax) 및 화용론(pragmatics)에서의 발달이 그것이다.

우선 음운론이란 언어의 소리체계로서 소리의 기본단위를 음소(phonemes)라고 한다. 아동이 말을 하고 타인의 말을 이해할 수 있기 위해서는 먼저 자국어의 음소를 발성하고 듣는 것을 학습해야만 한다. 자국어의 자음과 모음을 발성하고 구분하는 것이 여기에 해당한다.

의미론이란 언어의 의미를 이해하는 것을 뜻한다. 이를 위해 아동은 단어가 대상물이나 사물을 지칭한다는 것은 물론 단어와 사물간의 관계를 이해할 수 있어야 한다. 의미론적 발달은 단어의 미묘한 차이는 물론 문장의 구와 절 그리고 전체 문장을 이해할 수 있도록 한다.

구문론은 단어로부터 문장을 형성하는 규칙을 의미한다. 구문론적 발달은 아동이 단어를 사용하여 문법적으로 올바른 순서로 배열된 문장을 만들 수 있도록 한다. 또한 현재와 과거의 관계를 이해하고 문법적 규칙에 맞는 단어를 구사할 수 있도록 한다(예, 논다 - 놀았다. 먹는다 - 먹었다).

마지막으로 화용론은 상이한 사회적 맥락에 적절한 언어를 사용하는 것으로 아동은 언제, 누구에게, 무엇을 말할 것인지를 학습해야만 한다. 화용론적 발달은 청자가 누구이고 무엇을 필요로 하며 무엇을 원하는지를 고려함으로써 효과적인 의사소통을 가능하게 한다. 화용론적 발달을 이루게 됨에 따라 아동은 "과자 줘"라는 말보다 "과자 주세요"라는 말이 더 공손한 표현이라는 것을 이해한다.

2. 언어발달이론

어린 아동은 언어학습을 위해 어떤 능력을 지녀야 하고 주위 성인들은 그들을 어떻게 도와야 하는가? 언어발달은 매우 복잡한 과정이기 때문에 언어발달을 설명하는 이론들은 다양하다. 세 가지 언어발달이론을 설명한다.

1) 생물학적 이론

Noam Chomsky

생물학적 이론(혹은 생득주의자 견해)은 아동이 언어를 학습할 수 있는 선천적 능력을 지니고 있다고 주장한다. 이 이론은 생물학적으로 프로그램되어 있는 아동의 언어능력을 중요시하며 언어발달에 미치는 환경적 영향을 무시한다. 생물학적 이론을 대표하는 영어학자 촘스키(Noam Chomsky, 1976, 1997)는 인간은 출생시에 언어획득장치(language acquisition device: LAD)를 가지고 태어나기 때문에, 아동은 추상적이고 복잡한 언어를 능동적으로 획득할 수 있고 창조적으로 산출해낼 수 있다고 주장한다. 따라서 전세계의 모든 아기들은 유사한 언어발달 과정을 거쳐 언어를 획득한다.

실제로 언어발달에 대한 생물학적 이론을 지지하는 증거들은 많이 있으며, 그것을 정리하면 다음과 같다.

첫째, 대뇌의 좌반구에는 언어중추가 있다. 그 중 브로카 영역(Broca's area)은 말하기를 통제하는 반면, 베르니케 영역(Wernicke's area)은 언어이해를 통제한다.

둘째, 아동은 믿을 수 없을 정도로 복잡한 의사소통체계를 빠르게 습득한다.

셋째, 모든 아동은 매우 비슷한 연령에서 동일한 순서로 언어발달을 이루며 동일한 종류의 오류를 범하기까지 한다.

넷째, 문화에 따라 성인이 어린 아동에게 이야기할 때 사용하는 언어양식이 서로 다름에도 불구하고, 인생초기의 언어발달은 보편성을 갖는다.

다섯째, 짧은 문장을 만들기 위하여 상징을 결합하는 능력을 포함하여 인간의 언어능력의 약간은 침팬지나 다른 영장류에 의해서도 공유된다. 그것은 언어가 진화된 능력인 동시에 인간으로서 부여받은 재능이라는 것을 시사한다 (Greenfield & Savage-Rumbaugh, 1993).

그러나 생물학적 이론은 LAD가 언어를 어떻게 입력하고 언어규칙을 어떻게 추론하는지를 설명하지 못할 뿐 아니라 언어환경의 기여를 지나치게 과소평가한다는 비판을 받는다.

2) 학습이론

학습이론가인 스키너(B. F. Skinner, 1957)는, 언어는 조작적 조건화 원리에 의해 획득된다고 주장하였다. 그의 주장에 의하면, 영아가 생성하는 음소는 부모의 강화에 의해 반복되며 강화받지 못하는 음소는 또다시 반복될 가능성이 적다. 또한 사회학습이론가인 반두라(Bandura, 1977)는 아동은 주위의 다른 사람들이 사용하는 언어를 관찰하고 모방한 결과로써 언어를 획득한다고 주장하였다.

실제로 아동은 학습이론에서의 설명대로 부모가 말하는 언어를 말하고 부모가 사용하는 사투리를 사용하며 부모나 주위 성인들로부터 강화받은 단어를 강화받지 않은 단어보다 더 많이 사용한다. 또한 양육자와 의사소통을 많이 하는 아동들이 더 적게 의사소통하는 아동들보다 더 발달된 언어능력을 지니고 있다.

그러나 강화나 모방은 아동의 문법획득을 설명할 수 없다는 문제점이 있다. 어린 아동들은 성인이 하는 말과는 다른 문장을 만들어낸다. 그들의 언어는, 성인문법에는 맞지 않을 뿐 아니라 그들 나름대로의 일관성 있는 문법적 규칙을 지니고 있다. 실제로 부모는 정확한 문법규칙을 알고 있지도 못하고 문법규칙을 가르치지도 않으며 심지어 부정확한 문법을 강화하기까지 한다. 어린 아동은 어떻게 성인언어와 문법적으로 다른 독창적인 언어를 만들어내는가? 학습이론으로는 아동의 문법획득과정을 설명하기 어렵다.

3) 상호작용이론

비교적 새로운 이론인 상호작용이론은 아동의 언어발달을 위해 선천적 능력과 언어환경이 서로 상호작용한다고 강조하고 언어발달을 설명하는 생물학적 이론과 학습이론이 모두 옳다고 가정한다. 이 조망의 연구자들(Bohannon & Bonvillian, 2009; Chapman, 2006)은 언어기술의 획득이 인지발달이나 지각발달은 물론 사회 · 정서발달과 같은 많은 다른 능력의 발달과 연결되어 있다고 주장한다. 따라서 언어를 획득하는 능력은 독특한 것이 아니며 다른 측면의 인지발달과 동일한 정신과정을 기초로 한다는 것이다.

상호작용이론가들은 피아제와 동일하게 언어발달이 인지능력의 성숙에 의존한다고 주장하면서도, 비고쯔키와 같이 성인과의 사회적 상호작용이 언어발달에 기여한다고 강조한다. 특히 부모는 아동의 언어발달에 기여하는 언어획득지지체계(language acquisition support system)로서, 아동이 단어를 사용하기 훨씬 전부터 언어가 어떻게 교환되는지를 아동에게 보여주므로 어린 영아들은 그들이 응답해야 할 때 웃음이나 옹알이를 보낼 수 있다.

또 다른 언어획득지지체계로서 아동지향언어(child-directed speech)가 있다. 때로 유아어(baby talk)나 어머니 말투(motherese)라고 불리기도 하지만, 어머니뿐 아니라 아버지나 다른 성인들도 동일한 어법의 언어를 사용하기 때문에 최근에는 아동지향언어라고 부르고 있다(O'Neill 등, 2005). 아동지향언어란 부모나 성인들이 어린 아동에게 사용하는 독특한 언어구사법으로, 아기에게 이야기할 때 짧막하고 간단한 문장을 천천히 반복해서 이야기하며 자주 노래부르듯이 말하는 것에 해당한다. 보통 높은 소리로 말하지만, 때로는 속삭이고 때로는 소리지르며 급격한 변화를 나타냄으로써 과장하는 경향도 있다.

전 세계의 거의 모든 지역에서 아동지향언어가 사용되고 있으며, 영아는 성인언어보다는 아동지향언어에 더 민감한 반응을 보인다. 부모는 아동지향언어를 사용함으로써 언어의 규칙을 이해하는 아동의 과제를 단순화시킨다. 그들은 아동의 주의를 끌 수 있는 대상물과 사건에 대해 이해가능한 방식으로 아동과 대화하기 때문에 어린 아동의 언어발달을 촉진시킨다.

부모가 사용하는 확장(expansion)전략 또한 언어획득지지체계로서 아동의 언어발달을 촉진시킨다. 확장이란 아동이 표현하는 짧고 간단한 문장에 대해 성인이 문법적으로 더 완전한 문장으로 응답해주는 것을 의미한다. 확장의 예를 들어보자.

아동: 오빠 갔어.

어머니: 오빠가 학교에 갔어.

아동: 오빠 학교 갔어.

어머니: 응, 오빠가 학교에 갔어.

아동: 오빠가 학교에 갔어.

이와 같은 확장은 아동에게 문법을 가르치려는 것이 아니라 의사소통능력을 개선시키려는 목적을 가지고 있으나 아동이 문법적으로 옳지 않은 문장을 말했을 때는 수정의 기능을 할 수도 있다(Saxton, 1997). 물론 부모는 아동의 문법적 오류에 대해 항상 올바른 피드백을 줄 수 있는 것은 아니기 때문에, 아동이 부모의 언어 확장으로부터 완전한 문법적 규칙을 학습하지는 못한다. 결론적으로 상호작용이론은 언어발달을 위해 생물학적으로 준비된 아동과 적어도 한 사람의 대화 파트너와의 상호작용이 요구된다고 주장하고 특히 유아기의 부모의 역할이 언어발달을 촉진시킨다고 강조한다.

3. 언어발달단계

1) 첫 단어 이전단계

단어를 사용하고 이해하는 능력은 영아와 부모 사이의 일련의 복잡한 상호작용에서 싹튼다. 쿨(Kuhl, 2007)에 의하면, 출생부터 생후 6개월까지 영아는 어떤 언어의 어떤 음절이든, 언제 소리가 변할 것인지를 안다. 그러나 생후 6개월 이후에는 부모가 말하는 언어, 즉 모국어 소리의 변화를 더 잘 감지하며, 점차적으로 모국어에서 중요하지 않은 소리를 인식하는 능력은 상실된다.

언어획득 이전에 중요한 의사소통 수단의 기능을 하는 영아의 소리에는 울음과 꾸르륵 하고 목 울리기 및 옹알이가 있다.

(1) 울 음

영아는 울음으로써 자신의 욕구와 정서상태에 대한 총체적 메시지를 전달한다. 출생 후 1주일 동안 신생아의 울음을 관찰한 결과에 의하면, 신생아들은 분노의 울음, 고통의 울음 그리고 리드미컬한 울음을 운다. 보통 분노의 울음은 아기의 욕구충족이 이루어지지 않는 좌절조건에서 일어나고 고통의 울음은 신체적 고통을 경험할 때 그리고 리드미컬한 울음은 불편할 때 도움을 요청하기 위하여 자주 일어난다. 생후 3주경에는 피아제가 일차적 순환반응(소리를 내는 순수한 즐거움 때문에 흥미있는 소리를 반복하는 것)이라고 부른 가짜의 울음(fake cry)도 나타난다.

(2) 꾸르륵 하고 목 울리기

생후 3 – 5주경에 이르면 영아는 꾸르륵 하고 목 울리는 소리(cooing)를 내기 시작한다. 식사 후 혹은 아기가 좋아하는 대상물이나 미소짓는 얼굴을 바라보면서 꾸르륵 소리를 내며 좋아하므로 영아의 이러한 발성은 기쁨이나 즐거움의 표현일 것으로 생각된다. 최초의 목 울리는 소리는 모음과 비슷하나 생후 3 – 4개월경에 이르면 자음이 삽입된다.

(3) 옹 알 이

옹알이(babbling)는 음성적 놀이로서 생후 3개월경부터 꾸르륵 하고 목 울리는 소리와 함께 나타난다. 초기의 옹알이는 피아제가 제안한 순환반응(circular reaction)을 보여주는 좋은 예이다. 영아는 소리를 내고 그것을 듣고, 그리고 그것을 듣기 때문에 다시 반복한다. 또한 영아는 반복하기 때문에 그것을 다시 듣고 다시 반복하려고 시도한다. 생후 6개월경에 이르면 꾸르륵 소리는 사라지고 ma, mu, da, di와 유사한 발성을 한다. 점차적으로 mamamama와 같이 모음과 자음을 교대로 발성한다.

영아의 옹알이 속에는 전 세계의 모든 언어의 음소들이 포함되어 있으므로 영아는 어떤 언어라도 배울 수 있는 준비를 갖추고 있다. 그러나 영아가 소속한 문화에서 사용되는 소리만이 강화를 받기 때문에, 다른 소리들은 점차 사라진다.

전 세계의 모든 영아들은 거의 비슷한 연령에서 언어사용 이전의 소리들을 발성한다. 선천적인 청각장애 영아도 정상적 청각을 가진 영아들과 동일한 연령에서 꾸르륵 소리를 내고 옹알이를 시작한다. 그러나 청각장애 영아의 발성빈도는 점차적으로 감소되고 소리의 범위도 점점 제한된다. 따라서 언어발달 이전의 음성행동은 생물학적 요인에 의해 시작되지만, 계속적인 발달이 이루어지기 위해서는 청각적 피드백이 요구된다.

이 시기의 어머니 역할은 영아의 발성에 응답해 주고 '소리 주고받기 놀이'(reciprocal vocal play)를 함으로써 발성을 강화해 주는 것이다. 또한 어머니나 주위 성인들은 영아의 모델이 되어 주기 때문에 중요하다. 생후 7－10개월경에 영아는 성인의 발성을 모방하기 시작하며, 말할 수 있기 전에 이미 친숙한 단어의 의미를 이해하기 시작한다. 아직 말을 못하는 1세의 영아에게 어머니가 친숙한 장난감의 이름을 말하면, 영아는 여러 가지 장난감 중에서 바로 그 장난감을 바라본다. 영아기부터 인간은 말할 수 있는 단어보다 더 많은 수의 단어를 이해한다.

2) 1어문 단계

1세 말경에 이르면, 대부분의 영아들은 1개의 단어로써 의사소통을 시작한다. 엄마, 아빠, 맘마라는 단어들이 가장 최초로 획득되는 의사소통수단이다. 이 시기의 영아는 한 개의 단어를 한 단어 문장(one-word sentence 혹은 holophrase)으로 사용한다. 1어문이라고도 불리는 한 단어 문장은 듣는 사람이 화자의 억양과 제스처 및 얼굴표정과 같은 신체언어(body language)를 참조해야만 이해될 수 있다.

만약 영아가 지나가는 개를 손가락으로 가리키면서 "개"라고 말한다면, 개라는 단어만으로써 '저것은 개다', '저 개는 무섭다' 혹은 '나는 개를 가질거야' 등 어떤 의미를 갖는지 이해하기 어렵다. 어머니는 영아의 표정이나 행동 및 그

때의 상황에 따라 개라는 말의 의미를 파악한다. 한 단어 문장은 거의 2세 말까지 영아의 소통수단으로 사용된다. 한 단어 문장의 사용과 함께 이 시기의 영아들은 명명하기, 질문하기, 요구하기, 부탁하기와 같은 기본적 언어기능을 습득하며 하나의 상징으로서 단어를 사용하기 시작한다.

최초의 어휘획득은 한 번에 한 단어씩 이루어진다. 열 개 단어를 획득할 때까지 3-4개월이 지나간다. 그러나 생후 18개월경에 이르면 어휘폭발(vocabulary spurt)현상이 나타나고 짧은 기간 내에 30-50개 단어를 학습하며 이후 단어학습의 속도는 극적으로 빨라져 2세 무렵에는 약 200개의 단어를 말할 수 있다(Waxman, 2009). 그러나 한국 영아들은 20-21개월 사이에 약 100개의 어휘를 습득하고 23-24개월에 어휘폭발 현상을 경험한다(장유경, 2004). 또한 여아가 남아보다 더 많은 표현어휘를 가지고 있으며, 성별 외에도 청각기억능력과 어머니의 상호작용 유형이 유아의 어휘발달에 영향을 준다(장유경, 2009).

어휘폭발기 동안 유아들은 모든 사물이 이름을 가지고 있다는 것을 인식하는 동시에 각 단어는 독특한 의미를 지니고 있다는 것도 학습한다. 새로운 단어가 제시되면 유아는 친숙한 단어와 동일한 의미를 지니고 있다고 판단하기도 하고, 새로운 단어가 사용된 맥락에 주의를 기울임으로써 단어의미를 추론하기도 한다(Nelson, Hampson, & Shaw, 1993).

그러나 어린 아동들은 단어의미의 추론에서 과잉확대(overextension)나 과잉축소(underextension)의 오류를 범한다. 과잉확대란 2세 유아가 모든 네발 가진, 털이 있는 동물을 '멍멍이'라고 부를 때처럼 광범위한 대상물이나 사건을 언급하기 위하여 특정 단어를 사용하는 현상을 의미한다. 반면, 과잉축소는 집에서 기르는 애완견만을 '멍멍이'라고 부르고 다른 개에 대해서는 '멍멍이'라고 부르지 않는 현상에 해당한다. 과잉확대나 과잉축소 모두 새로운 경험을 기존의 도식을 사용하여 해석하려고 하는, 소위 피아제 이론의 동화에 해당하는 현상들이다.

유아들이 과잉확대나 과잉축소의 오류를 범하기는 하지만, 그들은 우리가 생각하는 것보다 훨씬 더 많이 알고 있다. 아동이 소를 볼 때 '멍멍이'라고 한다고 하여도 그림에서 소를 찾으라고 하면 아동은 개가 아니라 소를 가리킨다. 따

표 7-2 │ 2어문의 기능

문장의 기능	한 국 어	영 어
1. 장소와 이름을 명명하기	저기 멍멍이	there doggy
2. 요구하기	까까 줘	give candy
3. 부정하기	배 안고파	not hungry
4. 소유를 나타내기	내 옷	my dress
5. 수식하거나 한정하기	큰 배	big boat
6. 질문하기	어디 가	where go

라서 아동이 과잉확대하는 이유는 단어의 의미를 잘못 이해하기 때문이 아니라 그들이 의사소통할 수 있는 어휘 수가 제한되어 있기 때문이다(Naigles & Gelman, 1995).

3) 2어문 단계

정상적으로 모든 유아들은 18 – 24개월에 두 개의 단어를 결합한다. '엄마, 물', '아빠, 쉬'와 같은 문장이 전형적인 두 단어 문장(two-word sentence) 혹은 2어문이다. 전 세계의 모든 2세 유아들은 표 7 – 2와 같이 동일한 생각을 표현하기 위하여 2어문을 사용한다.

두 단어 문장 속에는 관사, 전치사, 조동사와 같은 기능 단어들이 모두 생략되기 때문에 전보문과 같다고 하여 전보문식 언어(telegraphic speech)라고 불리기도 한다. 두 단어 문장은 성인언어와 비교하면 비문법적이기는 하지만, 문장을 만드는 아동 자신의 체계적인 규칙을 반영한다. 다시 말하면 유아는 문법의 규칙을 이해하기 전에 이미 어떤 예측가능한 공식을 사용한다는 것이다.

2세부터 유아들은 매우 복잡하고 성인같은 문장을 말하기 시작한다. 전보문식 문장에서 자주 생략되었던 관사나 전치사같은 기능단어들이 덧붙여지기 시작하고, 성인언어의 규칙이 점점 더 많이 활용되기 시작한다(Tager-Flusberg & Zukowski, 2009). 두 단어 문장을 말하기 시작한 약 2개월 후부터 세 단어를 연결한 문장을 말할 수 있으나 두 단어 문장 다음에는 세 단어 단계가 아닌 복수 단어단계(multiword stage)가 온다. 생후 30개월경에는 3 - 5개 단어로 구성된 전보문식 문장이 사용된다.

4) 유아기의 언어발달

걸음마쟁이들은 두 단어 문장에서 3, 4, 5단어 조합의 문장으로 빠르게 이동한다. 두 단어 조합이 시작된 지 약 2개월 후에 성인언어의 기본이 되는 주어-동사-목적어 형식의 문장이 출현한다. '엄마 빵 줘', '언니 꼬꼬야 줘'와 같은 문장이 그 예들이다. 또한 이 시기에 관사, 전치사, 어형변화가 나타나고 불규칙동사에 규칙동사변화를 적용하는 과잉규칙화(overregularization) 혹은 과잉확대(overextension)현상이 나타난다. 모국어를 배워감에 따라 아동은 언어의 규칙성을 빠르게 학습한다(Berko Gleason, 2009).

한국 아동의 경우에도 세 단어를 사용하기 시작한 직후부터 문법적 형태소가 출현한다. 유아가 가장 일찍 습득하는 형태소는 '엄마'에서 '엄마야'의 호칭어미와 '내꺼'에서 '내꺼야' 혹은 '이리와'에서 '이리와라'의 문장어미이다. 곧이어 장소격조사 '한테', '에로', 주격조사 '가'와 '는'이 차례로 출현한다. 이시기에 시제와 수동형의 형태소도 출현한다. 2 - 4세 사이에 Wh의문문이 발달하며 who, where, what, whose 의문문이 why, how, when 의문문보다 더 빨리 발달한다. 그 이유는 후자의 질문들이 보다 더 추상적인 대답을 요구하기 때문이다. 또한 3-4세의 유아들은 주격조사, 목적격조사 및 처소격조사에 대한 지식을 활용하여 동사 및 명사의 의미를 추론할 수 있다(송현주 등, 2009).

두 단어 문장을 말하기 시작할 때 유아는 이미 부정이나 비존재를 표현할수 있다. 그러나 이 시기 유아의 부정표현은 전체부정(No dirty, No shoe)에 한정되어 있으나 이제 부분부정이 가능해진다. 'It's not cold'와 같이 보다 정확한부정문을 구사할 수 있다. 일찍이 이승복(1987)도 유아의 부정표현은 외부사건전체에 대한 부정에서 외부사건을 대조하여 일치하지 않는 부분에 대해서만 부정하는, 소위 부분부정으로 발달한다는 것을 확인하였다. 수동형의 문장도 출현한다. 4세의 유아는 능동문과 수동문을 동일한 의미로 해석할 수는 있으나 아직도 완전하지는 못하다.

4세경에 유아는 종속절을 포함하는 문장을 말하기 시작하며 이 시기에 4, 5개의 절을 한 문장 속에 포함시키는 유아도 있다. 5세경에 이르면 문장구조를 이해할 수 있는 능력이 갖추어지기 시작한다. 유아는 문법적 규칙에 관해 공식적으로 학습한 일이 없음에도 불구하고, 5, 6세경에 이르면 유아의 문장은 성인의 문장과 매우 유사해진다.

일찍이 조명한(1982)은 한국 아동의 복문사용은 서양아동보다 약 6개월-1년 정도 빠르다고 보고하였다. 그에 의하면, 한국 유아들은 2년 5개월-2년 7개월 사이에 시간적 연속, 원인, 한정조건, 동시성 및 대립의 의미를 갖는 접속사를 구사할 수 있다. 그러나 영어를 사용하는 유아들이 동일한 접속사를 사용할 수 있기 위해서는 3년 6개월 정도는 되어야 한다. 최근 연구(이희란, 이승복, 2009)도 아동의 연령이 증가할수록 복문표현이 증가하고 종속절 유형이 다양해진다고 보고한다.

5) 아동기의 언어발달

초등학교 아동들은 더 정확하게 발음할 수 있고 더 길고 더 복잡한 문장을 만들 수 있으며, 그들이 사용하는 어휘는 계속해서 빠르게 확장된다. 수동형의 문장이나 '~한다면'과 같은 조건문장을 이해하고 생성하는 복잡한 구문론적 법칙도 획득한다(Boloh & Champaud, 1993). 물론 이러한 문법 구사력은 청년기까지 계속해서 발달한다.

의미론적 지식의 확장으로 어휘가 급속히 증가한다. 초등학교 연령의 아동들은 매일 약 20개의 새로운 단어를 학습하므로 초등학교 입학 무렵에는 약 14,000개의 단어를 이해하지만, 졸업 무렵에는 40,000개 이상의 단어를 이해할 수 있다(Anglin, 1993). 어휘발달이 저조한 상태로 초등학교에 입학하는 아동들은 읽기장애를 보일 위험성이 있다(Berninger, 2006). 연령증가와 함께 아동은 모호한 말이나 문장의 의미를 더 잘 추론할 수 있고 언어의 화용론을 숙달해가기 때문에 여러 가지 상황에서 점점 더 효과적으로 의사소통할 수 있다. 자아중심성이 완화됨으로써 아동은 청자의 조망을 더 잘 고려할 수도 있다.

4. 의사소통기술의 발달

효과적인 의사소통이 가능하기 위해서는 상대방이 하는 말을 이해할 수 있어야 하고 상대편의 성이나 연령, 지위 혹은 상황적 조건에 적절하게 언어표현을 조절할 수 있어야 한다. 동시에 상대편이 자신의 말을 이해했는지를 감지할 수 있어야 한다.

대화능력은 어린 연령에서 발달한다. 특히 양육자가 어린 아동과 상호작용하는 방식은 아동의 대화능력을 촉진시킨다. 성인들이 2세 유아의 말에 시의적절하게 반응하고 유아가 관심 갖는 주제를 이야기할 때, 2세 유아도 성인과 같은 방식으로 대답하고 대화를 계속할 수 있다(Dunham & Dunham, 1996).

앞에서 설명한 확장기법은 어린 아동이 타인과 대화하는 것을 학습하도록 돕는 효과적인 전략이다. 확장은 대화의 주제에 아동의 관심을 집중시키고 대화가 유지되는 방법을 예시하는 역할을 한다. 또한 그림책을 읽으면서 어린 아동과 성인이 대화하는 것은 아동에게 일관성 있는 이야기 양식으로 의사소통하는 방법을 가르칠 수 있는 또 다른 전략이다(Lonigan & Whitehurst, 1998).

3세경에 이르면 참조적 의사소통기술(referential communication skill)이 나타난다(Ackerman, 1993). 참조적 의사소통기술이란 화자가 제공한 모호한 메시지를 분명하게 하기 위해 더 많은 정보를 요구하는 언어전략으로 효과적인 의사소통을 위해 반드시 필요한 기술이다. 3세 유아들은 간단한 의사소통시에는 청자의 요구에 맞추어 그들의 언어를 조절할 수도 있어 어린 아동들은 타인의 조망을 고려하지 못하고 자아중심적 언어를 사용한다는 피아제의 주장이 잘못되었음을 알 수 있다.

의사소통방식에는 성차가 있다. 3세 정도에 이르면 남아의 의사소통방식은 보다 더 요구적이고 직접적이며 지배적인 반면, 여아의 의사소통방식은 더 협조적이고 지원적이며 공손하다. 남녀 아동 모두 고정관념적 성역할을 학습한 결과로, 의사소통방식에서의 성차는 연령증가와 함께 점점 더 분명해진다(Leaper, 1991).

1) 사회언어적 이해

사회언어적 이해(sociolinguistic understanding)란 상대편의 성이나 연령, 지위 혹은 상황적 조건에 맞추어 적절하게 언어표현을 조절하는 것을 의미한다. 앤더슨(Anderson, 1992, 2000)은 4–7세의 유아들에게 인형을 주고 몇 가지 역할을 수행하도록 하였다. 교사나 의사 혹은 아버지와 같이 사회적으로 우세한 남성역할을 수행할 때 아동은 더 많은 명령어를 사용하였고, 학생이나 환자 혹은 어머니와 같이 피지배적이고 여성적 역할을 할 때는 더 많은 예의바른 표현을 사용하고 간접적 요구방식을 채택하였다. 이 연구는 4세의 유아들조차도 각기 다른 사회적 지위의 정형화된 특성을 이해한다는 것을 제시한다.

사회언어적 이해의 증거는 아동이 친숙한 사람과 친숙하지 않은 사람들에게 이야기할 때 그리고 아동 자신보다 더 어린 아동에게 이야기할 때도 나타난다. 아동은 가족이나 친구와 같이 경험을 공유하는 사람에게보다는 친숙하지 않은 사람에게 더 자세하게 설명하는 경향이 있다. 또한 자신보다 어린 아동에게는 단순하고 간단한 언어를 사용함으로써 어린 아동들이 이해할 수 있도록 한다. 사회언어적 이해능력은 아동기까지 계속해서 발달하며 청년기에 이르면 극적으로 증가한다.

2) 상위언어적 인식

상위언어(metalanguage)란 하나의 체계로서 언어를 인식하고 언어의 속성을 이해하는 능력이다. 4세까지 유아들은 사물의 명칭이 임의적으로 붙여진 것일 뿐 사물의 일부가 아니며 동일한 사물이 다른 언어에서는 다르게 불리어질 수 있다는 것을 이해함으로써 상위언어적 지식을 갖기 시작한다. 또한 상위언어적 지식은 아동이 언어가 규칙을 따르는 체계라는 것을 인식하게 하므로 구문론적 판단도 가능하게 한다. 따라서 상위언어적 이해는 유아기 동안 어휘와 문법발달의 좋은 예언자 역할을 한다(Melzi & Ely, 2009).

8세경에 이르면 아동은 문장의 의미가 잘못되었거나 무의미할 때조차도 문법적 정확성을 판단할 수 있으나 상위언어적 기술의 완전한 획득은 초등학교를 졸업한 이후에 가능하다. 상위언어적 지식은 청년기까지 계속해서 발달하는 익살, 수수께끼 그리고 은유가 갖는 중다의 의미를 이해할 수 있도록 한다(Benelli 등, 2006).

5. 외국어 학습의 민감기

외국어를 학습하기 위한 민감기(sensitive period)가 존재하는가? 외국어를 학습하기 원한다면 언제 학습해야 하는가? 오랫동안 외국어 학습은 사춘기 이전에 이루어져야 한다고 알려져 있으나 문제는 학습한 외국어 능력이 모국어 수준에는 결코 도달하지 못한다는 것이다. 존슨과 뉴포트(Johnson & Newport, 1989, 1991)는 3세와 39세 사이에 미국에 이민 온, 한국어와 중국어를 모국어로 사용하는 사람들을 대상으로 영어문법의 습득 정도를 연구하였다. 연구결과 일찍 영어를 학습한 사람들이 영문법을 잘 습득하였고 사춘기 이후에 미국에 이민 온 사람들은, 그들의 도착연령이나 영어사용 횟수와는 상관없이, 잘 습득하지 못하였다.

그러나 최근의 연구들은 언어발달의 민감기는 매우 복잡하며 언어체계에 따라 달라진다고 주장한다(Thomas & Johnson, 2008). 그 예로서 청소년이나 성인 같이 나이 많은 학습자들은 어린 학습자들보다 새로운 소리나 문법보다 어휘를 더 쉽게 학습한다(Neville, 2006). 또한 외국어 단어를 모국어 사용자처럼 발음하는 아동의 능력은 연령증가와 함께 감소하고 특히 10-12세 이후에는 극적으로 감소한다. 또한 성인들은 아동들보다 외국어를 더 빠르게 학습하는 경향이 있지만, 그들의 최종적인 언어능력은 아동보다 저조하다. 이러한 결과들은 외국어 학습을 위한 민감기가 존재하기는 하지만, 어떤 양상으로 어떻게 존재하는지는 아직도 분명하지 않다는 것을 시사한다.

[3부] 인지발달

제 8 장

...인지발달(Ⅱ):...

정보처리이론과 지능 및 창의성의 발달

정보 처리이론은 피아제와 비고쯔키의 이론과 동일하게 아동이 어떻게 생각하는가에 관심을 갖지만 아동의 인지발달을 설명하는 방식에서는 차이가 있다. 이 장에서는 정보처리이론의 기본가정과 정보처리 과정 중 아동의 기억과정 및 그와 관련된 여러 요인들을 고찰하는 동시에 지능과 지능검사 및 관련된 변인들과 함께 창의성의 발달을 차례로 검토한다.

Ⅰ. 정보처리이론

정보처리이론은 인간의 마음을, 컴퓨터에 정보가 입력되고 처리되어 출력되는 과정과 동일한 메커니즘으로 구성된다고 가정한다. 이 이론에 의하면, 환경으로부터 들어오는 정보는 부호화되고 체계는 그것을 상징형태로 보유한다. 보유된 정보는 다양한 내적 과정을 통하여 체계 속의 다른 정보와 비교되고 결합됨으로써 그것의 의미가 해석된다. 따라서 정보처리이론은 아동이 입력되는 정보를 어떻게 조작하고 탐지하고 그리고 그것을 처리하기 위하여 어떤 전략을 사용하는지를 중요시한다(Munakata, 2006).

정보처리과정에서 하드웨어는 정보처리의 용량과 속도에 해당하는 반면, 소프트웨어는 지식의 사용이나 획득을 촉진시키는 다양한 전략에 해당한다. 그러므로 정보처리이론은 기본적 조작을 실행함으로써 처리속도를 증가시키고 정보처리 용량을 확장하며, 새로운 지식과 전략을 획득하는 것을 아동의 인지발달로 간주한다.

1. 인지발달의 기초

1) 인지발달의 메커니즘

정보처리이론에서 아동의 인지발달은 다음과 같은 네 가지 메커니즘에 기초한다.

① 부호화(encoding): 정보가 기억속으로 들어가는 과정으로 무관련 정보를 무시하고 관련된 정보만을 기억속에 넣을 수 있어야만 아동의 인지기술이 발달할 수 있다.

② 자동화(automaticity): 의식적인 노력 없이 정보를 처리하는 능력으로 반복과 연습은 점점 더 많은 양의 정보를 자동적으로 부호화할 수 있도록 한다. 아동이 한글을 잘 읽을 수 있게 되면 글자의 낱자를 생각함이 없이 전체 단어로서 부호화할 수 있는 것처럼 어떤 과제가 자동화되면, 그것은 의식적 노력을 요구함이 없이 빠르게 처리될 수 있다.

③ 전략구성(strategy construction): 정보를 처리하기 위해 새로운 절차를 생성하는 것이다. 책을 읽고 있는 아동이 읽은 내용을 이해하기 위하여 주기적으로 멈추는 전략을 발달시킬 때 아동은 보다 더 효과적으로 읽은 내용을 이해하고 계속해서 읽어갈 수 있으므로 전략구성이 이루어졌다고 할 수 있다.

④ 자기수정(self-modification): 이전에 학습한 내용을 새로운 상황에 적용하는 방법을 학습하는 것으로 자기수정의 일부는 아동의 상위인지(metacognition) 능력에 의존한다. 발달된 상위인지 능력을 지니고 있는 아동은 책을 읽을 때 언제 어디에서 읽는 것이 효과적이며 읽은 내용을 잘 기억하기 위해서는 어떻게 해야 하는지를 알기 때문에 그것을 어디에 적용해야 하는지도 쉽게 학습할 수 있다. 정보처리이론가들이 아동은 인지발달에서 능동적 역할을 한다고 주장하는 것도 이러한 자기수정 메커니즘 때문이다.

2) 인지자원: 정보처리의 용량과 속도

정보처리의 용량과 속도는 소위 인지자원(cognitive resources)으로 정보처리 능력의 발달적 변화에 기여한다. 인지자원에서의 증가는 뇌발달에 기초한다. 특히 전두엽에서의 구조적 변화와 뉴런들간의 연결이나 불필요한 연결의 제거같은 뉴런수준에서의 변화들이 인지자원을 증가시킨다. 또한 청년기까지 계속되는 수초화도 대뇌의 전기적 충동의 속도를 증가시키므로 인지자원의 증가에 기여한다(Giedd, 2008).

대부분의 정보처리이론가들은 용량에서의 증가가 정보처리능력을 개선시킨다고 주장한다(Mayer, 2008). 그 이유는 정보처리 용량이 적은 어린 아동들은 단지 하나의 차원에만 집중할 수 있지만, 정보처리 용량이 증가하면, 마음속에 여러 차원의 주제나 문제를 동시적으로 보유할 수 있기 때문이다.

그렇다면 처리속도는 어떤 역할을 하는가? 아동이 정보를 얼마나 빨리 처리하는지는 그 정보를 가지고 무엇을 할 수 있는지에 영향을 주므로 아동의 사고능력을 발달시킨다. 제시된 단어를 빨리 발성할 수 있는 아동들은 그것을 어떻게 저장하고 기억해야 하는지를 알 수 있으므로 정보를 처리하는 속도는 아동의 사고능력과 연결된다(Bjorklund, 2005). 그러나 정보처리속도가 느리다고 할지라도 효과적인 정보처리 전략을 가지고 있다면 느린 처리속도를 보상할 수 있다.

정보처리속도는 반응시간 과제(reaction-time task)를 사용하여 자주 측정된다. 문자나 숫자를 컴퓨터 스크린에 제시되는 상징과 짝을 짓도록 요구하는 반응시간 과제에서 반응자는 자극을 보자마자 곧 버튼을 눌러야 한다. 반응시간 과제를 사용하여 정보처리속도를 측정했을 때, 10세 아동들은 젊은 성인들보다 1.8배 더 느렸고, 12세 아동은 1.5배 더 느렸으나 15세 청소년들은 젊은 성인들과 차이가 없었다(Hale, 1990). 또한 8-13세 아동들을 대상으로 연구한 카일(Kail, 2007)은 정보처리속도는 연령과 함께 증가하고, 처리속도에서의 발달적 변화는 작업기억 용량에서의 증가에 앞서 이루어진다고 보고하였다.

2. 기   억

기억은 정보처리 과정의 중심요소로서 기억할 수 없다면 우리는 어제 일어난 일과 오늘 일어나고 있는 일을 연결지을 수 없을 것이다. 얼마나 많은 것을 기억 속에 저장하고 그리고 필요할 때 얼마나 많이 인출해낼 수 있는지를 생각해보면 우리는 기억의 방대함에 놀라지 않을 수 없다.

1) 기억의 과정과 유형

기억연구자들은 먼저 정보가 어떻게 기억 속으로 부호화되고 부호화된 후에 어떻게 보유되며(저장되며) 그리고 이후에 어떻게 인출되는지를 연구한다. 즉 부호화, 저장 그리고 인출은 기억의 기본 과정들이다. 물론 이 과정들 중의 어느 하나에서 실패한다면, 즉 사건의 일부가 부호화되지 못하거나 부호화된 정보가 저장되지 못하거나 혹은 저장되었다고 할지라도 인출될 수 없다면 기억은 실패한다.

기억은 저장되는 기간에 따라 감각기억, 단기기억(short-term memory) 그리고 장기기억(long-term memory)으로 구분된다. 이 세 가지 기억유형을 바탕으로 일찍이 아트킨슨과 쉬프린(Atkinson & Shiffrin, 1968)은 그림 8-1과 같은 중다저장 모형을 제안하였다.

이 모형에 의하면, 외부에서 들어오는 정보는 제일 먼저 감각기관에 들어온다. 잔상이나 메아리의 형태로 잠깐 동안 감각적 상이 유지되며 이것을 감각기억이라고 한다. 감각기관에 들어온 정보 중 우리가 선택적으로 주의를 기울이는

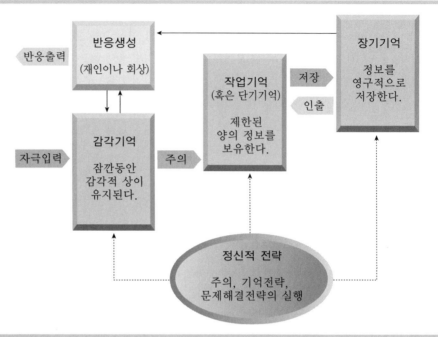

그림 8-1 | 중다저장 모형

감각적 상만이 단기기억으로 이동하고 그 외의 상들은 곧바로 사라진다. 단기기억은 정보를 오래 보유하기 위한 전략이 사용되지 않는다면 15–30초 동안 보유될 수 있는 제한된 용량의 기억체계이다. 반면 장기기억은 비교적 영구적으로 정보를 보유하는 기억체계로서 무제한의 용량을 갖는다. 우리가 기억에 대해 이야기할 때 그것은 장기기억을 의미한다.

단기기억은 최근 작업기억(working memory)으로 자주 불리어진다. 처음에 심리학자들은 단기기억을 정보가 장기기억으로 넘어갈 때까지 단순히 정보를 보유하는 창고에 지나지 않는다고 생각하였다. 그러나 인간은 단기기억에 저장된 정보를 그냥 보유하는 것이 아니라 의미있는 전체로 만들기 위해 조작한다는 것이 확인됨으로써 단기기억이라는 용어보다는 작업기억(working memory)이라는 용어가 더 많이 사용된다.

작업기억은 정보를 조작하고 구성하는 일종의 정신적 작업대(workbench)로서 어떤 정보가 저장될 것인지를 결정하고 장기기억의 정보와 단기기억의 정보를 관련짓는 동시에 장기기억으로 정보를 보내는 역할을 한다(Baddeley, 2007a,b). 특히 좋은 작업기억 능력을 지니고 있는 아동들은 그렇지 못한 아동들보다 더 우수한 읽기 이해능력과 수리능력 및 문제해결능력을 지니고 있다(Andersson & Lyxell, 2007).

2) 기억의 구성

우리는 어떤 것을 기억할 때 테이프 레코드나 카메라같이 정보를 그대로 기억하지 않는다. 특히 복잡하고 의미있는 자료를 기억해야 할 때, 우리는 자료를 압축하고, 첨가하고 때로 왜곡함으로써 기억을 재구성하며 인출시에도 충실하게 재생산하지 않는다. 일상생활에서 접하는 많은 정보들은 우리의 기존의 지식에 맞게 선택된다.

기억의 재구성을 설명하는 두 가지 이론이 존재한다. 그 중 하나는 도식이론(schema theory)이고 또 다른 이론은 퍼지흔적이론(fuzzy trace theory)이다. 우선 도식이론은 아동과 성인 모두 개념과 정보를 조직하는 정신적 틀로서 기존의 도식을 바탕으로 정보를 저장하고 인출한다고 주장한다. 그러므로 아동도 성인들과 같이 부호화-추론-인출 과정에서 기존의 도식에 맞게 사건을 왜곡하고 특히 기억을 인출할 때 조각난 기억들의 공간을 채움으로써 기억을 재구성한다는 것이다. 그들은 정보를 보다 논리적으로 만들기 위하여 사건의 순서를 재정리하거나 결합시키고 때로 새로운 정보를 첨가하기도 한다.

퍼지흔적이론은 부호화할 때 기억해야 할 정보를 두 가지 형태로 부호화한다고 설명한다. 그 중 하나는 제시되는 자극을 첨가하거나 축소함이 없이 그대로 부호화하는 것이고 또 다른 하나는 정보를 자동적으로 재구성하고 요점만을 부호화한다는 것이다. 이 분야의 연구자들(Brainerd & Reyna, 2004)은 두 가지 기억이 처음부터 존재하고 각기 다른 목적으로 사용될 수 있도록 분리되어 저장된다고 가정한다.

다음과 같은 진술문을 생각해보자.

농부인 김씨 아저씨는 많은 동물을 기르고 있다. 그는 개 3마리,
염소 5마리, 닭 7마리, 말 9마리 그리고 소 11마리를 소유하고 있다.

이 진술문에 대해 아마도 당신은 기억 속에 여러 가지 동물의 정확한 숫자
정보를 보유하기도 하지만, 소가 가장 많고, 개가 가장 적고 그리고 말과 닭 그
리고 염소는 중간 정도 많다라는 요점을 형성할 것이다. 요점은 지속적인 인출
단서의 기능을 하므로 시간이 경과할수록 요점만으로 부호화된 기억이 원정보
그대로 부호화된 기억보다 더 오래 기억된다.

유아들은 위에 제시한 진술문에 대해 요점-의존적 질문보다 원정보 그대
로의 질문에 더 잘 대답한 반면, 초등학교 아동들은 그 반대의 결과를 나타낸다
(Reyna & Rivers, 2008). 이 결과는 연령이 증가할수록 아동은 원정보에 대한 기억
에 덜 의존하고 재구성된 요점기억에 더 많이 의존한다는 것을 의미한다.

3. 기억발달

역사적으로 심리학자들은 아동이 언어기술을 획득할 때까지는 기억할 수
없다고 주장하였으나 최근의 아동발달 연구자들은 생후 3개월의 영아들도 제한
된 형태의 기억능력을 지니고 있다고 주장한다(Courage, Howe, & Squires, 2004).

1) 영아기 기억발달

영아가 기억할 수 있다는 것은 로비-콜리어(Rovee-Collier, 1997, 2007)의 흥미
로운 실험에 의해 확인될 수 있다. 생후 6주 된 어린 아기를 그림 8-2와 같은 장
치 속에 눕혀 놓는다. 아기의 한쪽 다리는 천장에 매달려 있는 모빌과 리본으로
연결되어 있다(그림 8-2a). 아기는 어느 쪽 다리가 모빌을 움직일 수 있는지를 재
빠르게 학습하였다. 2주 후에 모빌은 달려 있으나 리본이 난간에 묶여 있는 침대
에 아기를 눕혀 놓는다(그림 8-2b). 다음날 아기의 한쪽 다리에 리본을 다시 연
결하였을 때 영아는 모빌을 움직이기 위하여 2주 전에 학습한 대로 발길질을 하

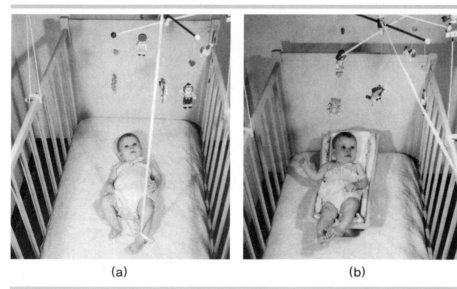

(a) (b)

그림 8-2 | Rovee-Collier의 실험장치

였다.

영아는 얼마나 잘 기억할 수 있는가? 로비-콜리어를 포함하는 여러 연구자들은 생후 2-6개월에서부터 기억할 수 있다고 보고하지만, 영아기 인지능력 연구의 선도자인 맨들러(Mandler, 2000)는 로비-콜리어 실험에서의 영아는 단지 지각-운동정보에 기초한 암묵적 기억(implicit memory)을 나타낼 뿐이라고 주장한다.

암묵적 기억이란 자전거 타기나 운전하기와 같이 자동적으로 수행되는 기술이나 일상적 절차에 대한 기억으로 의식적 재구성 없이 일어난다. 이와는 달리 명시적 기억(explicit memory)은 사실과 경험에 대한 의식적 기억으로 우리가 언급하는 기억은 모두 여기에 해당한다. 대부분의 연구자들은 1세 미만의 어린 영아들은 감각-운동적 행동에 기초한 암묵적 기억만을 지니고 있고, 명시적 기억은 2세 후반에 이르러야만 가능하다고 주장한다(Bauer, 2008).

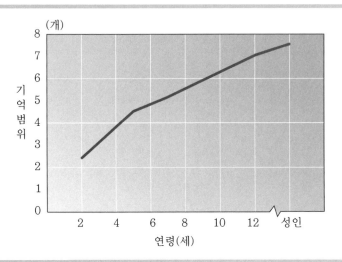

(개)

기억범위

연령(세)

그림 8-3 | 기억범위의 발달적 변화

출처: Dempster, 1981.

2) 아동기 기억발달

유아의 장기기억 능력은 아직도 불완전하지만, 적절한 단서와 촉진자를 제공하면 어린 아동들은 많은 정보를 기억할 수 있다. 아동이 성인들보다 더 적게 기억하는 이유는 성인들보다 더 적은 지식을 가지고 있기 때문이므로 지식의 증가는 아동의 기억능력을 개선시킨다. 또한 기억범위와 기억전략의 발달 역시 아동의 기억능력을 개선시킨다.

(1) 기억범위의 발달

단기기억의 용량은 기억범위검사(memory-span task)를 사용하여 자주 측정된다. 이 검사는 보통 숫자로 구성된 자극목록을 빠른 속도로 제시하고 피검사자가 그 숫자를 반복하도록 요구한다.

그림 8-3에 제시된 바와 같이, 2세 아동은 2개의 숫자를, 7세 아동은 5개의 숫자를 기억하며 7세와 12세 사이에 기억범위는 단지 1½개 증가하는 데 그친다(Dempster, 1981). 물론 기억범위는 사람에 따라 차이가 있다. 나이 많은 아동들

은 어린 아동들보다 빠른 속도로 반복하거나 암송할 수 있으므로 더 큰 기억범위를 갖는다.

(2) 기억전략의 변화

아동은 정보를 장기기억 속에 효과적으로 저장하기 위하여 암송(rehearsal), 조직화(organization), 심상(image) 및 정교화(elaboration) 전략을 사용한다. 물론 이러한 여러 가지 전략들은 한꺼번에 사용될 수도 있다. 아동이 사용하는 전략이 많으면 많을수록 더 잘 기억하며 한꺼번에 여러 가지 전략을 사용할수록 회상량이 증가한다(박영아, 최경숙, 2007).

① 암　송

암송은 기억해야 하는 목록이나 항목을 여러 번 언어로 반복하는 것을 의미하며 장기기억보다는 단기기억을 위한 전략으로 자주 언급된다. 암송전략의 사용은 연령증가와 함께 점진적으로 발달하고 많은 연습을 거친 후에 자동화되며 보다 광범위한 상황에서 적응적으로 사용될 수 있다.

암송은 유아기에 시작되지만 약 6세까지 일관성 있게 사용되지 못하며, 아동의 수행을 개선시키지도 못한다. 자발적 암송이 가능한 8세 아동들은 한번에 하나씩 암송할 수 있다. 그러나 12세의 아동들은 두 번째 단어를 암송할 때는 첫 번째와 두 번째 단어를 함께 암송하고 세 번째 단어를 암송할 때는 첫번째, 두 번째 그리고 세 번째 단어를 함께 암송함으로써 단어의 군집을 암송할 수 있다 (Kunzinger, 1985).

자발적으로 암송하지 않는 아동들을 암송하도록 훈련시키면 훈련 직후에는 개선된 회상능력을 보이지만 다음에 암송할 기회가 주어지면 대부분의 아동들은 자발적으로 암송하지 못한다. 연령증가와 함께 아동들은 학습자료에 적합한 다양한 암송전략을 적용할 수 있다(Bjorklund 등, 1997).

② 조직화

조직화는 기억해야 할 항목을 의미적으로 관련된 것끼리 묶어 범주나 집단으로 분류하는 방법에 해당하며, 의미적 조직화(semantic organization)라고도 불린다. 이 기억전략은 "자동차, 포도, 말, 오렌지, 기차, 호랑이, 사과, 사자"를 기억하라고 했을 때, "자동차, 기차"는 탈것범주로 "포도, 오렌지, 사과"는 음식범주로 그리고 "말, 호랑이, 사자"는 동물범주로 분류한 다음 각 범주를 암송할 때 활용된다. 7809941680이라는 긴 숫자를 780 – 994 – 1680의 전화번호와 같이 처리가능한 하위단위로 쪼개어 기억하는 청킹(chunking)도 또 다른 조직화 전략에 해당한다.

조직화 전략을 사용하기 위해서는 상위개념과 하위개념을 이해할 수 있어야 하고, 피아제 과제에서 유목포함조작이 가능해야만 하므로 유아들은 의미론적 조직화가 불가능하다. 집중적인 훈련을 하면, 조직화 전략을 가르칠 수는 있으나 대부분 수행을 개선시키지 못한다. 7 – 8세의 아동들도 아직 의미적 조직화 수준에는 이르지 못하고 모자-머리, 구두-발, 바나나-원숭이같이 항목을 기능에 따라 연결할 수 있을 뿐이다.

서구 아동들의 대부분은 8세와 10세 사이에 규칙적으로 조직화 전략을 사용할 수 있으나(Schlagmüller & Schneider, 2002), 한국아동들은 9세에도 조직화 전략을 체계적으로 사용하지 못한다. 다만 범주전형성*이 높은 항목들에만 조직화 전략을 사용할 수 있다고 알려져 있다(이혜련, 1992).

③ 심　　상

정신적 상을 만드는 것은 기억을 개선시킬 수 있는 또 다른 전략이다. 한 연구에서 초등학교 1학년부터 6학년까지의 아동들을 심상집단과 통제집단에 할당하고 "화가 난 새가 흰 개에게 소리쳤다," "경찰이 건물 벽에 씌어진 낙서를 지웠다"와 같은 문장 20개를 제시하고 기억하게 하였다. 심상집단의 아동들에게는 마음속으로 각 문장의 내용을 그림으로 그려보라는 지시를 주었고, 통제집단 아동들에게는 단지 열심히 기억하라는 말을 하였다.

그림 8-4에 제시된 바와 같이 심상지시는 초등학교 고학년(4, 5, 6학년) 아동의 회상을 촉진시켰으나 저학년(1, 2, 3학년) 아동들에게는 큰 도움을 주지 못

*범주전형성: 특정한 범주가 지닌 특성을 가장 잘 대표할 수 있는 항목들이 범주전형성이 높은 항목에 해당한다. 예를 들면, 사과와 배는 과일이라는 범주를 가장 잘 대표하는 항목이므로 범주전형성이 높다.

하였다. 그러나 초등학교 저학년 아동들에게 그림자료를 기억하게 했을 때 심상이 기억을 촉진시켰다는 보고가 있다(Schneider, 2004).

④ 정 교 화

정교화는 기억해야 하는 항목들에 무엇인가를 덧붙이거나 의미있게 연결함으로써 기억을 촉진시키는 전략으로 가장 늦게 발달하는 특성을 지니고 있다. 특정한 정보와 개인적 관련성을 생각함으로써 정보를 의미있게 만드는 자기참조(self-reference)는 정보를 정교화하는 효과적인 방법 중의 하나이다.

정교화 전략의 사용은 연령에 따라 변화한다(Pressley, 2003). 청소년은 아동보다 자발적으로 정교화를 사용할 가능성이 훨씬 더 많다. 초등학교 아동들은 과제 학습시에 정교화 전략을 사용하는 것을 학습한다고 하여도, 미래에 다른 학습과제에 정교화 전략을 거의 적용하지 못한다. 일단 정교화 전략이 사용되기 시작하면, 정교화는 다른 어떤 기억전략보다 더 우세하게 사용된다.

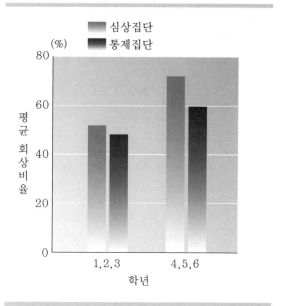

그림 8-4 │ 언어정보의 기억에서 심상집단과 통제집단의 회상 비교

출처: Pressley 등, 1987.

4. 정보의 인출

기억된 정보는 재인(recogniton)과 회상(recall)에 의해 기억으로부터 인출된다.

1) 재 인

어떤 자극이 이전에 경험한 것과 동일하거나 유사하다는 것을 인지하는 것

제 8 장 인지발달(Ⅱ): 정보처리이론과...

을 재인이라고 한다. 예를 들면 아동에게 몇 개의 그림이나 장난감을 보여주고 어느 정도 시간이 지난 후에 다른 물건들과 섞여 있는 속에서 이전에 본 그림이나 장난감을 찾아내게 한다면 그것은 전형적인 재인실험에 해당한다. 재인은 기억해야 하는 특정한 사물, 그 자체가 인출단서로서 존재하기 때문에 가장 간단한 인출방식이다.

어린 영아도 재인이 가능하다. 영아의 재인능력은 앞서 제시한 로비–콜리어(Rovee-Collier, 1997, 2007)의 흥미로운 실험에서도 분명하게 확인될 수 있다. 오랫동안의 지연 후에도 자극을 재인할 수 있는 능력은 영아기부터 유아기까지 꾸준히 개선된다. 4세경에 이르면 이전에 본 80개의 그림 중에서 90% 정도를 정확하게 재인할 수 있으므로(Brown & Campione, 1972), 유아의 재인능력은 거의 성인수준에 접근한다.

2) 회　상

회상은 특별한 단서 없이 이전에 본 물건이나 사건을 기억해내는 것을 의미한다. 회상하기 위해서는 부재한 자극의 정신적 이미지를 생성할 수 있어야 하기 때문에 재인보다 더 이후에 발달한다. 피아제의 대상영속성 실험에서 생후 8–9개월경에 숨겨진 장난감을 찾아내거나 어느 정도 시간이 경과된 후에 타인의 행동을 모방하는 지연모방(deferred imitation)은 영아기의 회상능력을 보여주는 전형적인 예이다.

그러나 어린 아동들의 회상량은 실제로 그렇게 많지 않으며 5–6세까지도 회상능력은 재인능력보다 훨씬 저조하다. 보통 2세 유아들은 한두 개 항목 이상을 회상하지 못하는 반면, 4세 유아들은 3–4개의 항목을 회상할 수 있다.

유치원 연령에서의 회상능력은 언어발달과 함께 개선되지만(Simcock & Hayne, 2003), 몇 주 전에 일어난 사건을 회상하도록 하면 어린 아동들은 사건의 단지 일부분만을 회상할 수 있을 뿐이다. 어린 아동과 비교하여 나이 많은 아동들의 회상은 더 정확하고 완전하다. 그 이유는 연령증가와 함께 기억전략이 발달하고 의미적으로 조직화된 정보가 장기기억 속에 더 많이 저장되므로 효과적인 회상을 가능하게 하기 때문이다. 사실 연령증가는 재인보다 회상에서 더 큰 진보를 가져온다(Bjorklund, 2005).

5. 목격자 기억

법정에서의 목격자 진술은 기억의 재구성적 특성에 의해 자주 왜곡된다. 특히 어린 아동이 목격자일 때 기억왜곡의 문제가 자주 발생한다. 유아들은 초등학교 아동이나 성인들과 비교하여 왜곡된 정보에 더 취약하므로(Ceci, Papierno, & Kulkofsky, 2007) 사건 발생 후에 주어지는 잘못된 정보를 믿을 가능성이 더 많다.

린드버그 등(Lindberg, Keiffer, & Thomas, 2000)은 329명의 3-4학년과 7-8학년 그리고 11-12학년 학생들에게 다음과 같은 내용의 비디오테이프를 보여주었다.

> "5세와 11세 소년이 학교에서 돌아와서 컴퓨터 게임을 하고 있었다. 게임 중에 11세 소년은 친구를 만나러 나갔고, 그 시간에 수퍼마켓에 가신 어머니가 집으로 돌아오셨다. 어머니가 들고 있는 쇼핑한 물건 중의 일부가 떨어져 어머니는 5세 아동(마크)에게 도와줄 것을 요청하였으나 아동은 계속해서 게임만 하고 있었다. 이때 어머니가 아동의 머리를 때렸고 아동은 마루바닥에 넘어졌다. 어머니는 울고 있는 아동을 부엌으로 끌고가 다시 때렸다."

질문은 마크가 얼마나 많은 코피를 흘렸는가이다. 마크는 실제로 코피를 흘리지 않았음에도 불구하고, 모든 연령의 아동들은 질문 속에 코피가 포함되면 포함되지 않았을 때보다 코피가 흐르는 것을 보았다고 더 많이 보고하였다. 특히 3-4학년 아동들 중에 코피를 흘렸다는 보고가 가장 많아 초등학교 저학년 아동들이 고학년 아동들보다 더 많은 기억왜곡을 한다는 것을 보여주었다.

일반적으로 발달된 언어능력과 통제능력을 지니고 있는 아동들은 조사자나 면접자의 제안에 저항할 수 있다(Clarke-Stewart, Malloy, & Allhusen, 2004). 그러나 낮은 자기개념과 부모로부터의 낮은 지원 및 어머니의 불안정한 애착은 아동의 기억왜곡을 증가시킨다(Bruck & Melnyk, 2004).

아동은 사건의 주변적 내용보다는 중심적 내용에 대해 면접자의 영향을 받기 쉬우며 자주 거짓보고를 한다. 특히 사건이 신체접촉을 포함하고 성적 의미를 내포할 때, 다른 사람이 그들의 사적인 부위를 만지거나, 키스하거나, 껴안은 일이 없어도 그렇게 했다고 보고한다(Ornstein & Haden, 2001). 그러므로 어린 아동이 목격자인 사건에서 아동을 면접하는 사람들은 중립적인 입장에서, 거짓말을 유도하는 질문을 하지 않아야만 아동의 거짓보고를 줄일 수 있다.

6. 장기기억을 촉진시키는 요인

장기기억 속에 저장된 지식이나 스크립트 기억 혹은 자서전적 기억들은 장기기억을 촉진시킨다.

1) 지식과 기억수행

기억에 미치는 지식의 영향은 서양장기 전문가인 아동과 서양장기에 대한 특별한 지식은 없으나 어떻게 서양장기를 두는지를 알고 있는 성인들을 비교한 치(Chi, 1978)의 고전적 연구에서 입증된 바 있다. 연구대상자들에게 장기알이 놓여진 장기판을 10초 동안 보여준 다음 장기알을 그대로 배열하게 하였을 때, 어린 장기전문가들은 성인들보다 훨씬 더 정확하게 장기알을 배열할 수 있었다. 이와 같은 결과는 아동이 성인들보다 더 우수한 지능이나 기억능력을 지니고 있기 때문이 아니라 서양장기에 대해 더 많은 지식을 가지고 있는 데 기인하였다.

흥미롭게도 전문가 아동들은 기억시에도 조직화 전략을 사용하지만, 인출시에 더 많은 조직화 전략을 사용하는 것으로 밝혀졌다. 저장보다는 인출에서의 더 높은 수준의 조직화는 새로운 항목과 기존의 지식을 빠르게 연합할 수 있도록 함으로써 회상을 자동화한다. 물론 저장된 지식이 기억을 촉진시킬 수 있기 위해서는 위계적으로 잘 구조화되어 있어야 한다.

2) 스크립트

친숙한 사건들은 자주 스크립트(script)에 의해 기억된다. 스크립트란 지난 주일에 일어났던 어떤 특정한 사건의 기억이 아니라 일상적인 어떤 일이나 사건에 대해 지니고 있는 일반적 표상들이다. 우리는 음식점에 갈 때, 혹은 아침에 일어날 때 어떤 일이 일어나는가에 대한 스크립트를 가지고 있다.

한번 형성되면 거의 영구적으로 지속되는 스크립트는 기억을 체제화하므로 회상을 촉진시킨다. 최초의 스크립트는 단지 몇 개의 행위만을 포함하지만, 연령증가와 함께 스크립트는 보다 더 정교해지고 자발적으로 이루어지며 5세경에는 거의 완전한 스크립트 기억이 가능하다. 일반적으로 아동이 어릴수록 그들이 가지고 있는 스크립트는 개략적인 반면, 나이 많은 아동들의 스크립트는 더 복잡하고 자세하게 구성되어 있다.

반복된 사건을 경험할 때, 우리는 그것들을 동일한 스크립트 속으로 융합시키므로 스크립트화된 경험에 포함된 사건 하나하나를 구체적으로 회상하기는 어렵다. 우리는 매일매일 아침식사를 하기 때문에, 3일 전에 아침식사로 무엇을 먹었는지를 정확하게 기억해내지 못한다. 따라서 스크립트는 재구성적 기억(reconstructive memory)의 특별한 형태이기도 하다.

유아들은 전형적인 범주목록(음식—김치찌개, 불고기, 순두부 등)보다 스크립트 - 관련적 항목(점심에 자주 먹는 음식들—카레라이스, 햄버거, 볶음밥)을 더 쉽게 기억하고 회상한다(Lucariello, Kyratzis, & Nelson, 1992). 더욱이 장기기억 속에 보유된 스크립트는 미래에 유사한 상황에서 무엇이 일어날 것인지를 예언하는 역할을 하므로 아동과 성인은 매일의 경험을 조직하고 해석하는 기본적 수단으로 스크립트를 활용한다.

3) 자서전적 기억

자서전적 기억(autobiographical memory)은 개인적으로 특별한 의미가 있기 때문에 오랫동안 기억하는, 과거의 사건에 대한 표상이다. 그것은 일화적 기억(episodic memory: 개인적으로 경험한 사건에 대한 기억)의 특별한 형태이기도 하다. 우리는 형제자매가 태어난 날, 처음으로 기차를 탔던 일, 병원에 입원한 일 혹은 새집으로 이사한 일을 기억할 것이다. 이 모두가 자서전적 기억으로 보통 오랫동안 기억된다.

$1\frac{1}{2}$–2세경에 영아는 과거에 대해 이야기하기 시작한다. 유아기 동안 인지기술과 대화기술이 발달함에 따라 과거의 사건에 대한 유아와 부모의 대화는 더 복잡해지며, 3세와 6세 사이에 자서전적 기억은 더 조직화되고 정교해진다. 연령이 증가할수록, 자서전적 기억은 더 많은 배경정보를 포함하고 삶의 더 큰 맥락과 유기적 관련성을 갖는다(Fivush, 2001).

일반적으로 소녀들이 소년들보다 그리고 서구 아동들이 아시아권의 아동들보다 더 풍부한 자서전 기억을 생성한다. 그 이유는 부모는 아들보다 딸과 언어적 의사소통을 더 많이 하기 때문에(Bruce, Dolan, & Phillips-Grant, 2000) 그리고 집합주의문화의 부모들은 아동이 자신에 대해 이야기하는 것을 좌절시키기 때문이다(Wang, 2006).

3세 이전에 일어난 일을 기억하지 못하는 영아기억상실증(infantile amnesia)은 왜 일어나는가? 대뇌피질의 전두엽의 성장이 이 시기쯤에 일어나기 때문에 그 이전에 일어난 일을 기억하지 못한다고 설명하는 연구자가 있는가 하면(Boyer & Diamond, 1992), 3세 이전의 영아들은 자기(self)에 대한 이미지를 지니고 있지 않기 때문에 기억할 수 없다고 설명하는 연구자도 있다(Howe & Courage, 1997). 개인의 심리적 자기(psychological self)는 3세경에 나타나므로 심리적 자기가 확립되기 이전의 개인적 사건은 인출되기 어렵다는 것이다. 또한 3세 이전의 영아들은 자신과 관련된 사건을 이야기형식으로 조직하는 능력이 결여되어 있으므로 기억할 수 없다고 주장하는 연구자도 있다(Nelson, 1993).

7. 상위인지

상위인지(metacognition)란 인간 사고의 다양한 측면에 대한 인식과 이해로
서 학습이나 문제해결을 위해 특별한 전략을 언제, 어느 때 사용할 것인지를 알
수 있도록 하므로 아동의 인지과제 수행을 돕는다. 특히 기억에 대한 개인의 지
식인 상위기억은 아동의 기억을 촉진시킨다.

4, 5세 이전의 유아들은 상위인지 능력을 지니고 있지 않으나, 5-6세경에
이르면 낯선 항목보다 친숙한 항목이 그리고 긴 목록보다 짧은 목록을 학습하기
더 쉬우며, 재인이 회상보다 더 쉽고 시간이 경과할수록 더 많은 망각이 일어난
다는 것을 안다(Carpendale & Chandler, 1996).

초등학교에 입학하면서 아동들은 과제를 잘 수행하기 위해서는 과제에 집
중해야 하고, 그 과제를 수행하고 싶어야 하며 그리고 다른 것의 유혹을 받지 않
아야만 한다는 것도 이해한다. 또한 그들은 효과적인 기억전략도 더 많이 가지
고 있고 기억전략들간의 미묘한 차이도 이해할 수 있으며 자신의 기억능력에 대
해서도 현실적인 평가를 할 수 있다. 초등학교 3학년과 5학년 사이에 어떤 기억
전략이 더 효과적인지를 이해한다(Alexander 등, 2003).

초등학교 5학년 무렵, 아동은 결과와 상관없이 좋은 추론과 나쁜 추론을 구
별할 수 있고 요점기억이 문장 전체를 기억하는 것보다 회상하기 더 쉽다는 것
도 이해한다(Amsterlaw, 2006). 초등학교를 졸업할 무렵에 이르면, 학습자의 연령
과 동기, 효과적인 전략의 사용 그리고 과제의 본질과 어려움이 인지적 수행에
어떤 영향을 주는지를 종합적으로 고려할 수 있으므로 진정한 상위인지 능력이
획득된다.

그러나 초등학교 아동들은 인지적 자기규제(cognitive self-regulation)능력이
부족하기 때문에, 그들이 발달된 상위인지능력을 지니고 있다고 할지라도 우수
한 수행을 나타내기 어렵다. 인지적 자기규제란 수행과정을 모니터하고 결과를
체크하며 효과적이지 못한 노력을 수정하는 과정에 해당한다. 인지적 자기규제
능력의 발달이 저조한 초등학교 아동들은 효과적인 기억을 위해 무엇을 해야 하

는지를 알고 있으면서도 실제로 과제를 기억할 때 그들이 알고 있는 것을 모두 활용하지 못한다.

II. 지   능

지능이 무엇인지를 정의하는 방식은 연구자에 따라 다르다. 이 절에서는 심리측정적 접근과 정보처리적 접근에서의 지능을 고찰하고 지능검사 및 지능과 관련된 여러 요인들을 설명한다.

1. 지능이란 무엇인가?

현재까지 지능이 무엇인가에 대한 일치된 견해는 없다. 피아제(Piaget, 1950)는 지능을 "환경에 대한 적응능력"으로 정의한 바 있으나 다른 연구자들은 지능을 추상적으로 사고하는 능력 혹은 효과적으로 문제를 해결하는 능력이라고 정의한다(Sternberg, 1991). 지능연구의 초기에는 지능을 선천적 능력으로 정의하고 그것이 유전적으로 결정되기 때문에 임신되는 순간에 이미 고정되는 것으로 가정하였으나 최근에 와서 지능은 환경적 영향에 민감한 개인의 특성으로 인식된다.

1) 심리측정적 접근

심리측정적 접근은 표준화 지능검사를 개발하여 개인의 지능을 측정하고 지능점수를 계산하여 개인들간의 차이를 기술한다. 심리측정이론가들은 지능을 하나의 특성이나 특성들의 집합으로 정의하고 철저하게 양적 차원에서 지능을 설명하려고 한다. 그들은 요인분석(factor analysis) 방법을 사용하여 지능이 단일차원적인 인지능력인지 아니면 서로 다른 능력들의 조합인지를 규명하는 데 관심을 갖는다.

현재까지 요인분석 방법을 사용하여 지능을 정의한 연구자들을 정리하면 다음과 같다. 문제는 연구자에 따라 사용한 요인분석 방법이 다르고 사용하는 과제의 종류에 따라 요인분석의 결과가 달라지기 때문에, 요인분석 방법으로 지능이 무엇인지를 규명하는 것은 한계가 있다는 것이다.

① 스피아맨(C. Spearman, 1927): 지능은 일반능력인 g요인과 특별한 능력인 s요인으로 구성된다.

② 서스톤(L. Thurstone, 1938): 지능은 서로 독립적인 일곱 개의 기초정신능력(primary mental abilities), 즉 공간능력, 지각속도, 수리기술, 언어적 의미, 언어 유창성, 기억 그리고 귀납적 추론으로 구성된다.

③ 길포드(J. P. Guilford, 1967): 지능은 다섯 종류의 내용차원과 여섯 가지 유형의 조작차원 그리고 여섯 가지 종류의 산물차원을 포함하는 구조모델(structure-of-intellect model)로 구성되며 전체 180개(5x6x6)의 요인을 포함한다.

④ 혼과 카텔(Horn & Cattell, 1967): 지능은 유동적 지능(fluid intelligence)과 결정화된 지능(crystallized intelligence)의 두 차원으로 구성된다. 전자는 교육이나 문화의 영향을 거의 받지 않는 능력인 반면, 후자는 교육이나 다른 생활경험을 통하여 획득된 지식에 해당한다.

2) 정보처리적 접근

지능에 관한 요인분석적 접근에 대한 대안으로 정보처리적 접근에 기초한 지능이론들이 등장하였다. 정보처리적 접근에서는 아동의 개인차나 인지적 처리결과보다는 왜 어떤 아동은 그 문항을 해결할 수 있고 왜 어떤 아동은 그것을 해결할 수 없는지, 수행을 개선시키기 위해서는 어떤 기술이 요구되는지와 같은 인지적 처리과정에 관심을 갖는다. 이 분야의 대표적인 이론으로 가드너의 다중지능이론(multiple intelligences theory)과 스턴버그의 지능의 삼원이론(triarchic theory of intelligence)이 있다.

Howard Gardner
미국 하버드대학교 교수

(1) 가드너의 다중지능이론

하워드 가드너(Howard Gardner, 1993, 2000)는 정보처리기술이 어떻게 지적 행동의 기초가 될 수 있는지를 설명하려고 시도한 연구자 중의 한 사람이다. 그는 단일적인 IQ점수가 인간지능의 의미있는 측정치라는 생각을 거부하고 지능검사 개발자들이 무시한 많은 지능들이 존재한다는 다중지능이론을 제안하였다.

가드너는 표 8-1과 같이 여덟 개의 지능을 제안하였다. 그는 여덟 개의 지능은 각기 독립적이며 그 자체의 독특한 발달과정을 갖는다고 주장한다. 그 이

표 8-1 | 가드너의 다중지능

지 능	특 성	적합한 직업
언어적 지능	소리, 리듬, 단어의 의미 및 언의의 기능에 대한 민감성	시인, 언론인
논리 – 수학적 지능	수와 논리에 대한 민감성과 탐지능력 및 논리적, 체계적으로 사고하는 능력	수학자
음악적 지능	음의 고저, 리듬에 대한 감수성 및 심미적 소리를 생성하고 감상하는 능력	음악가, 작곡가
공간적 지능	시공간 관계를 정확하게 지각하고 그것을 변형하며 관련된 자극 없이 시각적 경험을 재생할 수 있는 능력	조각가, 항해사
신체 – 운동적 지능	의도나 목적을 표현하고 그것을 달성하기 위해 신체를 능숙하게 사용하는 능력	무용가, 운동선수
대인간 지능	타인의 기분, 기질, 동기 및 의도를 적절하게 탐지하고 반응하는 능력	심리치료사, 성직자, 외판원
개인내 지능	거의 모든 분야의 성공에 기여하는 능력으로 자기 자신의 감정과 장점, 약점, 욕구를 인식하는 능력	자신의 특성을 잘 알고 있는 현명한 사람
자연현상분석지능	모든 다양한 동물, 식물 그리고 광물을 인식하고 분류하며 자연세계의 독특성을 발견할 수 있는 능력	식물학자, 동물학자, 물리학자

출처: Gardner, 2000.

유는 많은 위대한 음악가나 운동선수들은 아동기에 그들의 소질을 나타내는 반면, 논리–수학적 지능은 청년기 이후에 확인될 수 있기 때문이다. 또한 여덟 개의 지능은 각기 뇌의 상이한 영역과 연결되고 신경학적으로 구별되는 특성을 지니고 있다는 것도 그 이유라는 것이다.

　가드너는 특히 다른 영역에서는 결함을 보이면서 오로지 한 영역에서 탁월한 능력을 보이는 석학증후군(savant syndrome)의 개인들을 지능의 독립성을 나타내는 증거라고 주장한다. 그러나 석학증후군의 개인들은 다른 분야의 능력으로부터 전혀 도움을 받지 못하기 때문에 그들의 능력은 기계적이고 융통성이 없다.

　실제로 특정 분야에서의 탁월성은 지능들의 조합을 요구한다. 재능 있는 음악가는 악보를 이해하기 위한 논리–수학적 지능과 가르침에 반응하기 위한 언어적 지능, 건반을 두드릴 수 있는 공간지능, 청중들에게 반응하는 대인간 지능 그리고 표현적으로 연주하기 위해 개인내 지능을 활용한다. 더욱이 예외적으로 재능 있는 사람들은 다양한 능력들을 함께 지니고 있을 뿐 아니라 지능의 일반요인(g요인)이 존재한다는 사실은 8개의 지능들이 서로 독립적이라는 가드너의 주장을 수용하기 어렵게 한다(Visser, Ashton, & Vernon, 2006).

(2) 스턴버그의 지능의 삼원이론

　전통적인 IQ검사가 개인의 지적 능력을 제대로 측정하지 못한다는 가드너의 주장에 동의하는 로버트 스턴버그(R. Sternberg, 2002, 2005)는 그림 8–5와 같이 인간의 지능은 분석적 지능(analytical intelligence)과 창의적 지능(creative intelligence) 및 실용적 지능(practical intelligence)으로 구성되어 있다고 제안한다.

Robert J. Sternberg
미국 예일대학교 교수

　① 분석적 지능: 모든 지적 활동의 기초가 되는 정보처리기술로 구성된다. 전략의 적용, 과제관련 지식과 상위인지능력의 획득 및 자기규제능력의 발휘를 모두 포함한다.

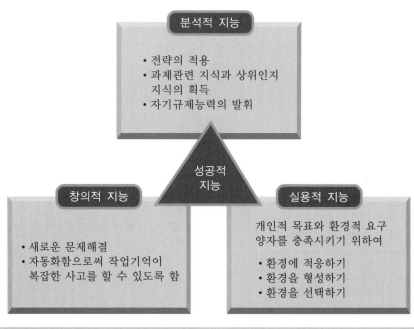

② 창의적 지능: 친숙한 과제보다 새로운 과제에 직면하여 좋은 아이디어와 문제해결책을 생성할 때 나타난다. 창의적인 사람은 새로운 과제가 주어지면 보통 사람들이 생각하지 못하는 방식으로 정보처리기술을 적용하고 이 기술들을 빠르게 자동화(automatization)함으로써 작업기억이 상황의 더 복잡한 측면을 처리할 수 있도록 한다.

③ 실용적 지능: 개인이 몸담고 있는 환경에 적응하는 능력으로 적응하기 어려울 때는 환경 자체를 변화시키거나 더 나은 환경을 만든다. 지능은 사회문화적 맥락에 의존하므로, 높은 지능을 갖는 사람은 개인의 욕구와 환경적 요구 사이에 적합도를 이루기 위하여 자신의 생각을 조절할 수 있는 사람들이다.

스턴버그와 그 동료들(Sternberg, 2003; Sternberg 등, 2001)은 미국, 러시아, 스페인, 핀란드의 아동과 청소년들에게 분석적, 창의적 그리고 실용적 기술을 측정하는 검사를 실시하고 요인분석을 통해 서로 구별되는 세 가지 지능을 확인함으로써 삼원이론의 타당성을 입증하려고 노력하고 있다. 지능의 삼원이론은 지적 행동의 복잡성을 강조하고 현재의 지능검사들이 갖는 문제점을 지적한다. 특히 성공을 위해 꼭 필요한 실용적 지능은 문화에 따라 우리가 지능으로 규정하는 행동이 다른 이유를 설명할 수 있도록 한다(Sernberg & O'Hara, 2000).

2. 지능의 측정

1) 아동용 지능검사

(1) 스탠포드-비네검사

프랑스의 알프레드 비네(Alfred Binet)와 사이먼(Simon)이 지체아동을 확인하기 위한 목적으로 제작한 최초의 지능검사인 비네검사는 현재 스탠포드-비네 지능검사 5판(Stanford-Binet Intelligence Scales, fifth edition)이 출판되었다. 2세부터 성인기까지의 지능을 측정할 수 있는 이 검사는 일반지능과 다섯 가지 지적 요인, 즉 유동적 추론, 양적 추론, 지식, 시-공간적 처리 그리고 작업기억을 측정한다(Roid, 2003).

각 요인은 언어검사와 비언어검사 문항을 모두 포함하며, 전체 10개의 하위검사로 구성되어 있다. 비언어적 하위검사들은 제한된 언어능력을 지니고 있거나 청력손상 혹은 의사소통 장애가 있을 때 유용하게 사용될 수 있다. 다섯 가지 지적 요인 중 양적 추론과 지식요인은 결정화된 지능을 측정하는 반면, 유동적 추론과 시-공간적 처리 그리고 작업기억 요인들은 문화적 편향이 적은 지적 특성들로서 유동적 지능을 측정한다.

2세와 7세 3개월 사이의 아동의 지능을 측정하기 위해 제작된 유아용 스탠포드-비네 지능검사(Stanford-Binet Intelligence Scale for Early Childhood)는 스탠포드-비네 지능검사 5판보다 더 적은 수의 문항을 포함하고, 유아기의 지적 결함을 진단할 수 있도록 한다.

(2) 아동용 웩슬러 지능검사

아동용 웩슬러 지능검사 4판(Wechsler Intelligenc Scale for Children-IV: WISC-IV)은 6세부터 16세까지의 아동과 청소년을 위한 검사로서 광범위하게 사용되고 있다. 또한 2세 6개월부터 7세 3개월까지의 유아용 웩슬러 지능검사 3판 (Wechsler Preschool and Primary Scale of Intelligence-III)도 있다(Wechsler, 2003). 웩슬러 검사는 일반지능과 다양한 요인들을 함께 측정할 수 있으므로 심리학자나 교육학자들이 선호하는 검사이다.

WISC-IV는 4개의 지적 요인, 즉 언어적 추론과 지각적 추론, 작업기억 그리고 처리속도를 포함한다. 각 요인은 2-3개의 하위검사를 포함하며 모두 10개의 분리된 점수를 산출한다. 또한 WISC-IV는 언어적 추리라는 단지 하나의 요인으로 문화의존적 능력인 결정화된 지능을 측정하는 반면, 지각적 추론과 작업기억 및 처리속도의 세 가지 요인으로 유동적 지능을 측정함으로써 문화적 편향이 적은 타당한 검사라는 평가를 받는다(Williams, Weiss, & Rolfhus, 2003).

국내에서는 웩슬러 아동용 지능검사 3판(K-WISC-III)이 표준화되었고(곽금주, 박혜원, 김청택, 2001) 이 검사의 단축형도 사용되고 있다(전영순, 황순택, 이숙희, 2008). 또한 한국교육개발원이 표준화한 아동용 웩슬러 지능검사(KEDI-WISC-R, 박영숙 등, 1991)와 한국형 유아지능검사(WIPPSI-R)가 표준화되어 사용되고 있다(박혜원, 곽금주, 박광배, 1996).

(3) 카우프만 아동용 지능검사

카우프만(Kaufman & Kaufman, 1983)에 의해 개발된 카우프만 아동용 지능검사(K-ABC: Kaufman Assessment Battery for Children)는 정보처리이론에 기초한 최초의 지능검사로 $2\frac{1}{2}$세부터 12세까지 아동의 지능을 측정할 수 있도록 설계되어 있다. 이 검사는 두 가지 유형의 정보처리기술, 즉 아동에게 다양한 자극을 동시에 통합하도록 요구하는 동시적 처리기술(imultaneous processing skill)과 단계적 방식으로 생각하도록 요구하는 연속적 처리기술(sequential processing skill)

을 측정한다.

이 검사는 주로 비언어적 문항으로 구성되어 있기 때문에 광범위한 문화의 아동들에게 실시될 수 있는 이점이 있으며 규준집단으로서 소수민족집단과 장애를 가진 아동집단을 포함한다. 더욱이 아동이 하나의 하위검사에서 처음 세 가지 문항 중 하나에 실패하면, 검사자는 힌트를 제공함으로써 그 과제를 해결할 수 있도록 도울 수도 있어 높은 교육적 가치도 지닌다.

그러나 연구자에 따라서는 K-ABC의 검사문항들이 지극히 제한된 정보처리기술을 측정한다고 비판하는가 하면 동시적 처리기술과 연속적 처리기술의 구분을 의문시하기도 한다. 국내에서는 문수백과 변창진(1997)이 한국판 K-ABC를 표준화하였고 확인적 요인분석을 사용한 문태형(1998)은 한국판 K-ABC의 이론적, 논리적 가설구조가 미국의 K-ABC와 거의 유사한 타당한 지능검사 도구임을 밝혔다.

2) 영아용 지능검사

영아는 매우 제한된 언어표현능력을 지니고 있기 때문에, 대부분의 영아용 지능검사들은 지각능력과 운동능력을 측정하도록 구성되어 있다. 영아의 주의는 쉽게 분산되기 때문에 검사실시의 어려움이 있지만, 연구자들은 발달상의 이정표를 기초로 영아의 지능을 측정하려고 노력한다.

(1) 게젤의 발달지수

영아의 지능을 측정하려는 최초의 시도는 아놀드 게젤(Arnold Gesell, 1934)에 의해 이루어졌다. 입양을 위해 아동을 분류할 목적으로 영아용 지능검사를 개발한 게젤은 영아의 행동을 네 가지 범주 즉, 운동적, 언어적, 적응적 그리고 개인적-사회적 범주로 구분하고 이 네 가지 하위점수를 합산한 점수를 발달지수(Developmental Quotient: DQ)로 명명하였다. 게젤에 의해 최초로 사용된 발달지수라는 용어는 동일연령의 다른 영아들과 비교한 수행정도로서 평균 DQ는 100점이다. 문제는 영아기 동안의 DQ가 아동기의 IQ와 높은 상관을 나타내지 않는다는 것이다.

(2) 배일리 영아발달척도

게젤의 지능검사를 기초로 낸시 배일리(Nancy Bayley, 1969)에 의해 제작된 배일리 영아발달척도(Bayley Scales of Infant Development)는 현재까지 가장 많이 알려지고 가장 광범위하게 사용되는 영아지능검사이다. 이 검사는 생후 2개월부터 30개월까지의 영아에게 실시될 수 있도록 설계되어 있다.

최신판인 배일리 영아발달척도 3판(Bayley-III)은 인지, 언어, 운동, 사회정서 및 적응의 다섯 가지 하위척도를 포함한다. 다섯 가지 척도 중 인지, 언어, 운동척도는 영아에게 직접 실시되고 사회정서와 적응척도는 양육자에게 실시된다. 배일리 3판은 이전의 1, 2판보다 임상적 상황에서 사용되기에 더 적절하다는 평가를 받는다(Lennon 등, 2008). 국내에서는 배일리 영아발달척도 3판의 표준화를 위한 예비연구들이 이루어지고 있다(이유진, 방희정, 이순행, 2009).

배일리 인지검사에서 지능이 높은 아기는 어떤 아기인가? 생후 6개월의 영아라면, 기쁨과 괴로움을 표현할 수 있어야 하고, 즉시 도달 가능한 대상물을 계속해서 탐색해야 하며, 영아 앞에 놓인 거울에 접근해야만 한다. 또한 생후 12개월의 영아는 금지된 행동을 억제할 수 있어야 하고 연구자가 말하는 단어(예: 엄마)를 따라 하며 간단한 요구(예: 밥 먹어)에 반응해야만 높은 지능을 가진 아기로 분류될 수 있다.

(3) 패이건의 영아지능검사

패이건의 영아지능검사(Fagan Test of Infant Intelligence)는 전적으로 습관화-탈습관화 문항으로 구성되어 있다(Fagan, 1992). 제6장에서 이미 설명한 것처럼, 시자극에 대한 습관화와 탈습관화의 속도는 영아의 지능과 높은 상관이 있다. 검사자는 영아를 어머니의 무릎에 앉히고 여러 장의 그림을 차례로 보여준 다음, 영아가 친숙한 자극과 짝지어진 새로운 자극을 얼마나 오랫동안 바라보는지 기록한다.

검사결과 동일한 자극에 더 빠르게 습관화되고 신기한 자극을 선호하는 영아는 더 유능한 정보처리자로 평가된다. 패이건 검사는 문화가 달라도 영아들이 유사한 수행을 나타낼 뿐 아니라 심각한 정신지체를 나타낼 아기를 효과적으로 선별할 수 있는 검사로 알려져 있다. 더욱이 게젤척도나 배일리 척도와는 다르게 이 검사로 측정된 영아의 IQ점수는 아동기 심지어 청년기 지능도 잘 예언하므로 최근 점점 더 많이 사용되는 추세에 있다(DiLalla, 2000; Kavsek, 2004).

3) IQ점수의 안정성

안정성(stability)이란 한 시점에서 측정한 IQ점수가 이후의 다른 시점에서 측정한 IQ점수를 얼마나 효과적으로 예언할 수 있는가의 문제이다. 즉 유아원에서 측정한 IQ점수는 이후 초등학교 혹은 고등학교에서의 IQ점수와 얼마나 유사한가?

IQ의 안정성을 연구하는 하나의 방법은 반복된 검사에서 얻은 점수들간의 상관을 계산하는 것이다. 이것은 특정 연령에서 그들의 또래와 비교하여 높은 점수나 낮은 점수를 얻은 아동이 이후의 연령에서도 계속해서 그런지 아닌지를 우리에게 말해준다. 다시 말하면 또래 아동과 비교한 상대적 위치가 시간경과에 따라 얼마나 잘 유지될 수 있는가를 의미한다. 연구자들은 상관계산을 통하여 IQ의 안정성에 대한 다음과 같은 두 가지 사실을 확인할 수 있었다.

① 최초의 검사시에 아동의 연령이 많으면 많을수록, 이후의 IQ를 더 잘 예언한다. 초등학교 입학 이전의 IQ는 초등학교 연령에서의 IQ를 잘 예언하지 못하지만, 6세가 지나면 .70이나 .80 이상의 상관을 나타냄으로써 효과적으로 예언할 수 있음을 나타낸다(Kaufman & Lichtenberger, 2002).

② 검사시기가 가까우면 가까울수록 IQ점수간의 상관은 더 높다. 한 종단연구에서, 4세 유아의 IQ점수는 5세 유아의 IQ점수와 .52의 상관을 나타내었으나 9세 아동의 IQ점수와는 .46 그리고 12세 아동의 IQ 점수와는 .42의 상관을 나타내었다(Schenider 등, 1999).

그렇다면 6세 이전에 측정한 IQ점수는 왜 이후의 IQ점수를 잘 예언하지 못하는가? 실제로 어린 아동용 검사는 주로 구체적 지식을 측정하는 문항으로 구성되어 있는 반면, 이후의 검사들은 주로 추상적 문제해결능력을 측정하는 문항으로 구성되기 때문이다. 또한 아동마다 지능발달의 속도가 다르기 때문에 연령이 증가하면 지능점수의 상대적 위치가 달라지는 것도 이후의 IQ점수를 예언하지 못하는 이유가 될 수 있다.

IQ의 안정성을 연구하는 또 다른 방법은 반복되는 검사에서 아동이 획득한 IQ점수의 프로파일(절대적 점수의 프로파일)을 조사하는 것이다. 종단연구들은 아동기와 청년기 동안 IQ점수에서 10-20점 혹은 개인에 따라서는 더 많은 동요가 일어난다고 보고한다(McCall, 1993; Weinert & Hany, 2003). 이때 가장 많은 변화를 보인 아동들은 연령증가와 함께 일관성 있게 증가하거나 감소한다.

IQ점수가 일관성 있게 증가한 아동들은 학업수행에서 보다 더 독립적이고 경쟁적이었다. 그들의 부모는 아동의 지적 성취에 많은 관심을 가지고 성공하도록 더 큰 압력을 가하면서도 합리적이고 민주적인 훈육을 실시하였다. 그러나 일관성 있게 감소한 아동들의 부모는 경제적으로 매우 가난하였고 성취를 위해 아동을 자극하거나 격려하는 일이 거의 없었으며 매우 가혹하거나 매우 느슨한 훈육을 실시하였다. 이러한 가정의 아동들은 성장함에 따라 동년배들보다 더 낮은 IQ점수와 성취도 점수를 획득하였다. 특히 부모의 이혼과 질병, 실직 혹은 가족의 죽음 등을 경험하는 아동일수록 IQ 점수에서 더 큰 하락을 경험하였다(Gutman, Sameroff, & Cole, 2003). 일찍이 클라인버그(Klineberg, 1963)는 이러한 현상을 환경적 누적-결손가설(environmental cumulative-deficit hypothesis)로 설명하였다. 즉, 가난한 환경이 지적 성장을 저해하고 이러한 부정적 효과는 시간경과와 함께 축적된다는 것이다.

4) IQ와 관련변인들의 관계

개인의 IQ점수는 자주 학교에서의 수행을 예언하기 위한 지표로 사용된다. IQ점수와 학업수행의 관계에 관한 연구들을 개관한 결과에 의하면(Deary 등,

2007), 둘 사이의 상관은 .40에서 .50 사이에 위치하며 평균 약 .50의 상관을 나타낸다. 따라서 더 높은 IQ점수를 갖는 아동이 더 좋은 성적을 얻고 더 오랫동안 학교에 재학하는 경향이 있다.

IQ점수는 아동의 정서적, 사회적 적응을 예언한다. 아동기 동안 높은 IQ점수를 획득하는 아동들은 또래들 사이에서 인기가 있다(Hogan, Harkness, & Lubinski, 2000). 그러나 높은 공격성을 나타내는 잘 적응하지 못하는 아동들은 정상 아동들보다 8점 정도 낮은 IQ점수를 나타내었다(Dodge, Coie, & Lynam, 2006).

일반적으로 부모의 사회경제적 지위가 높을수록 아동의 IQ점수가 더 높다. 보통 하류계층 아동들은 중류계층 동년배들보다 평균 10 – 20 정도 더 낮은 IQ점수를 획득한다(Helms, 1997). 그러나 이러한 차이는 어디까지나 평균적 차이일 뿐 실제로는 높은 SES를 갖는 아동들이 매우 낮은 IQ점수를 나타내는가 하면 낮은 SES를 갖는 아동들이 매우 높은 IQ점수를 나타내기도 한다.

지난 20세기 동안 전 세계의 모든 나라들에서 평균 IQ점수가 증가하였다. 제임스 프린(James Flynn, 1996)은 이런 현상을 자신의 이름을 따서 프린효과(Flynn effect)라고 명명하였다. 미국의 경우 매 10년마다 3 – 4점씩 증가하여 전체적으로 IQ점수는 20점 이상 증가하였다. 흥미롭게도 프린효과는 유동적 지능보다 후천적인 결정화된 지능에서 더 분명하게 나타났다.

Ⅲ. 창 의 성

1. 창의성이란 무엇인가?

창의성(creativity)이란 자주 신기한 반응이나 예술적 작품을 생산해 내는 능력으로 정의되지만, 지난 세기 동안 창의성에 대한 개념은 크게 변화하였다. 창의성 연구의 초기에는 주로 심리측정적 접근방법을 사용하여 창의성을 연구하였으나 최근에는 중다요인적 접근방법이 선호되고 있다.

1) 심리측정적 접근

순수하게 인지적 조망에서 창의성을 연구하는 사람들은 창의성을 길포드의 지능구조 모형에서 발산적 사고(divergent thinking)와 동일한 개념으로 정의한다. 발산적 사고란 과제나 문제에 직면했을 때 중다의 색다른 가능성을 산출하는 능력으로 하나의 단일적 정답을 도출하는 수렴적 사고(convergent thinking)와는 대비를 이룬다.

이 분야의 연구자들은 발산적 사고가 가능한 아동이나 개인을 확인하기 위하여 표준적인 다양한 검사를 실시한다. 그들은 언어검사나 그림검사로 구성된 창의성 검사를 사용하여 개인을 비교하기 때문에, 그들의 연구방법은 창의성에 대한 심리측정적 접근방법으로 불리어진다(Lubart, 1994).

그러나 이 접근방법을 비판하는 연구자들은 심리측정적 접근이 창의성 발달에 대한 우리의 이해를 증진시키기는 하였지만, 창의성을 구성하는 단지 한 가지 측면(인지적 측면)만을 다루기 때문에 일상생활에서의 창의성을 제대로 예측하지 못한다고 주장한다. 다시 말하면 창의성이 발휘되기 위해서는 개인의 인지적 측면 외에도 성격특성이나 동기적 요인 혹은 환경적 상황들이 고려되어야 하므로 심리측정적 견해는 창의성에 대한 불완전한 접근방법에 지나지 않는다는 것이다.

2) 중다요인적 접근

최근의 경향은 창의성이 하나의 단일적인 능력이 아니라 여러 가지 능력과 특성의 조합으로 구성된다고 보는 중다요인적 접근이 선호된다. 이 접근방법에 기초한 이론으로 스턴버그와 루바트(Sternberg & Lubart, 1996)의 창의성 투자이론 (investment theory of creativity)이 있다.

이 이론에 의하면, 사람은 여러 가지 과제에 에너지를 투자하며, 특히 다른 사람들이 중요하게 생각하지 않는 새롭고 신기한 과제에 에너지를 투자하는 사람들이 창의적인 사람이다. 이러한 사람들은 창의적이고 가치 있는 생산물을 고안해낼 수 있는 더 많은 기회를 가질 수 있다. 개인이 신기한 과제에 에너지를 투자할 수 있는지 아닌지는 개인의 다양한 지적, 성격적, 동기적 그리고 환경적 자원의 활용가능성에 달려 있다.

　스턴버그와 루바트가 중요시한 각 자원의 특성을 정리하면 다음과 같다.

　① 지적 자원: 문제를 발견하는 능력, 그것을 정의하는 능력, 높은 수준의 해결이 가능하도록 여러 개의 아이디어를 평가하는 능력 그리고 새로운 아이디어를 이해하는 데 필요한 지식 등을 포함한다.

　② 성격적 자원: 혁신적 스타일의 사고와 모호함이나 불확실성에 대한 인내 그리고 기꺼이 위험을 감수하고 독립적 판단을 할 수 있는 용기를 포함한다. 또한 창의적인 사람은 자율적이고 안정되어 있으며, 비사교적, 자기주장적, 자기수용적, 모험적, 지배적, 충동적 그리고 현상의 복잡성과 불균형을 선호하는 성격특성을 지니고 있다.

　③ 동기적 자원: 창의적인 사람은 목표집중적(goal focused)이 아니라 과제집중적(task focused)이다. 목표집중적인 사람은 학점이나 상과 같은 외적 보상을 중요시하고 하나의 과제에서 다른 과제로 관심을 분산시킴으로써 수행을 손상시킨다. 대조적으로 과제집중적인 사람은 성공에 대한 높은 표준을 설정하고 일에 대한 강한 열정과 지적 인내심을 가지며 강한 성취욕구에 의해 동기유발된다. 그들은 아이디어의 조작에서 기쁨을 느끼고 현재의 기법이나 방법을 개선하려는 욕구를 지니고 있기 때문에 과제 자체에 관심을 집중할 수 있다.

　④ 환경적 자원: 환경은 새로운 아이디어의 산출을 돕거나 저해하는 물리적, 사회적 조건을 제공할 수 있다. 재능 있는 아동에 관한 연구결과에 의하면 (Winner, 2000), 그들은 독서자료와 자극적 활동이 풍부한 가정을 가지고 있었고 그들의 부모는 아동의 지적 호기심을 자극하고 아동의 개인적 특성을 수용하는 경향이 있었다.

2. 창의적 사고과정

창의적 사고과정은 개인의 주관적이고 내적인 경험이기 때문에 그것을 객관적으로 규명한다는 것은 어려운 일이다. 단지 위대한 예술가와 과학자들의 창조적 경험을 분석함으로써 창의적 사고과정에 대한 단편적인 지식을 얻는 정도에 그치고 있다. 일찍이 월러스(Wallas, 1858-1932)는 창의적 사고과정을 네 개의 단계로 구분하였으나 최근의 연구자들은 제5단계로서 정교화 단계를 첨가하였다. 다섯 개의 단계로 구성되는 창의적 사고과정은 다음과 같다.

① 준비기(preparation): 관련된 문제에 대한 자료를 수집하고 관찰한다. 동시에 문제 자체의 타당성을 검토하고 지금까지 문제를 해결하지 못한 원인을 탐색한다.

② 부화기(incubation): 외부적으로는 진전이 없으나 사고하는 사람의 머릿속으로 문제에 대해 심사숙고하는 과정이다. 가설을 제기하기도 하고 그것을 부정하기도 한다.

③ 영감기(inspiration): "아하!"의 경험을 한다. 통찰을 얻게 됨으로써 새로운 창의적 산물이 도출된다.

④ 검증기(verification): 창의적 산물의 타당성 여부를 결정한다. 검증결과 타당성을 획득하지 못한 아이디어는 폐기된다.

⑤ 정교화(elaboration): 가장 긴 시간을 요구하는 이 단계는 타당성을 획득한 아이디어를 수정하고 다듬는 과정에 해당한다.

다섯 개의 창의적 사고단계는 우리에게 아이디어가 어떻게 산출되는가에 대한 통찰을 제공해준다. 그러나 실제로 창의적인 사람은 다섯 개의 단계를 직선적으로 거쳐가면서 아이디어를 산출하는 것은 아니다(Csikszentmihalyi, 1996). 때로 부화기 동안에 정교화 작업이 함께 이루어지는가 하면, 부화기는 물론 검증기나 정교화 단계 동안에도 새로운 통찰이 일어날 수 있다.

3. 창의성의 측정

현재 사용되고 있는 지능검사로는 개인의 창의성을 측정해 내지 못한다. 대부분의 창의적인 사람들은 높은 지능을 지니고 있지만 그 역은 성립되지 않기 때문에(Sternberg & O'Hara, 2000), 창의성만을 측정할 수 있는 검사가 요구된다.

심리측정적 접근방법에서 제작된 창의성 검사는 아동의 다양한 대답을 유도할 수 있도록 개방형 질문으로 구성되어 있다. 흔히 사용되는 창의성 검사로서 관념적 유창성(ideational fluency) 검사의 문항예를 들면, "병 뚜껑을 사용할 수 있는 모든 가능한 용도를 말하라," "소리 낼 수 있는 물건들의 이름을 말하라," "…에 대한 이야기를 만들어라"와 같이 아동의 다양한 대답을 이끌어 내려고 노력한다.

특히 토런스(Torrance, 1969)의 창의적 사고검사는 그림검사와 언어검사로 구성되어 있으며 모두 A형과 B형의 두 가지 형태로 설계되어 있다. 언어검사는 유치원 아동에서부터 초등학교 3학년까지의 아동을 위한 개인검사와 초등학교 4학년 아동부터 대학원 학생을 위한 집단검사를 포함하는 반면, 그림검사는 유치원 아동부터 대학원 학생까지 실시가능하다.

언어검사는 다음과 같은 7개의 항목으로 구성되어 있다.

① 질문하기: 그림을 제시하고 그림 속에 무엇이 일어나고 있는지를 질문한다.

② 원인을 추측하기: 그림을 보고 현재 일어나고 있는 일의 원인을 가능하면 많이 추측하게 한다.

③ 결과를 추측하기: 그림 속의 사건에 의해 일어날 수 있는 가능한 일들을 추측하게 한다.

④ 작품의 개선: 조그만 봉제 완구 코끼리를 아동에게 보여주면서 "이 장난감 코끼리를 더 재미있게 가지고 놀 수 있도록 코끼리를 변화시켜라. 비용은 걱정하지 않아도 좋다. 너는 단지 장난감을 더 재미있게 가지고 놀 수 있도록 만든

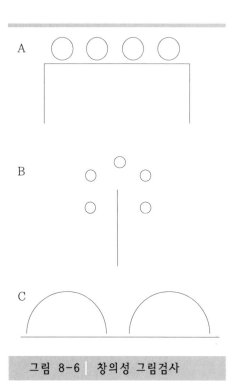

A

B

C

그림 8-6 | 창의성 그림검사

다는 것만 생각하면 된다"고 말한다.

⑤ 마분지 상자의 특수한 사용: 빈 마분지 상자를 흥미 있고 독특하게 사용할 수 있는 방법을 생각하게 한다.

⑥ 색다른 질문: 다른 사람의 관심과 호기심을 유발시킬 수 있도록 특정의 물건에 대한 질문을 생각해 내도록 한다.

⑦ 가정해 보기: 결코 일어날 수 없는 불가능한 상황을 제시하고, 그 상황이 사실이라고 할 때 일어날 수 있는 흥미 있는 일들을 상상하게 한다.

그림검사는 그림 8-6과 같이 여러 가지 대답이 나올 수 있는 그림들로 구성되며 각 그림이 무엇같이 보이는지를 질문한다. 토런스의 창의적 사고 점수는 많은 수의 아이디어를 산출하는 유창성 점수(반응총수), 다양한 방식으로 문제에 접근하는 융통성 점수(반응유목의 수), 기발하고 독특한 아이디어를 산출해내는 독창성 점수(전체 피험자 중 2% 이하의 연구대상자들이 응답한 희귀한 반응수) 그리고 아이디어의 정교한 정도를 나타내는 정교성 점수로 계산되며 각 점수를 모두 합산하여 창의성 점수로 한다. 토런스의 그림검사 점수는 연령에 따른 변화를 나타내지 않았으며 언어검사 점수는 초등학교 6학년 이후에는 거의 변화가 없었다.

창의성 검사들은 개인이 높은 창의성을 지니고 있다면, 어떤 영역에서도 높은 창의성을 발휘할 수 있다는 입장을 취한다. 그러나 과학영재, 수학영재, 언어영재와 같이 특정 영역에서만 창의성을 발휘할 수 있는 사람들이 있기 때문에, 최근에는 영역특징적 창의성을 측정하려고 노력한다(강승희, 김정섭, 2003; 한기순, 2000; Baer, 1999).

4. 아동기의 창의성

일반적으로 창의성 점수는, IQ점수와는 다르게, 인종이나 사회경제적 수준에 따라 차이가 없으며, 유전적 영향과도 상관이 없다. 쌍생아들은 서로 유사한 창의성 점수를 갖기는 하지만, 일란성 쌍생아들의 창의성 점수가 이란성 쌍생아들의 창의성 점수보다 특별히 더 유사한 경향을 나타내지 않는다(Plomin, 1990). 이러한 결과는 가정환경적 특성이 창의성 점수에 영향을 준다는 것을 의미한다.

개인의 창의성은 연령증가에 따라 변화하는가? 가드너(Gardner, Phelps, & Wolf, 1990)는 초등학교 입학 이전의 유아들이 가장 창의적이고 초등학교 시기에 이르면 창의적 표현은 점차 감소한다고 제안한다. 그 이유는 주위 성인들이 요구하는 정답을 찾아내려고 아동이 애쓰기 때문이라는 것이다. 따라서 창의성은 IQ점수처럼 예측가능한 개인의 특성이 아니며 환경적 조건에 따라 감소될 수도 있고, 증가될 수도 있다. 물론 일치를 강요하는 환경조건에 처하면 창의성의 발현은 중단되기 쉽다.

부모와 아동의 상호작용을 연구한 결과에 의하면, 창의적 아동의 부모들은 다음과 같은 특성을 지니고 있었다(Winner, 2000).

① 아동을 있는 그대로 수용한다.
② 아동의 생각과 가치를 활용하고 인내심이 강하다.
③ 창의적 표현을 기꺼이 보상하고 격려한다.
④ 처벌적 훈육을 사용하는 비율이 낮다.
⑤ 아동의 능력을 믿고 아동 스스로 탐색할 수 있도록 많은 자유를 허용한다.

따라서 강압적이고 독재적이며 빨리 하라고 독촉하는 부모의 자녀들은 창의적 개인으로 성장하기 어렵다. 아동의 잠재가능성을 믿고 용기를 북돋아 주며 칭찬하는 부모들은 아동의 창의적 재능을 꽃피울 수 있을 것이다.

[4부]

사 회 적   발 달

아동심리학

[4부] 사회적 발달

사회적 동물인 인간은 타인과 조화롭게 살아가기 위해

인지발달과 함께 다양한 사회적 발달을 이루어야 한다.

아동은 출생 직후부터 선천적인 기질적 특성과 양육자와의 상호작용 경험을 기초로

정서발달과 성격발달을 이루고 자신의 성역할을 학습한다.

이 과정에서 자기에 대한 이해와 타인에 대한 이해가 발달한다.

제4부는 개인의 사회적 특성에 해당하는 내용들을 세 개의 장으로 나누어 고찰한다.

제9장에서는 기질, 애착 및 정서의 발달을,

제10장에서는 자기 및 타인에 대한 이해와 성역할의 발달을, 그리고

제11장에서는 도덕성과 자기통제의 발달을 차례로 다룬다.

제4부를 통하여 사회적 존재로서의 아동이

어떻게 적응적 개인으로 성장해가는지를 이해하게 될 것이다.

[4부] 사회적 발달

제9장 기질, 애착 및 정서의 발달

I. 기질의 발달
 1. 기질의 구성요소
   1) 뉴욕종단연구 모형
   2) 카간의 모형
   3) 로스바트와 베이츠의 모형
 2. 기질의 측정
   1) 행동평정
   2) 생리적 반응의 평정
 3. 기질에 미치는 유전과 환경의 영향
 4. 기질과 양육: 적합도 모델
II. 애착의 발달
 1. 애착형성이론
   1) 애착의 초기이론들
   2) 볼비의 동물행동학적 이론
 2. 애착형성의 요인
 3. 애착형성의 과정
   1) 애착형성의 단계
   2) 낯가림과 격리불안
 4. 애착의 평정과 질적 특성
   1) 애착의 평정
   2) 애착의 질적 특성
 5. 애착 안정성에 영향을 주는 요인
   1) 모성박탈
   2) 양육의 질적 특성
   3) 영아의 특성
   4) 부모의 내적 작동모델
III. 정서발달
 1. 정서의 기능
   1) 정서와 인지처리
   2) 정서와 사회적 행동
   3) 정서와 신체건강
   4) 정서와 자기인식
 2. 정서표현의 발달
   1) 기본정서의 발달
   2) 자의식적 정서의 발달
   3) 정서적 자기규제
   4) 정서표출규칙의 획득
 3. 타인의 정서에 대한 이해와 반응
   1) 영아기의 발달
   2) 유아기의 발달
   3) 아동기의 발달

제 9 장

...기질, 애착 및 정서의 발달...

![발달]의 정서적 측면은 오랫동안 인지적 측면에 대한 연구가 우선되고 중요시되면서 무시되는 경향이 있었으나 이 분야의 많은 연구들은 정서가 인간경험의 모든 측면에서 중심적 역할을 한다고 주장한다. 특히 인생초기에 발달하고 아동의 생존을 가능하게 하는 정서는 개인의 기질은 물론 양육자에 대한 애착과 밀접히 연결되어 있으므로 이 장에서는 기질과 애착의 발달을 먼저 설명하고 마지막으로 정서발달을 논의한다.

I. 기질의 발달

출생 직후부터 신생아는 그의 독특함을 나타내기 시작한다. 한 자녀 이상을 양육한 경험이 있는 부모들은 유사한 양육조건에서 성장하는 자녀들이 큰 차이를 나타낸다는 것을 안다. 이러한 차이는 기질(temperament)에 그 원인이 있다. 기질이란, 성인성격의 기초를 형성하는 심리적 특성으로 비교적 일관성 있고 기본적인 선천적 경향성으로 인식된다.

1. 기질의 구성요소

기질이 어떤 요인으로 구성되어 있는지를 설명하는 방식은 연구자에 따라 차이가 있다. 기질의 구성요소를 설명하는 최초의 모형인 뉴욕종단연구 모형과 최근의 모형을 차례로 소개한다.

1) 뉴욕종단연구 모형

뉴욕종단연구 모형은 토마스와 체스(Thomas & Chess, 1977)에 의해 1956년에 시작된 뉴욕종단연구(New York Longitudinal Study)를 통해 확인된 기질모형으로, 기질을 구성하는 아홉 개의 요인을 제안한다. 즉, 생물학적 규칙성, 활동수준, 새로운 자극에 대한 접근과 회피, 적응성, 감각적 역치, 기분의 질적 특성, 기분표현의 강도, 산만성 및 지속과 주의집중시간 등이 그것이다.

연구자들은 이 아홉 가지 요인들을 바탕으로 다음과 같은 세 가지 기질유형으로 아동을 분류하였다.

① 순한 아동(easy child): 약 40%의 아기들이 이 유형에 해당한다. 이 아기들은 생물학적 규칙성과 주기성을 지니고 있으므로 규칙적인 수면과 식사가 가능하다. 그들은 명랑하고 새로운 음식물이나 사람들에게 쉽게 적응하며 좌절하지 않는다.

② 까다로운 아동(difficult child): 이 유형의 아기들은 불규칙한 생활을 하고 새로운 자극으로부터 위축되며 변화에 대한 적응이 느리다. 기분은 거의 항상 저조하고 지나치게 강하게 반응하거나 부정적으로 반응한다. 약 10%의 아기들이 이 유형에 포함된다.

③ 반응이 느린 아동(slow-to-warm-up child): 이 유형의 아기들은 활동적이지 못하고 소리 없이 자극으로부터 위축한다. 기분은 저조하고 점진적으로 흥미를 느낄 수 있

Alexander Thomas

Stella Chess

는 상황에서만 자극에 대해 관심을 나타낸다. 약 15%의 아기들이 이 유형에 속한다.

위에 제시된 세 가지 기질유형 중 까다로운 유형은 가장 많은 적응문제를 나타낸다. 뉴욕종단연구에서 까다로운 아기로 분류된 아기들의 약 70%가 아동기 동안 행동문제를 나타내었으나 순한 아동으로 분류된 아기들 중 행동문제를 나타낸 아동은 18%에 지나지 않았다.

그러나 반응이 느린 아동들은 유아기에는 많은 문제를 나타내지 않았으나 초등학교에 입학하고 또래집단과 어울리게 될 때 문제를 일으켰다. 이 아동들은 활동수준이 낮고 환경자극에 대한 반응이 느리기 때문에, 능동적이고 빠르게 행동하도록 요구하는 또래의 요구에 제대로 적응하지 못하였으며, 약 50%가 적응문제를 나타내었다.

토마스와 체스의 모형에 의해 아동은 기질적 차이를 지니고 있고 이 차이는 지속될 수 있다는 것이 확인되었으나, 약 35%의 아기들이 어느 유형에도 분류되지 못하여 기질을 분류하는 또 다른 모형을 필요로 하였다.

2) 카간의 모형

카간(Kagan, 2000)에 의해 제안된 기질모형은 기질을 억제형(inhibited)과 비억제형(uninhibited)의 두 가지 유형으로 구분한다. 생후 7-9개월경에 처음 나타나는 억제형은 낯선 사람이나 상황을 회피하고 불가피하게 그 상황에 처하면 심하게 괴로워하며 정서표현을 억제한다. 반면 비억제형은 외향적이고 사교적이며 낯선 사람을 만나면 오히려 즐거워할 정도로 용감하다.

카간은 억제형의 기질이 영아기부터 유아기까지 상당히 안정적으로 유지된다는 것을 확인하였다. 한 연구에서(Pfeifer 등, 2002) 기질을 억제형과 비억제형 및 중간형으로 구분하였을 때, 상당수의 억제형 아동들이 7세 무렵에 중간형으

제4부 사회적 발달

로 이동하기는 하였지만 억제형과 비억제형의 기질은 그대로 유지되고 있었다.

3) 로스바트와 베이츠의 모형

가장 최근에 제안된 모형으로 로스바트와 베이츠(Rothbart & Bates, 2006)는 다음과 같이 기질의 3모형을 제안하였다.

① 외향성/변동성: 긍정적 기대와 충동성, 활동수준 및 감각추구를 포함하며 카간의 비억제형과 유사하다.

② 부정적 정서성: 공포, 좌절, 슬픔 그리고 불유쾌를 포함한다. 이 유형의 아동은 조그마한 일에도 괴로워하고 안달하며 자주 운다. 카간의 억제형과 일치하고 부정적인 정서적 반응성이나 과민성은 토마스와 체스가 분류한 까다로운 아동과 일치한다.

③ 통제노력(자기규제): 주의집중과 주의 이동, 억제적 통제, 지각적 민감성 및 낮은 강도의 즐거움을 포함한다. 높은 수준의 통제노력(effortful control)을 하는 영아는 각성수준을 적정하게 유지하고 자신을 달래는 전략을 지니고 있는 반면, 낮은 수준의 통제노력을 하는 영아는 자주 자신의 각성수준을 통제하지 못하고 쉽게 동요하며 강하게 흥분한다.

로스바트(Rothbart, 2004)에 의하면, 초기의 기질모형들이 긍정적 혹은 부정적 정서나 각성수준에 의해 영향받는 정도를 강조하였다면, 최근의 기질모형들은 통제노력을 강조하고 스트레스 상황에서 개인은 보다 더 인지적이고 융통성 있는 접근을 할 수 있다고 주장한다. 그러나 영아의 모든 기질적 특성이 생후 1년 동안 일관성 있게 나타나는 것은 아니다. 그 예로서 긍정적 정서성은 영아기 후반에 보다 안정적으로 나타나는 반면, 외향성/변동성은 2-4세에 이르러 분명해진다. 이 시기 동안 유아의 주의력이 개선되므로 개선된 주의력은 통제노력의 증가를 가져오고 그것은 자기조절능력의 기초가 된다(Rothbart, 2009).

2. 기질의 측정

아동의 기질을 측정하기 위하여 행동평정방법이 많이 사용되나 최근에는 새로운 방법으로 생리적 반응을 측정하는 방법들이 활용되고 있다.

1) 행동평정

기질은 연구자의 직접적 관찰은 물론 소아과 의사, 교사, 그리고 아동을 잘 아는 다른 사람에 의한 행동평정으로 측정되기도 하고 부모와의 면접이나 질문지를 통해 평정될 수도 있다. 특히 아동에 대한 부모의 보고는 자료수집의 편리함뿐 아니라 부모가 아동에 대해 가장 잘 알고 있기 때문에 중요시된다.

아동에 대한 부모의 평정은 제삼자가 아동을 관찰한 결과와 매우 유사하다는 결과도 있지만(Majdandzic & van den Boom, 2007), 자주 편향되고 주관적이라는 비판을 받는다(Forman 등, 2003). 그럼에도 불구하고 아동에 대한 부모의 지각은 부모가 아동을 바라보는 방식이나 아동에게 반응하는 방식을 이해하는 데 유용하게 활용될 수 있으므로 효과적으로 사용하는 것이 바람직하다.

2) 생리적 반응의 평정

기질의 생리적 기초를 탐색하기 위하여 연구자들은 심리생리적 측정에 관심을 갖는다. 1990년대에 들어와서 새로운 기법으로 등장한 심리생리적 지표들은 직접적 관찰과 같이 기질의 기원에 대한 이해를 제공하는 외에, 아동에 대한 부모의 보고에서 자주 문제가 되는 주관적 요소가 배제될 수 있다는 이점이 있다.

심리생리적 반응의 측정은 억제형 아동과 비억제형 아동을 구분한 연구에서 주로 사용되며, 다음과 같이 심장박동과 호르몬 수준 그리고 대뇌피질의 전두엽에서 측정한 EEG 파형에 의해 두 가지 유형의 기질이 구분된다.

① 심장박동: 출생 후 처음 수주 이내에 억제형 아기의 심장박동은 비억제형 아기의 심작박동보다 일관성 있게 더 많았고 친숙하지 못한 사건에 반응하여

더 빨라졌다.

② 호르몬 수준: 혈압을 조절하고 스트레스에 대처하는 호르몬인 코르티솔(cortisol) 수준은 비억제형 아기보다 억제형 아기에서 일관성 있게 더 높았다.

③ EEG 파형: 억제형 영아와 유아는 우반구 대뇌피질의 전두엽 파형이 좌반구 대뇌피질의 전두엽 파형보다 유의하게 더 큰 특징을 지니고 있었고 비억제형 아기들은 그 반대의 양상을 나타내었다.

카간(Kagan, 1994)은 개인의 기질에 따라 뇌의 편도핵(amygdala)부위의 각성 정도에 차이가 있다고 주장한다. 즉 억제형의 아동들은 신기한 자극이 제시되면, 편도핵 및 그것과 연결된 대뇌피질 그리고 교감신경이 쉽게 흥분함으로써 신체가 위험에 대처할 수 있도록 준비하게 하는 반면, 비억제형의 아동들은 동일한 수준의 자극에도 극히 적은 양의 신경흥분을 경험할 뿐이었다.

3. 기질에 미치는 유전과 환경의 영향

아동은 독특한 기질적 특성을 지닐 수 있는 생리적 경향성을 부모로부터 물려받는다(Kagan, 2007, 2009). 기질과 생리적 경향성의 연결은 기질이 유전된다는 것을 의미하지만, 성장과정에서 환경과의 상호작용을 통해 개인의 기질적 특성은 어느 정도 수정될 수 있다. 그러므로 억제형의 아동도 공포와 불안을 어느 정도 감소시키는 것을 학습할 수 있다.

기질이 전적으로 유전에 의해 결정된다면 기질은 지극히 안정적인 개인의 특성일 수 있지만, 기질이 환경적 영향에 민감하다면 기질은 큰 변화가능성을 지닐 수 있다. 그러나 주의력이나 과민성, 사교성 혹은 수줍음 등에서 높거나 낮은 점수를 받는 영아와 어린 아동들은 수개월이나 수년 후 혹은 성인기에 측정한 기질 검사에서도 유사한 반응을 나타내어 기질적 특성이 지속되고 있음을 보여준다(Kochanska & Knack, 2003; Majdandzic & van den Boom, 2007). 따라서 지나치게 사교적이거나 수줍어하는 양극단의 기질적 특성은 큰 변화 없이 그대로 유지되므로 유치원 연령에서 지극히 수줍은 유아가 지극히 사교적인 아동으로 변화되기는 어렵다.

중요한 것은 기질이 생물학적 특성에 기초하면서도 행동의 한 측면으로서 발달한다는 것이다. 아동의 경험이 증가하면 선천적인 기질적 경향성은 아동의 성격을 특징짓는 일련의 자기지각과 행동적 선호 속으로 통합됨으로써 기질의 안정성은 그렇게 높지 않다(Thompson & Goodvin, 2007). 기질의 안정성에 대한 장기적 예측은 보통 3세 이후에 가능하다. 그 이유는 이 시기에 아동의 정서와 주의력 및 행동체계가 확립되고 통제노력이 발달하며, 충동을 억제하는 전두엽의 영역들이 빠르게 발달하기 때문이다(Li-Grining, 2007).

4. 기질과 양육: 적합도 모델

아동의 기질적 경향성이 학습이나 사회성 발달을 방해한다면, 성인은 아동의 부적응적 행동을 수정해줄 필요가 있다. 토마스와 체스(Thomas & Chess, 1977)는 바람직한 결과를 산출하기 위하여 기질과 환경이 어떻게 상호작용해야 하는지를 기술하기 위하여 적합도 모델(goodness-of-fit model)을 제안하였다. 적합도는 아동의 기질적 특성과 양육환경의 조화 정도를 의미하기 때문에, 높은 적합도는 아동의 기질적 특성을 인식하고 아동이 적응적 기능을 할 수 있도록 돕는 양육환경을 만듦으로써 가능하다.

특히 까다로운 아기집단으로 분류된 신생아들은 처음에는 부모의 관심을 불러일으키고 부모로부터 더 많은 자극을 받는다. 그러나 아기를 달래고 즐겁게 해주려는 부모의 노력이 효과를 거둘 수 없을 때, 부모는 당황하고 분노를 느끼며 자기연민에 빠지게 된다. 이제 까다로운 영아들은 점차 민감한 양육을 받지 못하게 되며, 2세 정도에 이르면 부모는 이미 처벌적이고 일관성 없는 훈육방식을 사용함으로써 아동의 반항행동과 불복종행동을 강화한다.

거칠고 일관성 없는 훈육과 까다로운 기질의 연합은 아기를 반항적, 신경과민적으로 성장하게 하고 갈등적 부모 – 자녀관계를 형성함으로써 보잘것없는 적합도를 이루게 한다. 대조적으로 아기의 부정적 행동에도 불구하고, 부모가 긍정적이고 아기에게 적절한 관심을 보이며 행복하고 안정된 가정생활을 영위하면 영아의 까다로움은 점차 감소된다(Raikes 등, 2007).

적합도 모델은 영아는 독특한 기질을 지니고 세상에 태어나며 성인은 그것을 수용할 필요가 있음을 우리에게 시사한다. 좋은 적합도를 이룰 수 있기 위해서는 아동이 어떤 기질적 특성을 지니고 있든, 그것과 조화를 이룰 수 있는 양육이 제공될 수 있어야 한다. 수줍어하고 활동성이 낮은 영아나 유아에게는 자주 질문하고, 지시하고, 가르치는 어머니 행동에 의해 그들의 환경탐색능력이 촉진될 수 있다. 그러나 동일한 부모행동은 매우 활동적인 아동에게는 오히려 호기심을 약화시킴으로써 탐색능력을 저하시킨다. 아동의 기질과 어머니의 양육행동과의 관련성은 국내에서도 여러 연구를 통해 입증되고 있다(김은경, 2009; 박성연, 케네스 루빈, 2008).

Ⅱ. 애착의 발달

우리는 일생 동안 여러 사람에게 애착(attachment)을 형성한다. 부모를 포함하여 친척, 친구, 선생님 및 사랑하는 사람, 모두 중요한 애착대상들이다. 이때 애착은 관계를 지속하기 원하는 특정한 두 사람 사이의 애정적 유대관계를 의미한다. 그러나 발달심리학적 용어로 애착은 영아와 양육자 사이에 형성되는 가까운 애정적 유대관계로 정의되며, 보통 영아는 일차적 양육자인 어머니에게 애착을 형성한다.

1. 애착형성이론

애착 하면 볼비(Bowlby, 1969, 1989)가 생각날 정도로 볼비의 동물행동학적 이론(ethological theory)은 대표적인 애착형성이론이다. 볼비 이외의 초기 연구자들은 영아의 애착형성에 관해 설명하기는 하였지만, 단지 발달이론의 틀 내에서 부분적으로 설명하는 데 그치고 있다.

1) 애착의 초기이론들

애착의 초기이론에는 정신분석이론, 학습이론 그리고 인지발달이론이 있다. 정신분석학자인 프로이트(S. Freud)와 에릭슨(Erik Erikson)은 영아는 구강만족을 제공하는 사람이나 대상물에 애착한다고 가정하였으므로 음식물은 가까운 정서적 유대를 형성하게 하는 중심적 맥락이다. 이때 어머니는 영아에게 음식물을 제공하는 주된 역할을 하므로 대부분의 영아에게 어머니는 가장 중요한 애착대상이다.

학습이론 또한 음식물의 중요성을 강조하지만 그 이유는 다르다. 학습이론에 의하면, 영아의 배고픔(일차적 동기) 욕구를 충족시켜주는 양육자는 배고픔의 해소와 짝지어져 이차적 혹은 학습된 동기(secondary or learned drive)가 되므로, 영아는 양육자의 부드러운 접촉, 따뜻한 미소, 위로의 말을 포함하여 음식물을 동반하는 모든 종류의 자극을 좋아하게 된다. 이와 같이 양육자인 어머니는 이차적 강화자(secondary reinforcer)의 지위를 획득하게 됨으로써 영아는 어머니에게 애착된다는 것이다.

한편 인지발달이론에서는 애착은 영아의 인지발달수준에 의존한다고 주장한다. 이 이론에 의하면, 영아가 어머니에게 애착을 형성할 수 있기 위해서는 기본적으로 어머니와 어머니 아닌 사람을 구별할 수 있어야 하며, 동시에 애착대상이 영속적으로 존재한다는 것을 인지할 수 있는 대상영속성 개념을 획득해야 한다. 만약 영아가 눈을 감을 때마다 사람이나 대상물이 사라진다면 애착형성은 불가능할 것이다. 인지발달이론에 의하면, 영아가 양육자에 대한 애착을 형성하는 생후 6, 7개월경이 처음으로 숨겨진 대상물을 찾아낼 수 있는 감각운동기의 네 번째 하위단계(2차 순환반응의 협응)라는 사실은 애착형성이 대상영속성의 발달에 기초한다는 것을 의미한다.

2) 볼비의 동물행동학적 이론

John Bowlby

제2장에서 설명한 동물행동학적 이론에 의하면, 인간의 많은 행동은 개인의 생존을 촉진시키기 때문에 종의 역사에서 진화해 왔다. 이 생각을 최초로 영아-양육자 관계에 적용한 볼비(John Bowlby, 1969)는 양육자에 대한 애착행동은 영아의 생존을 증가시키므로 진화되었다는 입장을 취한다. 원래 정신분석학자였던 볼비는 영아-양육자 관계에 대한 진화론적 관점과 함께 애착의 질이 영아의 안정감과 신뢰로운 관계를 형성하는 능력에 영향을 준다는 정신분석이론의 가정을 수용하였다.

볼비는 제2장에서 설명한 콘라드 로렌쯔(Konrad Lorenz)의 각인실험에 의해서도 영향을 받는다. 그는 동물의 새끼들과 같이 인간 영아도 어머니 가까이에 머물고 위험으로부터 보호받을 수 있는 기회를 증가시키는 유발자극들을 생득적으로 지니고 있다고 가정하였다. 따라서 어머니와 영아의 애착관계는 어머니가 영아의 미소, 울음, 매달리기와 같은 유발자극에 반응함으로써 시작된다.

볼비에 의하면, 양육자와의 접촉은 영아의 음식물 섭취를 보장하기는 하지만 음식물이 애착형성의 기초는 되지 못한다. 실제로 애착은 격리되어 양육되지 않는 모든 종에서 나타나며 환경적 변이에 의해 거의 영향을 받지 않는 진화된 행동이므로 스스로 보살핌을 이끌어내는 영아와 어머니 사이의 상호관계 내에서 형성된다. 다시 말하면 애착유대는 생물학적인 것으로 종의 생존을 증가시키는 진화의 틀 내에서 가장 잘 이해될 수 있다는 것이 볼비의 주장이다.

2. 애착형성의 요인

정신분석학자나 학습이론가들의 주장대로, 음식물이 어머니와 아기를 연결하는 중요한 맥락이기는 하지만 애착은 배고픔의 만족에 의존하지는 않는다. 할

새끼 원숭이는 철사 어미에게서 우유를 먹을 때에도 벨벳 어미에게 매달려 우유를 먹음으로써 벨벳 어미에 대한 강한 애착을 나타내었다.

그림 9-1 Harlow와 Zimmerman 연구에 사용된 철사 어미와 벨벳 어미

로우와 짐머만(Harlow & Zimmerman, 1959)의 실험은 수유나 음식물이 아니라 접촉이 중요한 애착형성 요인임을 분명하게 제시한다.

할로우와 짐머만은 철사로 만든 어미 원숭이와 부드러운 벨벳으로 만든 어미 원숭이를 우리 속에 나란히 넣고 각각 우유병을 매달아 놓았다. 출생하자마자 어미로부터 분리된 새끼 원숭이들의 절반은 철사 어미에게서 우유를 먹고 나머지 절반은 벨벳 어미에게서 우유를 먹도록 설계되었다.

실험결과 어느 쪽 어미에게서 우유를 먹든, 새끼 원숭이들은 대부분의 시간을 벨벳 원숭이 곁에서 보냈으며 우리 속에 공포자극이 나타났을 때 모든 새끼 원숭이들은 벨벳 어미에게로 달려가 매달렸다. 심지어 그림 9-1과 같이 철사 어미에게만 우유병이 매달려 있을 때에도 몸을 벨벳 어미에게 부착시킨 채 철사 어미의 우유를 먹음으로써 벨벳 어미에게 강한 애착을 나타내었다. 이러한 결과는 애착형성에 중요한 요인은 수유나 배고픔의 해소가 아니라 접촉위안(contact comfort)이라는 것을 제시한다.

인간 영아의 경우, 음식물을 먹여주는 일이 거의 없는 아버지, 형제자매 그리고 조부모들에게도 애착을 형성한다는 것은 애착이 수유에 의존하지 않는다는 것을 보여주는 또 다른 예이다. 우리는 곰인형이나 담요와 같이 음식물과 상관없는 대상물에 애착을 형성한 아동들을 발견할 수 있다. 그들은 일찍부터 혼자 잠자고 낮 동안 부모와 떨어져서 생활한 결과로 대물애착(object attachment)을 형성한 전형적인 예들이다. 담요나 곰인형이 주는 부드러운 접촉은, 그것들이 생명 없는 물체임에도 불구하고 영아에게 접촉위안을 주기 때문에 애착대상이 될 수 있다.

3. 애착형성의 과정

1) 애착형성의 단계

애착은 영아의 인지적 및 정서적 발달과 더불어 일련의 단계를 거쳐 발달한다. 볼비의 애착이론을 경험적 연구를 통하여 확장한 애인스워스(Ainsworth, 1973)는 영아의 애착행동을 기초로 애착발달단계를 구분하였다. 여기서 애착행동이란 애착대상에게 접근하려는 행동으로 따라감, 매달림, 미소, 울음 그리고 부름을 포함한다. 영아는 이와 같은 애착행동에 의해 애착대상과 상호작용을 시도하고 유지하며, 애착대상과 분리되거나 위협적인 사태에 직면하면 애착대상을 되돌아오게 하여 관심과 보호를 받으려고 노력한다.

Mary Ainsworth
미국 버지니아대학교
심리학과 교수

애인스워스가 제시한 애착발달의 4단계는 다음과 같다.

① 제 1단계(출생 – 2, 3개월)

생후 첫 2, 3개월 동안 영아는 울음, 발성, 미소, 응시 및 시각적 추적으로 양육자와 접촉을 시도하고 양육자를 그들 곁에 머무르게 하려고 노력한다. 아직까지 영아의 시각체계가 완전히 기능하지 못하기 때문에 영아는 감각적 접촉에 의해 양육자의 독특한 특성을 인지한다.

② 제 2단계(2, 3 – 6, 7개월)

영아의 신호와 지향반응은 몇 사람의 친숙한 성인에게 한정된다. 영아는 일차적 양육자는 물론 한두 사람의 다른 성인도 구별할 수 있다. 친숙한 사람이 나타나면 미소짓고 좋아하며 그가 떠나면 싫어하는 표정을 짓는다.

③ 제 3단계(6, 7개월 – 2세)

양육자에게 분명한 애착을 형성한다. 이제 길 수 있기 때문에 영아는 어머니 가까이 머물기 위하여 어머니에게 능동적으로 접근한다. 어머니가 떠나면 저항하고, 되돌아오면 어머니를 반갑게 맞이한다. 최초의 애착을 형성한 수주 내에 대부분의 영아는 아버지, 형제자매, 조부모 및 규칙적으로 만나는 아기보는 사람에게도 애착을 형성한다. 2세까지 단지 한 사람에게만 애착을 형성하는 영아는 거의 없으며 대부분 여러 사람에게 애착을 형성한다.

④ 제 4단계(2세 이후)

이제 유아와 양육자는 협력자 관계를 형성할 수 있다. 유아는 부모의 계획과 목표를 고려할 수 있고 애착인물과 최적의 근접을 유지하기 위하여 자신의 행동을 조절할 수 있다. 어머니가 이웃 사람과 이야기하기 위하여 집을 떠나면 1세 영아는 울면서 따라가겠다고 떼를 쓰겠지만 4세 유아는 어머니가 어디에 가는지 알고 어머니가 돌아올 때까지 기다릴 수 있다. 이러한 애착관계의 양상은 일생 동안 계속된다.

2) 낯가림과 격리불안

낯가림(stranger anxiety)과 격리불안(separation anxiety)은 영아가 특정인에 대한 애착을 형성했다는 중요한 신호들이기 때문에, 애착형성 여부를 평가하는 기준이기도 하다.

(1) 낯 가 림

낯가림 혹은 낯선 사람에 대한 불안은 낯선 사람이 접근해 올 때 영아가 나타내는 불안반응으로 생후 6–8개월경에 나타나서 10개월경에 가장 심해지고 이후 2세까지 점차 감소한다. 대부분의 영아들은 최초의 애착을 형성하기 전까지는 낯가림 현상을 나타내지 않으며, 애착형성 직후부터 낯선 사람을 두려워하게 된다.

초기의 애착연구자들은 낯가림을 모든 영아가 나타내는 보편적 현상으로 설명하였으나, 낯가림은 보편적 현상이 아니며 나타나는 시기도 영아에 따라 매우 다양하다. 그럼에도 불구하고 낯가림이 중요시되는 이유는 낯가림은 특정인에 대한 애착형성의 표시일 뿐 아니라 탐색행동(exploratory behavior)과 밀접한 관련이 있기 때문이다.

애인스워스(Ainsworth 등, 1978)는 애착인물이 탐색행동을 위한 안전기지 (secure base)의 기능을 한다고 강조한다. 어머니와 함께 이웃집을 방문한 영아는 어머니가 옆에 있으면 마음놓고 주위환경을 탐색할 수 있다. 그러나 어머니가 눈에 보이지 않으면 심리적 안정을 얻을 수 있는 안전기지가 사라졌으므로 더 이상 편안하게 탐색을 계속할 수 없다. 역설적인 것은 영아가 독립적으로 행동할 수 있기 위해서는 안전기지의 역할을 해줄 수 있는 애착인물을 필요로 한다는 것이다.

따라서 심한 낯가림은 영아의 탐색행동을 방해하기 때문에 지적, 사회적 발달을 방해한다. 일반적으로 많은 수의 가족 속에서 성장하는 영아들은 낯가림 현상을 나타내지 않거나 나타낸다고 할지라도 그 강도가 매우 약하다. 그러나 하루 시간의 대부분을 단지 한 사람의 양육자와 보내는 영아들은 보다 더 이른 연령에서 더 강한 강도의 저항반응을 나타낸다. 실험상황에서도 어머니가 얼마나 가까이 있는지, 낯선 사람이 얼마나 가까이 접근해 오는지 그리고 어머니가 낯선 사람에게 어떻게 반응하는지 등의 상황요인에 따라 영아의 낯가림 정도는 달라진다.

(2) 격리불안

격리불안은 영아가 애착대상인물과 분리될 때 나타내는 불안반응이다. 정상적인 애착유대를 형성한 영아들은 어머니와 분리되면 슬퍼하고 두려워하며 증가된 울음반응을 나타낸다. 보통 격리불안은 낯가림보다 조금 늦은 생후 9개월경에 나타나서 14-18개월경에 절정에 도달하고 그 이후부터 점차 감소한다. 그렇다고 해서 격리불안이 완전히 사라지는 것은 아니다. 아동이나 청소년들도 오랫동안 부모와 분리되면 향수에 젖고 슬픔에 빠진다.

아동의 성장과 함께 친숙한 사람이나 친숙한 물건의 존재는 영아의 불안이나 공포를 약화시키거나 상쇄시킬 수 있다. 어머니의 부재시에 아버지의 존재는 영아에게 안정감을 주었으며, 영아가 일상적으로 사용하는 담요는 영아를 위로해주는 역할을 하였다. 영아는 성장함에 따라 증가된 인지능력을 바탕으로, 어머니는 왜 떠나고 어디로 갔으며 언제 돌아올 것인지를 이해하게 되므로 짧은 기간의 분리를 견딜 수 있게 된다.

그러나 장기간의 분리는 영아의 행동적, 심리적 문제를 일으킨다. 부모의 입원이나 별거 혹은 시설기관에 수용된 결과로 양육자와 장기간 분리되면, 영아는 처음에는 어머니를 부르고 울며 찾는 저항행동을 나타낸다. 저항기간이 지나가면 영아의 활동은 감소되고 위축되며 깊은 슬픔에 빠지는 절망의 기간이 시작된다. 이때에도 어머니가 돌아오지 않으면 탈애착(detachment)이 일어난다. 탈애착 이후에 어머니와 재결합하게 되어도, 영아는 어머니를 거부하고 더 이상 어머니와 상호작용을 하려고 들지 않는다. 생후 3개월에서부터 3년 사이의 분리는 영아의 애착형성을 방해하고 이후의 대인관계에 부정적인 영향을 준다.

4. 애착의 평정과 질적 특성

생후 6, 7개월경에 영아가 양육자에게 애착을 형성한다고 할지라도, 영아-양육자간에 형성된 애착의 질적 특성은 영아마다 다르다. 어떤 영아들은 양육자와 함께 있을 때 이완되고 안정되며 보호와 지원을 얻기 위하여 양육자에게 의존할 수 있지만, 어떤 영아들은 더 불안하고 불편해하는 것처럼 보인다. 애착의 질적 차이를 연구하기 위해서는 먼저 영아의 애착상태를 측정할 수 있어야 한다.

1) 애착의 평정

1-2세 영아에게 실시될 수 있는 평정기법으로 낯선상황(Strange Situation)이라는 실험실 절차가 있다. 애인스워스와 그 동료들(Ainsworth 등, 1978)에 의해 고안된 이 절차는 표 9-1과 같이 여덟 개의 에피소드로 구성되어 있으며 어머니와 낯선 사람이 교대로 나타나고 사라지는 상황에서 영아의 행동을 관찰하고, 애착의 질적 특성을 평정할 수 있도록 설계되어 있다.

이 절차는 다음과 같은 두 가지 기본가정을 전제로 한다. 첫째, 애착이 잘 형성되었다면 영아는 낯선 놀이방을 탐색하기 위하여 부모를 안전기지로 사용할 수 있어야 한다. 둘째, 부모가 잠시동안 놀이방을 떠나면 영아는 불안반응을

표 9-1 | 애인스워스의 낯선상황 절차

에피소드	지속시간	사 건	관찰된 애착행동
1	30초	실험자가 부모와 아기를 장난감이 있는 놀이방으로 인도한 후 그들을 남겨두고 나간다.	
2	3분	아기가 장난감을 가지고 노는 동안 부모는 의자에 앉아 있다. 아기가 2분이 지나도 놀지 않으면 놀이를 하도록 격려한다.	안전기지로서의 부모
3	3분	낯선 사람이 들어와서 의자에 앉는다(1분). 낯선 사람이 부모와 이야기한다(1분). 낯선 사람이 아기에게 접근한다(1분). 이때 어머니는 조용히 방을 나간다.	친숙하지 않은 성인에 대한 반응
4	3분 또는 더 짧게	낯선 사람이 아기에게 반응하고 아기가 당황하면 위로한다. 아기의 당황하는 정도에 맞추어 시간을 조절한다.	격리불안
5	3분 또는 더 길게	부모가 돌아와서 아기를 반기고(울고 있을 때는 달랜다) 다시 놀이를 하도록 도와준다. 낯선 사람이 방을 나간다.	재결합에 대한 반응
6	3분 또는 더 짧게	부모가 방을 떠난다.	격리불안
7	3분 또는 더 짧게	낯선 사람이 들어오고 아기를 위로한다. 낯선 사람은 아기의 행동에 맞추어 행동한다.	낯선 사람에 의해 달래지는 정도
8	3분	부모가 돌아와서 아기를 반기고 필요할 경우 위로하며 다시 장난감을 가지고 놀 수 있도록 아기를 격려한다. 그 사이 낯선 사람은 조용히 방을 나간다.	재결합에 대한 반응

보여야 하며 낯선 성인은 부모보다 영아를 잘 위로하지 못해야만 한다.

실험절차에 대한 대안적 방법으로 애착 Q-분류법(Attachment Q-sort)이 사용된다(Waters 등, 1995). 1-5세의 아동에게 실시될 수 있는 이 분류법은 관찰자(부모나 다른 정보제공자)가 애착관련행동을 기술해놓은 90장의 카드를 '아동과 가장 잘 일치하는' 에서부터 '전혀 일치하지 않는' 까지의 아홉 개의 범주로 분류하도록 설계되어 있다. 가장 잘 일치하는 행동카드에는 9점을 그리고 전혀 일치하지 않는 행동카드에는 1점을 부여함으로써 연구대상 아동은 안정된 혹은 안정되지 못한 애착집단으로 분류된다.

전문관찰자의 Q-분류 결과는 낯선상황 절차에 의한 실험결과와 거의 일치하고 훈련받은 어머니들에 의한 Q-분류법의 결과도 전문관찰자 수준에 접근한다. 그러나 Q-분류법은 아동을 안정된-안정되지 못한 애착집단으로만 구분할 수 있으므로 불안정한 애착유형을 세분하지 못한다는 단점이 있다(van IJzendoorn 등, 2004).

2) 애착의 질적 특성

애인스워스 등(Ainsworth 등, 1978)은 그들이 고안한 낯선상황 절차를 사용하여 질적으로 상이한 세 가지 애착양식, 즉 안정형 애착(secure attachment), 회피형 애착(avoidant attachment) 그리고 불안/양가형 애착(anxious/ambivalent attachment)양식을 확인하였다. 보다 최근에 메인과 솔로몬(Main & Solomon, 1990)은 세 가지 애착양식 어느 것에도 포함되지 않는 제4의 애착양식을 발견하고 그것을 불안/혼란형 애착(insecure/disorganized attachment)으로 명명하였다. 네 가지 유형의 애착을 설명하면 다음과 같다.

① 안정형 애착: 이 유형의 영아들은 부모를 안전기지로 사용하여 능동적으로 환경을 탐색하고 낯선 사람과도 상호작용한다. 부모의 부재시에 울기도 하고 울지 않기도 하지만, 부모가 되돌아오면 반가워하고 쉽게 안정을 되찾는다. 그들은 낯선 사람보다 부모를 더 좋아한다. 약 65%의 영아들이 이 유형의 애착을 나타낸다.

② 회피형 애착: 이 유형의 영아들은 부모와 함께 있을 때에도 부모에게 반응을 보이지 않으며 부모가 나가도 슬퍼하지 않는다. 부모에게 하는 것처럼 낯선 사람에게도 무반응적으로 행동한다. 짧은 분리 후 재결합하여도 부모를 회피하거나 천천히 부모를 반기며 안아주어도 부모에게 꼭 달라붙지 않는다. 약 20%의 아기들이 이 유형에 속한다.

③ 불안/양가형 애착: 분리되기 전에, 이 유형의 애착양식을 갖는 영아들은 부모 가까이 있으려고만 하고 주변 환경을 탐색하지 못한다. 부모가 돌아오면,

그들은 화를 내고 저항하며 자주 발로 차고 미는 행동을 하는가 하면 안아주어도 계속해서 울고 쉽게 달래지지 않는다. 약 10-15%의 영아들이 이 유형의 애착을 보인다.

④ 불안/혼란형 애착: 가장 큰 불안정성을 나타내는 애착유형으로 이 유형의 영아들은 재결합시에 여러 가지 혼란되고 모순된 행동을 보인다. 부모가 안아주면 다른 곳을 바라보거나 활기 없고 우울한 표정으로 부모에게 접근하기도 하고 때로 부모로부터 도망치기도 한다. 이 아기들의 대부분은 멍한 표정을 짓고 있어 무슨 생각을 하는지 알 수가 없다. 약 5-10%의 아기들이 이 유형의 애착을 나타낸다.

5. 애착 안정성에 영향을 주는 요인

어떤 요인들이 영아의 애착 안정성에 영향을 주는가? 첫째, 한 사람 혹은 소수의 양육자와 가까운 관계를 형성할 기회, 둘째, 따뜻하고 반응적인 부모역할의 경험, 셋째, 영아의 특성, 그리고 넷째, 부모의 내적 작동모델(internal working model) 등이 영아의 애착안정성에 영향을 준다.

1) 모성박탈

친숙한 양육자에 대한 애정적 유대의 가장 강력한 효과는 양육자가 부재한 모성박탈(maternal deprivatin) 상황에서 명백하게 나타난다. 생후 3개월에서 1년 사이에 어머니로부터 버림받고 시설기관에 수용되었을 때, 모성박탈 현상이 나타났다. 어머니와 분리되기 전에 행복하고 사교적이었던 영아들은 한 사람의 보육사가 7-8명의 아동을 돌보는 시설기관에서 생활한 후, 잘 울고 주위환경으로부터 철회하는 아동으로 변화하였고 체중감소와 수면장애를 나타내었다.

또 다른 예로서 한 사람의 보육사가 돌보는 영아의 수가 적정 수준을 유지하고 책이나 장난감이 풍부한, 좋은 시설을 갖춘 환경에서 성장하는 영아들이 있었다. 불행하게도 이 시설기관에서는 직원의 이동이 심하여 한 아동이 4년 6

개월 동안 평균 50명의 다른 보육사와 접촉하였다. 아동들의 대부분은 4세 이후에 입양되어 양부모와 바람직한 유대를 형성할 수 있었으나 아동기와 청년기 동안 이 아동들은 성인의 관심을 과도하게 요구하고 가깝지도 않은 성인들에게 지나치게 친절한가 하면 또래와 우정을 형성하지 못함으로써 정서적, 사회적 문제를 나타내었다.

이와 같이 인생초기 몇 년 동안의 모성박탈은 안정된 애착의 형성을 방해하고 이후 정상적 발달을 어렵게 한다.

2) 양육의 질적 특성

어떤 종류의 양육이 안정된 애착을 형성하게 하는가? 이 분야의 많은 연구들은 민감한 양육(sensitive caregiving)이 애착안정성을 촉진시킨다고 보고한다 (Posada 등, 2004; van IJzendoorn 등, 2004). 민감한 양육이란 어머니가 영아의 신호에 빠르게, 일관성 있게 그리고 적절하게 반응하고 부드럽고 조심스럽게 보살피는 것을 의미한다. 특히 양육자가 영아의 신호에 시의적절하게 반응함으로써 양자가 정서적(긍정적 정서) 조화를 이루는 소위 상호작용적 동시성(interactional synchrony)의 의사소통형태가 안정된 영아와 안정되지 못한 영아를 구분하는 중요한 요인이다.

불안정하게 애착된 영아의 어머니들은 영아와 신체적 접촉을 많이 하지 않으며 영아를 서투르게 다루고 기계적으로 행동한다. 그들은 영아에게 때로 거부적이고 자주 화를 낸다(McElwain & Booth-LaForce, 2006). 불안정한 애착유형 중 회피형 애착을 형성한 영아들은 과도하게 자극적이고 강제적인 보살핌을 받는 경향이 있다. 이 아기의 어머니들은 다른 곳을 바라보거나 졸린 아기에게 오히려 이야기를 걸고 귀찮게 하기 때문에, 아기는 어머니를 회피하고 저항할 수 없는 상호작용으로부터 벗어나려고 한다.

또한 불안/양가형 애착을 형성한 영아들은 자주 일관성 없는 양육을 경험한다. 이 아기의 어머니들은 영아의 신호에 반응하지 않으며 양육에 거의 참여하지 않으려고 한다. 그들은 영아가 탐색하려고 하면 오히려 방해하고 영아의 관심을 어머니 자신에게 향하게 하려고 노력한다. 그 결과 아기들은 어머니의 양육참여 부족에 대해 자주 분노나 좌절을 나타내고 때로 과도한 의존경향을 보인다.

아동학대나 무시와 같은 극단적으로 부적절한 양육은 모든 불안정한 애착(회피형 애착, 불안/양가형 애착, 불안/혼란형 애착)의 형성에 기여하며 특히 학대받은 아동들 중에는 불안/혼란형 애착양식을 갖는 아동들이 많이 있다(Lyons-Ruth & Block, 1996). 또한 부모의 실직이나 이혼 혹은 경제적 어려움과 같은 환경적 요인 역시 민감한 양육을 방해한다. 이러한 환경조건들은 잦은 부부싸움을 일으키고 바람직한 양육을 하지 못하게 함으로써 불안정한 애착을 형성하게 한다.

3) 영아의 특성

애착은 두 사람 사이의 관계형성의 결과이기 때문에, 영아의 특성은 애착이 얼마나 쉽게 형성되는가에 영향을 준다. 특히 조산이나 출산합병증 혹은 신생아의 질병은 양육을 어렵게 하므로 안정된 애착형성을 방해한다. 또한 가난하고 스트레스 많은 가정의 영아들도 안정되지 못한 애착을 형성하기 쉽다. 물론 이

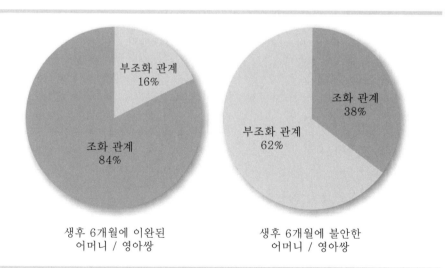

생후 6개월에 이완된
어머니 / 영아쌍

생후 6개월에 불안한
어머니 / 영아쌍

부조화 관계
16%

조화 관계
84%

조화 관계
38%

부조화 관계
62%

그림 9-2 │ 생후 24개월의 어머니-영아관계

출처: Symons, 2001.

러한 조건하에서도 부모가 시간적 여유와 인내심을 가지고 아기의 특별한 욕구를 보살핀다면, 이 아기들도 안정된 애착을 형성할 수 있다(Brisch 등, 2005).

영아의 기질이 애착안정성에 미치는 영향에 대해서는 논란이 많다. 카간(Kagan, 1998)같은 연구자는 영아의 기질이 애착안정성과 높은 상관이 있다고 주장하지만, 다른 연구자들은 다음과 같은 이유로 기질이 애착형성에 단지 조금 영향을 줄 뿐이라고 주장한다.

첫째, 기질이 애착형성에 강력한 영향을 준다면, 영아는 모든 친숙한 성인들에게 질적으로 유사한 애착을 형성해야 하지만 실제로 영아는 어머니와 아버지는 물론 전문 양육자에게 질적으로 다른 애착을 형성한다. 물론 어머니와 아버지에 대한 애착의 질적 특성이 유사한 것은 영아의 기질에 대한 그들의 반응 양식이 유사하기 때문이다.

둘째, 과민한 기질과 안정형 애착의 관계는 양육방식에 의해 영향을 받는다. 보통 불안정하게 애착된 우울한 영아는 아기의 신호에 민감하게 반응하지 못하고, 지나치게 엄격한 통제를 가하는 지극히 불안한 어머니를 가지고 있다. 그림 9-2에 제시된 바와 같이 생후 6개월의 우울한 아기-불안한 어머니의 조합은 생후 24개월에 이르러 우울한 아기-이완된 어머니 조합보다 더 높은 비율로, "부조화 관계"(disharmonious relationship)를 나타내었다. 여기서 부조화 관계는 어머니의 무감각과 유아의 애착 불안정성으로 특징된다.

중요한 것은 기질을 포함하는 다양한 아동특성들은 양육자가 아기의 욕구에 적응적으로 반응하는 한, 안정된 애착의 형성에 지장을 주지 않는다는 것이다. 그러나 부모의 성격이나 환경조건에 의해 아동의 특성과 양육방식 사이에 좋은 적합도가 이루어지지 않을 때, 까다로운 영아들은 애착문제를 일으키고 기질과 애착안정성은 높은 상관을 갖게 된다.

4) 부모의 내적 작동모델

부모는 그가 경험한 애착역사를 바탕으로 내적 작동모델(internal working model)을 구성하고, 그것에 의해 영아와 애착유대를 형성한다. 내적 작동모델이란 볼비가 제안한 개념으로, 애착인물과의 상호작용을 통하여 개인이 형성한 자기와 타인에 대한 정신적 표상이다(장휘숙, 1997).

영아기에 안정된 애착을 형성한 사람들은 타인을 신뢰할 수 있고 도움을 주는 타인에게 접근할 수 있다는 무의식적 확신을 가지며, 자기 자신에 대해서도 신뢰나 사랑 혹은 보살핌을 받을 가치가 있다는 신념에 바탕을 둔 내적 작동모델을 형성한다. 그들은 성장한 이후에도 자신을 긍정적으로 지각하고 타인과 안정된 애착관계를 형성할 수 있다.

양육자에게 안정되지 못한 애착을 형성한 개인들은 자신과 타인을 신뢰하지 못하고 자신을 가치 없고 무능한 사람으로 지각하기 때문에, 부정적인 내적 작동모델을 형성하게 된다. 이와 같은 부정적 신념에 기초한 내적 작동모델은 다양한 정신병리적 증상을 야기시키고 안정된 애착관계의 형성을 방해한다.

중요한 것은 안정된 애착을 지니고 있다고 해서 반드시 더 바람직하게 성장하는 것은 아니라는 것이다(McCartney 등, 2004; Stams, Juffer, & van IJzendoorn, 2002). 그 이유는 민감한 양육이 지속되느냐 아니냐에 따라 애착안정성이 이후의 발달과 관련될 것인지 아닌지 결정되기 때문이다(Thompson, 2006). 부모가 영아기에는 민감하게 반응하지 못했으나 그 이후에 민감하게 반응한다면, 아동은 바람직하게 성장할 수 있다. 반면 부모가 계속해서 민감하게 반응하지 않거나 오랫동안 부정적인 가족 분위기에 노출된 아동은 영아기에 안정된 애착을 형성했다고 할지라도 회피적, 저항적 혹은 혼란된 행동 패턴을 나타낸다.

Ⅲ. 정서발달

심리학자들은 여러 가지 방식으로 정서를 정의하고 설명하려고 노력하고 있으나 아직까지 정서에 대한 일치된 견해는 없다. 그러나 어떤 정의든 정서는 다음과 같은 네 가지 요소를 포함한다.

① 반응을 유발하는 자극
② 우리가 경험하는 긍정적 혹은 부정적 감정
③ 호르몬 분비에 의해 생성되는 생리적 각성
④ 정서에 대한 행동적 반응

1. 정서의 기능

정서(emotion)는 어떤 기능을 하는가? 우리의 삶에서 정서를 일으키는 사건들을 생각해보자. 우리는 시험점수 때문에, 친구와의 대화로 인해 혹은 영화속의 이야기에 반응하여 행복해하고, 슬퍼하고, 두려워하고 그리고 화내기도 한다. 이렇게 경험된 정서는 다시 우리가 행동을 준비할 수 있도록 한다. 예를 들면 행복은 상황으로의 접근을 인도하고, 슬픔은 우리를 위축되게 하며 공포는 도망치도록 하는가 하면 분노는 장애를 극복하도록 한다.

특히 정서에 대한 기능주의자 접근(functionalist approach)은 정서가 개인적 목표에 맞추어 행동을 촉진시키는 기능을 한다고 주장하고, 정서는 인생의 중요한 문제에서 우리가 환경과의 관계를 확립, 유지하거나 혹은 변화시키려는 준비성으로 정의한다(Campos, Frankel, & Camaras, 2004; Saarni 등, 2006). 일반적으로 정서는 개인의 인지처리와 사회적 행동, 신체건강 그리고 자기인식과 밀접하게 관련된다.

1) 정서와 인지처리

정서는 개인의 인지처리에 영향을 준다. 지나치게 높거나 낮은 수준의 불안이 인지과제 수행을 방해한다는 것은 널리 알려진 일이다. 정서는 기억에도 강력한 영향을 준다. 그 예로서 예방접종시에 큰 스트레스를 받은 아동들이 예방접종을 스트레스로 지각하지 않은 아동들보다 그 사건을 더 분명하게 기억한다. 3-4세 유아들조차도 놀이공원 갔던 기억보다는 수퍼마켓에서 길을 잃은 외상적 사건을 훨씬 더 자세하게 회상한다.

줄을 당기면 노랫소리와 함께 웃는 아기의 슬라이드가 나타나도록 설계한 후에, 생후 2개월에서 8개월 된 영아들을 대상으로 손목에 부착된 줄을 잡아당기도록 훈련시켰다. 연구자가(Lewis, Sullivan & Samsay, 1992) 얼굴표정을 추적한 결과 영아가 줄을 당기는 과제를 학습해감에 따라 흥미, 행복, 그리고 놀람이 증가하여, 인지가 정서에 영향을 준다는 것이 확인될 수 있었다.

그러나 줄을 당겨도 더 이상 매력적인 자극이 나타나지 않는 무강화의 기간이 계속되었을 때, 아기의 정서적 반응은 빠르게 변화하였다. 대부분의 아기들은 화를 내었고 소수의 몇 명은 슬픔을 나타내었다. 매력적인 자극이 다시 나타났을 때 무강화에 화를 냈던 아기들은 관심과 즐거움을 회복하고 자극을 생성하기 위하여 열심히 줄을 잡아당긴 반면, 슬퍼했던 아기들은 위축되고 과제에 대한 감소된 반응을 나타냄으로써 정서가 또한 인지에 영향을 준다는 것을 보여주었다. 이러한 결과는 정서와 인지가 밀접하게 연결되어 있으며 그 관계가 양방향적임을 나타낸다.

2) 정서와 사회적 행동

정서는 인생 초기에 분화된다. 언어능력을 갖지 못한 어린 영아들은 다양한 정서를 사용하여 그들의 욕구를 표현함으로써 양육자로부터 보살핌을 받을 수 있다. 미소나 울음과 같은 영아의 정서적 신호는 타인의 행동에 영향을 주고 타인의 정서반응 또한 영아의 사회적 행동을 조절한다.

양육자 – 영아의 면대면 상호작용을 주의깊게 분석하면, 생후 3개월경에 양육자와 영아는 시의적절한 양식으로 상대편의 단서에 반응하는 양상을 나타낸다(Weinberg 등, 1999). 이와 같이 영아의 정서는 사회적 접촉을 불러일으키고 양육자가 영아의 행동에 맞추어 행동할 수 있도록 하는 적응적 기능을 한다.

영아와 양육자 사이의 정서적 신호 교환은 부모가 무표정하고 무반응적 자세를 취하거나 우울한 정서상태를 나타낼 때 파괴된다. 영아는 어머니나 아버지의 반응을 유발하기 위하여 얼굴표정이나 발성 혹은 신체 움직임을 사용한다. 그러나 이러한 노력이 실패할 때, 그들은 부모의 무관심하고 텅빈 응시에 찡그리기나 외면하기 혹은 울음으로 반응한다(Papousek, 2007).

연령증가와 함께 정서표현은 영아의 의사소통 수단이 되고, 영아는 타인의 정서표현을 모니터함으로써 그들의 의도와 조망을 감지한다. 일반적으로 생후 8개월까지는 어머니가 거의 모든 긍정적 정서교환을 시작하지만 9개월 무렵부터 어머니가 미소짓기 전에 영아가 먼저 미소지음으로써 이제 영아가 어머니와의 정서교환을 시작한다.

3) 정서와 신체건강

정서는 아동의 신체건강에 영향을 준다. 특히 정서적 박탈(emotional deprivation)은 아동의 성장장애를 초래하고 사랑하는 사람과의 일시적 혹은 영구적 분리는 아동의 면역력을 약화시키며 다양한 건강문제를 야기시킨다.

정서 – 건강관계는 출생 후 8개월 동안 심각하게 결핍된 고아원에서 성장한 후에 정상적 가정에 입양된 아기들을 추적한 연구에서도 분명하게 드러난다(Gunnar & Cheatham, 2003). 이 아기들은 고아원에서 성인의 관심과 자극을 거의 받지 못하였고 전염성 질환과 소화장애로 고생하였다. 출생 직후에 입양된 건강한 아기들과 비교했을 때, 그들은 입양 6개월 후에도 높은 코르티솔(부신피질에서 생성되는 스테로이드 호르몬) 수준을 나타내었고 스트레스에 지나치게 민감하였다.

반대로 고아원에서 성장한 아동들이 비정상적으로 낮은 코르티솔 수준을 나타낸다는 보고도 있다. 그 이유는 중추신경계가 인생초기의 빈번한 코르티솔 상승에 적응하였기 때문이라는 것이다(Gunnar & Vasquez, 2001). 그러나 극단적으로 낮은 코르티솔 수준은 성장호르몬의 분비를 감소시켜, 아동의 신체성장을 방해할 수 있다.

4) 정서와 자기인식

정서는 자기인식(self-awareness)의 출현에 중요한 역할을 한다. 예를 들면 영아가 신기한 대상물을 가지고 놀 때 그들이 나타내는 관심과 흥분은 자기효능감(sense of self-efficacy)의 발달을 돕는다. 자기효능감이란 어떤 일을 성공적으로 수행할 수 있다는 확신감으로 환경 내의 사건에 성공적으로 영향을 줄 수 있다는 인식에 해당한다(Harter, 2006). 자기효능감을 포함하는 자기개념의 발달은 여러 가지 정서적 반응을 유발한다.

자랑스러움과 당황은 그 대표적 정서로서 전자는 높은 자기효능감이나 자기에 대한 긍정적 평가에 의해 그리고 후자는 낮은 자기효능감이나 자기에 대한 부정적 평가에 의해 경험된다. 또한 정서는 자신의 잘못에 대한 인식과 올바른 행동에 대한 기대가 무너졌을 때 경험되는 죄책감을 통하여 도덕성 발달에도 영향을 준다.

아동이 물리적 그리고 사회적 세계에 적응하게 됨에 따라, 아동은 정서를 통제하기 시작한다. 동시에 아동은 그들의 문화에서 수용가능한 정서는 물론 정서표출이 가능한 상황을 학습하기 때문에 아동의 정서표현도 사회화된다. 아동기가 끝날 무렵에 이르면 공개적으로 표현되지 않는 정서가 많아진다.

2. 정서표현의 발달

어린 아기들은 정서나 감정을 언어로 표현할 수 없기 때문에, 우리는 그들이 어떤 정서를 경험하는지 정확하게 알지 못한다. 비록 아기의 발성이나 신체 움직임이 정서에 대한 어느 정도의 정보를 제공하기는 하지만, 얼굴표정만큼 신뢰성 있는 정보를 제공하지는 못한다. 전 세계의 거의 모든 사람들은 여러 가지 얼굴표정을 동일한 방식으로 해석하므로(Ekman, 2003), 개인의 얼굴표정은 선천적으로 확립된 사회적 신호로 인식된다. 따라서 얼굴표정을 분석하면 각기 다른 연령의 아동들이 나타내는 정서를 효과적으로 연구할 수 있다.

영아는 정서를 표현할 수 있는 능력을 가지고 이 세상에 태어나는가? 대부분의 연구자들은 영아기 초기에 이미 거의 모든 정서표현이 가능하며 시간경과와 함께 그것들은 더 분명해지고 잘 조직화된 신호로 변화한다고 주장한다. 생후 6주부터 14주까지의 여자 아기들의 얼굴표정을 비디오로 녹화한 결과(Camras,

1992), 생후 수주 이내에 영아는 울려고 할 때 화난 표정을 짓고 울음이 끝나갈 때 슬픈 표정을 지었다. 이 아기들의 얼굴표정은 경험이나 욕구와 연결되어 있지 않으므로 선천적임이 분명하다. 연령증가와 함께 목표가 차단되면 화난 신호를 나타내고 장애를 극복하는 것이 불가능하면 슬픈 신호를 더 잘 나타낼 수 있었다.

생후 6개월경에 이르면, 영아의 얼굴표정과 응시, 목소리 그리고 신체 자세는 환경적 사건에 따라 의미 있게 달라진다. 아기는 어머니와의 즐거운 상호작용에 반응하여 즐거운 얼굴표정을 짓고 긍정적 발성과 고양된 신체동작을 나타낸다. 반면 무반응적인 어머니는 영아의 슬픈 얼굴이나 화난 얼굴, 울음 혹은 안아달라는 제스처를 유발하기 쉽다. 요약하면, 생후 첫해의 중간쯤에 정서표현은 잘 조직화되고 구체적으로 변화하며 영아의 내적 상태를 효과적으로 나타낼 수 있게 된다(Yale 등, 1999).

1) 기본정서의 발달

인간이 경험하는 기본정서에는 행복이나 기쁨, 분노, 슬픔 그리고 공포가 있다.

(1) 행복(기쁨)

행복은 발달의 여러 측면에 기여한다. 영아는 새로운 기술을 습득할 때 미소짓고 웃으며, 인지발달이나 운동발달을 이룰 때 기쁨을 표현한다. 미소는 또한 양육자가 영아에게 애정적이고 자극적일 수 있도록 하며 그에 따라 영아는 더 많이 미소짓는다. 행복은 영아와 양육자가 따뜻하고 지원적 관계를 형성하도록 함으로써 영아의 능력발달에 기여한다.

출생 직후부터 신생 아기는 REM수면 동안 그리고 어머니의 부드러운 접촉이나 소리에 반응하여 미소짓는다. 생후 1개월 말경에는 밝은 물체가 갑자기 나타날 때처럼 흥미로운 모습을 보게 되면 영아는 미소짓기 시작하고, 생후 6주와 10주 사이에 사람의 얼굴에 대한 사회적 미소(social smile)가 나타난다(Lavelli & Fogel, 2005). 생후 3개월경에 이르면 영아는 사람과의 상호작용에서 가장 많은 미소를 나타낸다. 미소짓기에서 나타나는 빠른 변화는 영아의 지각능력의 발달과 일치한다.

첫 웃음은 생후 3, 4개월경에 나타난다. 미소와 같이 어머니가 장난스럽게 말하거나 아기의 배에 키스할 때처럼 능동적인 자극에 반응하여 웃음이 일어난다. 점차 아기들의 웃음은 펭귄처럼 걷는 양육자의 모습이나 아웅깍꿍놀이를 할 때처럼 미묘한 놀람의 요소를 포함할 때 주로 발생한다. 생후 첫해의 중간 무렵에 이르면, 영아는 주로 친숙한 사람과 상호작용할 때 미소짓고 웃음을 터뜨리며 그것은 부모–영아 유대를 강화하는 역할을 한다.

(2) 분노와 슬픔

신생아들은 배고픔이나 고통스러운 의학적 처치, 체온의 변화 혹은 너무 많은 자극이나 너무 적은 자극과 같은 불유쾌한 경험에 반응하여 괴로움을 나타낸다. 시간경과와 함께 영아는 점점 더 광범위한 상황에서 분노를 나타내며, 특히 좋아하는 물건이 없어졌을 때, 아기의 팔이나 몸을 꼼짝 못하게 붙잡을 때, 양육자가 잠깐동안 없어졌을 때 등 다양한 상황에서 분노를 표출한다(Sullivan & Lewis, 2003). 또한 기대와는 달리 양육자가 자신을 불쾌하게 하거나 불편하게 할 때 영아는 강한 분노를 나타낸다. 그러므로 분노는 양육자가 아기의 불편을 덜어주도록 하는 강력한 사회적 신호의 기능을 한다.

생후 4–6개월부터 2년 사이에 분노의 빈도와 강도가 증가하고 그 이후부터 점차 감소한다. 그 이유는 무엇인가? 2세까지 분노가 증가하는 이유는 인지능력과 운동능력이 발달하기 때문이다. 인지능력의 증가는 영아가 고통스러운 자극을 유발하고 목표달성을 방해하는 주체를 더 잘 인식할 수 있도록 하기 때문이다. 또한 운동능력의 발달은 자신을 방어하고 장애를 극복하기 위하여 강한 에너지를 요구하는, 분노의 표출을 가능하게 한다. 그러나 2세 이후부터 유아가 언제 분노를 표출하고 언제 억제해야 하는지를 학습하게 됨으로써 분노의 빈도와 강도는 점차 약화된다.

한편, 슬픔의 표현은 고통이나 짧은 분리 혹은 대상물의 제거에 반응하여 일어나지만 분노보다는 덜 빈번하게 나타난다. 슬픔은 양육자 – 영아간의 의사소통이 심각하게 손상받을 때 가장 흔하게 일어나며 극단적인 슬픔은 양육자와 분리된 영아들 사이에서 관찰될 수 있다.

(3) 공   포

어린 아기들은 위험한 상황에서 자신을 보호할 수 있는 운동기술을 지니고 있지 않기 때문에, 이 기간 동안 영아는 오로지 양육자의 보호에 의존해야만 한다. 따라서 공포는 영아기 초기 동안에는 거의 나타나지 않으며, 분노와 동일하게 생후 첫 1년의 후반기에 나타난다.

인간이 경험하는 최초의 공포는 생후 6 – 8개월경에 나타나는 낯선 사람에 대한 공포(낯가림)이다. 낯가림은 영아가 낯선 사람과 어머니를 식별할 수 있는 인지적 성장의 결과로 나타난다. 그러나 인지능력이 보다 더 발달하여 위협적인 인물과 위협적이지 않은 인물을 효과적으로 구별할 수 있게 되면 낯가림은 감소한다. 영아는 양육자 이외의 다른 성인들은 물론 친숙하지 않은 성인들과도 상호작용해야 하기 때문에, 낯가림의 감소는 아동의 발달에 도움이 된다. 특히 공포에 대처하는 여러 가지 전략의 발달은 아동이 경험하는 공포정서를 완화시키는 기능을 한다.

2) 자의식적 정서의 발달

기본적 정서 외에도 인간은 수치, 당황, 죄책감, 질투, 자랑스러움 등 고차적 (2차적) 정서를 경험한다. 이러한 고차적 정서들은 개인의 자기개념을 손상시키거나 증진시키기 때문에 자의식적 정서(self-conscious emotions)라고 불리어진다.

자의식적 정서는 2세 말경에 자기개념의 출현과 함께 나타난다. 생후 18개월과 24개월 사이에 아동은 수치심과 당황 그리고 자랑스러움을 경험하기 시작하고 3세경에 질투심(시샘)과 죄책감이 나타나며, 이 시기에 자의식적 정서는 자기평가와 연결된다(Thompson, Meyer, & McGinley, 2006). 이제 그들은 쉬운 과제보다 어려운 과제에서 성공했을 때 훨씬 더 많은 자랑스러움을 경험하고 어려운 과제보다 쉬운 과제를 실패했을 때 더 많이 수치스러워한다. 물론 앞에서 설명한 기쁨과 슬픔의 기본정서도 성공이나 실패와 관련되기는 하지만, 자기가치에 대한 판단과는 상관이 없다는 점에서 차이가 있다.

아동이 자의식적 정서를 경험하는 조건은 연령에 따라 변화한다. 초등학교 입학 이전의 유아들은 우연적이라고 할지라도 나쁜 일로 생각될 수 있는 어떤 행동을 했을 때 죄책감을 느끼며 청중이 존재할 때 자의식적 정서를 경험하기 쉽다. 특히 유치원 연령의 유아들은 타인이 유아의 비행을 목격하거나 관찰했을 때, 죄책감이나 수치심을 경험한다. 이 연령의 유아들은 성인의 지시나 피드백에 따라 행동의 표준을 설정하기 때문에 타인의 존재는 유아의 정서경험에 중요한 역할을 한다.

시간경과와 함께 유아가 올바른 행동에 대한 지침이나 표준을 갖게 되면, 타인의 존재는 더 이상 정서경험에 영향을 주지 않는다. 이제 개인적으로 책임을 느끼는 상황에서만 자랑스러움이나 죄책감을 경험하며 비록 그것이 의도적인 것이 아니라고 할지라도 규칙을 위반했을 때 수치심을 느낀다.

3) 정서적 자기규제

정서적 자기규제(emotional self-regulation)란 개인적 목표를 달성하기 위하여 개인의 정서상태를 바람직한 강도로 조절하는 전략에 해당한다. 우리를 화나게 하는 사건이 일어났을 때 그 사건을 잠시 생각하지 않거나 관심을 다른 일로 돌림으로써 화를 가라앉히는 것이 여기에 해당한다.

(1) 영아기의 자기규제

출생 직후의 신생아들은 불유쾌한 자극으로부터 몸을 돌리고 감정이 격할 때 빠는 행동으로 스스로를 위로할 수 있지만, 정서상태를 조절하는 제한된 능력으로 내적, 외적 자극에 의해 혼란상태에 빠진다. 그러나 대뇌피질의 급속한 성장은 자극에 대한 아기의 인내심을 증가시키고 생후 4개월경에 나타나는 주의를 이동하는 능력은 자극을 통제하는 것을 돕는다.

일반적으로 불유쾌한 사건으로부터 쉽게 몸을 돌리거나 자신의 손가락을 빠는 아기들은 화를 더 적게 낸다(Crockenberg & Leekes, 2003). 첫돌 무렵 기고 걷는 행동이 가능해지면, 영아는 다양한 자극에 접근하거나 후퇴함으로써 보다 더 효과적으로 정서를 조절할 수 있다.

언어발달은 정서를 조절하는 새로운 방식을 발달시킨다. 2세 말경에 이르면, 유아는 정서적으로 편안해지기 위해 자신의 내적 상태를 언어로 표현하기 시작하고 양육자는 거기에 맞추어 행동함으로써 유아를 도울 수 있다.

(2) 유아기의 자기규제

2세가 지나면 유아는 자신의 정서나 감정을 자주 언어로 표현하고 그것을 통제하기 위하여 능동적으로 노력한다. 그들은 눈이나 귀를 가림으로써 더 이상의 감각적 유입을 차단하고, "엄마는 곧 돌아오실거야"라고 혼잣말을 하거나 목표를 변경함으로써(또래들이 놀이에 끼워주지 않을 때 놀고 싶지 않다고 생각한다) 정서적 각성상태를 무디게 하려고 노력하기 때문에 정서적 폭발현상은 감소한다(Thompson & Goodvin, 2007).

그러나 그들의 무한한 상상력은 가상세계와 실제를 구별하기 어렵게 하므로 그들은 책이나 TV에서 본 괴물, 귀신, 어둠, 뇌우에 대해 강한 공포를 나타낸다. 이때 부모는 유아를 놀라게 하는 자극에의 노출을 제한할 필요가 있으며 현실과 가상세계를 구별할 수 있을 때까지 여분의 정서적 지원을 제공할 수 있어야 한다.

이 시기에 정서를 통제하는 부모의 모습은 유아가 정서를 조절하는 전략을 학습할 수 있도록 한다. 일반적으로 분노나 적개심을 통제하는 데 어려움을 갖는 부모의 자녀들이 더 많은 분노와 적개심을 표출한다(Cummings & Davies, 1994). 또한 유아는 성인과의 대화를 통하여 정서를 조절하는 기법을 학습한다. 무슨 일이 일어날 것이고 불안을 어떻게 다루어야 하는지를 부모가 이야기해 주고 사전에 준비할 수 있도록 하면, 유아는 대처전략을 학습할 수 있다.

유아의 기질도 정서적 자기규제의 발달에 영향을 준다. 까다로운 기질을 지니고 있는 유아는 편안한 기질의 유아보다 부정적인 정서를 더 강하게 경험하고, 감정을 억제하거나 괴로운 사건으로부터 관심을 돌려야 할 때 효과적으로 행동하지 못한다. 그들은 정서적으로 지나치게 반응적이기 때문에 양육하기 어렵고 자주 효과적이지 못한 부모역할을 유발하며 또래들과도 잘 지내지 못한다 (Eisenberg 등, 2005).

(3) 아동기의 자기규제

초등학교에 입학하면 정서적 자기규제 능력은 빠르게 발달한다. 아동은 또래의 승인을 중요시하기 때문에, 또래를 불쾌하게 하고 자기가치감을 위협하는 부정적 정서를 관리하는 방법을 학습하지 않으면 안 된다. 10세경에 이르면 대부분의 아동들은 정서를 관리하는 적응적 기법을 획득하게 된다. 그들은 어려운 과제를 수행해야 하는 상황에 직면하면, 문제해결을 시도하고 필요하면 사회적 지원을 구한다. 노력했음에도 불구하고 결과가 좋지 않을 때, 그들은 현재의 조건을 수용하는 방식으로 상황을 재정의하거나 기분전환을 선택한다. 유치원 연령의 유아와 비교하여, 초등학교 아동들은 상위인지능력의 발달로 정서를 조절할 수 있는 효과적인 내적 전략을 더 잘 활용할 수 있다(Brenner & Salovey, 1997).

정서적 자기규제 능력이 발달하면, 아동은 자신의 정서경험을 통제할 수 있다는 느낌인, 정서적 자기효능감(sense of emotional self-efficacy)을 획득한다 (Saarni, 2000). 이제 아동은 정서적 자기효능감을 바탕으로 바람직한 자기상과 낙관적 조망을 가질 수 있고 후속적인 정서적 도전에도 잘 대처할 수 있다.

4) 정서표출규칙의 획득

정서표출규칙(emotional display rules)이란 내적 정서상태와 외적 정서표현을 구별하고 그 관계를 이해하는 것을 의미한다. 우리는 타인과 좋은 관계를 유지하기 위하여 때로 진정한 정서를 숨기고 실제와는 다른 정서를 나타내는 경우가 많이 있다. 슬픈데도 행복한 척하고, 싫은데도 좋은 척하며, 화가 나는데도 미소를 띠는 행동이 여기에 해당한다.

자신의 정서를 위장하거나 타인의 위장된 정서를 이해하는 정서표출규칙의 학습은 그가 소속한 사회에서 성공적으로 살아가기 위하여 반드시 필요한 일이다. 부모는 일찍부터 아동에게 정서표출규칙을 가르친다. 일반적으로 분노나 슬픔과 같은 부정적 정서표현을 억압하고 관심, 행복, 놀람과 같은 긍정적 표현을 격려하고 강화한다. 특히 소년들은 소녀들보다 부모로부터 부정적 정서를 조절하고 억압하도록 더 많은 훈련을 받기 때문에(Else-Quest 등, 2006), 소년들은 소녀들보다 자신의 정서상태를 정확하게 기술하지 못한다.

정서표출규칙에 대한 양육자들의 직접적 지도에도 불구하고, 내적 상태와 다른 정서를 표출할 수 있기 위해서는 3세 정도에 이르러야 한다(Kieras 등, 2005). 물론 정서적 위장이나 가장은 슬픈데도 행복한 척하거나 매를 맞고 아픈데도 아무렇지도 않은 척하는 것처럼, 긍정적 정서의 위장에 제한되며 그 반대의 경우는 불가능하다. 모든 연령의 아동이나 심지어 성인들까지도 분노, 슬픔 혹은 혐오와 같은 부정적 정서를 가장하는 것이 더 어렵다고 느낀다.

초등학교 시기 동안 아동은 부정적 정서를 억압하는 것에 점차 적응하고 울거나 뚱하기 혹은 공격하기보다는 언어적 전략을 사용하는 것을 선호한다(Shipman 등, 2003). 유치원 연령의 아동들이 처벌을 피하고 타인의 지지를 얻기 위하여 정서표출규칙을 따르는 것과는 대조적으로 초등학교 3학년 아동들은 사회적 조화를 위해 정서표출규칙을 따라야 한다는 것을 이해한다. 10세 정도에 이르면, 이제 아동은 정서표출규칙을 하나의 사회적 규범으로 정당화하고 문화적으로 수용된 표준으로서 정서표출규칙의 가치를 인식한다.

3. 타인의 정서에 대한 이해와 반응

1) 영아기의 발달

정서표현능력은 타인의 정서를 인지하고 해석하는 능력과 밀접하게 연결되어 있다. 출생 후 처음 몇 달 이내에 영아는 양육자와의 면대면 의사소통시에 양육자의 감정과 조화를 이룰 수 있고, 자동적인 정서적 전염(emotional contagion)

과정을 통하여 양육자의 정서를 탐지할 수 있다. 정서적 전염이란 타인이 행복하거나 슬프다고 느끼면 자신도 행복하거나 슬프다고 느끼는 경향성에 해당한다.

아기가 타인의 정서에 공명할 수 있다는 것은 타인의 정서상태를 구별하기 시작했음을 의미한다. 생후 3-4개월의 영아들은 응시하거나 미소지을 때 혹은 발성할 때, 사회적 파트너의 반응을 기대하고 긍정적인 정서반응을 보인다(Markova & Legerstee, 2006). 생후 5개월이 지나면, 영아는 하나의 조직화된 형태로서 얼굴표정을 지각하고 말하는 사람의 목소리에 담겨 있는 정서와 얼굴표정을 짝지을 수 있다.

양육자와 함께 특정 대상에 주의를 집중하고 함께 바라보는 행동인 공동주의(joint attention)가 발달하면, 영아는 정서표현이 의미를 가질 뿐 아니라 특정한 대상이나 사건에 대한 의미 있는 반응이라는 것을 인식한다. 이제 영아는 양육자로부터 능동적으로 정서정보를 구하고 자신이 어떻게 행동해야 할지를 결정하기 위하여 공동주의를 활용한다(Moses 등, 2001).

생후 8-10개월부터 영아는 양육자의 정서표현을 바탕으로 낯선 사람을 회피할 것인지 아닌지, 친숙하지 않은 장난감을 가지고 놀 것인지 아닌지, 혹은 시각적 절벽의 깊은 면으로 기어갈 것인지 아닌지를 결정한다(Mumme 등, 2007). 소위 사회적 참조(social referencing)를 사용하여 영아는 구체적 상황에 대한 대처방식을 찾아낸다.

사회적 참조란 불확실한 상황을 평가하기 위하여 타인의 정서적 반응에 의존하는 것으로 영아는 어머니가 미소를 띠면 다가가고, 긴장된 모습을 보이면 움츠린다. 사회적 참조시에 양육자의 얼굴표정도 중요하지만, 목소리는 정서적 정보와 언어적 정보를 함께 전달하기 때문에 더 효과적으로 활용된다(Vaish & Striano, 2004). 목소리를 들을 수 있으면 영아는 양육자에게로 고개를 돌리지 않고도 낯선 상황을 평가하는 데 집중할 수 있다.

실험자가 14개월 영아와 18개월 영아에게 브로콜리와 크래커를 보여주었다. 한 조건에서 실험자는 브로콜리를 좋아하고 크래커를 싫어하는 것처럼 행동하였고 다른 조건에서는 그 반대의 행동을 하였다. 실험자가 음식물을 나누어

갖자고 요구했을 때, 14개월 영아는 자신이 좋아하는 음식유형만을 실험자에게 제공한 반면, 18개월 영아들은 자신의 선호와 관계없이 실험자가 좋아한다고 생각되는 음식물을 제공하였다(Repacholi & Gopnik, 1997). 이와 같이 사회적 참조는 어린 아동이 타인의 정서적 메시지에 단순히 반응하는 것을 넘어서서 타인의 내적 상태와 선호를 알아내고 자신의 행동을 인도하기 위한 단서로 사용할 수 있도록 한다.

2) 유아기의 발달

정서이해능력은 유아기 동안 빠르게 발달한다. 이 시기의 유아들은 정서의 원인과 결과 및 행동적 표현을 언급할 수 있으며 시간경과와 함께 그들의 이해는 더 정확해지고 복잡해진다. 그러나 7세 이전의 유아들은 정서반응의 원인을 설명할 때 내적 자극보다 외적 자극을 더 강조한다. 그 예로서 7세 이전의 유아들은 사람이 화를 내는 이유는 타인으로부터 상해를 입었기 때문이라고 생각하지만, 더 나이 많은 아동과 성인들은 해치려는 의도 때문에 화를 낸다고 설명한다(Levine, 1995). 그럼에도 불구하고 유아들은 사고와 정서가 관련되어 있고(슬픈 기억을 떠올리는 사람은 슬픔을 느낀다) 특정한 정서가 다음에 어떤 행동을 초래할 것인지를 예측할 수 있다(화난 아동은 발길질하기 쉽고 행복한 사람은 물건을 나누어 줄 가능성이 많다).

유아의 사회적 경험 또한 정서이해에 기여한다. 어머니가 유아와 대화할 때 정서에 대해 많이 설명하고 정서적 사고를 격려하면, 유아는 정서관련 단어를 더 많이 사용하고 더 좋은 정서이해능력을 갖는다(Laible & Song, 2006). 특히 가족구성원들 사이의 정서에 대한 논쟁은 유아가 정서의 원인과 결과를 생각해볼 수 있도록 한다. 일반적으로 정서에 대해 자주 이야기하는 가족 속에서 성장하는 유아들은 이후에 타인의 정서를 더 잘 판단할 수 있다.

또한 3-5세 유아들이 어머니와 안정적인 애착유대를 가질 때 그들은 더 좋은 정서능력을 지닐 수 있다. 그 이유는 안정형 애착을 형성한 유아들은 어머니와 정서적 의미나 중요성을 강조하는, 온정적이고 정교한 이야기를 서로 많이 나누기 때문이다(Raikes & Thompson, 2006). 성인과의 대화를 통하여 정서에 대한 지식을 획득하면 유아는 이 지식을 가상놀이나 사회적 놀이 맥락에 적용한다. 결국 발달된 정서이해능력은 유아를 또래들과 잘 지낼 수 있도록 하고 친절하고 사려깊다는 평가를 받게 한다.

3) 아동기의 발달

아동기에 이르면 타인의 정서를 설명할 때 중다의 근원이 고려될 수 있다. 부서진 자전거 옆에서 행복한 얼굴을 하고 있는 아동에게 무슨 일이 일어났는지를 질문했을 때, 4–5세 유아들은 정서표현에만 의존하는 경향이 있으나(그는 자전거 타기를 좋아하기 때문에 행복하다) 8–9세 아동들은 두 가지 단서를 조화시켜 설명할 수 있다(그는 아버지가 부서진 자전거를 고쳐주겠다고 약속했기 때문에 행복하다).

또한 이 연령의 아동들은 유아들과는 다르게 사람이 한번에 하나 이상의 정서를 경험할 수 있다는 것을 인식한다. 다시 말하면 사람은 혼합정서를 경험할 수 있고, 그것의 각각은 긍정적이거나 부정적이며 강도에서 다를 수 있다는 것이다(Pons 등, 2003). 그네를 타기 위하여 그네 위에 앉아 있는 친구를 밀어버린 어떤 아동의 정서에 관해 질문받았을 때, 4세 유아는 그가 원하는 것을 얻었기 때문에 행복할 것이라고 보고한다. 그러나 8세 아동들은 그 아동은 행복하기도 하지만, 다른 사람을 해쳤기 때문에 슬프거나 나쁜 행동을 했다고 느낄 것이라고 설명한다.

혼합정서의 인식은 초등학교 아동이 사람들의 표정은 그들의 진정한 감정을 반영하지 않을 수 있다는 것을 인식할 수 있도록 도울 뿐 아니라 기본적 정서보다 더 복잡한 자의식적 정서의 인식을 촉진시킨다(Misailidi, 2006). 아동기 동안 상위인지 능력의 발달은 정서에 관한 사고를 크게 증가시킨다.

[4부] 사회적 발달

제10장 자기 및 타인에 대한 이해와 성역할의 발달

I. 자기와 타인에 대한 이해의 기초
 1. 마음이론
 2. 조망수용능력
  1) 셀만의 조망수용능력 발달단계
  2) 조망수용능력과 사회적 행동

II. 자기와 타인에 대한 이해
 1. 자기에 대한 이해의 발달
 2. 타인에 대한 이해의 발달
  1) 유아기의 타인에 대한 이해
  2) 아동기의 타인에 대한 이해

III. 자기존중감과 자기개념의 발달
 1. 자기존중감과 자기개념의 측정
 2. 자기존중감 수준의 변화
 3. 자기존중감 연구의 특징
 4. 자기존중감 발달에 영향을 주는 요인

IV. 성취동기와 성취관련적 귀인
 1. 성취동기
 2. 성취관련적 귀인
  1) 유아기의 성취관련적 귀인
  2) 아동기의 성취관련적 귀인

V. 성역할의 발달
 1. 성역할 고정관념
  1) 유아기의 성역할 고정관념
  2) 아동기의 성역할 고정관념
  3) 성역할 고정관념에 대한 유연성 증가
  4) 성역할 고정관념과 성역할 채택
 2. 성역할 고정관념의 채택에 영향을 주는 요인
  1) 생물학적 영향
  2) 가족의 영향
  3) 사회의 영향
  4) 성도식이론

제10장

...자기 및 타인에 대한 이해와 성역할의 발달...

이 장에서는 자기와 타인에 대한 이해가 어떻게 이루어지고 자기관련 개념들은 어떻게 발달하는지를 검토하는 동시에 독특한 개인으로서의 특성을 갖도록 하는 성역할의 발달을 함께 고찰한다. 특히 타인에 대한 이해는 타인의 사고와 의도, 정서, 사회적 행동 및 그들의 일반적 견해를 이해하는 사회인지능력(social cognition ability)을 포함하므로 사회인지능력의 기초인 마음의 이론과 조망수용능력의 발달도 함께 설명한다.

I. 자기와 타인에 대한 이해의 기초

1. 마음이론

마음이론(theory of mind)이란 사람은 소망, 신념, 의도와 같은 마음상태(mental state)를 지니고 있고 이 마음상태에 의해 개인의 행동이 이루어진다는 것을 이해하는 것으로 마음이론은 자신과 타인의 행동을 이해하는 기초이다. 마

1. 이슬이가 공기돌을 바구니 안에 넣는다.

2. 이슬이가 나간다.

3. 초롱이가 이슬이의 공기돌을 상자에 옮겨 놓는다.

4. 이슬이가 되돌아온다.

이슬이는 어디에서 공기돌을 찾을까?

그림 10-1   이슬이와 초롱이가 포함된 틀린신념과제의 배치도

출처: Baron-Cohen 등, 1985.

음이론의 발달은 배론 – 코헨 등(Baron-Cohen, Leslie, & Frith, 1985)이 사용한 틀린 신념과제(false belief task)에 의해 쉽게 확인될 수 있다.

그림 10-1에 제시된 바와 같이 실험은 '이슬이'라는 이름의 인형이 자신의 공기돌을 '바구니' 안에 넣고 방을 나간 사이에 '초롱이'라는 인형이 공기돌을 자신의 상자 속으로 옮겨 놓는 상황으로 구성되어 있다. 이 과제는 사람이 잘못된 신념을 지닐 수도 있고, 이 잘못된 신념에 의해 행동할 수 있다는 것을 이해하는 정도를 측정하기 때문에 틀린신념과제라고 불린다. 마음이론을 지니고 있는 아동들은 이슬이는 바구니 안에서 공기돌을 찾을 것이라고 이야기함으로써 이슬이가 잘못된 신념에 기초하여 행동할 것이라고 믿는다.

마음이론은 매우 어린 연령에서 획득되며 이미 생후 9개월경에 마음이론의 전조가 나타난다. 그 예로서 생후 9개월의 영아는 양육자와 함께 동일한 대상에 주의를 기울이고 양육자의 주의를 자신이 원하는 대상물로 향하게 할 수 있는 공동주의를 획득하므로 이 연령에서 영아는 타인도 지각적 경험을 하며 그 지각적 경험을 나와 공유할 수 있다고 인식한다. 또한 1세와 2세 사이에 이루어지는 가상놀이를 통하여 유아는 실제와 거짓의 차이에 대한 원시적 이해를 나타낸다. 그들은 빈컵으로 우유를 마시고 연결되지 않은 전화기에 입을 대고 이야기하기도 한다. 이제 영아는 사람은 서로의 마음상태를 공유할 수 있고 영향을 줄 수 있는 의도적 존재로 보기 시작하므로 공동주의는 물론 사회적 참조가 가능하고 언어를 사용하기 시작한다.

2세경에 이르면 유아는 언어 속에 마음상태를 표현하기 시작한다. "왜 자꾸만 '왜'라는 질문을 하느냐?"는 질문을 받았을 때 2세 유아는 "내가 '왜'라고 말하고 싶으니까"라고 대답하는가 하면, 버스를 보고 "나는 택시라고 생각했다"라고 말하기도 한다. 2세 말경에 이르면 유아는 사람의 정서와 소망에 대해 더 분명하게 이해할 수 있게 됨으로써 사람들이 좋아하고 싫어하는 것, 소망하는 것, 필요로 하는 것, 원하는 것이 서로 다르다는 것을 깨닫는다.

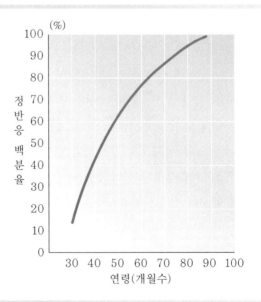

그림 10-2 | 틀린신념과제 수행에서의 발달적 변화

출처: Wellman, Cross, & Watson, 2001.

제4부 사회적 발달

그림 10-2는 틀린신념과제 수행에서의 발달적 변화를 보여준다. 이 그림은 $2\frac{1}{2}$세부터 틀린신념과제를 수행하는 능력이 극적으로 증가하고 3년 8개월에 이르면 정반응 비율이 50%에 이르며, 5세가 되면 거의 모든 아동들이 정반응을 나타낸다는 것을 보여준다.

어린 아동들은 마음이론의 발달에서 다양한 개인차를 보인다. 지금까지의 연구결과에 의하면, 많은 수의 형제자매가 있는 아동, 특히 손위 형제자매가 있는 아동들이 더 발달된 마음이론을 지니고 있었다(McAlister & Peterson, 2007). 또한 2세에 부모와 사람의 감정에 대해 자주 이야기를 나눈 아동들(Ruffman, Slade, & Crowe, 2002)과 빈번하게 가상놀이를 하는 아동들이 마음이론과제에서 더 우수한 수행을 나타내었다(Harris, 2000).

마음이론의 발달에 성차가 있는가? 일반적으로 부모는 아들보다는 딸과 정서적인 이야기를 더 많이 나누고 타인의 감정이나 소망에 대한 딸의 이해능력에 더 큰 영향을 주는 경향이 있으므로 여성들이 남성들보다 더 발달된 마음이해 능력을 지니고 있을 것으로 가정된다. 그러나 일부의 연구자들은 여아들이 남아들보다 틀린신념과제를 약간 더 일찍 이해한다는 차이가 있을 뿐이며, 오히려 언어능력과 같은 다른 개인차 변인들이 마음이론의 발달에 더 큰 영향을 준다고 주장한다(Charman, Ruffman, & Clements, 2002).

2. 조망수용능력

조망수용능력(perspective taking ability)이란 타인의 조망을 추론하고 자기자신과의 관계에서 타인의 생각과 감정을 이해하는 능력이다. 피아제의 세 개의 산 실험에서처럼 해결해야 하는 과제가 공간문제일 때는 공간 조망수용능력(spatial perspective taking ability)으로 명명되지만, 과제가 사회적 문제일 때는 사회적 조망수용능력이라고 불린다. 일상생활에서 타인의 조망을 이해함이 없이 타인과 상호작용하기는 어렵다.

일찍이 피아제는 유아의 미성숙은 타인의 견해를 고려하지 못하는 자아중심성(egocentrism)에 그 원인이 있다고 주장하였다. 그러나 어린 아동들도 항상 자아중심적이지는 않으며, 의식적으로 자기를 인식하는 2세경에 이미 조망수용 능력의 징후를 나타낸다.

1) 셀만의 조망수용능력 발달단계

셀만(Selman, 1980)은 유치원 아동부터 청소년들까지 포함하는 광범위한 연구대상자들에게 다음과 같은 사회적 딜레마(social dilemmas)를 제시하고 조망수용능력의 발달을 연구하였다.

〈홀리의 딜레마〉

홀리는 나무 타기를 좋아하는 8세 소녀이다. 그 소녀는 동네에서 나무를 가장 잘 타는 사람으로 알려져 있다. 어느날 홀리가 높은 나무 위로 기어올라가다가 떨어졌으나 다치지는 않았다. 홀리가 떨어지는 것을 본 아버지는 매우 놀라셨고 다시는 나무에 올라가지 않겠다는 약속을 하도록 홀리에게 요구하셨다. 홀리는 약속하였다. 며칠 후 홀리와 친구들은 셴을 만났다. 그 때 셴의 고양이가 나무 위에 올라가 있었고 새끼 고양이어서 스스로 내려올 수 없는 형편이었다. 문제는 고양이를 곧바로 내려오게 하지 않으면, 고양이가 다칠 수 있는 상황이었다. 물론 나무 위에 올라가서 고양이를 데리고 내려올 수 있는 사람은 홀리밖에 없었다. 그러나 홀리는 아버지와의 약속을 기억하고 있었다.

셀만은 홀리, 아버지 그리고 셴의 조망을 아동이 얼마나 잘 이해하는지를 평가하기 위하여 다음과 같은 질문을 하였다.

- 셴은 홀리가 나무에 올라가지 못하는 이유를 아는가?
- 나무에 올라가는 홀리를 본다면, 아버지는 어떻게 생각하실 것인가?
- 홀리는 자신이 나무에 올라가는 것을 보신 아버지가 어떻게 할 것이라고 생각하는가? 처벌받을 것이라고 생각하는가?

• 이 상황에서 당신은 어떻게 할 것인가?

이 질문에 대한 아동의 반응을 기초로 셀
만은 표 10-1과 같은 조망수용능력의 발달단계
를 제시하였다. 처음에 아동은 타인이 무엇을
생각하고 느끼는가에 대해 단지 제한된 생각을
할 수 있을 뿐이다. 그러나 시간경과와 함께,
아동은 사람에 따라 동일한 사건을 다른 방식으
로 해석할 수 있다는 것을 인식할 수 있으며,
곧 아동은 타인의 관점을 고려할 수 있게 된다.
마지막으로 아동은 제삼자적 조망에서 그리고

Robert Selman(1942-   )

사회적 가치를 참조하여 두 사람의 조망을 고려할 수 있다.

셀만의 조망수용능력 발달단계는 피아제의 인지발달단계와 밀접하게 연결
되어 있다. 피아제의 구체적 조작과제를 해결할 수 없는 개인들은 셀만 단계의
수준 0의 조망수용능력을 지니고, 구체적 조작과제는 해결할 수 있으나 형식적
조작과제를 해결하지 못하는 개인들은 수준 1과 수준 2의 조망수용능력을, 그리
고 형식적 조작과제의 해결이 가능한 개인들은 수준 3과 수준 4의 조망수용능력
을 갖는다(Krebs & Gillmore, 1982).

일반적으로 피아제 과제는 관련된 조망수용능력 수준보다 다소 더 이른 연
령에서 해결될 수 있기 때문에, 인지발달만으로 조망수용능력의 발달을 설명할
수 있는 것은 아니다. 셀만의 발달단계를 자세히 고찰하면, 조망수용능력의 발
달은 추상적인 사고능력 외에도 한번에 여러 가지 정보들을 동시에 고려할 수
있는 능력을 요구한다는 것을 알 수 있다.

2) 조망수용능력과 사회적 행동

아동이 지니고 있는 조망수용능력은 다른 사람과 잘 지낼 수 있도록 돕는
역할을 한다. 우리가 다른 사람의 견해를 예상할 수 있을 때, 사회적 관계는 더

표 10-1 | 셀만의 조망수용능력 발달단계와 각 단계에 대한 반응

단 계	대략적 연령범위	특 징	홀리 딜레마에 대한 전형적 반응
수준 0: 미분화된 조망수용	3-6세	아동은 자기와 타인이 각기 다른 사고와 감정을 가질 수 있다는 것을 인지하나 자주 혼동한다.	아동은 고양이가 다치는 것을 원치 않기 때문에 홀리가 고양이를 구할 것이라고 예상하며 홀리의 아버지도 홀리와 같은 생각을 할 것이라고 생각한다.
수준 1: 사회-정보적 조망수용	4-9세	아동은 사람들이 상이한 정보에 노출되기 때문에 서로 다른 조망을 가질 수 있다는 것을 이해한다.	홀리가 나무에 올라가는 것을 보았을 때 홀리의 아버지는 어떻게 반응할 것인지의 질문에, 아동은 아버지가 고양이의 상황을 모르기 때문에 화를 낼 것이라고 반응한다. 그러나 아버지가 고양이의 상황을 알게 된다면, 마음을 바꿀 것이라고 응답한다.
수준 2: 자기-반성적 조망수용	7-12세	아동은 다른 사람의 견해를 고려할 수 있고 타인의 조망에서 자신의 생각, 감정 그리고 행동을 바라볼 수 있다. 그들은 또한 타인도 자신과 동일하게 타인의 조망을 고려한다는 것을 인식한다.	홀리가 처벌받을 것이라고 생각하는지를 질문했을 때, 아동은 "아니, 홀리는 아버지가 왜 나무에 올라가야 했는지를 이해할 것이라고 생각한다"고 대답한다.
수준 3: 제3자적 조망수용	10-15세	아동은 두 사람의 상황에서 벗어나서 제3자의 공평한 관점에서 자기와 타인이 어떻게 보이는지를 생각할 수 있다.	홀리가 처벌받아야 하는지를 질문했을 때, 아동은 "홀리는 고양이를 구하는 것이 중요하다고 생각했기 때문에 처벌받아서는 안 된다. 그러나 홀리는 아버지가 나무에 올라가지 말라고 한 것도 기억하고 있다. 그래서 아버지가 나무에 올라간 이유를 이해할 수 있도록 할 수 있을 때만, 처벌받지 않을 것이라고 홀리는 생각한다"고 응답한다.
수준 4: 사회적 조망수용	14세-성인	이 수준의 개인들은 자기-타인 상호작용에 대한 일반화된 사회적 조망을 지니고 있고 사회체계 속에 반영되어 있는 집단조망의 존재를 인식한다. 따라서 법률과 도덕은 개인이 고려해야 하는 어떤 합의된 집단조망에 의존한다는 것을 이해한다.	홀리가 처벌받아야 하는지를 질문했을 때, 아동은 "동물에 대한 인도적 관점에서 홀리의 행동은 정당하며 동일한 관점에서 아버지도 홀리를 처벌하지 않을 것이다"라고 응답한다.

예측가능해지며 타인의 욕구에 효과적으로 반응할 수 있다. 높은 수준의 조망수용능력을 지니고 있는 아동들은 감정이입(empathy)능력과 동정심(sympathy)을 지니고 있고 어려운 사회적 상황을 처리하는 효과적인 방법을 고안해낼 수 있으므로(FitzGerald & White, 2003), 또래들 사이에 인기가 있다. 그들은 또래들과 가까운 우정을 형성할 뿐 아니라 또래들 사이에서 불가피하게 일어나는 갈등도 잘 해결한다. 동시에 높은 수준의 조망수용능력을 지니고 있는 아동들은 또래들과 협동과제도 잘 수행하지만, 경쟁과제를 수행할 때도 자신의 견해를 잘 방어하고 타인과 좋은 관계를 유지한다.

조망수용능력은 주위의 성인이나 또래들이 타인의 입장에서 상황을 바라보라고 격려할 때 발달할 수 있다. 협동이나 집단의 조화를 중요시하는 문화의 아동들이 개인주의를 강조하는 문화의 아동들보다 더 발달된 조망수용능력을 지니고 있다는 것은 환경적 영향에 의해 조망수용능력이 촉진되기도 하고 저해되기도 한다는 것을 의미한다. 실제로 화를 잘 내고 높은 공격성을 나타내는 보잘것 없는 조망수용능력을 지니고 있는 아동들에게 조망수용능력을 지도하고 훈련하면, 반사회적 행동이 효과적으로 감소될 수 있었다(Chalmers & Townsend, 1990).

II. 자기와 타인에 대한 이해

아기는 자기에 대한 개념이나 느낌 없이 출생한다. 그렇다면 영아는 언제 주위 세계와 분리된 개체로서 자기를 인식하는가? 자기인식(self-recognition)에 대한 최초의 증거는 생후 2, 3개월경에 나타나며 여기서부터 자기에 대한 이해가 시작된다.

1. 자기에 대한 이해의 발달

자기에 대한 이해는 자기인식(self-awareness)으로부터 시작된다. 자기인식은 행위주체로서의 자기에 대한 인식과 다양한 특성, 즉 신체적, 심리적 및 사회적 특성을 지니고 있는 평가대상으로서의 자기에 대한 인식으로 구분될 수 있다. 우선 행위주체로서의 자기에 대한 인식은 거울에 비친 모습이나 사진 혹은 비디오테이프로 찍은 모습을 영아나 유아에게 보여주고 어떻게 행동하는지를 관찰함으로써 추론된다.

또래 옆에 있는 아기 모습을 비디오테이프로 찍어 보여주었을 때, 생후 3개월의 영아들은 자신보다 또래를 더 오래 바라보았다. 영아의 이런 행동은 자기와 타인에 대한 구별이 가능한 데 기인한다. 일상생활에서 영아는 자신의 행동이 양육자를 포함한 다른 사람이나 사물에 영향을 주고 다른 사람들은 거기에 대해 예측가능한 방식으로 반응한다는 것을 경험하기 때문에, 행위주체로서의 자기인식은 매우 일찍 발달한다.

그러나 다양한 특성을 지니는 자기에 대한 인식은 더 이후에 발달하며 보통 신체적 특성에 대한 인식으로부터 시작된다. 생후 9 – 24개월의 영아들을 거울 앞에 앉히고, 어머니에게 얼굴을 닦아주는 척하면서 아기의 코 위에 붉은 물감을 칠하도록 요구하였다. 어린 영아들은 붉은 물감과 자신과는 전혀 상관없는 것처럼 행동하였으나 생후 15개월 이후의 영아들은 거울을 보면서 자신의 코를 문지름으로써 자신의 독특한 신체모습을 인식하고 있음을 나타내었다(Bard 등, 2006; Lewis & Brooks-Gunn, 1979). 이 연령의 영아들은 자주 거울 앞에서 여러 가지 우스꽝스러운 표정을 지으면서 자신이 어떻게 보이는지를 실험하며 '나'라는 대명사도 정확하게 사용할 수 있다.

생후 18개월에서 30개월 사이에 연령이나 성별, 신체적 특징 등을 바탕으로 자기를 분류하는 범주적 자기(categorical self)도 발달한다. 범주적 자기는 자기를 더 분명하게 표상하고 표현할 수 있도록 하므로 독특한 모습을 갖는 신체적 자기로서 그리고 특정한 연령과 성별범주에 속하는 존재로서 그들이 누구인지를 인식하는 것을 촉진시킨다. 이 시기에 자기능력에 대한 언급도 시작된다.

자기인식의 발달은 아동의 인지발달과 사회적 경험에 의존한다. 우선 정신적으로 지체된 아동들은 정상아동보다 거울에 비치는 자신을 인식하는 능력이 뒤떨어진다. 안정되게 애착된 영아들 역시 불안정하게 애착된 또래들보다 거울에 비치는 자기를 더 잘 인식할 수 있고 자신의 이름과 성을 더 잘 알고 있었다(Pipp, Easterbrooks, & Harmon, 1992). 또한 양육자와의 공동주의가 확립된 영아들도 더 발달된 자기인식 능력을 지니고 있었다(Nichols, Fox, & Mundy, 2005).

2. 타인에 대한 이해의 발달

타인에 대한 이해는 사회인지(social cognition)능력의 발달을 필요로 한다. 사회인지란 우리 주변의 세계, 특히 우리가 타인에 대해 어떻게 생각하고 추론하는지를 이해하는 능력으로, 최근 발달심리학자들은 아동의 사회인지능력의 발달에 점점 더 많은 관심을 갖는다.

사회인지능력은 인생초기에 발달한다. 그 예로서 출생 첫해의 말경에 이미 영아는 사람이란 의도적이고 목표지향적 행동을 한다는 것을 이해한다. 2세경에는 특정한 상황에서 어떻게 행동해야 하는지를 결정하기 위해 타인으로부터 정서적 단서를 읽어내는 사회적 참조도 가능하다.

1) 유아기의 타인에 대한 이해

유아기 동안 타인에 대한 이해가 크게 발달한다(Gelman, Heyman, Legare, 2007). 유아가 지니고 있는 마음이론은 타인들이 정서와 소망을 지니고 있다는 것을 이해하는 것을 돕는다. 4, 5세경에, 유아는 자신을 심리적 특성으로 기술하기 시작하고 타인에 대해서도 심리적 특성을 바탕으로 지각하기 시작하므로 4세 유아는 "우리 선생님은 멋진 분이다"라고 말할 수 있다.

또한 4세 유아들은 사람들이 자신이 원하는 것을 얻기 위하여 혹은 어려움을 회피하기 위하여 거짓말을 한다는 것도 알게 되므로, 사람들이 자신의 신념에 대해 항상 정확한 이야기만을 하는 것은 아니라는 것을 이해한다. 그 증거로서 4, 5세 유아들은 친구들이 캠프를 가기 싫어한다는 것을 알았을 때 그 친구들이 아프다고 말하는 것을 믿지 않았다(Gee & Heyman, 2007). 그럼에도 불구하고 유아의 타인에 대한 이해는 완전하지 못하므로 아직도 산타클로스의 존재를 믿고 비를 타고 하늘을 날아다니는 마녀의 이야기를 사실로 믿기도 한다.

동일 연령의 유아들 중에도 타인이 무엇을 느끼고 무엇을 소망하는지를 더잘 이해하는 유아들이 있다. 일반적으로 양육자가 어린 유아와 사람의 감정과 소망에 대해 빈번하게 대화를 나눌 때 그리고 유아가 타인의 감정과 소망에 대해 이야기하는 사람들을 자주 관찰할 기회가 있을 때 유아는 타인에 대한 더 발달된 이해능력을 지닐 수 있다.

2) 아동기의 타인에 대한 이해

아동기 동안 타인의 조망을 고려하고 그들의 사고와 감정을 고려하는 능력이 증가한다. 6-8세의 아동은 타인들도 자신의 조망을 갖는다는 것을 이해하기 시작하며, 이후 수년에 걸쳐 아동 자신이 타인의 입장이 되어 보는 것이 타인의 의도와 목적 및 행위를 판단하는 효과적인 방법이라는 것을 인식하는 능력이 증가한다.

조망수용능력은 아동이 친사회적 혹은 반사회적 태도와 행동을 발달시킬 것인지 아닌지를 결정하는 중요한 요인이다. 타인의 조망을 고려할 수 있는 사람은 타인이 괴로움을 당하거나 도움을 필요로 할 때 그들을 이해하고 동정하므로 친사회적 행동을 할 수 있는 반면(Eisenberg, Fabes, & Spinrad, 2006), 낮은 수준의 조망수용능력을 지니고 있는 아동들은 반사회적 행동을 하기 쉽다.

이 시기의 아동들은 타인에 대한 이해를 바탕으로 다른 사람들의 이야기를 쉽게 믿지 않으려 한다. 그들은 개인의 심리적 특성에 대한 정보에 특히 강한 의심을 나타낸다. 사람들의 이야기는 사회적 바람직성(social desirabilty)을 포함한다는 것을 알고 있는 10-11세의 아동들은, 어떤 사람이 "정직하고 멋지다"라는 이야기를 들었을 때 잘 믿지 않는다(Heyman & Legare, 2005). 흥미롭게도 '정직하다', '멋지다'와 같은 가치를 포함하는 특성에 대한 아동의 의심은 증가하지만, '짠 음식을 좋아한다', '빨간색을 좋아한다'와 같은 개인의 가치를 포함하지 않는 특성에 대해서는 의심을 보이지 않는다(Heyman, Fu, & Lee, 2007). 이 시기의 아동들은 타인의 동기도 이해하기 시작한다.

Ⅲ. 자기존중감과 자기개념의 발달

마음이론을 기초로 유아기 동안 자기인식능력이 확장됨에 따라 자기존중감 (self-esteem)과 자기개념(self-concept)이 구성되기 시작한다. 그러나 이 두 가지 개념은 현재까지도 명확하게 정의되지 못한 채, 때로 교환가능한 개념으로 사용 되기도 한다. 이 책에서는 하터(Harter, 2006)의 정의를 따라, 자기존중감을 개인 의 자기가치나 자기상에 해당하는, 자기에 대한 전체적 평가로 정의하고 자기개 념을 자기에 대한 영역특징적 평가로 정의한다. 특히 자기존중감은 자기에 대한 전체적 평가로 인식되기 때문에 자주 행복의 지표로 활용된다(장휘숙, 2009; Seif-fge-Krenke & Gelhaar, 2007).

일생에서 아동기는 자기존중감이 매우 높은 시기이기는 하지만(Robins 등, 2002), 자기존중감은 개인의 실제 상태와 항상 일치하지는 않는다(Baumeister 등, 2003). 다시 말하면 아동의 자기존중감은 그가 유능한지 혹은 매력적인지에 대한 신념을 반영하지만, 그 신념은 항상 정확하지는 않다는 것이다. 따라서 개인의 높은 자기존중감은 한 인간으로서의 가치와 성공 및 성취에 대한 정확한 지각일 수 있는 동시에 타인에 대한 오만하고 과장된 우월감일 수도 있다. 낮은 자기존 중감 역시 자신의 결점이나 약점에 대한 정확한 지각일 수 있으나 때로 왜곡되 고 병리적인 불안감과 열등감을 반영할 수 있다.

1. 자기존중감과 자기개념의 측정

아동의 자기에 대한 평가를 측정하기 위하여 개발된 유용한 도구로서 하터 (Harter, 1985)의 아동용 자기지각 프로파일(Self-Perception Profile for Children)이 있다. 이 척도는 일반적인 자기가치와 학업능력, 운동능력, 사회적 수용, 신체외모 및 품행을 포함하는 다섯 가지의 특정한 영역에 대한 자기지각을 측정한다. 이 척도는 초등학교 3학년부터 6학년 아동에게 사용하기 위하여 제작되었고 청소년용 자기지각 프로파일(Self-Perception Profile for Adolescents)도 있다.

특정한 영역에 대한 자기평가는 일반적 자기존중감과 어떤 관계가 있는가? 아동은 일반적 자기존중감과 함께 특정한 영역에 대해 각기 다른 수준의 자기개념을 지닐 수 있다. 어떤 아동은 보통 수준의 일반적 자기존중감을 갖지만, 운동능력과 사회적 수용, 신체외모 및 품행에서는 높은 자기개념을 그리고 학업능력에서는 낮은 자기개념을 갖는다. 흥미롭게도 일반적 자기존중감은 다섯 가지 특정한 영역에 대한 자기지각 중 신체외모 영역과 가장 높은 상관을 보이며, 이러한 상관패턴은 유아기부터 성인중기까지 일관성 있게 계속된다(Harter, 2006).

2. 자기존중감 수준의 변화

자기존중감이 형성되었다고 할지라도, 연령증가와 함께 자기존중감의 수준은 계속 변화한다. 일반적으로 초등학교 입학 이전의 유아기 동안 자기존중감 수준이 가장 높고 초등학교에 입학한 이후부터 점차 하락한다(Marsh, Craven & Debus, 1998). 자기존중감의 하락은 아동이 자신의 능력, 행동, 외모 등을 다른 사람과 비교하는 사회적 비교(social comparisons)의 결과이다.

물론 4-6세 유아들도 사회적 비교를 하고 그것을 자기평가의 기초로 활용하지만, 그들의 비교는 매우 단순하고 단지 친구 한 사람의 수행과 비교할 수 있을 뿐이므로 자기존중감의 하락을 초래하지는 않는다. 그러나 아동기에 이르면, 여러 요인들을 바탕으로 여러 명의 아동과 동시에 비교할 수 있으므로 아동은 객관적이고 타인의 견해와 조화를 이루는 현실적 수준의 자기존중감을 형성할 수 있다.

시간경과와 함께 아동은 사회적 비교가 자기존중감에 도움이 되기도 하지만, 자기존중감을 손상시키기도 한다는 것을 이해한다. 그들은 점차 외현적인 단순한 사회적 비교에서 벗어나 개인적 목표를 고려할 수 있게 되므로 '네가 더 잘 그렸다' 거나 '네 그림이 내 것보다 더 낫다' 라고 하기보다는 '나한테 무슨 문제가 있는가' 라고 질문함으로써 부정적인 사회적 결과로부터 자신을 보호하려고 한다. 따라서 초등학교 저학년에서의 자기존중감 하락은 그렇게 크지 않으며, 4학년 정도에서 아동의 자기존중감은 다시 상승하기 시작한다(Twenge & Campbell, 2001).

3. 자기존중감 연구의 특징

아동의 자기존중감은 발달의 여러 측면들과 연결된다. 그러나 이 분야의 거의 모든 연구들이 상관연구로 이루어졌기 때문에 그것이 아동의 발달에 영향을 주는 원인요인인지 아니면 결과요인인지 분명하지 않다. 어떤 상관연구에서 아동의 낮은 자기존중감과 낮은 학업성취가 서로 관련되어 있음이 확인되었다면, 낮은 학업성취가 낮은 자기존중감을 형성하게 했을 수도 있고 낮은 자기존중감이 낮은 학업성취를 초래했을 수도 있다. 일반적으로 학업수행과 자기존중감 사이에는 단지 보통 정도의 상관이 있기 때문에, 높은 가지존중감이 반드시 더 좋은 학업수행을 가져온다고 말하기는 어렵다(Baumeister 등, 2003).

많은 연구들은 낮은 자기존중감을 지니고 있는 사람들은 높은 자기존중감의 소유자들보다 더 낮은 수준의 정신건강과 신체건강을 지니고, 특히 낮은 자기존중감은 우울, 자살기도, 신경성 식욕부진증과 상관이 있다고 보고한다(Osvath, Voros, Fekete, 2004). 대조적으로 높은 자기존중감의 소유자들은 더 적응적이고 사교적이고 성실하며 더 큰 행복을 경험한다(Baumeister 등, 2003). 그러나 높은 자기존중감을 갖는 아동들 중에는 친사회적 행동을 하면서도 자주 반사회적 행동을 하는 아동들이 있다. 그들은 건달이나 깡패에 대항하여 약자를 보호하기도 하지만, 자신이 약자를 괴롭히는 건달일 수도 있기 때문에 높은 자기존중감이 반드시 긍정적 결과를 가져온다고 말하기는 어렵다.

4. 자기존중감 발달에 영향을 주는 요인

왜 어떤 아동은 다른 아동보다 더 높은 수준의 자기존중감을 갖는가? 높은 수준의 자기존중감을 지니고 있는 아동들은 기본적으로 ① 다른 아동들보다 더 유능하므로, 그리고 ② 보다 긍정적인 사회적 피드백을 받기 때문이다. 이런 아동들은 중요한 영역에서 더 많은 성공을 경험하고 타인과 비교되는 상황에서 더 잘 수행한다.

개인의 자기존중감은 삶에서 중요한 어떤 사람의 평가를 반영하기 때문에, 부모나 주위 사람들의 말이나 행동은 아동의 자기존중감 수준에 직접적으로 영향을 준다. 일반적으로 높은 자기존중감을 지니고 있는 아동의 부모들은 따뜻하고 수용적이며 성숙한 행동에 대한 합리적인 기대를 갖는 동시에 긍정적 문제해결력도 지니고 있다(Rudy & Grusec, 2006).

반면 아동에게 지나치게 많은 도움을 주고 많은 일을 아동 대신 결정하는가 하면 아동을 무시하고 모욕감을 느끼게 하는 통제적 부모(controlling parents)의 자녀들은 낮은 자기존중감을 갖는다. 그들은 자기가치감을 확인하기 위하여 또래에게 강하게 의존함으로써 반사회적 행동이나 비행과 같은 적응문제를 일으킨다(Donnellan 등, 2005). 통제적 부모와는 반대로 지나치게 관대하고 인내심이 많은 부모는 아동이 비현실적으로 높은 자기존중감을 갖도록 한다. 이 아동들은 자신의 오만한 자아상이 손상되거나 침해를 받으면 참지 못하고 공격적으로 행동하므로 적응문제를 일으킨다.

아동이 성장함에 따라, 또래와 교사 및 유의미한 타인들의 반응은 부모와 유사한 방식으로 아동의 자기존중감에 영향을 준다. 특히 또래의 영향은 아동의 성장과 함께 점점 더 커진다. 초등학교 아동들은 자신의 행동에 대한 스스로의 관찰과 또래와의 비교 그리고 다른 사람들의 판단을 바탕으로 전체적인 자기평가를 형성한다.

문제는 오늘날의 아동들이 지나치게 많은 칭찬과 격려를 받으면서 성장하기 때문에 지나치게 부풀려진 자기존중감을 갖는다는 것이다(Graham, 2005). 그들은 보통 정도나 심지어 보잘것없는 수행에 대해서도 칭찬을 받으면서 성장하므로 경쟁이나 비판에 잘 대처하지 못한다. 이런 아동에게는 아동 자신에게 중요한 능력 영역이 무엇인지를 확인하도록 하고, 그 영역에서의 성취를 칭찬하고 격려하며 정서적 지원과 사회적 승인을 제공하면 타당하게 높은 자기존중감이 형성될 수 있다.

Ⅳ. 성취동기와 성취관련적 귀인

1. 성취동기

성취동기(achievement motivation)란 개인이 가치 있는 일을 완성하고 어떤 표준에 도달하기 위하여 노력하도록 하는 내적 상태를 의미한다. 일찍이 아트킨슨(Atkinson & Birch, 1978)은 성취동기를, 개인의 수행에 대한 평가가 중요시될 때 정력적이고 지속적이며 목표지향적 행동으로 유도하는 내적 각성상태라고 정의하였다.

아동 중에는 성인의 감독 없이 기술과 노력을 요구하는 과제를 지속적으로 수행할 수 있는 아동이 있는가 하면, 쉽게 과제수행을 포기하는 아동도 있다. 동일한 수준의 능력을 지니고 있는 아동들이 차이나는 수행을 나타내고 능력이 부족한 학생이 유능한 학생보다 더 나은 학업성적을 얻을 수 있는 것은 모두 성취동기 수준의 차이에 기인한다.

최초의 성취지향적 행동은 2세경에 나타난다. 2세 유아는 행위의 결과에 따라 타인의 칭찬이나 기대를 예측할 수 있으며 3세가 되면 객관적 기준에 따라 수행을 평가하고 성공하면 기쁨이나 자랑스러움을, 그리고 실패하면 수치심을 경험한다. 아동의 인지능력과 사회적 능력이 발달함에 따라 과제의 어려움 정도와 자신의 능력을 비교함으로써 성공과 실패의 가능성을 평가한다.

일반적으로 성취지향적인 아동들은 도달가능한 합리적인 목표를 설정하고 성공성취욕구에 의해 동기유발되며 중간 정도의 위험이 있는 상황을 선호한다.

그림 10-3 | TAT 검사카드의 예

반면 단순히 실패를 회피하는 데 급급한 아동들은 지나치게 높거나 낮은 목표를 설정하고 실제로 노력하지 않는 경향이 있다. 그들은 과제수행에서 쉽게 포기하며 "내가 만약 노력했다면 성공했을 것이다. 그러나 나는 열심히 노력하고 싶지 않았다"고 미리 만들어 놓은 변명을 한다.

개인의 성취동기는 몇 장의 모호한 그림에 대해 이야기를 만들게 함으로써 측정된다. 모간과 머레이(Morgan & Murray, 1935)에 의해 개발된 주제통각검사(Thematic Apperception Test: TAT)가 성취동기의 측정을 위해 가장 많이 활용된다(그림 10-3 참조). 모호한 그림에 대한 아동의 이야기는 성취동기의 정도를 반영할 것으로 기대된다.

아동의 성취동기는 부모의 양육방식과 높은 상관이 있다. 일찍부터 성취훈련을 시키고 자녀의 성공을 기대하며 보상하는 부모들은 높은 성취동기를 갖는 자녀를 양육할 수 있다. 보통 어머니는 엄격한 행동목표를 설정하고 수행을 격려하는 반면, 아버지는 아동의 독립적 행동을 허용하고 자기신뢰와 숙달을 강조한다. 일반적으로 높은 성취동기를 갖는 자녀의 부모들은 권위적 부모역할 양식(authoritative parenting style)과 유사한 다음과 같은 특징을 지니고 있다(Shaffer, 1999).

① 온정적이고 수용적이며 아동의 수행에 대해 지체함이 없이 즉각적으로 칭찬한다.

② 수행을 위한 기준을 설정하고 거기에 맞추어 지도하고 통제한다.

③ 어느 정도의 독립과 자율성을 허용하고 과제를 해결하기 위하여 아동이 어떻게 행동할 것인지를 사전에 이야기하게 한다.

2. 성취관련적 귀인

성취동기만으로 수행상황에서의 아동의 행동을 예측하지 못할 때가 자주 있다. 그 이유는 행동결과를 어떻게 귀인(attributions)하는가에 따라 수행이 달라지기 때문이다. 여기서 귀인이란 행동의 원인에 대한 설명으로 "내(혹은 다른 사람이)가 왜 그렇게 행동했는가?"에 대한 대답에 해당한다. 일반적으로 행동의 원인은 외적 · 환경적 원인과 내적 · 심리적 원인의 두 가지 범주로 구분될 수 있다. 또한 우리는 능력과 노력이라는 두 가지 유형으로 심리적 원인을 구분한다.

행동의 원인을 설명할 때, 우리는 일정한 규칙을 적용한다. 어떤 상황에서 많은 사람들이 동일한 행동을 한다면(학급 전체가 기말고사에서 A학점을 받았다) 우리는 그 행동을 외적 원인에 귀인시키는 반면(시험이 쉬웠다), 어떤 사람이 여러 가지 상황에서 일관성 있게 동일한 행동을 나타낸다면(영희는 국어 시험에서 항상 A학점을 받는다) 우리는 그 행동을 내적 원인에 귀인시킨다.

1) 유아기의 성취관련적 귀인

일반적으로 초등학교 입학 이전의 유아들은 자신의 능력을 높게 평가하고 과제의 어려움을 과소평가하며 성공할 수 있다는 긍정적 기대를 갖는다. 어린 아동들은 낮은 점수를 받는 사람들도 계속해서 노력한다면 성공할 수 있다고 설명한다(Schuster, Ruble, & Weinert, 1998). 이 연령의 유아들은 과제가 어려우면 좌절하기도 하지만 대부분 쉽게 회복된다.

유아의 이와 같은 낙관적 귀인은 성공과 실패의 원인을 정확하게 추론하지 못하는 데 기인한다. 그들은 단지 열심히 노력하면 성공할 것이라고 생각하고 모든 일이 잘 될 것이라고 기대한다. 물론 부모도 유아가 긍정적 기대를 갖도록 격려한다. 그럼에도 불구하고 어떤 유아들은 어려운 퍼즐이나 블록쌓기와 같은 도전에 직면하면 쉽게 포기한다. 그들은 과제를 수행할 수 없다는 결론을 내린 후에 크게 낙담한다.

일찍부터 부모로부터 그들의 가치와 수행에 대한 비판을 많이 받은 경험이 있는 유아들은 자신의 내적 표준이 아니라 전적으로 타인의 판단에 기초하여 자기가치를 평가하고, 아동기 동안 빈번하게 나타나는 성취관련적 부적응 행동의 이른 징후를 나타낸다. 반면에 열정적으로 과제를 지속하는 유아들은 성공할 수 있는 방법을 제시하면서 유아를 격려하는 부모를 가지고 있었다(Kelley, Brownell, & Campbell, 2000).

2) 아동기의 성취관련적 귀인

아동기에 이르면 수행 정도를 평가할 때, 아동은 개인의 능력과 노력 그리고 외적 요인을 구별하기 시작한다(Dweck, 2002). 높은 성취동기를 지니고 있는 아동들은 숙달지향적 귀인(mastery-oriented attributions)을 발달시킨다. 숙달지향적 귀인이란 성공은 능력에 기인하고 실패는 불충분한 노력에 그 원인이 있다는 귀인양식을 의미한다. 따라서 숙달지향적 귀인을 하는 아동들은 불충분한 노력이나 어려운 과제와 같은 변화될 수 있고 통제가능한 요인에서 실패의 원인을 찾으려고 한다. 그들은 성공이나 실패와 상관없이, 부지런히 그리고 지속적으로 과제를 수행한다.

대조적으로 학습된 무력감(learned helplessness)을 발달시키는 아동들은 실패를 능력에 귀인시키고 성공하면 운과 같은 외적 요인에 그 원인이 있다고 추론한다. 반복된 실패에 의해 형성되는 학습된 무력감은, 실패는 극복될 수 없다는 태도를 갖게 하고 실패를 영속시킨다. 따라서 학습된 무력감을 갖는 아동들은 개인의 능력은 고정되어 있고 변화될 수 없다고 생각하기 때문에 과제가 어려우면 통제력을 상실하고 빠르게 포기하며 노력해보기도 전에 미리 할 수 없다고 말한다. 더욱이 학습된 무력감의 소유자들은 노력과 성공의 관계를 제대로 연결짓지 못하므로 높은 성취에 필요한 상위인지능력이나 자기규제기술을 발달시키지 못한다.

일반적으로 학습된 무력감을 갖는 아동의 부모들은 자녀가 무능하다고 생각하며 성공하기 위해서는 다른 사람들보다 더 열심히 노력해야 한다고 규정짓고 지나치게 높은 표준을 설정하는 경향이 있다. 그들은 아동이 실패하면 당연시하고(네가 실패하는 것은 당연해), 성공하면 놀라움을 표현함으로써(네가 100점을 받다니, 놀라운 일이다) 아동이 자신의 능력을 의심하도록 만든다. 특히 실패했을 때 아동을 처벌하고 그들의 능력부족을 비난하는 부모들은 학습된 무력감의 발달을 촉진시킨다.

불행하게도 학습된 무력감을 갖는 아동들 중에는 유능한 아동들이 많이 있다. 이 아동들에게 성공을 자신의 노력에 귀인시키는 훈련을 실시하면, 성공적 수행이 증가한다는 연구결과들이 많이 있다(Hilt, 2004; Wigfield 등, 2006). 결국 성공에 대한 개인의 태도는 학습되는 것이므로 아동에게 성공과 개인적 노력 사이의 관계를 인식하게 하고 실패했을 때에도 계속해서 노력하도록 도와주면, 아동의 내적 통제능력은 증대되고 학습된 무력감은 감소될 수 있다.

Ⅴ. 성역할의 발달

아기의 출산시에 대부분의 사람들이 가장 궁금해하는 것은 그 아기가 남아인가 혹은 여아인가이다. 사람들은 "딸입니까?" 보다는 "아들입니까?"라고 질문하기를 좋아한다. 아기의 성이 주위의 모든 사람들에게 중요한 것이라면 아기에게도 중요한 의미를 갖게 될 것이다.

개인은 성에 따라 다르게 지각되고 다르게 취급된다. 출생 직후부터 개인의 성은 어떤 색깔의 옷을 입힐 것인가(남아이면 푸른색 옷을, 여아이면 분홍색 옷을 입히는 것이 보통이다)는 물론, 부드럽게 다룰 것인가 다소 거칠고 강인하게 다룰 것인가를 결정하게 한다. 각 개인이 지각되고 취급되는 방식에서의 차이는 개인의 지식, 기술, 행동, 흥미 그리고 사회적 역할의 발달에 영향을 준다.

이 절에서는 성과 관련된 여러 가지 용어들이 사용되고 있다. 먼저 성유형화(gender typing)란 개인이 자신에게 적절한 성역할(gender role)을 획득하고 성역할 정체감(gender identity)을 확립하는 과정을 의미한다. 여기서 성역할이란 특정문화에서 남성과 여성에게 적절하다고 규정하고 있는 행동이며, 성역할 정체감은 개인의 자아 속에 남성적 역할이나 여성적 역할과 연합된 특성을 수용하는 정도를 의미한다. 실제로 어느 사회에서나 개인의 성역할과 성역할 정체감은 그 사회의 성역할 고정관념(gender stereotypes)을 바탕으로 하므로 이 절에서는 성역할 고정관념을 중심으로 성역할 획득과정을 설명한다.

1. 성역할 고정관념

성역할 고정관념은 남성 또는 여성에게 속하는 것으로 생각되는 특성과 역할의 총체로서 사람들이 각 성에 대해 갖는 비교적 안정된 신념과 이미지로 정의된다. 모든 사회는 각 성의 신체적 특성과 사회적 역할, 활동, 흥미, 능력 및 심리사회적 특성에 대한 정형을 갖는다. 이와 같은 성에 대한 일반화는 2극적인 범주로 분류되는 경향이 있기 때문에 여성적인 것은 남성적이 아니며, 남성적인 것은 여성적이 아니라고 판단된다.

출생 직후부터 모든 아동들은 부모가 가지고 있는 성역할 고정관념에 노출되며 자신도 알지 못하는 사이에 그것을 수용한다. 지난 30년 동안 성역할에 대한 사람들의 인식이 변화하였음에도 불구하고, 남녀가 다르다는 생각은 여전히 그대로 존재한다.

일반적으로 합리적 · 활동적 · 독립적 · 경쟁적 그리고 공격적으로 묘사되는 남성적 특성들은 도구성(instrumentality)으로 명명되고 적응이나 능력과 동일시된다. 반면, 정서적 · 수동적 · 의존적 · 민감한 등의 여성적 특성들은 표현성(expressiveness)으로 명명되며, 대인관계적 특성과 동일시된다. 따라서 소년들은 활동적, 경쟁적 그리고 논리적이 되도록 격려되는 반면, 소녀들은 의존적, 정서적 그리고 수동적이 되도록 격려된다. 보통 남성적 특성들이 여성적 특성들보다 더 중요시되고 선호되지만, 최근 이러한 경향은 점차 약화되고 있다.

성격특성 외에도 신체적 특성(남성: 키가 큰, 강한, 억센; 여성: 부드러운, 고상한, 우아한), 직업(남성: 트럭 운전사, 펀드 매니저, 화학자; 여성: 초등학교 교사, 비서,

간호사) 그리고 활동(남성: 집단의 지도자, 기계수선; 여성: 집안장식, 육아)에서도 성역할 고정관념은 존재한다. 이러한 고정관념적 성역할들이 광범위하게 수용되고 오랫동안 지속된다는 사실은 성역할 고정관념이 우리의 사고에 깊은 영향을 준다는 것을 의미한다.

1) 유아기의 성역할 고정관념

성에 대한 이해는 남녀를 구분하여 정확하게 명명하는 2세경부터 시작된다. 유아는 자신과 타인을 남성과 여성으로 구분하여 명명할 수 있게 되면, 곧이어 활동과 행동에 의해 남녀를 구분하기 시작하므로 다양한 성역할 고정관념을 학습한다. 초등학교 입학 이전의 유아들은 장난감, 의복, 도구, 가사용품, 게임, 직업, 색깔 및 행동과 성별을 연결짓는다(Ruble, Martin, & Berenbasum, 2006). 이 시기에 유아들은 이미 고정관념적 은유도 획득함으로써, "늑대는 남성, 여우는 여성"을 의미한다는 것을 이해한다.

한 연구에서(Biernat, 1991), 눈에 보이지 않는 어떤 아동을 소년이나 소녀로 명명하고 성에 전형적인 정보와 성에 전형적이지 않은 정보를 함께 제공했을 때, 유아들은 그 아동이 소년인지 혹은 소녀인지에만 관심을 가질 뿐 부가적인 정보에 대해서는 전혀 관심을 갖지 않았다. 그 예로서 "철수는 소년이다, 철수의 가장 친한 친구는 여자아동이고 철수는 소꿉놀이를 좋아한다"라는 정보에도 불구하고, 6세 이하의 유아들은 철수는 인형이나 재봉틀보다는 자동차나 기차를 가지고 놀기를 더 좋아한다고 응답하였다. 또한 3-6세 유아의 대부분은 성별고정관념을 위반하는 아동과 친구가 되고 싶지 않다고 응답하였다(Ruble 등, 2007). 이와 같이 성역할 고정관념은 유아기 동안 융통성 있는 행동지침이 아니라 엄격한 행동규칙으로 적용된다.

유아기의 성역할 고정관념은 다른 사람들의 행동과 사회적 역할을 관찰한 결과로서 그리고 서로 상반되는 정보를 통합하지 못하는 어린 아동의 제한된 인지능력에 의해 빠르게 학습되고 유지된다. 5세까지 활동과 직업에 대한 유아의 성역할 고정관념은 거의 완전하게 확립된다. 이 연령의 유아들이 갖는 엄격한 성역할 고정관념은 성으로 이분된 사회에서 흔하게 관찰되는 다양한 행동들을 쉽게 이해할 수 있도록 한다.

2) 아동기의 성역할 고정관념

아동기 동안 성역할 고정관념적 지식은 개인의 성격특성이나 성취영역으로 확대된다(Signorella, Bigler, & Liben, 1993). 성격특성에 관한 고정관념적 지각을 평정하기 위하여, 연구자가 제시한 전통적 남성 형용사(강인한, 합리적, 잔인한)와 여성 형용사(부드러운, 애정적, 의존적)를 남녀 인물에게 할당하게 하면, 초등학교 아동들은 성역할 고정관념과 정확히 일치되게 분류한다. 이러한 고정관념적 지각은 아동기 동안 계속해서 증가하고 11세경에 성인수준에 도달한다(Heyman & Legare, 2004).

초등학교에 입학한 직후부터, 아동은 어느 과목이 남성에게 적합하고 어느 과목이 여성에게 적합한지를 추론한다. 이 시기 동안 모든 과목에서 소녀들이 소년들을 앞서는 데도, 아동은 읽기, 음악, 미술 과목은 소녀에게 적합한 과목으로 그리고 수학, 체육, 기계기술은 소년에게 적합한 과목으로 지각한다. 초등학교 3, 4학년경에 이르면 아동은 성취 자체를 남성적 과업으로 인식하는 보다 일반적 고정관념을 획득하게 된다. 스테첸코 등(Stetsenko 등, 2000)은 소녀들이 소년들보다 일관성 있게 우수한 학업성적을 획득하였음에도 불구하고 소녀들은 소년들과 비교하여 자신이 더 우수하다고 보고하지 않았고 심지어 자신의 능력을 평가절하하기까지 한다고 밝혔다.

최근에 와서 이러한 경향은 약화되는 것처럼 보이지만, 조금만 주의를 기울이면 성역할 고정관념은 생활의 도처에서 지속되고 있음을 확인할 수 있다. 그 예로서 중류계층 이상의 소녀들은 수학에서 남녀 아동간에 차이가 없다고 생각하면서도, 성인들의 경우에는 여전히 남성들이 여성들보다 더 우수한 수학능력을 지니고 있다고 보고한다. 또한 소년들은 여전히 아동과 성인 모두 수학능력에서 남성들이 여성들보다 더 우수하다는 고정관념을 지니고 있어 성역할 고정관념은 여전히 지속됨을 보여준다(Steele, 2003).

3) 성역할 고정관념에 대한 유연성 증가

초등학교 아동들은 여러 영역에 적용되는 다양한 성역할 고정관념에 관해 잘 알고 있으면서도 점차 융통성 있는 사고를 하기 시작한다. 5세부터 10세까지의 아동을 대상으로 독일에서 수행된 한 연구에서(Trautner 등, 2005), 유아기에 지녔던 성역할의 엄격성 정도와는 상관없이 7세 이후부터 유연성이 증가하기 시작하였다.

그림 10-4에 제시된 바와 같이 성역할 고정관념에 대한 엄격성에서 차이를 보였던 아동들은 7세 이후부터 유연성이 증가하였고, 8세 무렵에는 두 집단이 거의 동일한 정도의 유연성을 나타내었다. 이와 유사하게 국내 연구(김정민, 2006)도 성역할 개념의 유연성은 8세경에 크게 증가하고 이후 비슷한 수준으로 유지되며, 특히 직업영역에서의 유연성이 가장 크게 나타난다는 것을 보여주었다.

성역할 고정관념에 대한 이러한 유연성의 증가는 갈등적인 사회적 단서를 통합하는 인지능력이 발달했기 때문이다. 이제 아동은 개인의 성이 성격이나 활동, 혹은 행동의 예언자가 아니라는 것을 인식하고 특정인이 어떤 사람인지 알기 위하여 성별단서에만 의존하여 판단하지 않으며, 성은 단지 개인의 독특한 특성일 뿐이라고 생각한다.

그럼에도 불구하고 아동들은 성역할 고정관념에 대해 항상 유연성을 보이는 것은 아니다. 그들은 소년이 인형을 가지고 놀고 여자 옷을 입을 때 그리고 소녀가 시끄럽고 거친 행동 할 때 참지 못하며, 특히 소년이 이성의 행동

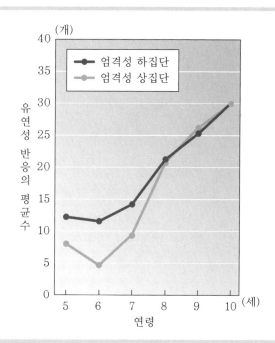

그림 10-4 성역할 고정관념에 대한 유연성의 변화

출처: Trautner 등, 2005.

을 할 때 도덕적 위반행위를 한다고 평가하기까지 하였다(Blakemore, 2003). 이러한 결과는 결국 남성의 여성적 행동에 대한 부정적 평가는 여전히 계속되고, 소년과 남성들에게는 성역할 고정관념에 일치하라는 더 강한 사회적 압력이 존재한다는 것을 시사한다.

4) 성역할 고정관념과 성역할 채택

성역할 고정관념적 사고는 아동의 성역할 채택에 영향을 주는가? 발달단계적으로 성유형화된 선호와 행동은 유아기 동안 크게 증가하고 유아는 이 시기에 성역할 고정관념을 빠르게 획득한다. 특히 소년들은 소녀들보다 고정관념적 성역할과 더 큰 일치를 보인다(Ruble, Martin, & Berenbaum, 2006).

실제로 성역할 고정관념만이 아동의 성역할 행동에 영향을 주는 것은 아니다. 그 이유는 아동이 선호하는 행동 중에는 성역할 고정관념에 대해 충분히 학습하기 전에 이미 획득한 행동들이 있기 때문이다. 그 예로서 생후 1년 6개월 무렵에 남녀 아동은 각기 다른 장난감을 좋아한다. 연구자가 이 아동들에게 자동차와 인형의 사진을 보여주었을 때 18개월의 남아들은 여아들보다 자동차 사진을 더 오랫동안 바라보았고, 여아들은 남아들보다 인형을 더 오래 바라보았다(Serbin 등, 2001).

더욱이 성과 관련된 기대를 잘 알고 있는 아동들조차도 성유형화되지 않을 수 있다. 그 이유는 아동이 다양한 방식으로 성별 고정관념적 지식요소를 습득하지만, 각 요소들은 아동의 행동에 각기 다른 영향을 주기 때문이다. 또한 아동기에 이르면 고정관념에 대한 융통성이 나타나기 때문에 고정관념적 특성을 잘 알고 있는 아동들도 활동이나 놀이친구 혹은 직업역할 등의 선택시에 고정관념에서 벗어난 행동을 채택할 수 있다(Liben, Bigler, & Krogh, 2002).

2. 성역할 고정관념의 채택에 영향을 주는 요인

사회학습 이론가들은 성인들의 직접적인 가르침을 통해 성역할 고정관념적 지식과 행동이 아동에게 전달되고 개인의 성역할 정체감으로 형성된다고 주장한다. 그러나 아동은 생물학적 영향과 가족을 포함한 여러 사회화 대리인들의 영향도 받는다.

1) 생물학적 영향

진화이론가들은 가족과 문화가 개인의 성유형화에 영향을 준다는 것을 인정하면서도 성유형화에 미치는 생물학적 영향이 무시될 수는 없다고 강조한다(Maccoby, 2002). 성유형화에 미치는 생물학적 영향은 성역할 고정관념에서의 비교문화적 유사성과 성역할 행동에 미치는 호르몬의 영향으로 분명해진다.

(1) 비교문화적 유사성

지구상에 존재하는 거의 모든 사회는 비록 그 정도에서는 차이가 있다고 할지라도, 남성에게는 도구적 특성을 그리고 여성에게는 표현적 특성을 격려한다(Munroe & Romney, 2006). 한 예로서 아프리카 케냐의 농사짓는 조그만 부족은 어머니들이 하루에 4-5시간 들에서 일을 하기 때문에, 맏이는 남자이든 여자이든 상관없이 동생을 돌보고 요리하고 설거지하는 역할을 맡는다. 맏이 역할은 남녀 아동 모두에게 할당되기 때문에 소녀는 가사일에 전적인 책임을 맡지 않으며 또래들과 더 많은 시간을 보낼 수 있다.

이 부족의 소녀들은 다른 부족의 소녀들과 비교했을 때, 지배성과 자기주장성 및 거친 행동에서 더 높은 점수를 얻었다. 그러나 자주 양육책임을 맡는 이 부족의 소년들은 높은 정서적 지원성과 도움행동을 나타내었지만, 남녀의 역할이 근본적으로 바뀌지는 않았다. 지구상에서 전통적인 성별관련적 신념이나 행동이 가장 약화되었다고 평가되는 스웨덴에서조차도 남성과 여성의 역할은 역전되지 않고 있다. 오늘날에도 고정관념적 성역할은 여전히 계속되고 있을 뿐 아니라 개인에 의해 적극적으로 채택되고 있다는 사실은 성유형화에 미치는 생물학적 영향을 반영하는 좋은 증거일 수 있다.

(2) 성호르몬과 성유형화

동물을 대상으로 수행된 연구들은 어떤 기간 동안 성호르몬에 노출되면 행동에 변화가 일어난다고 보고한다. 태내기에 안드로겐에 노출된 포유동물은 생물학적 성과 관계없이 높은 활동수준과 공격성을 나타내고 여성적인 양육활동을 혐오하며 전형적인 남성 성행동의 증가를 보인다(Sato 등, 2004). 마코비(Maccoby, 1998)는 호르몬의 효과 중 일부는 인간에게도 그대로 적용될 수 있다고 주장하고 남녀 아동의 놀이행동의 차이를 예로 제시하였다.

마코비에 의하면, 호르몬의 영향에 의해 소년은 거칠고 시끄러운 움직임을 포함하는 놀이를 선호하는 반면, 소녀들은 조용하고 부드러운 놀이를 좋아한다. 소녀들은 2세경에 이르면 이미 사납고 소란스러운 소년들의 행동을 싫어하고 회피한다. 남녀 아동의 차이나는 놀이양식은 일찍부터 동성의 놀이친구를 선호하게 하여, 4세의 유아들은 이성의 또래보다 동성의 또래와 3배 정도 더 많은 시간을 함께 보내고 6세가 되면 이 비율은 11 대 1로 증가한다(Martin & Fabes, 2001). 이때 사회적 압력도 성에 적절한 놀이를 하도록 유도한다.

2) 가족의 영향

아동의 성역할은 대부분 모방이나 동일시, 보상과 처벌 등의 학습과정을 통하여 획득된다. 부모는 자녀의 성역할 학습을 위한 동일시나 모방의 대상인 동시에 자녀의 성역할 행동을 적극적으로 지도하고 제한한다.

부모는 출생 직후부터 남아와 여아에 대해 서로 다른 기대를 부여하고 상이한 환경을 제공한다. 남녀 아동의 침실은 각기 다른 색깔과 분위기로 꾸며지고 남아에게는 총이나 자동차, 축구공과 같이 행위와 경쟁을 강조하는 장난감이 제공되는 반면, 여아에게는 인형, 소꿉놀이세트, 장식품과 같이 양육과 협동 혹은 신체적 매력을 강조하는 장난감이 마련된다. 가사일을 분담할 때에도 소녀에게는 부엌일과 같은 어머니의 일이 할당되고 소년에게는 쓰레기를 치우는 것과 같은 아버지의 일이 할당되며, 성장하면 여아보다 남아에게 더 많은 자유가 허용된다.

부모는 자녀에게 성에 적절한 행동을 제시하는 동시에 자녀가 성에 부적절한 행동을 하면 싫어하고 제한한다. 어린 유아의 행동조차도 부모는 성역할에 적합한 행동을 하면 호의적인 반응을 보이지만 부적합한 행동을 하면 싫어하는 반응을 보임으로써 유아의 성역할 행동을 통제한다.

아동이 성장하여 초등학교에 입학한 이후에도 부모는 여전히 성에 적절한 행동을 요구한다. 초등학교 아동과 부모의 상호작용을 관찰해 보면, 부모는 딸의 요구에는 즉각적인 도움을 제공하지만 아들의 요구는 무시하거나 거절함으로써 독립적인 수행을 할 수 있도록 한다. 한 종단연구에서 실제 점수에서는 남녀 아동간에 차이가 없었음에도 불구하고, 부모는 아들보다 딸이 국어과목에서 더 유능하고 수학과 체육과목에서는 딸보다는 아들이 더 유능하다고 평가하였다(Eccles 등, 2000).

일상생활 장면에서도 어머니는 아들보다는 딸과 함께 가사일을 하고 쇼핑을 한다. 반면에 아버지는 주로 아들과 함께 운동하고 아들이 참여하는 각종 운동경기를 코치하며 함께 낚시를 간다. 부모는 동성의 자녀와 더 많은 시간을 보낼 뿐 아니라 자녀가 집을 떠나 있을 때도 동성 자녀의 행동에 더 많은 주의와 관심을 기울인다(Tucker, McHale, & Crouter, 2003). 동성의 자녀와 더 많은 시간을 보내는 부모의 행동패턴은 아버지에서 더 현저하므로, 아버지가 어머니보다 성역할 고정관념적 행동을 더 많이 강화하는 역할을 한다.

형제자매도 아동의 성유형화에 영향을 준다. 보통 동성의 형제자매를 갖는 아동들이 형제자매가 없거나 이성의 형제자매를 갖는 아동들보다 더 많이 성유형화된다(Rest 등, 2000). 초등학교에 입학하면 손위 형제자매의 영향력은 더 커지고, 그들은 손아래 형제자매의 성유형화된 태도는 물론 성격특성, 여가패턴에까지 영향을 준다. 그러나 가족크기가 크고, 형제자매들이 모두 동성일 때, 흥미나 성격특성에서 더 적은 고정관념화가 이루어진다는 보고도 있다.

3) 사회의 영향

아동의 성역할 학습은 가정 바깥의 또래와 교사 및 TV를 포함하는 대중매체의 영향도 받는다. 또래집단은 유아기부터 강력한 사회화 대리인으로서 부모와 비슷한 정도로 유아의 성유형화에 기여한다(Martin & Fabes, 2001). 3세 무렵에 이미 또래집단은 남아가 인형을 가지고 놀거나 여아가 총이나 칼을 가지고 놀면 비난하고 전통적 성역할에 부합되는 행동을 강화하기 때문에 소녀의 여성적 행동과 소년의 남성적 행동을 보상한다.

유치원이나 초등학교 교사들은 남녀 아동 모두에게 남성적 행동보다는 여성적 행동을 강화하는 경향이 있다. 일반적으로 교사들은 그들의 성별과 상관없이 아동에게 복종을 강요하고 아동의 자기주장성을 억압한다. 이러한 "여성적 편향"(feminine bias)은 남아들의 불만족을 증가시키고 여아들에게도 일치를 강요함으로써 독립성이나 자기존중감의 발달에 장기적인 부정적 영향을 준다.

교사들은 또한 가정에서 학습한 성역할을 유지하고 확장하는 역할을 한다. 그들은 성별에 따라 자주 남녀 아동을 구분하며 부모와 동일하게 남아보다 여아의 말을 더 자주 중단시킴으로써 소녀의 수동성을 강화하고 소년의 지배성을 격려한다. 또한 교사들은 성취나 지적 수행의 결과 때문에 소년들을 칭찬하고, 복종이나 순종적 행동 때문에 소녀들을 칭찬한다. 교사들은 소년들이 소녀들보다 더 자주 비행을 저지를 것으로 기대하므로 실제 행동 이상으로 소년들을 더 많이 꾸짖기도 한다(Good & Brophy, 2003).

TV와 책도 중요한 성역할 사회화 대리인의 역할을 한다. 일반적으로 TV나 서적 혹은 교과서 속에 묘사되는 여성은 남성보다 열등하고 전통적 성역할 활동을 수행하도록 규정한다. 소년은 능동적이고 재능 있는 지도자로서 그리고 소녀는 수동적이고 친절하며 의존적인 인물로 묘사된다. 이와 같은 서적이나 교과서 혹은 대중매체의 영향은 아동의 자기개념에 영향을 주고 전통적인 성역할 고정관념을 영속화시킨다(김재춘, 변효종, 2008; Huston 등, 1999).

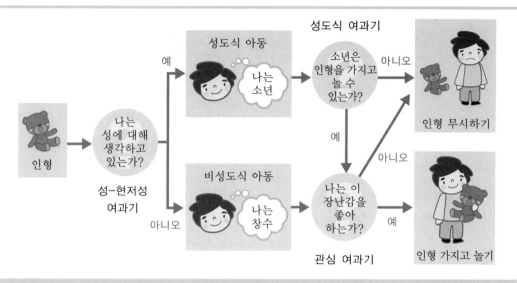

그림 10-5　성도식적 아동과 비성도식적 아동의 인지경로

출처: Liben & Bigler, 2002.

4) 성도식이론

고정관념적 성유형화 과정을 설명하는 이론으로 성도식이론(gender schema theory)이 있다. 이 이론은 환경적 압력과 아동의 인지능력이 어떻게 성유형화 과정에 영향을 주는지를 설명하는 정보처리적 접근이다(Martin & Halverson, 1987; Martin Ruble, & Szkrybalo, 2002).

아주 어린 연령에서 아동은 타인으로부터 성유형화된 행동을 학습하고 그 것을 선호하는 동시에 매일의 경험들을 성도식으로 조직화한다. 성도식이란 남 성과 여성에 대한 조직화된 신념과 기대로서 세상을 해석할 때 남성적 혹은 여 성적 범주로 사용된다. 유아는 자신을 남성이나 여성으로 명명하고 소년은 남자 로 그리고 소녀는 여자로 자랄 것이라는 성의 안정성을 이해하면, 그것과 일치 하는 성도식을 선택하고 그것을 자신에게 적용한다. 이제 유아의 자기지각은 성 유형화되고 그것은 정보를 처리하기 위하여 그리고 그들 자신의 행동을 인도하 기 위한 부가적 도식으로 활용된다.

아동은 성유형화 정도에서 차이를 보인다. 그림 10-5는 자신의 경험에 성도식을 적용하거나 적용하지 않는 아동들의 상이한 인지경로를 제시한다(Liben & Bigler, 2002). 창수가 인형을 보고 있다고 하자. 창수가 성도식화된 아동(gender-schematic child)이라면 그의 성-현저성 여과기(gender-salience filter)는 즉시 성과의 관련성을 탐색한다. 이전의 학습에 기초하여, "소년은 인형을 가지고 놀 수 있는가?"라고 자신에게 질문한다. 만약 "예"라고 대답한다면 그는 인형에 접근하여 탐색하지만, 그의 대답이 "아니오"이면, 그는 "성-부적절"(gender-inappropriate) 인형을 회피할 것이다. 물론 창수가 성도식화되지 않은 아동(gender-aschematic child)이라면, 그는 "나는 이 장난감을 좋아하는가?"라고 자신에게 질문하고 그의 흥미에 기초하여 반응할 것이다.

성도식의 영향을 확인하기 위하여, 마틴과 그 동료들(Martin, Eisenbud, & Rose, 1995)은 다양한 성중립적 장난감을 4-5세 아동에게 보여주었다. 이때 대부분의 아동들은 성도식적 추론을 하였고 자신의 성과 일치하는 장난감을 선호하였다. 또한 동성의 또래들도 자신이 좋아하는 장난감을 좋아할 것으로 예상하여 자신의 선호가 성별편향(gender biases)과 일치함을 강조하였다.

이러한 성도식적 사고는 매우 강력하여 타인이 성과 불일치하는 방식으로 행동하면 아동은 그 행동을 기억하지 못하거나 성과 일치하도록 기억을 왜곡시킨다. 마틴과 루블(Martin & Ruble, 2004)의 연구에서 남자 간호사의 사진을 보여주면, 아동은 그를 의사로 기억하였다.

중요한 것은 아동의 성도식적 시각도 성-편향된 사회적 메시지와 반대되는 인지기술을 훈련시키면 감소한다는 것이다. 5-10세 아동들에게 성이 아니라 능력과 흥미가 개인의 행동을 결정한다는 것을 가르치면, 아동은 성역할 고정관념에 대한 유연성을 나타내고 "성-불일치"(gender-inconsistent) 정보를 더 잘 기억할 수 있었다(Berk, 2009).

[4부] 사회적 발달

제11장 도덕성과 자기통제의 발달

제 11 장
...도덕성과 자기통제의 발달...

도덕성은 내면화(internalization) 과정을 통하여 발달한다. 내면화란 다른 사람의 표준을 자신의 것으로 만드는 과정으로 이 장에서는 도덕성의 내면화가 어떻게 일어나는지를 설명하는 세 가지 이론적 조망과 도덕성 관련 개념들을 차례로 고찰하고 개인의 도덕성 발달과 밀접하게 관련되어 있는 자기통제를 설명한다.

I. 도덕성 발달

도덕성(morality)이라는 용어는 ① 옳고 그름을 구별하는 능력, ② 그것을 기초로 행동하는 능력 그리고 ③ 옳은 행동을 했을 때 자랑스러움을 경험하고 잘못된 행동을 했을 때는 죄책감이나 수치심을 경험하는 능력을 의미한다. 따라서 도덕성은 옳고 그름에 대해 생각하는 인지적 측면과 그것을 바탕으로 행동하는 행동적 측면, 죄책감을 포함하는 정서적 측면으로 구성된다. 도덕성의 이러한 세 가지 측면들은 각기 상이한 이론적 조망을 기초로 하지만 서로 연결되어

그림 11-1 | 피아제가 사용한 가설적 이야기 상황

있다. 최근에는 도덕적 사고와 행동 및 감정을 모두 포함하는 도덕적 성격특성에 관심을 갖는 연구자들도 있으므로 여기서 함께 설명한다.

1. 도덕성 발달의 이론적 조망

1) 인지발달이론

피아제를 포함하는 인지발달이론가들은 행위의 옳고 그름을 판단하는 도덕적 추론(moral reasoning)능력을 고찰함으로써 도덕성을 연구한다. 그들은 도덕성 발달이 사회인지발달에 의존하고 일련의 단계를 거쳐 발달한다고 가정한다.

(1) 피아제의 이론

피아제(1932/1965)는 5세부터 13세까지의 아동들을 대상으로 게임의 규칙에 대한 이해를 연구하는 동시에 그림 11-1과 같은 가설적 이야기를 들려주고 정의에 대한 아동의 생각을 조사하였다. 연구자는 문 뒤의 의자 위에 컵이 놓여 있는 것을 알지 못하고 문을 열었기 때문에 15개의 컵을 깬 아동과, 선반 위에 올려 놓은 과자를 몰래 꺼내 먹으려다가 1개의 컵을 깬 아동 중 누가 더 나쁜 행동을 하였는지를 아동들에게 질문한다. 게임의 규칙에 대한 아동의 이해와 가설적 이야기에 대한 아동의 응답을 기초로, 피아제는 6세 이전까지의 전도덕적 단계 (premoral period)에서 출발하여 6–10세의 타율적 도덕성(heteronomous morality)과 10, 11세 이후의 자율적 도덕성(autonomous morality)으로 발달한다고 제안하였다.

① 타율적 도덕성(6–10세)

타율적(heteronomous)이라는 의미는 다른 사람의 권위하에 있다는 뜻으로, 5-10세의 아동들은 규칙을 신성하고 변화불가능하며 신이나 아버지와 같은 인물에 의해 만들어졌다고 생각하고 규칙에 일치하는 행위는 착한 행동 그리고 규칙에 어긋나는 행위는 나쁜 행동이라고 지각한다. 어린 아동들은 규칙을 모든 사람이 반드시 지켜야 하는 원칙일 뿐 아니라 결코 변할 수 없는 것으로 인식하기 때문에, 피아제는 이와 같은 절대주의적인 도덕적 사고를 도덕적 실재론 (moral realism)이라고 명명하였다.

타율적 도덕성을 획득한 아동들은 개인의 동기나 의도를 고려하지 못하고 행위의 결과를 바탕으로 판단한다. 그림 11-1에서 6–10세의 아동들은 행위의 의도와는 상관없이 15개의 컵을 깬 아동이 더 나쁜 행동을 하였다고 판단한다.

② 자율적 도덕성(약 10, 11세 이후)

10, 11세 이후의 아동들은 그림 11-1에서 컵을 한 개 깬 아동이 15개를 깬 아동보다 더 나쁘다고 판단하고 결과가 아닌 동기나 의도를 기초로 도덕적 사고를 할 수 있다. 처벌의 양을 결정할 때에도 정상참작이 가능하다. 그들은 더 이상 규칙을 신성불가침한 것으로 생각하지 않으며 모든 사람들이 동의한다면 규칙은 변화될 수 있다는 것을 인식한다. 피아제는 이와 같은 도덕적 사고를 도덕적 상대론(moral relativism)이라고 명명하였다.

아동의 인지발달과 성인의 통제로부터의 점차적인 독립 그리고 또래와의 상호작용은 아동이 자율적 도덕성의 단계로 이동하도록 한다. 피아제는 특히 또래들 사이의 불일치나 갈등이 자율적 도덕성의 발달을 촉진시킨다고 가정하였다. 또래들은 서로 동등한 관계에 있을 뿐 아니라 불일치를 해결하기 위하여 서로의 조망을 고려하지 않으면 안 되기 때문이다.

(2) 콜버그의 이론

콜버그(Kohlberg, 1986)는 피아제와 동일하게 아동의 인지발달과 병행하여 도덕성 발달이 이루어진다고 가정하였다. 그는 개인의

Lawrence Kohlberg(1927-1987)

도덕적 추론능력은 생물학적 성숙과 경험 사이의 상호작용에 의해 발달한다고 가정하고 피아제의 도덕성 발달단계를 확장하여 3수준 6단계의 도덕성 발달단계를 제안하였다.

콜버그는 도덕적 딜레마(moral dilemmas) 상황을 아동에게 제시하고 주인공이 어떤 행동을 하고 왜 그렇게 행동해야 하는지를 질문함으로써 도덕적 결정의 기초가 되는 추론방식을 규명하려고 하였다. 딜레마 상황은 주인공이 훔치고 거짓말하고 혹은 약속을 어기는 것이 정당한지 아닌지에 대해 어려운 결정을 하도록 요구한다. 이와 같은 갈등 상황은 어떤 결정을 내리든 도덕적 규칙을 어기는 것으로 끝맺어야 하는 모순을 지니기 때문에, 생각하면 할수록 대답하기 어렵다. 딜레마 상황에 대한 아동의 판단은 연령증가와 함께 행위의 결과에 대한 중요성을 감소시키고 사회적 인습과 추상적 원리를 더 중요시하게 될 것으로 가정되었다. 대표적인 딜레마 상황의 예를 제시하면 다음과 같다.

〈딜레마 상황 예〉

어떤 부인이 암에 걸려 죽어가고 있었다. 그 부인을 살리는 데는 오직 한 가지 약밖에 없었다. 이 약은 같은 마을에 사는 어느 제약사가 발명한 라듐 종류의 약이었다. 그 약은 원가가 비싼데다가 제약사는 약값을 원가의 10배나 매겼다. 제약사는 200달러에 구입한 라듐을 2,000달러를 부른 것이다. 환자의 남편은 돈을 구하기 위하여 아는 사람을 모두 찾아다녔으나 약값의 절반인 1,000달러밖에 구할 수 없었다. 남편은 제약사에게 자기 부인이 죽기 직전에 있다는 것을 설명하고 그 약을 싸게 팔거나 아니면 외상으로라도 구입하게 해달라고 간청하였다. 그러나 제약사의 대답은 "안 됩니다. 그 약은 내가 발명한 것이니, 나는 그 약으로 돈을 벌어야겠습니다"였다. 절망에 빠진 남편은 마침내 약방을 부수고 들어가 자기 부인을 위하여 약을 훔쳐낸다. 남편은 정당한 일을 하였는가, 부당한 일을 하였는가? 만약 정당하다면 어째서 정당한가? 부당하다면 왜 그런가?

그림 11-2에 제시된 바와 같이 콜버그가 제안한 3수준 6단계 중 전인습적 수준(preconventional level)의 도덕적 추론을 하는 9세 이전의 아동들은 기쁨을 얻고 고통을 회피하려는 이기적 소망에 기초한 판단을 한다. 특히 1단계의 아동

수준 1 전인습적 수준	수준 2 인습적 수준	수준 3 후인습적 수준
단계 1: 벌과 복종 지향 처벌받지 않기 위하여 규칙에 복종한다. **단계 2**: 쾌락주의 지향 자신에게 이익이 될 때 규칙에 따르며, 타인의 욕구를 충족시켜 주는 것은 나에게 돌아오는 대가 때문이다.	**단계 3**: 착한 소년 소녀 지향 선(善)이란 타인의 인정을 받고 사회적 규범에 동조하는 것이다. **단계 4**: 법과 질서 지향 선한 행동이란 사회가 정한 규칙이나 역할을 그대로 따르는 것이다.	**단계 5**: 사회계약 지향 공공의 복지에 바탕을 둔 사회계약이나 규칙을 존중하며, 인간의 기본 권리는 자유와 행복의 추구이다. **단계 6**: 보편적 원리 지향 최고의 선은 자신이 선택한 보편적인 원리를 따르는 것이다.

그림 11-2 │ 콜버그의 도덕성 발달단계

들은 외부적인 보상과 처벌에 의해 그리고 2단계의 아동들은 자신과 가족을 만족시켜 주는 정도에 의해 행동을 판단한다.

수준 2는 인습적 수준(conventional level)으로 권위적 인물의 승인이나 불승인을 바탕으로 행동을 판단하는 3단계와, 사회가 정한 법률이나 규칙에 따라 행동을 판단하는 4단계로 구성된다. 콜버그(Kohlberg, 1976)는 10세 이상의 아동과 청소년 및 대다수의 성인들이 인습적 수준의 도덕적 추리를 한다는 것을 발견하였다.

수준 3은 후인습적 수준(postconventional level)으로서 개인의 권리를 존중하고 사회계약을 유지하는 정도에 따라 행동을 판단하는 5단계와 시간과 문화를 초월한, 보편적 원리를 바탕으로 행동을 판단하는 6단계로 구성된다. 수준 3의 도덕적 판단을 하는 개인들은 대중적 도덕과 그들 자신이 스스로 선택한 윤리적 원리를 구별한다. 도덕적 추론은 이제 추상적이고 이타적이며 보편적 규칙을 기초로 한다.

콜버그는 또래와의 상호작용과 조망수용능력이 도덕적 추론능력을 발달시키는 결정적 요인이라고 강조하였다. 부모는 아동에게 일방적으로 규칙을 부과하지만, 또래들 사이의 주고받기 경험은 아동이 타인의 조망을 고려하고 민주적으로 규칙을 생성할 수 있는 기회를 제공한다. 최근의 개관연구도 조망수용능력과 발달된 도덕적 판단능력이 서로 관련되어 있음을 확인하였다(Gibbs 등, 2007).

그러나 콜버그의 이론은 도덕적 사고와 도덕적 행동을 연결짓지 못하고 도덕성 발달에 미치는 가족과 문화의 역할을 간과하였다는 비판을 받는다(Gibbs, 2008; Narvaez & Lapsley, 2009). 그 외에도 다음과 같은 문제점들에 의해 콜버그 이론은 자주 비판의 대상이 된다.

첫째, 갈등상황에 대한 피험자의 반응을 분석할 객관적 척도가 없다.

둘째, 콜버그는 도덕성 발달이 불변적 순서로 이루어지고 이전 단계로 후퇴하는 일은 없다고 주장하였으나 개인에 따라 앞 단계로 후퇴하거나 단계를 건너뛸 수도 있었다.

셋째, 콜버그는 미국의 중·하류계층의 남성들만을 대상으로 연구하였기 때문에 여성의 특성을 전혀 고려하지 못했다. 콜버그의 도덕적 갈등상황은 개인적 권리와 사회적 정의의 실현과 관련된 갈등이기 때문에, 대인관계와 책임을 중요시하는 여성들에게는 다소 불리한 경향이 있다.

넷째, 콜버그의 이론은 문화적 차이를 반영하지 못하고 정치적으로 자유주의적인 조망에서 위계를 가정하였다. 보수주의적인 정치이념을 중요시하는 사회에서는 수준 3의 도덕적 추론은 나타나기 어렵다.

다섯째, 5단계와 6단계의 도덕적 판단은 드물며 특히 6단계의 판단은 슈바이처 박사, 킹 목사, 테레사 수녀와 같은 역사적 인물에 한정된다. 실제로 6단계의 추론은 경험적으로 확인되지 못함으로써 특별한 사람들의 생애와 저술을 바탕으로 제안된 개념으로 평가된다.

2) 사회학습이론

반두라(Bandura, 1991)같은 사회학습이론가들은 도덕성의 행동적 측면에 관심을 갖는다. 그들은 도덕적 행동도 다른 사회적 행동과 마찬가지로 강화와 처벌 및 관찰학습에 의해 학습된다고 주장한다. 따라서 보상은 도덕적 행동의 반복가능성을 증가시키는 반면, 처벌은 도덕적 행동의 반복가능성을 감소시킨다. 아동의 비행이나 불손한 행동은 처벌을 받을 것이며, 처벌의 부정적 결과는 비행의 수행가능성을 감소시킬 것이다.

아동은 또한 타인의 행동을 관찰한 결과로 도덕적 행동을 학습한다. 일반적으로 부모들이 도덕적 규칙과 조정의 모델이 되며 아동은 궁극적으로 그것들을 내면화한다. 내면화가 이루어지면 아동은 어떤 행동이 도덕적이고 어떤 행동이 금지된 것인지를 구별할 수 있다. 내면화된 도덕적 규칙에 어긋난 행동을 하게 되면 아동은 자기멸시(自己蔑視)를 경험하게 되므로 도덕적 규칙에 따라 행동하려고 노력한다.

프로이트와 같이, 사회학습이론가들도 부모를 중요한 사회화 대리인으로 간주한다. 그러나 프로이트가 부모와 아동의 정서적 관계나 동일시 과정을 중요시한 것과는 대조적으로 사회학습이론가들은 부모가 제공하는 강화와 처벌 및 관찰학습의 기회에 관심을 갖는다.

동시에 사회학습이론가들은 인간행동의 안정성을 가정하지 않는다. 특히 반두라는 인간의 행동은 상황에 따라 변화하기 때문에 광범위한 상황에서 일관성 있는 행동을 할 것으로 기대할 수 없다고 주장한다. 즉 인간의 행동은 자신의 발달단계나 고유한 특성에 의해서보다는 자신이 처해 있는 장면과 그 장면에 대한 해석에 의해 결정되기 때문에 도덕성은 지극히 상황특징적(situation-specific) 행동이라는 것이다. 그 결과 확고한 도덕적 원칙을 지니고 있는 사람이라도 자기멸시를 회피할 수 있는 여러 가지 이유를 붙이면서 상황에 따라 도덕적 원칙에서 크게 벗어날 수 있다.

3) 정신분석이론

우리는 타인을 속이거나 거짓말을 하면 보통 수치심이나 죄책감 혹은 불안이나 공포같은 도덕적 정서를 경험한다. 다른 사람의 정서상태를 대리적으로 경험하는 감정이입(empathy) 역시 또 다른 도덕적 정서상태로서 고통받는 개인과 감정이입하는 사람은 친사회적 행동*(prosocial behavior)을 하도록 동기유발된다. 또한 올바른 행동을 했을 때 경험하는 자랑스러움이나 자기만족과 같은 긍정적 정서 또한 도덕성의 중요한 측면이다. 일반적으로 우리는 도덕적으로 행동함으로써 부정적인 도덕적 정서를 회피하고 긍정적인 정서를 경험하려고 한다.

프로이트에 의하면, 도덕적 정서는 에디푸스 갈등과 엘렉트라 갈등을 경험하는 3-6세에 나타난다. 이 시기에 이성의 부모를 소유하려는 유아의 수용불가능한 욕구는 처벌이나 부모의 애정상실을 초래할 위험이 있으므로 불안을 야기시킨다. 유아는 불안을 제거하고 처벌을 회피하며 부모의 애정을 유지하기 위하여 동성의 부모를 동일시함으로써 초자아(양심과 자아이상)를 형성한다.

동일시의 결과로 소년은 아버지의 도덕적 표준을 채택하고 소녀는 어머니

---

*친사회적 행동: 도움주기나 나누어갖기와 같이 사람들 사이의 우호관계를 촉진시키거나 유지하는 긍정적인 사회적 행동을 의미하며, 이 절의 마지막 부분에서 자세히 설명된다.

의 도덕적 표준을 수용한다. 이전에 동성의 부모에 대한 아동의 적개심은 초자
아를 위반했을 때 경험하는 고통스러운 죄책감으로 전환된다. 결국 아동은 거칠
고 엄격한 초자아로부터 받게 될 처벌적 죄책감을 회피하기 위하여 도덕적 규칙
에 따라 행동하게 된다.

　　이와 같이 도덕성 발달에 관한 정신분석이론은 정서가 도덕성의 중요한 부
분이라는 것을 강조하는 동시에 부모가 도덕성 발달에 중요한 역할을 한다고 주
장한다. 즉 부모가 아동에게 충동의 억제를 가혹하게 요구하면 할수록 더 강한
도덕성 발달이 이루어진다는 것이다. 동시에 에디푸스 갈등을 해결하기 위한 남
아의 동기는 거세불안에 기초하기 때문에 강력하고 극적인 반면, 여아의 남근선
망은 보다 더 약한 동기를 유발하므로 여아의 초자아는 더 약하다고 가정하였다.

　　그러나 후속 연구들은 다음과 같은 결과를 제시하고 프로이트 이론의 문제
점을 지적한다.

　　첫째, 도덕성 발달은 남근기 이전부터 시작될 뿐 아니라 에디푸스 갈등을
해결한 6, 7세 아동들도 아직 도덕적 성장을 이루지 못한 상태에 있다.

　　둘째, 남성은 여성보다 더 강한 초자아를 지니고 있지 않았고, 오히려 여성
들이 남성들보다 더 큰 자아통제능력을 지니고 비행 후 더 큰 죄책감을 경험한다.

　　셋째, 위협이나 명령 혹은 신체적 힘을 사용하는 부모의 자녀들은 규칙을
더 자주 위반하고 죄책감도 거의 느끼지 않는 반면, 온정적이고 반응적인 부모
의 자녀들은 비행 후에 더 큰 죄책감을 경험하였다(Kochancka 등, 2008).

　　정신분석이론이 지니고 있는 문제점에도 불구하고, 최근의 연구자들은 아
동이 비행을 저질렀을 때 어느 정도로 죄책감을 느끼는지를 주로 연구한다. 아
동의 양심발달을 연구한 코찬스카와 그 동료들(Kochanska & Aksan, 2007; Kochan-
ska 등, 2008)은 유아들도 옳고 그름이 무엇인지를 알고 있을 뿐 아니라 타인에 대
한 감정이입능력을 지니고 죄책감을 경험한다고 밝혔다. 유아들은 규칙위반에
매우 민감하고 규칙위반 후에는 괴로워한다는 것도 확인되었다. 특히 죄책감을

느낄 때, 유아들은 다른 곳을 보거나 아래를 내려다보면서 응시를 회피하였고 손으로 얼굴을 감싸거나 머리를 숙이는 행동을 하는가 하면 울기도 하였다.

2. 도덕적 성격

지금까지 설명한 세 가지 이론적 조망은 도덕적 사고와 행동 및 정서 차원에 관심을 갖지만, 최근에 제4의 차원으로 성격특성에 관심을 갖는 연구자들이 있다(Walker & Frimer, 2008). 이 연구자들은 도덕적 성격을 지니고 있는 사람들은 도덕적 사고와 행동 및 감정에서 차이를 보이며, 그들 특유의 도덕적 특성과 정체감을 지니고 도덕적으로 표본적인 삶을 살아간다고 주장한다.

여기서 도덕적 특성(moral character)이란 혼란과 장애를 극복하고 계속해서 도덕적일 수 있는 강한 신념을 갖는 것에 해당한다. 만약 어떤 사람이 도덕적 특성을 지니고 있지 않다면, 그는 압력을 받고 있거나 피곤한 상태에 있을 것이고 혹은 분산되고 낙담한 상태에 있을 것이므로 도덕적으로 행동하지 못할 것이다.

도덕적 특성은 정직성, 진실성, 신뢰성과 함께 타인에 대한 동정심과 돌보기 등의 도덕적 미덕(moral virtues)을 포함한다(Walker, 2002). 이 중에서 어떤 미덕을 갖느냐에 따라 각기 상이한 도덕적 정체감(moral identity)의 소유자가 되고 그 사회의 도덕적 표본(moral exemplar)으로 평가받는다.

워크와 헤니그(Walker & Hennig, 2004)는 도덕적 표본으로 용기 있는 사람, 타인을 돌보는 사람 그리고 공명정대한 사람을 제안하고 이러한 도덕성의 표본들은 서로 다른 성격 프로파일을 갖는다고 보고하였다. 그 예로서 용기 있는 사람의 표본은 지배적이고 외향적이었고, 돌보는 사람의 표본은 양육적이고 동조적이었으며, 공명정대한 사람의 표본은 성실하고 경험에 대해 개방적이었다.

3. 도덕성 발달과 영역구분모형

콜버그는 개인의 도덕성 발달을 인습수준과 인습수준 이전 및 이후로 구분하고 도덕성의 궁극적 발달은 인습수준을 넘어 후인습수준의 보편적인 도덕적 원리를 지향하는 단계에 도달하는 것이라고 주장하였다. 그러나 투리엘(Truriel, 1983, 1998)은 개인의 도덕성을 서로 다른 세 가지 영역, 즉 도덕적 영역(moral domain), 사회인습적 영역(social-conventional domain) 및 개인적 영역(personal domain)으로 구분하는 영역구분모형(domain distinction model)을 제안하였다.

여기서 사회적 인습이란 식탁에서의 예절이나 인사방식 혹은 감사의 표시 방식과 같은 사회적 동의에 의해 결정되는 관습적 행동규범에 해당하는 반면, 개인적 영역은 친구선택이나 여가활동의 선택과 같이 개인이 자유롭게 선택할 수 있는 행동영역에 해당한다. 한편 도덕적 규칙과 윤리적 문제에 초점을 맞추는 도덕적 영역은 임의적이 아니라 의무적이고 비개인적이며, 보편적으로 수용되는 행동규범으로서 속이고 훔치고 타인에게 해를 입히는 행위와 관련된 규칙들이 여기에 해당한다. 그러므로 도덕적 영역은 정의의 개념을 포함하는 반면, 사회인습적 영역은 사회적 조직의 개념에 해당한다. 따라서 어느 문화의 아동이나 약속을 어기는 것, 타인의 물건을 파괴하는 것, 해를 끼치지 않는 동물을 때리는 것, 모두 도덕적으로 나쁜 행동으로 인식한다.

3-4세 유아들조차도 물건을 훔치는 도덕적 위반이 사회적 관습을 위반하는 것보다 더 나쁘다고 판단한다. 그들은 부모나 교사와 같은 권위인물이 보지 못했을 때조차도 도덕적 위반행동은 나쁘다고 보고한다(Smetana, 2006; Yan & Smetana, 2003). 이 시기에 개인적 영역에 대해서도 알고 있음을 보여준다. "나는 이 옷을 입을 거야"라고 말하고 도덕적 행동이나 인습적 행동과 다른 개인적 선택에 대한 신념을 나타내며 자주 개인적 영역을 침범하는 성인들에게 도전한다(Nucci, 2005). 서구에서는 6세 무렵에 이미 아동은 개인의 권리로서 언어와 종교의 자유를 이해한다(Helwig, 2006).

이 분야의 연구자들은 전 세계의 모든 아동과 청소년들이 유사한 범주를 사용하여 도덕적 영역과 사회인습적 영역 및 개인적 영역을 구분한다고 보고한다(Nucci, 2002, 2005). 더욱이 권위에 대한 강한 존경심을 지니고 있는 동양의 아동이나 청소년들도 성인들이 자신의 개인적 문제를 간섭할 권리는 없다고 생각한다(Hasebe, Nucci, & Nucci, 2004). 그러므로 투리엘이 제안한 도덕성의 세 가지 영역은 도덕성 발달의 초기단계에서부터 각기 상이한 경로를 따라 발달하고 성장한 이후에도 각기 독립된 영역으로 계속해서 존재하는 것이 분명하다(Turiel, 2006; Smetana, 2006).

4. 분배의 공정성

매일의 생활에서 성인은 물론 아동들은 자주 공정하게 분배해야 하는 상황을 경험한다. 6명의 아동이 8쪽의 피자를 어떻게 나누어야 하고 장거리 여행 동안 자동차의 어느 자리에 누가 앉아야 하며 여러 명의 형제자매들은 집안 일을 어떻게 나누어 맡아야 하는지를 결정하는 것 모두, 분배를 포함하는 상황들이다.

분배의 공정성은 도덕성의 또 다른 측면으로, 공정한 분배가 이루어지지 않는다고 생각될 때 가족은 물론 사회 내에서 큰 갈등이 일어날 수 있다. 특히 부모가 제공하는 음식물을 포함하여 사랑이나 옷, 장난감 등이 공정하게 분배되지 않는다고 생각될 때, 부모-자녀간은 물론 형제자매간에 갈등이 일어난다. 분배의 공정성은 부모의 격려와 충고에 의해 발달하기도 하지만, 또래와의 상호작용 경험은 공정성의 발달을 촉진시킨다.

공정성의 발달은 연령에 따라 차이를 나타낸다. 4세의 유아들은 분배가 중요하다는 것을 인식하지만, 자주 모순되고 이기적인 분배를 한다. 친구에게 왜 과자를 나누어 주었느냐는 질문에 "과자를 주지 않으면 나와 놀지 않을 것이므로"라고 대답하거나 "내가 나이가 더 많으므로 친구에게 조금 주고 내가 거의 대부분을 가졌다"고 대답한다. 이 연령의 아동들은 셀만의 "홀리 딜레마"에서 알 수 있는 것처럼, 분화되지 않는 조망수용능력을 지니고 있으므로 그들의 설명은 대단히 자아중심적이다.

아동기 동안의 분배개념의 발달을 연구한 다몬(Damon, 1988)은 다음과 같은 분배의 공정성 추론능력 발달단계를 제시하고 피아제와 콜버그가 가정한 연령보다 더 어린 연령에서 공정성 개념이 획득된다고 제안하였다.

① 동등성 단계(5-6세): 엄격하게 동등한 분배를 요구한다. 개인의 욕구나 공과는 고려되지 않으며 돈이나 장난감이 생겼을 때 혹은 상을 받았을 때 무조건 똑같이 나눈다.

② 공과단계(6-7세): 공과를 고려하고 여분의 보상은 더 열심히 일한 사람 혹은 특별한 일을 한 사람에게 주어진다.

③ 자비심 단계(8-9세): 참여자의 상황을 고려하고 사회적으로 불리한 사람을 특별히 배려한 분배가 이루어진다.

10세경에 가장 발달된 형태의 공정한 분배가 나타난다. 이제 개인의 독특한 욕구와 상황적 특성이 고려될 수 있으므로 동등성, 공과 그리고 자비심이 융통성 있게 적용될 수 있다. 예를 들면 낯선 사람과 상호작용할 때는 공과를 더 많이 고려하고 친구들과 상호작용할 때는 자비심을 그리고 투표시에는 동등성에 기초한 분배가 이루어진다(McGillicuddy-De Lisi, Watkins, & Vinchur, 1994). 특히 이 시기에 이루어지는 또래와의 상호작용은 빈번한 분배상황을 초래하고 그것은 공정성의 발달을 촉진시킨다.

5. 감정이입과 친사회적 행동

지금까지의 도덕성 연구는 주로 규칙을 위반하는 상황에 초점을 맞추었으나 아이센버그(Eisenberg 등, 2002)를 중심으로 하는 여러 연구자들은 타인을 돕기, 나누기, 협동하기와 같은 친사회적 행동에 관심을 갖는다. 타인의 정서를 대리적으로 경험하는 감정이입은 친사회적 행동을 촉진시키므로 차례로 설명한다.

1) 감정이입

감정이입(empathy)이란 타인의 정서상태를 대리적으로 경험하는 것으로 아동의 도덕성 발달에 기여한다(Hastings, Utendale, & Sullivan, 2007). 감정이입은 하나의 정서상태이지만, 타인의 내적 심리상태를 식별하는 능력인 조망수용능

표 11-1 | 감정이입의 발달

연 령	감정이입의 본질
영아기 초기	영아는 자기와 타인의 감정과 욕구를 구별하지 못하는 전체적 감정이입을 한다.
1-2세	타인의 괴로움에 대한 분화되지 않은 감정은 점차 순수한 관심으로 변화하지만, 아직도 타인의 괴로움에 반응하여 효과적으로 행동하지 못한다.
유아기	유아는 사람들의 조망이 독특하고 어떤 사람은 동일한 상황에서 다른 반응을 보일 수 있다는 것을 인식하므로 타인의 괴로움에 보다 더 적절하게 반응할 수 있다.
10-12세	아동은 불행한 상황에 처한 사람에게 감정이입을 느끼기 시작한다.

력(인지요소)도 포함한다. 따라서 타인의 어려움을 단순히 가엾게 여겨 온정을 베푸는 동정심과는 구별된다.

어린 영아는 감정이입적 반응능력을 지니고 있지만, 타인의 정서상태를 확인하는 것은 물론 어떤 종류의 행동이 타인의 정서상태를 개선시킬 수 있는지를 예상하지 못하므로 도덕적으로 행동하지 못한다. 다몬(Damon, 1988)은 표 11-1과 같이 연령에 따른 감정이입능력의 발달을 제안하고, 영아기 초기와, 1-2세, 유아기 그리고 10-12세에 감정이입능력에서 변화가 일어난다고 강조하였다.

표 11-2에서 전체적 감정이입(global empathy)이란 자기의 감정이나 욕구와 타인의 감정 혹은 욕구 사이에 뚜렷한 경계가 확립되지 않은 어린 영아의 감정이입적 반응을 의미한다. 그 예로서 넘어져서 다친 아기를 본 생후 10개월 영아가 자신의 엄지손가락을 빨면서 울고 어머니 무릎에 얼굴을 묻는 행동을 한다면 그 아기는 전체적 감정이입을 한다고 말할 수 있다. 물론 모든 영아가 다친 아기를 보고 우는 것은 아니며, 어떤 아기는 호기심으로 다른 사람의 고통을 응시하기도 한다.

1-2세의 아기들도 타인의 괴로움에 관심을 보인다. 그러나 타인의 괴로움

에 적절하게 반응할 수 있기 위해서는, 사람들은 개별적 상황에 각기 다르게 반응한다는 것을 인식할 수 있는 4-5세는 되어야 한다. 10-12세경에 이르면 아동은 가난한 사람이나 장애를 가진 사람 혹은 사회적으로 소외된 사람들에게 감정이입을 느끼기 시작한다.

오늘날 많은 아동발달이론가들은 감정이입, 동정심, 자기존중감 같은 긍정적 정서와 분노, 수치심, 죄책감같은 부정적 정서가 아동의 도덕성 발달에 기여한다고 주장한다(Eisenberg, Fabes, & Spinrad, 2006; Thompson, 2009). 특히 긍정적 정서와 부정적 정서가 강하게 경험될 때, 이 두 가지 정서 모두 아동이 옳고 그름에 대한 표준에 맞추어 행동하는 데 영향을 준다.

2) 친사회적 행동

콜버그의 딜레마에서처럼, 훔치거나 죽도록 내버려두는 행동 중에서 하나를 선택해야 하는 상황도 있을 수 있지만, 우리는 개인적 이익과 타인의 복지 사이에서 선택해야 하는 상황에 오히려 더 자주 직면한다. 이러한 상황은 아동의 감정이입 능력을 자극하여 친사회적 행동(prosocial behavior)을 촉진시킨다. 친사회적 행동이란 돕기, 나누기, 타인을 위로하기와 같이 타인을 이롭게 하려는 의도를 가진 또 다른 측면의 도덕적 행동이다.

아이센버그(Eisenberg, 1986; Eisenberg & Fabes, 1998)는 4세 이상의 아동을 대상으로 자신이 고안한 친사회적 딜레마 상황(예 참조)을 사용하여 친사회적 행동 발달을 연구하였다.

친사회적 딜레마 상황의 예
어느 날 에릭이라는 소년이 친구의 생일파티에 가고 있었다.
도중에 그는 넘어져서 다리를 다친 한 소년을 만났다.
그 소년은 에릭에게 병원에 갈 수 있도록 자신의 부모에게
연락해 줄 것을 요청하였다. 만약 에릭이 소년의

요청대로 한다면, 에릭은 생일파티에 늦을 것이고

그가 좋아하는 케이크와 아이스크림을 먹지 못하는 것은 물론

재미있는 게임도 할 수 없을 것이다.

에릭은 어떻게 해야 하는가?

에릭은 왜 그렇게 해야만 하는가?

표 11-2 | 친사회적 행동수준

수 준	특 징
수준 1: 쾌락주의적, 자기중심적 지향	자신의 이익에만 관심을 갖는다. 타인을 돕거나 돕지 않는 이유는 개인적 이익을 위해, 미래에 보답받기 위해, 혹은 사랑을 받기 위해서이다. 유아나 초등학교 저학년 아동들에서 나타난다.
수준 2: 욕구 기초적 지향	타인의 욕구가 자신의 욕구와 갈등을 일으킬 때도 타인의 신체적, 물질적, 심리적 욕구에 관심을 가지지만, 단순히 언어로 동정심을 표현할 뿐이다. 대부분의 유아들과 많은 초등학교 아동들에서 나타난다.
수준 3: 승인 지향 혹은 정형화된 지향	친사회적 행동을 할 것인지 아닌지는 타인의 승인이나 인정 혹은 선한 사람과 악한 사람에 대한 정형화된 이미지에 기초한다. 일부의 초등학교 아동과 청소년들에서 나타난다.
수준 4a: 자기반성적 감정이입 지향	자기반성적(self-reflective) 감정이입이나 조망수용의 증거가 나타난다. 타인의 인간됨에 관심을 갖고 행동의 결과에 따른 죄책감이나 긍정적 정서에 관심을 갖는다. 소수의 초등학교 고학년 아동과 많은 청소년들에서 나타난다.
수준 4b: 과도기	타인을 돕거나 돕지 않는 행동은 내면화된 가치와 규준, 의무 혹은 책임감에 따라 이루어지기 시작한다. 더 큰 사회적 상황에 관심을 갖기도 하고 자주 타인의 권리와 권위를 보호하는 것이 필요하다고 언급하지만 이러한 생각은 분명하고 명확하게 진술되지는 못한다. 보통 고등학교 이상의 청소년들 사이에서 나타난다.
수준 5: 강한 내면화 단계	타인을 돕거나 돕지 않는 행동은 이제 확고하게 내면화된 가치와 규준 혹은 책임감에 기초하여 이루어진다. 개인적 및 사회적 계약 의무를 준수하고 사회를 개선시키려고 한다. 이 수준의 개인들은 자신의 가치나 규준에 맞추어 살거나 살지 못하는 것과 관련된 긍정적 혹은 부정적 정서를 경험한다. 단지 소수의 고등학교 청소년들에서만 나타난다.

그 결과 표 11-2에 제시된 바와 같이, 초등학교 입학 이전의 아동들은 자신의 욕구를 우선하는 쾌락주의적 추론을 하고(수준 1), 일부의 아동들은 다른 사람의 복지에도 관심을 갖는다(수준 2). 그러나 초등학교 아동들은 타인의 욕구에 대한 인식이 증가하고 사회적 승인이나 타인에 의해 좋은 행동으로 평가되는 방식으로 행동하는 데 관심을 갖는다(수준 3). 초등학교 고학년 아동들과 청소년들은 다양한 정도의 조망수용능력을 나타내며, 타인에 대한 동정심과 자신의 이기적 행동에 대한 죄책감을 경험한다(수준 4). 소수의 고등학교 청소년들은 내면화된 가치와 규준 혹은 책임감에 기초하여 도움행동을 하거나 하지 않을 수 있으며, 이 단계가 친사회적 행동발달의 최상의 단계(수준 5)에 해당한다.

유치원 아동들도 타인을 보살피고 위로하는 친사회적 행동을 할 수 있지만, 친사회적 행동은 아동기보다는 청년기 동안 더 많이 나타나고 남성들보다는 여성들이 더 빈번하게 친사회적 행동을 한다(Eisenberg, Spinrad, & Sadovsky, 2006). 또한 연령증가와 함께 아동의 친사회적인 도덕적 추론은 콜버그의 도덕적 딜레마에 대한 추론과 같이 보다 더 추상적으로 변화하고 내면화된 원리와 가치에 기초한 친사회적 행동이 이루어진다. 일반적으로 더 높은 수준의 친사회적 도덕적 추론을 사용하는 아동과 청소년 및 성인들은 그렇지 않은 사람들보다 더 큰 감정이입 능력과 동정심을 가지며 실제로 더 많은 친사회적 행동을 한다(Eisenberg 등, 2002).

Ⅱ. 자기통제

아동의 도덕적 추리나 사고가 도덕적 행동으로 옮겨질 수 있을 때, 아동은 완전한 도덕성 발달을 이루었다고 말할 수 있다. 그러나 불행하게도 도덕적 사고와 행동은 항상 일치하는 것은 아니며 그것이 일치하기 위해서는 자기통제(self-control)라는 또 다른 요인을 필요로 한다.

자기통제란 자신의 행동을 조절하고 통제하는 능력을 의미한다. 자기통제가 가능하기 위해서는 자신을 자율적으로 행동할 수 있는 분리된 존재로 인식할 수 있어야 하고, 동시에 양육자의 명령을 회상하고 그것을 자신의 행동에 적용하는 표상기술과 기억기술을 지니고 있어야 한다. 특히 도덕적 영역에서의 자기통제는, 도덕적 표준을 위반하고 싶은 충동을 억제하는 것으로 때로 유혹에 대한 저항(resistance to temptation)이라고 불리기도 한다.

1. 자기통제의 발달

도덕적 영역에서의 자기통제는 언제 어떻게 발달하는가? 아동이 자기통제된 방식으로 행동할 수 있기 위해서는 자신이 스스로의 행동을 주도하는 분리된, 자율적 인간이라는 인식능력을 지니고 있어야 한다. 또한 양육자의 지시를 회상하여 자신의 행동에 적용하는 기억능력과 억제능력을 함께 지니고 있어야 하며 이러한 능력은 생후 12개월에서 18개월 사이에 나타난다.

1) 자기통제의 시작

최초의 자기통제는 순종(compliance)의 형태로 나타난다. 생후 12개월과 18개월 사이에 영아는 양육자의 소망과 기대를 인식하기 시작하고 간단한 요구와 명령에 자발적으로 복종할 수 있다. 물론 그들은 부모의 요구나 명령과는 정반대로 행동할 수도 있다. 2세 유아들은 자신의 자율성을 주장하는 하나의 방법으로 성인의 명령에 저항한다. 그러나 따뜻하고 민감한 양육과 성숙한 행동에 대한 합리적인 기대를 경험하는 유아들은 훨씬 더 적은 빈도의 반항행동을 나타낸다(Kochanska, Aksan, & Koenig, 1995).

초등학교 입학 이전의 유아기 동안 저항은 점차 공손한 거절과 부모와 절충하는 능숙한 기술로 변화한다. 유아의 순종은 곧 사회생활의 규칙을 학습할 준비가 되어 있음을 의미하기 때문에 부모를 기쁘게 하지만, 2세 유아의 행동통제는 양육자의 지원에 의존한다. 유아는 부모와의 의사소통을 통하여 학습한 행동표준을 그들의 사적언어(private speech) 속에 통합시키고 그것을 자신을 가르치기 위하여 자주 사용한다. 유아는 날카로운 칼에 손을 대거나 소파에서 뛰어내리기 전에 "안돼, 그만둬"라고 말하면서 자신의 행동을 통제한다.

자기통제는 만족지연 과제를 사용하여 자주 실험실에서 연구된다. 여기서 만족지연이란 소망하는 대상물을 얻기 위하여 혹은 유혹적인 행위에 가담하기 위하여 적절한 시간 동안 기다리는 것을 의미한다. $1\frac{1}{2}$세와 3세 사이의 유아들에게 만족지연과제로서, 음식물 먹기, 선물상자 열기 그리고 장난감 가지고 놀기를 제시했을 때, 세 개의 과제 모두에서 연령증가와 함께 기다릴 수 있는 시간이 증가하였다(Vaughn, Kopp, & Krakow, 1984). 만족지연은 주의력과 언어능력이 발달할 때 더 잘 발달하기 때문에 두 가지 능력에서 앞서는 여아들이 남아들보다 더 큰 자기통제력을 지니는 것은 당연한 일일 것이다(Else-Quest 등, 2006).

어린 아동의 만족지연 능력은 아동의 기질과 양육의 질에 따라 달라진다(Kochanska & Aksan, 2006). 억제형 기질의 아동들은 화내고 안달하는 아동들보다 더 잘 기다릴 수 있고, 부모의 온정과 부드러운 격려를 경험한 유아들은 더 협조적이고 유혹에 더 잘 저항한다. 코찬스카 등(Kochanska, Aksan, & Carlson, 2005)의 연구에서 생후 7개월에 부드럽고 반응적인 어머니를 가진 화를 잘 내는 영아는 생후 15개월에 고분고분한 아기가 된 반면, 무감각한 어머니를 가진 화잘 내는 영아는 비협조적인 걸음마쟁이로 발달하였다. 특히 기질적으로 까다로운 아동이 물리적 방식에 의한 훈육이나 일관성 없는 훈육을 경험하게 될 때와 같이, 기질과 양육 사이의 낮은 적합도는 아동의 심리적 적응을 훼손시키고 장기적이고 심각한 도덕적 행동문제를 일으킬 수 있다.

사회적으로 승인된 행동에 가담하고 바람직하지 못한 행동을 억제하는 유아의 능력이 개선됨에 따라, 양육자는 점점 더 많은 것을 유아에게 요구한다. 생후 13개월과 30개월 사이에 어머니의 행동통제 요구는 안전문제, 소유물, 가족의 일상적인 일, 독립적 행동 등 다양한 과제로 확대된다. 어머니의 행동통제 요구는 보통 아동의 증가하는 자기통제 능력과 잘 조화를 이룬다.

2) 아동기의 자기통제

아동의 인지발달은 유혹에 저항할 수 있는 여러 가지 효과적인 전략을 사용할 수 있도록 하므로 만족의 지연은 아동기 동안 크게 개선된다. 초등학교 입학 이전의 유아들에게 오랫동안 기다려야 받을 수 있는 지극히 바람직한 보상과 언제라도 받을 수 있는 덜 바람직한 보상을 제시했을 때, 높은 자기통제 능력을 지니고 있는 유아들은 유혹적인 대상물로부터 관심을 돌리기 위하여 스스로 눈을 가리거나 노래부르기 혹은 잠자려고 애쓰기와 같은 전략을 사용하였다.

그러나 대부분의 유아들은 성인들이 유혹에 저항하는 방법을 가르쳐주지 않으면 만족지연을 위한 효과적인 전략을 사용하지 못한다. 미쉘(Mischel, 1996)은 유혹적인 대상물이 지니고 있는 자극적 특성을 변형시키도록 가르치는 것이 만족지연을 증진시킨다는 것을 확인하였다. 그 예로서 유아들에게 솜사탕을 보여주고 한 집단에게는 "부풀어 오른 흰 구름"을 상상하게 한 반면, 다른 집단에게는 실제 솜사탕의 "달고 부드러운 맛"을 생각하도록 하였다. 연구결과 자극을 구름으로 변형시킨 상상집단이 보상으로 솜사탕을 받기 위하여 더 오랫동안 기다릴 수 있었다.

그러나 초등학교 1, 2학년 아동들은 성인이 전략을 제공하든 아니든 상관없이 만족을 지연시킬 수 있으며, 이때부터 자신의 각성 상태나 보상의 형태를 스스로 변형시킴으로써 유혹에 저항할 수 있는 효과적인 전략들을 생성해낸다. 11세의 아동은 오랫동안 기다려야 좋아하는 솜사탕을 먹을 수 있을 때, "나는 솜사탕을 싫어한다. 솜사탕에서 이상한 냄새가 난다"라고 혼자 중얼거렸다. 이 시기에 아동의 자기통제력은 도덕적 자기규제(moral self-regulation)를 위한 융통성 있는 능력으로 작용한다.

오랫동안 만족을 지연시킬 수 있는 아동들은 사회적 단서를 정확하게 해석하기 위하여 기다릴 수 있으므로, 효과적인 사회문제해결이 가능하고 긍정적인 또래관계를 형성할 수 있다(Gronau & Waas, 1997). 또한 높은 수준의 행동억제 능력을 지니고 있는 유아들은 초등학교 저학년에서 더 발달된 도덕적 추론능력을 지니고 있었다(Kochanska, Murray, & Coy, 1997).

2. 훈 육

아동의 자기통제력은 부모가 실시하는 훈육(discipline)에 의해 주로 획득된다. 아무리 모범적인 아동이라고 할지라도 때때로 싸우고 폭력적이며 불복종적일 때가 있다. 통제를 받지 않고 독립적으로 수용가능한 행동을 한다는 것은 아동들에게는 어려운 일이다.

1) 훈육기법

부모가 사용하는 훈육기법에는 물리적 방법에 의한 훈육(power assertion)과 애정철회(love withdrawal)기법 그리고 유도(induction)기법이 있다.

① 물리적 방법에 의한 훈육

물리적인 힘에 의해 아동을 통제하려고 한다. 이 방법을 사용하는 부모들은 아동에게 화를 내고 언어적 혹은 물리적으로 아동을 학대한다. 즉 신체적 처벌을 가하거나 어떤 특혜를 제거하겠다고 위협한다. 지나친 물리적 처벌은 아동의 분노를 자극하고 폭력적 행동을 불러일으키기 쉽다.

일반적으로 물리적 방법에 의해 통제되는 아동들은 유혹에 저항하는 힘이 약하고, 비행을 저지른 후에 죄책감을 느끼거나 잘못을 고백할 가능성이 적다. 이러한 아동들은 단지 그들이 처벌받을 것인지 아닌지의 외적 단서에 의해 행동을 통제한다. 그렇다고 해서 모든 처벌이 바람직하지 않다는 것은 아니다. 빈번하고 극단적으로 가혹한 처벌은 유해하지만 때때로의 적절한 물리적 처벌은 효과적일 수 있다.

② 애정철회기법

애정철회기법은 아동의 바람직하지 못한 행동에 애정이나 관심을 주지 않거나 무시하고 의사소통을 거절하는 훈육방법이다. 애정철회기법은 버림받을 것이라는 위협에서부터 아동과의 놀이나 의사소통을 거절하는 침묵의 처치까지 매우 다양하다. 비물리적 형태의 처벌방법인 애정철회는 분노의 표현을 억압하게 하지만 아동의 불안을 자극하기 때문에 아동에게 지나치게 위협적일 수 있다. 일반적으로 애정철회기법에 의해 훈육되는 아동들은 왜 그와 같은 행동을 하지 않아야 하는지를 알지 못한 채 무조건 성인의 권위에 일치하려고 한다.

③ 유도기법

왜 어떤 행동은 할 수 있고 어떤 행동은 할 수 없는지를 추론하게 하고 설명해 줌으로써 아동을 훈육하는 방법이다. 예를 들면, 아버지가 주무시는 동안 큰 소리를 내고 있는 아동에게, "철수야, 조용히 해라. 아빠는 피곤하시기 때문에 주무셔야 한다. 네가 계속해서 시끄럽게 한다면, 아빠는 기분이 좋지 않으실 거야"라든가 "영희야, 네가 장난감으로 방을 어질러 놓았으니, 장난감을 치우도록 해라. 엄마는 저녁식사 준비를 해야만 한다"는 식이다. 유도기법은 행위의 결과가 다른 사람에게 주는 영향을 설명하기 때문에 아동의 감정이입을 불러일으키고 페어플레이 정신에 호소한다.

세 가지 훈육기법 중 유도기법은 애정철회나 물리적 방법에 의한 훈육보다 아동의 도덕적 성숙과 더 높은 상관이 있다. 대조적으로 물리적 방법에 의한 훈육은 도덕적 성숙보다는 도덕적 미성숙과 연합되고, 애정철회기법은 연구에 따라 긍정적 효과를 나타내기도 하고 부정적 효과를 나타내기도 한다.

유도기법이 특별히 효과가 있는 이유는 무엇인가? 행동이 왜 나쁜지를 설명함으로써 부모는 ① 아동이 자신의 행동을 평가하기 위하여 사용할 수 있는 표준과 인지적 원리를 제공하고, ② 아동이 괴로움을 당하는 개인들과 감정이입을 하도록 하고 죄책감이나 수치심같은 도덕적 정서와 비행을 연합시키며, 그리고 ③ 아동이 해야만 하는 일이 무엇인지를 지적한다. 요약하면 유도기법은 아동이 도덕성의 인지적, 정서적 그리고 행동적 측면에 주의를 기울이도록 하여 그것들을 통합할 수 있도록 돕는다.

2) 훈육의 효과에 영향을 주는 요인

훈육의 효과는 사용된 훈육기법의 종류뿐 아니라 몇 가지 요인들의 영향을 받는다. 우선 부모와 아동간의 긍정적, 협조적 관계는 긍정적 훈육방법의 사용을 격려하고 아동의 도덕성 발달을 돕는다. 일찍부터 부모–영아간에 상호적으로 반응적인 유대를 형성한 아동들은 부모와의 관계유지를 중요시하고 부모의 요구에 귀기울이며 부모가 원하는 행동을 하려고 노력한다. 코찬스카(Kochanska, 1997)의 실험에서, 어머니와 애정적, 긍정적 관계를 형성한 2세 유아들은 장난감을 치우라는 어머니의 명령에 순순히 복종하였고, 어머니가 나간 후 실험자가 유혹하여도 유아들은 여전히 어머니의 명령을 준수하였다. 이러한 도덕적 내면화의 증거는 1년이 지난 후에도 그대로 계속되었다.

훈육기법의 효과는 아동의 기질에 따라서도 달라진다. 일반적으로 두려움이 많은 아동들은 처벌을 받으면 적절하게 불안해지기 때문에 쉽게 비행을 중지한다. 또한 충동성이 낮은 아동들도 비행에 가담하려는 욕구를 더 쉽게 억제할 수 있다. 보통 정서성은 높으나 충동성이 낮은 아동들이 유도기법과 같은 긍정적 훈육방법에 노출될 때 바람직한 사회화를 이룰 수 있다. 그들은 처벌을 받을 것이라고 생각하면 과민해지기 때문에, 비행을 멈추는 것이 가능하다(Kochanska, Murray, & Coy, 1997). 대조적으로 비행과 죄책감 혹은 비행과 다른 부정적 정서를 연결짓지 못하는 충동적 아동들에게는 어떤 유형의 훈육기법도 효과가 없다. 그들은 자주 물리적 방법에 의한 훈육과 같은 비효율적인 훈육방법을 사용하게 한다.

훈육의 효과에 영향을 주는 또 다른 중요한 요인으로 훈육의 일관성 문제가 있다. 아동의 동일한 비행이 때로는 처벌받고 때로는 묵인된다면 아동은 어떻게 행동해야 할지 알 수 없으므로 바람직하지 못한 행동이 계속되기 쉽다. 부부 사이의 훈육의 일관성도 또한 중요하다. 아동의 바람직하지 못한 행동에 대한 부부간의 불일치나 갈등은 아동의 부적응 행동을 불러일으키며 특히 공격행동이나 일탈행동을 조장하는 원인이 된다. 일반적으로 지나치게 가혹한 물리적 처벌이 일관성 없는 훈육과 연합될 때, 아동의 반사회적, 공격적 행동은 증가한다.

그러나 실제 훈육상황에서 단지 하나의 훈육방법만을 사용하는 부모는 거의 없다. 부모마다 빈번하게 사용하는 특정한 훈육방법이 있기는 하지만, 두 가지 이상의 훈육방법을 동시에 사용하거나 상황에 적절한 훈육방법을 선택하는 경우도 많다. 보통 시끄러운 활동이나 싸움과 같은 행동을 통제하기 위해서는 물리적 처벌이 사용되고 아동이 도로에 뛰어들거나 타인을 놀리는 것과 같은 행동에 대해서는 유도기법이 활용된다.

3) 처　벌

처벌이라고 할 때, 우리는 때리기나 어떤 물리적 행위만을 가정하는 경향이 있으나 그 외에도 언어적 책망과 타임아웃(time-out) 그리고 특전의 박탈(withdrawal of privileges)과 같은 방법들이 있다. 타임아웃이나 특전의 박탈은 실제 생활에서 빈번하게 사용되는 훈육방법들이다. 예를 들면, 아동이 좋아하는 어떤 활동을 할 수 없도록 구석에 앉혀 놓는 것은 전형적인 타임아웃 방법으로 강화받는 기회로부터 아동을 제외시키는 처벌방법에 해당한다. 한편, 특전의 박탈은 규칙의 위반에 대해 벌금을 지불하는 것과 같이 아동이 좋아하는 물건을 빼앗는 처벌방법이다.

훈육의 목표는 단지 바람직하지 못한 행동을 억압하는 것만이 아니라 수용 가능한 행동으로 대치할 수 있도록 아동을 도와주는 것이다. 처벌은 바람직하지 못한 행동을 효과적으로 억압할 수 있는 훈육방법임이 분명하다. 특히 비행 후에 즉시적으로 주어지는 처벌은 아동의 행동을 성공적으로 억제시킬 수 있다. 그러나 처벌은 단지 바람직하지 못한 행동을 즉시적으로 억제할 뿐, 아동의 행동경향성까지 제거하지는 못한다.

문제는 우리 사회에서 물리적 처벌인 체벌이 지나치게 빈번하게 사용되고 있다는 것이다. 한국사회조사연구소(2003)의 자료에 의하면, 한국 아동의 80%가 체벌을 경험하고 이들 중 57.7%는 부모로부터 체벌을 받는다. 그림 11-3에 제시된 바와 같이, 체벌을 바람직하게 생각하는 태도와 부모로부터 체벌을 받은 기억을 국가간에 비교한 결과에 의하면(Curran 등, 2001), 한국인들이 가장 높은 비율(89%)로 부모로부터 체벌받은 기억을 가지고 있었고, 체벌을 바람직하게 생각하는 태도는 5점 척도에서 3점을 받아 체벌이 한국 사회의 보편적 훈육형태임

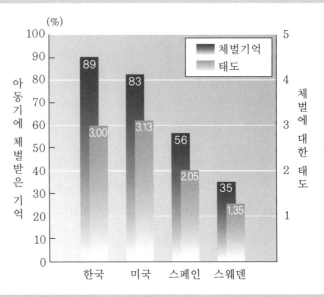

그림 11-3 | 국가간의 체벌사용 비교

출처: Curran 등, 2001.

을 보여주었다. 유엔 아동권리위원회는 한국 사회에서 아동에 대한 모든 형태의 체벌을 금지하여 줄 것과 체벌에 관한 태도 변화를 위해 노력해 줄 것을 권고한 바 있다.

체벌을 사용하지 않아야 하는 이유를 정리하면 다음과 같다(이수희, 이재연, 2008; Mulvaney & Mebert, 2007).

① 소리치거나 때리는 체벌은 아동에게 스트레스 상황을 처리하는 방식으로 인식되고, 아동은 처벌자의 공격적 행동을 모방한다.

② 아동은 체벌하는 부모를 점차 두려워하고 부모를 회피한다.

③ 부모는 아동이 왜 어떤 행동을 하지 않아야 하고 대안으로 무엇을 해야 하는지를 가르쳐야 함에도 불구하고, 체벌은 아동에게 '무엇을 해야 하는지'보다 '무엇을 하지 않아야 하는지'를 가르친다.

④ 부모가 의도하지 않았음에도 불구하고, 체벌은 쉽게 아동학대로 변질될

수 있다.

⑤ 체벌은 아동의 공격성이나 불안 혹은 우울같은 심리적 문제와 청소년 비행, 성인기의 자살, 음주문제, 아동학대 및 배우자 학대같은 부정적 결과를 초래한다.

체벌이 일어나는 이유를 설명하기 위하여 카노이와 그 동료들(Kanoy 등, 2003)은 첫 자녀의 출산 전에 부부갈등 수준과 부부의 개인적 특성을 조사하고, 자녀가 2세와 5세가 되었을 때 체벌의 빈도와 강도를 측정하였다. 이 연구에서 신체적 처벌의 사용은 부부 개인이 지니고 있는 적개심과 부부갈등 양자와 연결되어 있음이 확인되었다. 다시 말하면 아동은 잘못된 행동 때문에 매를 맞는 것이 아니라 부부간의 갈등이나 부모 개인의 특성 때문에 체벌을 당한다는 것이다.

그러므로 처벌이 요구되는 상황에서는 신체적 체벌을 제한하고 타임아웃 방법이나 특전의 박탈과 같은 방법을 사용함으로써 체벌의 부작용을 감소시키는 것이 바람직하다.

3. 공 격 성

인생초기부터 갈등보다는 긍정적 상호작용이 더 많이 일어나기는 하지만, 아동은 자기통제력의 부족으로 일찍부터 공격성을 나타낸다. 형제자매나 또래와의 상호작용이 증가할수록 아동의 공격행동은 더 빈번해진다. 아동이 공격행동을 할 때 성인들이 중재하고 대안적 방법을 제시하면, 그것은 아동에게 중요한 학습경험이 될 수 있고 친사회적 행동을 촉발시키는 계기가 되기도 한다.

불행하게도 공격행동의 대부분은 반사회적 성격을 지니고 있다. 유아기에 이미 비정상적으로 높은 적개심을 나타내고 언어적 모욕과 신체적 공격을 일삼는 아동들이 있다. 그들을 제지하지 않고 그냥 두면, 공격행동은 아동의 도덕성과 자기통제의 발달에 지속적인 결함을 초래하고 반사회적 생활양식을 확립하도록 한다.

1) 공격성의 유형

영아기에 이미 분노와 좌절의 원인을 인지하는 것이 가능하고 그것을 공격할 수 있는 운동기술이 발달한다. 유아기 시작 무렵에 이르면 두 가지 유형의 공격행동이 나타난다. 즉 도구적 공격(instrumental aggression)과 적대적 공격(hostile aggression)이 그것이다. 도구적 공격은 자신의 욕구를 충족시키려는 목적을 지니고 있는 반면, 적대적 공격은 타인에게 상처를 입히려는 목적을 갖는다. 철수가 자전거를 타고 있는 순희를 넘어뜨렸다고 하자. 철수가 단지 자전거를 타기 위하여 순희를 넘어뜨렸다면 철수의 공격은 도구적인 반면, 만약 철수가 순희를 자전거에서 밀어내는 데 만족하지 않고 순희를 더 때렸다면 철수의 공격은 적대적이 된다.

도구적 공격과 적대적 공격은 다음과 같은 세 가지 형태로 일어난다.

① 신체적 공격(physical aggression): 때리기, 발로차기, 혹은 때리겠다고 위협하기와 같이 신체적 상해를 입히거나 상해를 입히겠다고 위협하는 행위
② 언어적 공격(verbal aggression): 신체적 공격을 가하겠다고 위협하거나 욕설, 비방하기 혹은 괴롭히는 행위
③ 관계적 공격(relational aggression): 루머를 퍼뜨리거나 따돌려서 타인의 또래관계를 손상시키는 행위

언어적 공격은 항상 직접적인 반면, 신체적 공격과 관계적 공격은 직접적일수도 있고 간접적일 수도 있다. 예를 들면 때리기는 개인에게 직접적으로 상처를 입히지만, 기물을 파괴하는 것은 간접적으로 신체적 위협을 가하는 행동이다. 유사하게 "내가 말한 대로 하라. 그렇지 않으면 너는 내 친구도 아니다"라고 말하는 것은 직접적인 관계적 공격이지만, 루머를 퍼뜨리면서 친구와 말하기를 거부하는 것은 간접적인 관계적 공격의 예이다.

2) 아동기의 공격성

공격성의 형태와 그것의 표현방식은 연령에 따라 그리고 성에 따라 달라진다. 어린 아동들은 도구적 공격을 많이 하는 반면, 나이 많은 아동들은 적대적 공격을 많이 나타낸다. 그러나 연령증가와 함께 만족을 지연시키는 능력이 증가하기 때문에 유아는 타인의 소유물을 가지려는 욕구에 저항할 수 있게 되므로 이때부터 공격성의 전체적 수준은 점차 감소한다. 그러나 성장과 함께 타인의 악의적 의도를 더 잘 이해할 수 있기 때문에 언어적, 관계적 형태의 적대적 공격은 오히려 증가한다(Côté 등, 2007).

생후 17개월 무렵에 이미 소년들은 소녀들보다 신체적으로 더 강한 공격성을 나타낸다. 공격성에서의 성차는 남성 호르몬인 안드로겐에 의해 남성들이 생물학적으로 더 공격적인 데 그 원인이 있기도 하지만, 성역할 학습이 또한 중요한 역할을 한다. 성역할 고정관념을 인식하기 시작하는 2세경부터 소녀의 공격성은 현저하게 감소하는 반면 소년의 공격성은 오히려 증가한다.

그러나 유치원과 초등학교 연령의 소녀들은 적대감을 관계적 공격으로 표출하기 때문에, 소년들보다 특별히 낮은 공격성 수준을 지니고 있다고 말하기는 어렵다. 최근의 연구들은 언어적, 관계적 공격에서 단지 작은 성차가 있을 뿐이라고 밝히고 적어도 아동기 동안 어느 하나의 성이 더 공격적이라고 말할 수는 없다고 주장한다(Crick 등, 2006; Crick, Ostrov, & Werner, 2006).

아동기에 확인된 공격성은 지극히 안정된 성격특성으로 오랫동안 유지된다. 1,000명 이상의 6세부터 15세까지의 캐나다, 뉴질랜드 및 미국의 소년들을 연구한 결과에 의하면(Brame, Nagin, & Tremblay, 2001), 유치원에서 높은 신체적 공격성을 보였던 소년들은(표본의 4%) 청년기에도 여전히 높은 수준의 공격성을 나타내었고 폭력적 비행에 가담하였다.

대조적으로 보통 정도의 신체적 공격성을 보였던 소년들은 시간경과와 함께 공격성이 감소하였으며, 공격적 행동을 전혀 보이지 않았던 소년들은 청년기에도 여전히 공격행동을 하지 않았다. 아동기에 파괴적이고 반항적 행동을 한 소녀들 역시 계속해서 품행문제를 일으켜(Côté 등, 2001), 아동기의 신체적 혹은 관계적 공격성은 성장한 이후의 다양한 행동문제나 사회적 기술의 결함을 예측할 수 있도록 하였다.

3) 공격성의 발달에 영향을 주는 요인

어떤 요인들이 아동의 공격성을 자극하는가? 우선, 문제가 많은 가족과 보잘것없는 아동양육기법이 공격성의 발달과 관련되어 있다. 부모의 훈육기법 중 애정철회기법이나 물리적 방법에 의한 훈육 혹은 일관성 없는 훈육은 유아기부터 청년기까지 그리고 남녀 모두의 반사회적 행동과 높은 상관이 있고, 도덕성의 내면화와 자기통제의 발달을 방해한다.

특히 독재적 부모들은 아동의 바람직하지 못한 행동을 억제하기 위하여 신체적 처벌을 가하고 소리를 지르며 위협한다. 독재적 부모의 강압적 행동은 부모-아동간의 적대적 반응연쇄를 불러일으킨다. 그 예로서 어머니에게 말대꾸한 아동의 불손한 행동은 어머니의 반응 여하에 따라 진정되기도 하고 악화되기도 한다. 어머니가 아동을 조용히 타이르고 유도기법에 의해 훈육하면 불손한 행동은 약화되나, 어머니가 너는 나쁜 놈이라고 소리지른다면 아동의 행동은 더욱더 불손해질 것이다. 이와 같이 반복되는 분노와 처벌은 가족구성원 모두에게로 퍼져나가고 결국 갈등적 가족분위기와 통제불능의 아동을 생성한다.

소년들은 소녀들보다 더 활동적이고 충동적이며 통제하기 어렵기 때문에, 분노와 일관성 없는 훈육의 표적이 되기 쉽다. 특히 극단적인 성격특성을 지니고 있는 소년이 부적절한 부모역할에 노출되면, 청년기에 반사회적 행동을 할 가능성이 많다. 더욱이 공격적인 아동은 전형적으로 자신과 유사한 반사회적 친구를 선택함으로써 공격행동을 일삼는다. 반사회적 친구와의 상호작용은 적대적 행동을 강화하는 또 다른 맥락을 형성한다(Thornberry & Krohn, 2001).

아동이 지니고 있는 사회인지적 결함도 공격행동을 촉진시킨다. 갈등적 가족 내에서 성장한 아동들은 사회를 냉담하고 폭력적이라고 지각한다. 공격적인 아동은 친구의 의도가 불분명하거나 우연히 상해가 발생했을 때 혹은 친구가 도움을 주려고 하는 상황에서조차도 적대적 의도를 발견하고 공격적 행동을 일삼는다(Orobio de Castro 등, 2002).

　여기에 덧붙여 공격적 아동들은 공격행동이 손해보다는 더 많은 이익을 가져온다고 생각한다. 그들은 공격행동이 타인들의 놀림이나 조롱과 같은 불유쾌한 행동을 감소시키고 확실한 보상을 생성한다고 지각한다. 타인을 공격하려고 할 때 그들은 희생자의 고통은 말할 것도 없고 또래들의 혐오반응이나 부정적인 평가를 생각하기보다는 타인을 제압하고 통제하는 데 더 많은 관심을 갖는다. 따라서 그들은 공격적으로 행동한 후에조차도 자신을 긍정적으로 평가함으로써 예외적으로 높은 자기존중감을 갖는다. 학업에서 그리고 사회적 관계에서의 실패에도 불구하고 그들은 자신이 우수하고 유능하다고 지각하고, 이러한 자기상을 손상시키는 일이 일어날 때는 서슴지 않고 타인을 공격한다(Goldstein & Tisak, 2004).

　이 외에도 다양한 상황조건이 아동의 공격성을 자극한다. 우선 또래집단의 분위기가 우호적이고 협조적이기보다는 긴장이 많고 경쟁적일 때 적대적 행동이 더 많이 일어난다(DeRosier 등, 1994). 또한 아동이 생활하는 가난한 환경과 가난한 이웃은 폭력이나 공격행동과 연결된 일탈된 또래나 약물에 쉽게 접근하게 하여 폭력적 비행을 일삼게 한다(Thornberry & Krohn, 2001).

4) 도찌의 사회문제해결 모형

　도찌의 사회문제해결 모형은 공격성의 원인을 규명할 수 있는 효과적인 모형으로 자주 논의된다. 도찌(Crick & Dodge, 1994)는 사회적 문제해결과제에서 결함을 보이는 이유를 설명하기 위하여 그림 11-4와 같이 원으로 그려질 수 있는 사회문제해결 모형을 제시하였다. 즉 아동은 사회적 문제를 해결하기 위하여 ① 사회적 단서의 부호화에서 시작하여 ② 사회적 단서를 해석하기, ③ 사회적 목표를 설정하기, ④ 문제해결전략을 생성하기, ⑤ 전략의 효용성을 평가하기, 그리고 ⑥ 반응하기까지의 일련의 단계를 거쳐 반응에 이른다는 것이다.

　사회인지에 정보처리적 접근을 접목한 이 그림은 아동이 한번에 여러 개의 정보처리활동을 동시에 수행하기 때문에 원으로 구성되어 있을 뿐 아니라 사회

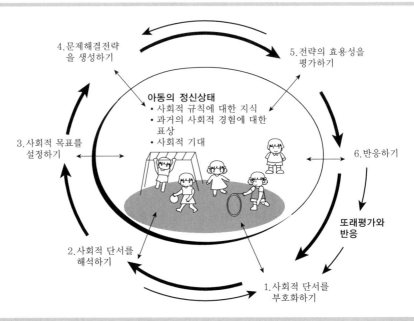

아동의 정신상태
• 사회적 규칙에 대한 지식
• 과거의 사회적 경험에 대한 표상
• 사회적 기대

4. 문제해결전략을 생성하기

5. 전략의 효용성을 평가하기

3. 사회적 목표를 설정하기

6. 반응하기

2. 사회적 단서를 해석하기

또래평가와 반응

1. 사회적 단서를 부호화하기

그림 11-4 │ 도찌의 사회문제해결 모형

출처: Crick & Dodge, 1994.

적 정보처리에 미치는 아동의 정신상태(mental state) 즉, 사회적 규칙에 대한 지식, 과거의 사회적 경험에 대한 표상 그리고 미래에 대한 기대를 함께 고려하는 특징을 지니고 있다. 또한 생성된 반응에 대한 또래의 평가와 반응이 사회적 문제해결에 영향을 미치는 한 요인으로 포함되어 있기도 하다.

이와 같이 도찌의 모델은 아동이 사회적 문제를 해결하기 위하여 사용하는 일련의 단계를 효과적으로 제시함으로써 사회적 문제해결과정 중 어느 단계에 결함이 있는지 쉽게 확인될 수 있고 거기에 맞추어 처치프로그램이 실시될 수 있는 이점을 지니고 있다.

사회문제해결은 아동의 사회적 능력에 영향을 주기 때문에 많은 연구자들이 관심을 갖는다. 또래와 잘 지내는 잘 적응하는 아동들은 사회적 단서를 정확하게 해석하고, 관계를 증진시키는 목표를 설정하며 그들이 적응적으로 활용할 수 있는 효과적인 전략을 생성한다. 대조적으로 지극히 공격적이거나 지나치게 위축되는 부적응적 아동들은 사회적 문제해결과정에서 결함을 보인다. 그들은 적대적 행동과 같은 사회적 단서에 선택적으로 관심을 기울이고 상황이 어떻게 진행될 것인지에 대해 편향된 기대를 갖는다. 따라서 그들의 사회적 목표는 관계를 손상시키는 전략을 선택하도록 한다. 사회문제해결 기술이 증진되면, 아동은 학업적, 정서적 그리고 사회적 기능에서 크게 향상될 수 있다.

5) 사회문제해결 능력의 발달

이 분야의 연구들은 친구의 장난감을 갖고 싶은 상황과 유사한 가설적 상황을 아동에게 제시하고 어떻게 행동할 것인지를 질문함으로써 전략생성의 문제를 주로 연구한다. 이때 생성되는 전략의 양과 질은 연령과 함께 개선된다. 어린 아동이나 보잘것없는 또래관계를 갖는 아동들은 움켜쥐기, 때리기, 명령하기와 같이 그들의 욕구를 충동적으로 충족시키는 전략을 선택한다.

그러나 보다 나이 많은 아동과 좋은 또래관계를 갖는 아동들은 타인의 욕구를 고려하는 방식으로 욕구를 표현하고 설득과 절충을 사용하며, 때로 새로운 상호적 목표를 생성함으로써 갈등이 해결될 수 있도록 한다. 그들은 현재의 해결방식이 미래의 관계에 영향을 준다는 것을 인식하고 있다.

놀이집단의 일원이 되고 싶을 때, 초등학교 아동들은 보통 다음과 같은 다섯 가지 전략을 사용한다.

① 유능한 전략: 함께 놀자고 정중하게 요청한다.
② 공격적 전략: 무조건 위협하고 신체적 힘을 사용한다.
③ 자기중심적 전략: "나는 어떻게 노는지 알고 있다"와 같이 은근히 자기 능력을 내비친다.
④ 수동적 전략: 기다리며 주위를 서성거린다.
⑤ 권위에의 호소전략: "선생님께서 나 할 수 있다고 말씀하셨어"와 같이 권위를 동원한다.

사회적 문제해결기술은 훈련에 의해 개선될 수 있다. 슈어(Shure, 1997)는 유치원 아동들을 대상으로 인형을 사용하여 사회적 문제상황을 구성하고 그것을 해결하는 방안을 논의하도록 하였다. 동시에 교실에서 갈등이 일어날 때 교사가 중재하고 아동의 행동결과를 지적하며 대안적 전략을 제시하도록 설계하였다.

이러한 처치를 받은 실험집단의 유아들은 통제집단의 유아들보다 더 발달된 사회적 추론능력을 지니고 있었다. 그들은 교사평정에서 더 우수한 적응능력을 나타내었으며 그 효과는 프로그램이 끝난 수 개월 후에까지 계속되었다. 유사한 중재프로그램을 초등학교 아동들에게 실시했을 때도 거의 동일한 결과가 나타났다. 사회적 문제해결기술의 증진은 공격성을 감소시키고 또래관계를 개선시키는 외에도 스트레스에 성공적으로 대처할 수 있도록 하며, 하류계층이나 문제 있는 가정의 아동이 갖는 적응문제의 어려움도 감소시킬 수 있도록 한다.

[5부]

발달의 맥락

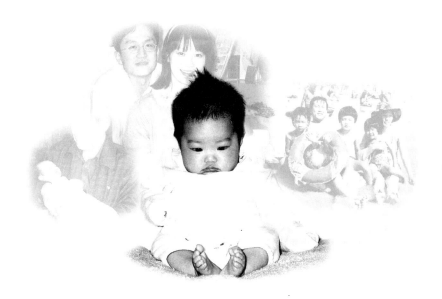

[5부] 발달의 맥락

5부는 아동의 발달에 영향을 주는 중요한 맥락을 설명한다.

4부까지 아동의 개별적 특성의 발달을 설명하였으나

맥락의 영향 또한 아동의 개별적 특성만큼 중요하므로

5부를 구성하는 12장에서는 가족맥락과 또래관계 및 대중매체의 영향을 논의한다.

맥락이란 환경이나 상황과 유사한 용어이지만 그것들보다는 더 포괄적인 개념이다.

러너(Lerner, 1995)는 개인 또한 맥락의 일부라고 강조하고

맥락을 발달에 영향을 주는 물리적, 사회적 변인들의 상호작용체계로 정의하였다.

아동이 맥락과 좋은 적합(goodness-of fit)을 이룰 때,

바람직하게 성장할 수 있으므로 아동발달에서 맥락의 영향을 연구하지 않을 수 없다.

5부를 통하여 아동의 발달에서 맥락이 얼마나 중요한 역할을 하는지 확인될 수 있을 것이다.

[5부] 발달의 맥락

제12장

...가족맥락과 또래관계 및 대중매체의 영향...

가족은 개인이 일생 동안 몸담는 1차적 맥락으로 이후 모든 사회적 관계의 근원으로 작용한다. 이 장에서는 아동의 발달에 미치는 부모의 영향과 형제자매의 영향을 설명하는 동시에 가족문제로서 이혼과 재혼 그리고 아동학대 문제도 논의한다. 성장과 함께 아동의 맥락은 가정을 넘어 또래로 확장되고 대중매체 또한 아동의 발달에 영향을 주므로 이 장에서 함께 설명한다.

I. 가족의 기능

가족만큼 아동의 발달에 큰 영향을 주는 사회적 기관은 없다. 사람은 출생과 동시에 한 가족의 일원이 되어 성장하며 일생 동안 가족구성원으로서 생활한다. 가족은 사회를 형성하는 구성요소로서 자녀를 양육하고 가르치며 구성원들에게 정서적 안정과 지원을 제공한다.

전통적으로 가족은 가족구성원을 위해 그리고 더 큰 사회적 체계를 위해 다른 체계와는 구별되는 다음과 같은 독특한 기능을 한다. 특히 사회화 기능은 자녀양육과 관련된 중요한 기능이다.

① 사회의 새로운 구성원을 배출한다.
② 성인들 사이의 성적 관계를 정당화한다.
③ 가족집단과 더 큰 사회집단간의 상호적 경제관계를 형성한다.
④ 정서적 지원을 제공한다.
⑤ 자녀들이 미래에 성인으로서의 기능을 할 수 있도록 아동을 사회화시킨다.

1. 사 회 화

사회화(socialization)란 한 세대의 구성원들이 다른 세대의 구성원들의 행동과 성격을 형성하는 과정으로서 그 사회에 적응해서 살아갈 수 있도록 가르치는 것이다. 부모는 아동에게 그 사회의 가치관이나 신념 혹은 태도를 전달하고 내면화시키기 위해 훈육을 실시한다. 부모의 성격과 태도, 사회경제적 수준, 교육 정도, 종교 그리고 성별에 따라 서로 다른 가치관과 표준이 제시된다.

하류계층의 독재적인 아버지에 의해 전달되는 표준이나 신념은 중류계층의 교육받은 어머니에 의해 제시되는 내용과는 차이가 있다. 부모에 의해 여과된 가치관이나 신념 혹은 태도가 사회화 과정을 통하여 아동에게 전달되기 때문에 부모의 역할은 매우 중요하다.

사회화 과정도 부모의 영향이 아동에게 일방적으로 전달되는 것이 아니라 아동과 부모가 서로에게 영향을 주는 양방적 과정을 형성한다(Parke & Buriel, 2006). 어린 아동이라고 할지라도 부모의 영향을 받아들이기만 하는 수동적 존재가 아니며 그들은 부모에게 영향을 주는 능동적 행위자들이다.

한 예를 들어보자. 출생시부터 활동적이고 불안정하며 요구적인 남아는 점점 더 가혹한 통제방법을 사용하도록 부모를 유도한다. 처음에 부모는 고집센 아동을 타이르고 어떤 행동이 바람직한지를 아동에게 설명할 것이다. 만약 이것이 효과가 없다면, 부모는 일주일 동안 TV를 볼 수 없다거나 아동이 좋아하는 다른 활동을 제한하는 박탈을 사용할 것이다. 이 방법도 효과가 없을 때에는 부모는 아동에게 물리적 처벌을 가하기 시작할 것이고, 그래도 효과가 없을 때에는 보다 더 처벌적으로 변화하고 변덕스러운 처벌이 사용될 것이며, 결국 부모는 아동을 거부할 것이다.

사회화 과정을 더욱더 복잡하게 만드는 것은 부모와 아동은 그들의 특성을 바탕으로 상호작용할 뿐 아니라 가족 내의 다른 관계 즉, 어머니와 아버지 관계, 부모와 형제자매 관계 그리고 조부모와 부모의 관계에 의해 영향을 받는다는 것이다. 동시에 부모와 아동은 사회적 맥락과 분리되어 존재할 수 없으므로 사회화 과정은 이원적 상호작용 이상의 것이며 사회적 변화에 따라 그것의 본질도 변화한다.

전통적으로 사회화는 아동이 최초로 부모의 명령에 따를 수 있는 2세경부터 시작되고, 이때부터 부모의 사회화 압력은 점차 증가한다. 유능한 양육자는 아동의 능력에 맞추어 그들의 요구를 조절할 수 있다. 예를 들면, 부모는 2세 이전의 영아에게는 하지 말라는 말을 하지 않는 대신 위험한 물건을 치우고 경사진 계단 앞에 장애물을 놓아 아기가 접근하지 못하게 하며 아기가 다치기 쉬울 때에는 아기를 다른 곳으로 옮겨 놓는다. 그러나 2세 이후의 유아에게는 할 수 있는 것과 하지 말아야 할 것을 구분하도록 요구할 것이다.

1) 부모역할 유형

아동을 효과적으로 사회화하기 위해서는 어떤 부모역할이 실시되느냐가 중요하다. 일찍이 부모역할 유형을 연구한 샤퍼(Schaefer, 1959)는 부모의 행동과 태도를 두 개의 차원, 즉 애정 대 적대감 차원과 자율성 대 통제 차원으로 구분하였다. 전자의 차원은 부모와 아동의 정서적 관계에 해당하는 반면, 후자의 차원은 부모가 부과하는 통제와 제한을 의미한다. 다시 말하면 부모가 아동에게 얼마나 애정적이고 적대적이며 얼마나 통제하고 자율성을 보장하는가에 따라 부모의 역할유형은 달라진다는 것이다.

샤퍼와 유사하게, 부모역할 유형에 관심을 가진 바움린드(Baumrind, 1971)는

수용/반응성

고   저

권위적	독재적
합리적 요구; 일관성 있는 강화와 아동의 수용	많은 규칙과 요구; 아동의 욕구에 민감 하지 못하고 거의 설 명하지 않음
허용적	**방임적**
규칙도 없고 요구도 없음; 많은 자유가 허용됨	규칙도 요구도 없음; 아동의 욕구에 무감 각하고 관심이 없음

요구/통제 (왼쪽 세로축: 고 / 저)

그림 12-1 | 부모역할의 유형과 차원

출처: Maccoby & Martin, 1983.

부모가 아동에게 제공하는 통제, 성숙요구, 의사소통 그리고 양육 정도에 따라 세 가지 역할유형을 구분하였다. 높은 수준의 통제와 성숙요구를 하며 많은 양의 의사소통과 양육을 제공하는 권위적 부모들은(유형 1) 성숙하고 경쟁적이며 독립적인 자녀를 갖는 반면, 높은 수준의 통제와 낮은 수준의 양육을 제공하는 독재적 부모(유형 2)와 낮은 수준의 통제와 높은 수준의 양육을 제공하는 허용적 부모(유형 3)들은 바람직한 자녀들을 가질 수 없었다.

그러나 마코비와 마틴(Maccoby & Martin, 1983)은 샤퍼가 제안한 두 개의 차원과 바움린드가 제안한 세 가지 유형을 조합하여 그림 12-1과 같은 부모역할의 유형과 차원을 제시하였다. 여기서 수용/반응성(acceptance/responsiveness) 차원은 부모가 아동에게 제공하는 지지와 애착의 크기로서 샤퍼의 애정 대 적대감 차원과 유사하고 요구/통제(demandingness/control) 차원은 부모가 아동의 행동에 부과하는 규칙이나 감독의 양으로서 자율성 대 통제의 차원과 유사하다.

마코비와 마틴에 의해 구분된 네 가지 부모역할의 유형을 설명하면 다음과 같다.

① 권위적 부모

자녀에게 애정적이면서도 자녀의 행동을 통제하는 부모유형으로서 아동의 욕구나 소망을 인정한다. 그들은 아동중심적이고 부모 – 아동 사이의 개방적 의사소통을 격려하며 아동의 자주적이고 독립적인 노력을 적극적으로 권장한다. 성숙한 행동에 대한 확고한 표준을 설정하고 그것을 지킬 것을 요구하면서도 의사결정이나 지시에 대한 이유를 설명하고 아동의 견해에 귀를 기울인다. 부모와 아동이 불일치할 때, 권위적 부모(authoritative)들은 아동의 조망을 고려하며 아동 또한 부모에게 순종해야 할 상황에서는 부모의 조망에 귀를 기울인다.

권위적 부모의 자녀들은 일반적으로 독립적이고 사회적으로 유능하고 자기통제적, 과제지속적, 협조적이며 높은 자기존중감을 지니고 있다. 그들은 부모의 견해에 반응적이고 사회적, 도덕적으로 성숙하며 학교성적도 우수하다(Gonzalez & Wolters, 2006; Milevsky 등, 2007).

② 독재적 부모

독재적(authoritarian) 부모들은 아동에게 적대적이고 아동의 행동을 엄격하게 통제한다. 그들은 아동에 대한 온정과 애정이 부족하고 강압적이며 아동을 통제하기 위해 신체적 처벌과 힘을 사용한다. 부모의 결정이나 규칙에 대한 아동의 상이한 견해를 도전으로 받아들이고 억압하는 이 유형의 부모들은 성숙한 행동에 대한 부모의 요구와 아동의 욕구 사이에 조화를 이루지 못하기 때문에 불만이 많고 불신하는 아동을 갖는다.

독재적 부모의 아동들은 불안하고 불행하며 낮은 자기존중감과 자신감을 지니고 있다. 그들은 좌절하면 적대적으로 반응하고, 하고 싶은 대로 하지 못하면 힘이나 폭력을 사용한다. 특히 소년들은 높은 수준의 분노와 반항행동을 나타내는 반면, 소녀들은 지나치게 의존적이고 도전적 과제를 회피하는 경향이 있으며, 남녀 아동 모두 저조한 학업수행을 보인다(Hart, Newell, & Olsen, 2003).

③ 허용적 부모

허용적(permissive) 부모는 아동에게 수용적이고 반응적이며 애정적이지만, 아동의 행동을 통제하는 일이 거의 없다. 그들은 가능하면 아동에게 제한을 가하지 않고 성숙한 행동을 요구하는 것을 회피하며 아동 스스로 자신의 행동을 결정하기 원한다. 허용적 부모들 중에는 실제로 자신의 능력이 아동의 행동에 영향을 줄 수 있다고 생각하는 부모들이 거의 없다.

허용적 부모의 아동들은 미성숙하고, 충동적, 불복종적, 반항적이므로 반사회적 행동을 일삼는다. 독재적 부모의 아동들과 비교하여 지나치게 요구적이고 의존적이며 인내심이 부족할 뿐 아니라 학업성적도 저조하다. 허용적 부모역할과 의존적, 반항적 행동의 결합은 특히 소년들 사이에서 더 강하게 나타난다 (Steinberg, Blatt-Eisengart, & Cauffman, 2006).

④ 방임적 부모

바움린드가 제시하지 않은 부모유형으로서 방임적(neglectful) 부모들은 부모역할을 수행하지 않는다. 그들은 아동과의 접촉을 회피하며 아동의 욕구에 무반응적이고 거부적이다. 아동과의 상호작용은 단지 부모 자신의 즉각적 위안을 얻기 위해 이루어지며, 일관성 있는 훈육은 실시되지 않는다. 부부간의 갈등과 사회적 지원의 부족 그리고 가난과 같은 스트레스로 고통받는 부모들 사이에서 자주 발견되는 이 유형의 부모역할은 아동의 애착형성을 어렵게 하고 인지적, 정서적, 사회적 기술의 발달을 방해한다. 방임적 부모의 자녀들은 적대적, 공격적, 불복종적이며 낮은 자기존중감을 갖기 때문에 약물이나 비행을 일삼는 청소년으로 성장하기 쉽다(Aunola, Stattin, & Nurmi, 2000).

2) 권위적 부모역할의 특성

바움린드(Baumrind, 1983)는 권위적 가정에서도 아동이 자주 부모의 명령에 저항하고 불복종적 행동을 하기는 하지만, 부모는 아동의 저항에 굴복하지도 않고 거칠고 독단적으로 반응하지도 않는다고 지적한다. 오히려 그들은 아동의 비합리적인 요구에 인내심을 갖고 합리적으로 대처한다. 확고한 통제가 아니라 확고한 통제의 이성적이고 합리적인 사용이 아동의 발달을 촉진시킨다는 것이다.

아동의 특성 또한 권위적 부모역할에 영향을 준다. 기질적으로 까다로운 아동들은 강압적 훈육방식을 자극하고 독재적이거나 방임적 부모역할을 유도한다. 아동이 저항할 때, 어떤 부모들은 처음에는 처벌적으로 반응하고 이후에는 굴복함으로써 제멋대로의 행동을 강화한다. 독재적 부모역할과 방임적 부모역할이 함께 사용될 때, 공격적이고 책임감이 없으며 학교성적도 저조한 아동으로 성장한다.

시간경과와 함께, 부모역할과 아동의 특성은 점점 더 양방향적으로 변화하므로 편안하고 다루기 쉬운 아동은 따뜻하고 권위적인 부모역할을 자극하는 반면, 충동적이고 고분고분하지 않은 아동들은 부모가 비합리적이고 일관성 없는 양육을 실시하도록 한다.

권위적 부모역할 유형은 아동의 반항적 행동을 어떻게 통제가능한 행동으로 변화시킬 수 있는가? 아직까지 완전하게 규명되지는 않았지만, 다음과 같은 연구결과들이 그 이유의 일부를 설명한다(Beyers 등, 2003; Vazsonyi, Hibbert, & Snider, 2003).

① 공정하고 합리적인 통제는 아동을 순종하게 하고 규칙을 내면화할 수 있도록 한다.

② 아동양육을 위한 확고한 표준을 가지고 있는 권위적 부모들은 통제된 행동은 물론 온정적 행동모델의 기능을 하므로 자녀들은 정서적 자기통제능력과 사회적 이해능력을 지닐 수 있다.

③ 온정과 합리적 통제를 결합하는 권위적 부모들은 아동을 효과적으로 강화하는, 강화의 대리인들이다. 그들은 아동이 부모의 기대를 따르기 위해 노력할 때 칭찬하며, 불승인을 효과적으로 사용한다.

④ 권위적 부모들은 아동의 능력에 적합한 요구를 함으로써 아동 스스로 성공적으로 수행할 수 있는 능력 있는 개인으로 자신을 지각하게 하며 높은 자기존중감과 인지적, 사회적 성숙을 이룰 수 있도록 한다.

⑤ 부모의 수용과 양육에의 전념 및 합리적 통제를 포함하는 권위적 부모역할은 가족 스트레스나 가난의 부정적 효과로부터 아동을 보호하는 보호요인이다.

권위적 부모들은 아동의 비행에 대해 체벌(신체적 처벌) 대신 비행이 타인에게 주는 영향을 설명하거나 타임아웃(time out) 방법을 사용한다. 타임아웃은 제11장에서 설명한 것처럼 긍정적 강화를 받을 수 있는 상황으로부터 아동을 멀어지게 하는 훈육기법으로, 아동이 좋아하는 TV시청을 얼마 동안 제한하는 것이한 예가 될 수 있다.

2. 풍요와 빈곤이 부모역할에 미치는 영향

부모역할은 가족의 사회경제적 수준의 영향을 크게 받는다. 일반적으로 근로자 계층의 부모들은 전문기술직의 부모들보다 더 일찍 결혼하고 더 어린 나이에 더 많은 수의 자녀를 출산하므로 두 집단은 아동양육의 가치관과 기대에서차이를 보인다. 일반적으로 사회경제적 수준이 낮은 부모들은 복종과 예의바름, 말쑥하고 깨끗함같은 외적 특성을 강조하고, 사회경제적 수준이 높은 부모들은호기심과 행복, 자기주도성, 인지적·사회적 성숙과 같은 심리적 특성을 강조한다(Duncan & Magnusson, 2003).

가족의 상호작용방식도 두 집단간에 차이가 있다. 높은 사회경제적 수준의부모들은 자녀들에게 책을 읽어주고 서로 대화를 나눔으로써 아동을 지적으로자극한다. 아동이 조금 더 성장하면, 부모는 더 높은 발달목표를 설정하고 더 많은 온정을 제공하며 설명과 언어적 칭찬을 많이 사용한다. 반면 낮은 사회경제적 수준의 부모들은 아동을 훈육하기 위하여 명령이나 비판 혹은 신체적 처벌을자주 사용하고 독재적 부모역할을 실시한다.

가족 상호작용에서 나타나는 두 집단의 차이는 부모의 직업과 높은 상관이있다. 사회경제적 수준이 낮은 부모들은 자주 무력감을 느끼고 직장에서는 힘이나 권위가 있는 사람에게 복종해야 하므로 가정에서는 자신이 권위인물이 되어가족구성원들에게 명령하는 경향이 있다. 대조적으로 사회경제적 수준이 높은부모들은 자신의 삶을 통제할 수 있다고 생각하고 직장에서도 독립적 의사결정이 가능하므로 자녀들에게도 동일한 가치관을 가르치며 권위적 부모역할을 실시한다.

1) 풍요의 영향

물질적으로 풍요롭고 사회적으로 높은 지위에 있는 부모들 중에 바람직하지 못한 부모역할을 실시하는 부모들이 있다. 이러한 가정에서 성장한 아동들을 청년기까지 추적한 연구(Luthar & Latendresse, 2005a)에 의하면, 중학교 1학년 무렵에, 아동들은 심각한 행동문제를 나타내었고 고등학교에 진학하였을 때 행동문제는 더욱더 악화되었다. 또한 학교 성적은 매우 저조하였고 낮은 사회경제적 수준의 자녀들보다 알코올과 약물을 사용할 가능성이 더 많았으며, 높은 수준의 불안과 우울을 보고하였다.

그 이유는 무엇일까? 풍요로운 환경에서 잘 적응하는 아동들과 비교했을 때, 풍요로운 가정의 잘 적응하지 못하는 아동들은 부모에게 정서적 가까움을 느끼지 못하고 부모로부터 적절한 감독을 받지 못했다고 보고하였다. 직업적으로, 사회적으로 바쁜 이 유형의 부모들은 아동이 필요로 할 때 곁에 없었고 정서적 위안도 제공하지 못하였다. 그들은 아동에게 학업성취만을 과도하게 요구함으로써 오히려 아동의 학업적, 정서적 문제를 야기시켰다. 분명한 것은 풍요로운 가정이든 풍요롭지 않은 가정이든 부모와 함께 식사하는 것과 같은 단순한 일상적 일들이 아동의 적응 어려움을 감소시킨다는 것이다(Luthar & Latendresse, 2005b).

2) 빈곤의 영향

가족이 빈곤할 때 효과적인 부모역할과 정상적 아동발달은 위협을 받는다. 빈곤한 가족은 아동의 물질적 요구를 충족시켜줄 수 없고 각종 공과금을 지불하기 어려우므로 거의 매일 위기상황이 초래된다. 이때 부모는 우울하고 과민하며 마음이 산란한 상태에 있으므로 부모-아동간에 적대적 상호작용이 증가한다 (Conger & Donnellan, 2007). 특히 가난한 한부모 가정은 주거환경이 열악하여 위험한 이웃 속에서 생활하며, 집이 없는 가족도 많아 매일매일의 생존이 어려운 상태에 있다.

빈곤한 가정에서는 긴장과 갈등 외에도 부모가 아동양육에 할애하는 시간이 적고 아동의 학습에도 거의 관심을 갖지 못하므로, 아동의 인지적, 정서적 발달은 방해를 받는다. 특히 아동의 출생시부터 지속되는 가난은 아동의 신체적 건강과 정신건강을 손상시키고 지능발달은 물론 학업성취를 방해한다.

결국 가난한 가정의 아동들 중에는 중도에 학업을 포기하고 문제행동을 일삼는 사람이 많으며, 높은 교육을 받는 사람도 적어 높은 임금을 받는 직업도 갖기 어렵다. 그들은 좋은 배우자를 만나기도 어려워 거의 일생 동안 가난과 질병으로 고통을 겪고 불행감에 시달리며 자손에게까지 가난을 대물림하는 비극을 초래한다(장휘숙, 2010).

3. 부모역할의 변화

아동의 연령이 증가하면 부모의 통제는 감소되고 더 큰 자유가 허용된다. 특히 권위적인 부모들은 아동의 능력에 알맞은 양육을 실시하기 때문에, 아동에 대한 직접적인 통제는 점차 감소한다. 아동이 초등학생이 되면 부모는 아동에게 얼마나 많은 집안일을 할당할 것인지, 얼마나 많은 용돈을 줄 것인지, 좋은 친구를 사귀고 있는지 그리고 학교에서의 문제는 어떻게 처리해야 하는지 등 여러 문제에 부딪친다. 그러나 일찍부터 권위적 부모역할 유형을 확립한 부모들은 이러한 문제를 처리하는 데 큰 어려움을 겪지 않는다.

권위적 부모역할은 아동의 논리적 사고력을 자극하고 부모가 가지고 있는 전문지식이나 기술에 대한 아동의 존경심도 증가시키기 때문에(Braine 등, 1991), 이제 아동은 부모와 협상하고 타협한다. 부모 또한 문제해결을 위하여 아동의 발달된 자기존중감이나 유머 혹은 도덕성에 호소할 수 있다. 시간경과와 함께 부모와 아동 모두 갈등을 어떻게 해결해야 하는지를 학습하기 때문에, 아동기 동안 강압적 훈육은 크게 감소한다.

이제 부모는 공동조절(coregulation) 방법을 사용할 수 있다. 공동조절이란 아동 스스로 매 순간 의사결정을 하도록 하면서도 부모가 전체적 관리를 하는 감독형태를 의미한다. 부모와 아동간의 협조적 관계에 기초한 공동조절은 아동을 지원하고 보호하는 역할을 하며 스스로 많은 중요한 의사결정을 할 수 있는 준비를 갖추도록 돕는다.

초등학교 연령의 아동들은 부모로부터 더 큰 독립을 요구하면서도, 부모의 계속적 지원이 필요하다는 것을 잘 알고 있다. 퍼만과 버메스터(Furman & Buhrmester, 1992)의 연구에서 초등학교 5, 6학년 아동들은 부모를 그들의 삶에서 가장 영향력 있는 인물로 기술하였다. 이 연령의 아동들은 자기존중감의 증진과 매일의 문제를 해결하기 위하여, 부모의 애정과 충고 혹은 도움을 필요로 하였다.

4. 형제자매의 영향

가족크기의 감소에도 불구하고 아직도 많은 아동들은 적어도 한 명 정도의 형제자매를 가지고 있다. 형제자매관계는 일생 동안 계속되고 친구관계나 다른 관계들이 변화할 때에도 어떤 형태로든 계속되기 때문에 아동기 동안은 물론 그 이후에도 개인이 경험하는 중요한 사회적 관계이다.

1) 형제자매관계의 시작

일반적으로 첫아이가 유아기에 이를 때, 동생이 태어난다. 동생을 갖게 된 첫아이들은 동생의 출생 이전보다 더 까다로워지고 요구가 많아지며 의존적으로 변화한다. 때로 수면이나 습식 혹은 대소변가리기에서 문제를 일으키기도 한다. 첫아이들은 갓 태어난 동생과 부모를 나누어 갖기를 원치 않기 때문에 동생에 대해 강한 질투심을 나타낸다.

첫돌 무렵에 동생들은 짧은 기간 동안 어머니가 부재할 때 유치원 연령의 손위 형제자매의 존재에 의해 위안을 받을 수 있으며, 2세에 이르면 손위 형제자매의 행동을 모방하고 함께 놀이한다(Barr & Hayne, 2003). 일반적으로 동생들이 형이나 누나 혹은 언니를 훨씬 더 많이 모방하기는 하지만, 손위의 형제자매들도 동생들을 모방한다. 성장함에 따라 형제자매들은 서로 협동하고 능동적으로 돕고 위로하며 애정과 관심을 나눈다.

동생이 2-4세일 때부터 형제자매간에 대화가 증가한다. 형제자매들은 놀이삼아 혹은 유머러스한 방법으로 서로의 기분이나 정서상태를 이야기하고 갈등이 일어날 때는 자신의 욕구나 필요를 표현하기 때문에, 타인의 감정이나 정서상태에 민감해질 수 있다.

형제자매들은 애정적이고 긍정적인 동시에 경쟁적이고 갈등적이다(장휘숙,2008; Fingerman, Hay, & Birditt, 2004). 보통 형제자매들이 2-4세일 때 그들은 10분에 한번 정도로 갈등을 일으키며, 이후 5-7세까지 갈등은 약간 감소하지만 여전히 계속된다(Kramer, 2006). 그들은 부모의 애정이나 관심을 얻기 위하여 또는 장난감을 갖기 위하여 서로 경쟁한다. 일반적으로 형제자매 사이의 연령차이가 적고(1-2년) 동성일 때, 더 심한 경쟁이 일어난다. 그들은 동일한 장난감을 가지고 놀기를 원하고 동일한 활동에 참여하며 동일한 친구를 선호하기 때문에 경쟁은 불가피하다. 연령차이가 3년 이상이거나 서로 성이 다를 경우에는 각기 다른 흥미를 갖기 때문에 경쟁은 감소한다.

2) 아동기의 형제자매관계

아동기 동안 형제자매간의 갈등과 경쟁은 더욱 증가한다. 그 이유는 아동이 다양한 활동에 참여하게 됨에 따라 부모는 형제자매의 특성과 성취를 비교하기 때문이다. 부모로부터 애정이나 관심 혹은 물질적 지원을 적게 받는다고 생각하는 아동들은 더 바람직한 대우를 받는 형제자매를 미워하고 원망한다(Dunn, 2004).

형제자매들은 연령차이가 적고 동성일 때 자주 비교되기 때문에, 더 많은 말다툼과 갈등이 일어난다. 특히 부모가 냉담하고 거친 훈육을 사용할 때 형제자매들의 갈등은 더 커진다. 23,000명의 캐나다 아동을 대상으로 연구한 젠킨즈와 그 동료들(Jenkins, Rasbash, & O'Connor, 2003)은 부모가 경제적 어려움이나 부부간의 갈등을 겪을 때, 여러 명의 자녀를 돌보는 부담감을 경험할 때, 그리고 독신부모일 때 형제자매를 차별한다고 보고하였다.

그럼에도 불구하고 아동기의 형제자매들은 여전히 정서적으로 의존하고 매일의 과제를 해결하기 위하여 서로 돕는다. 특히 손위의 형제자매들은 동생의 학습을 위한 효과적인 발판을 제공하며 때로 부모역할을 대신한다. 그들은 동생에게 설명하고 격려하며 과제수행을 위해 동생의 행동을 통제하기도 한다. 형제자매 관계가 긍정적일 때 손위 형제자매들의 학업능력과 사회적 능력은 동생에게 전이되어 동생도 높은 성취와 긍정적 또래 관계를 경험할 수 있다(Lamarche 등, 2006). 여기에 그치지 않고 형제자매와의 상호작용에서 획득한 기술들은 아동의 조망수용능력을 발달시키고 도덕적 성숙을 이루게 하며 타인과의 관계형성에 기여한다(Stormshak 등, 1996).

던(Dunn, 2007)은 형제자매관계의 특성을 다음과 같이 정리하였다.

① 형제자매들은 서로에게 강한 긍정적 정서와 부정적 정서를 자주 표현하므로 많은 아동들은 형제자매에 대해 혼합적, 양가적 감정을 갖는다.

② 형제자매들은 서로를 잘 알고 있으므로 지원을 제공하기도 하지만, 괴롭힐 수도 있고 상황에 따라 서로를 해치기도 한다.

③ 형제자매들 중에는 일관성 있게 온정적이고 애정적인 형제자매들도 있고 항상 갈등적이고 경쟁적인 형제자매들도 있다.

3) 형제자매관계와 출생순위, 기질 및 애착의 관계

손위 혹은 손아래 형제자매가 있는지 없는지에 따라 아동의 성격특성이 달라질 수 있다. 형제자매관계에 관한 연구들을 개관한 폴러스(Paulhus, 2008)는 첫아이는 가장 총명하고 성취지향적이며 성실한 반면, 동생은 반항적이고 진보적이면서 동조적이라고 주장하였다. 동생들과 비교하여 첫아이는 보다 더 성인지향적이고 타인을 도우며, 유순하고 자기통제적인 경향이 있지만, 선행연구들은 이러한 출생순위의 차이는 그렇게 크지 않다고 보고한다(장휘숙, 2009: Stocker &

Lanthier, 1997).

　　실제로 아동이 갖는 기질적 특성은 출생순위보다 형제자매관계에 더 큰 영향을 준다. 사람은 자신이 가지고 있는 기질적 특성을 바탕으로 타인과 상호작용하기 때문에, 개인의 기질적 특성은 형제자매관계나 친구관계에 영향을 준다. 그 예로서 형제자매들이 높은 정서성이나 활동성을 지닐 때 형제자매간의 갈등이 증가하는 반면, 사교성이 높을 때는 더 온정적인 형제자매관계를 형성한다(박혜원, 김은지, 1997; 장휘숙, 2008).

　　부모에 대한 애착 또한 형제자매관계와 관련되어 있다(장휘숙, 2008; Volling, 2001). 아동이 부모에게 높은 애착을 형성할 때 더 온정적인 형제자매관계를 경험하는 반면, 부모에 대한 낮은 애착은 더 갈등적 형제자매관계를 경험하게 한다. 특히 어머니에 대한 높은 애착은 긍정적 형제자매관계를 촉진시켰다. 또한 부부의 행복한 결혼생활은 초등학교 입학 이전의 아동들이 형제자매간의 갈등이나 경쟁에 대처하는 좋은 능력을 가질 수 있도록 하였다(Howe, Aquan-Asse, & Bukowski, 2001).

Ⅱ. 가족문제

　　오늘날의 아동들이 자주 경험하는 가족문제로서 이혼과 재혼의 영향 및 아동학대 문제를 설명한다.

1. 이혼의 영향

　　최근에 부부의 별거나 이혼이 극적으로 증가하고 있다. 이혼은 어머니의 스트레스와 우울 및 불안을 증가시키고 혼란된 가족환경을 초래하며, 특히 어린 자녀를 가진 어머니들의 안녕을 심각하게 훼손시킨다(Williams & Dunne-Bryant, 2006). 물론 성숙하고 잘 적응하는 부모는 효과적으로 스트레스를 처리하고 갈등으로부터 아동을 보호하며 권위적 부모역할을 수행할 수 있다.

부모의 이혼으로 가정생활이 안정되지 못할 때, 아동은 분노와 괴로움을 표출하고 부모(보통 어머니)는 점점 거칠고 일관성 없는 훈육을 실시한다. 이와는 달리 아동양육의 책임을 맡지 않은 부모(보통 아버지)들은 이혼 직후에는 아동과 많은 시간을 함께 보내지만, 시간이 경과할수록 아버지와 아동의 접촉은 점차 감소한다. 이혼한 아버지는 단지 이따금씩 아동을 만나기 때문에 아동에게 지나치게 허용적이고 관대하다. 아버지의 허용적 행동은 자주 어머니의 부모역할 양식과 갈등을 일으키고 매일매일 아동을 보살펴야 하는 어머니를 더 힘들게 한다.

이혼하지 않은 가정의 아동들 중 약 10%가 행동문제를 보이는 것과는 대조적으로 이혼가정 아동들의 20-25%가 심각한 행동문제를 나타낸다(Gerard, Krishnakumar, & Buehler, 2006). 그러나 부모의 이혼 후 아동이 경험하는 고통의 강도와 표현방식은 아동의 연령과 기질 그리고 성별에 따라 차이를 나타낸다.

1) 연　령

어린 아동들은 인지적으로 미성숙하기 때문에 부모가 이혼한 이유를 이해하지 못한다. 그들은 자신들이 잘못 행동했기 때문에 부모가 이혼하고 자신들을 버렸다고 생각하므로 스스로를 비난한다(Lansford 등, 2006). 그들은 더 나이 많은 아동들보다 더 많이 불안해하고 화를 내고, 두려워하며 때로 반항적 행동을 한다.

초등학교 고학년이나 청소년들은 부모의 이혼으로 가족갈등이 높고 부모의 감독이 부족할 때 강한 우울반응을 나타내며, 가출이나 무단결석 혹은 이른 성 행동과 같은 바람직하지 못한 행동으로 도피한다(D'Onofrio 등, 2006). 부모의 이혼으로 보살핌이나 지원이 부족할 때, 학업성적도 심각하게 하락한다. 그러나 일부의 나이 많은 아동이나 장남 혹은 장녀들은 부모의 이혼 후에 더 성숙한 행동을 하고 기꺼이 가사일을 맡으며 동생들을 돌보는 것은 물론 우울하고 불안한 어머니(혹은 아버지)를 정서적으로 지원하고 위로한다.

2) 아동의 기질과 성

이혼과 같은 스트레스를 불러일으키는 사건들은 기질적으로 까다로운 아동들이 지니고 있는 문제를 확대시킨다(Lengua 등, 2000). 까다로운 기질의 아동들은 학교 성적이 하락하고 우울해지며 청년기에 반사회적 행동문제를 나타낸다. 여기에 그치지 않고 부모의 이혼은 결국 낮은 학력과 문제 있는 이성관계 및 불행한 결혼생활을 하게 하므로 이혼한 가정의 자녀들은 10대에 미혼모가 되고 성인기에 이혼하는 사람들이 있는가 하면 부모로서 불만족스러운 부모-자녀관계를 경험하기도 한다(Amato, 2006).

일반적으로 여아들은 부모의 이혼시에 울음이나 자기비판 혹은 철회와 같은 내재화 문제로 반응하는 반면, 남아들은 높은 수준의 충동성과 공격성 및 반항행동으로 외재화 문제를 일으킨다. 또한 어머니가 양육권을 갖는 가정의 남아들은 여아들보다 더 심각한 학업적, 정서적, 행동적 문제를 일으킨다(Amato, 2001).

이혼 후의 긍정적 적응에 영향을 미치는 가장 중요한 요인은 효과적인 부모역할이다. 아동양육의 책임을 맡은 부모가 스트레스에 잘 대처하고 가족갈등으로부터 아동을 보호하며 권위적 부모역할을 수행할 때, 아동은 바람직하게 성장할 수 있다.

비록 이혼이 아동에게 고통을 주기는 하지만, 갈등이 많은 손상된 가족 내에서 생활하는 것보다는 갈등이 적은 편부모 가족과 생활하는 것이 더 낫다는 연구결과는 많이 있다(Strohschein, 2005). 물론 이혼한 부부들이 아동양육을 위해 서로 돕는다면, 아동은 안정되고 행복하게 성장할 수 있을 것이다. 또한 확대가족 구성원들과의 관계나 긍정적인 형제자매관계 혹은 친구들 사이의 따뜻한 우정도 이혼의 장기적인 부정적 영향을 감소시키는 역할을 한다.

2. 재혼의 영향

이혼의 증가와 함께 재혼하는 부부도 증가하고 있다. 그러나 이혼 후 재혼

할 때까지 시간이 걸리기 때문에 복합가족이라고 불리는 재혼가정에는 영아나 유아들보다 초등학교 아동들이 더 많다. 실제로 이혼은 초혼가정에서보다 재혼가정에서 더 많이 일어나기 때문에 재혼가정의 어려움을 쉽게 짐작할 수 있다.

재혼한 부부들이 직면하는 어려운 문제들 중의 하나는 생물학적 부모-자녀 관계를 어떻게 재설정하고 계부모-계자녀간의 관계를 어떻게 확립하는가이다 (Goldscheider & Sassler, 2006). 물론 이러한 어려움은 자녀의 성별과 연령 및 부부 중 어느 편이 계부모인지에 따라 달라진다. 분명한 것은 복합가족 아동들의 약 75%는 부모의 재혼 후 잘 적응한다는 것이다(Hetherington, 2006).

1) 어머니-계부 가족

최근 이혼 후 아동양육권을 갖는 여성들이 많기 때문에 어머니-계부 가정이 증가하고 있다. 이 유형의 복합가정 소년들은 계부를 환영한다. 일반적으로 계부는 온정적이면서도 아버지로서의 권위를 행사하지 않으며 어머니-아들간의 강압적 상호방식을 제지하는 역할을 한다. 모자간의 갈등도, 재혼 후 경제적 어려움이 해소되고 외로움이 완화될 수 있기 때문에 그리고 가사일을 또 다른 성인이 공유하기 때문에, 점차 감소한다.

보통 자녀가 있는 여성과 결혼하는 남성들은 자녀양육에 관심도 많고 아동 양육 기술도 지니고 있으므로 자녀양육에 더 많이 참여한다(Hofferth & Anderson, 2003). 그러나 소녀들은 자녀양육권을 갖는 어머니와 자주 충돌한다. 어머니와 재혼한 계부는 어머니와 딸 사이에 확립된 가까운 유대를 방해하는 일이 많으므로 딸은 자주 반항적 행동을 한다.

2) 아버지-계모 가족

자녀양육권을 갖지 않은 채로 이혼한 아버지들은 그들의 생물학적 자녀들과 점점 더 적은 접촉을 가지게 되므로 이혼 전의 가족과는 점차 소원해진다 (Dunn, 2002). 그러나 아버지가 자녀양육권을 가질 때, 자녀들은 아버지의 재혼을 반대한다. 그 이유는 아버지와 가까운 관계를 유지했던 아동들은 재혼이 아버지와의 유대를 붕괴시킬 것으로 생각하기 때문이다. 특히 기질적으로 까다로운 아동들은 행동문제를 일으키기 쉬우므로 재혼부부를 어렵게 한다.

소녀들은 소년들보다 계모와 잘 지내기 위해 더 오랜 시간을 필요로 한다. 그 이유는 재혼이 아버지와 딸의 유대를 위협하고, 두 사람의 어머니 사이에서 어떻게 행동해야 할지 모호하기 때문이다. 그러나 오랜 시간이 경과하면 대부분의 소녀들은 계모와 잘 지낼 수 있다.

3. 아동학대

아동학대(child abuse)란 부모나 양육자가 권위나 태만으로 18세 이하의 자녀에게 우연적이 아닌 신체적 상해를 입히는 것을 의미한다. 따라서 신체적인 구타뿐 아니라 무관심이나 방임 혹은 유기에 의해서도 아동학대가 일어난다. 어떤 아동은 부모로부터 매를 맞고 고문을 당하며 적절한 의료적 처치를 받지 못하여 질병에 시달리는가 하면 영양부족으로 성장지체를 경험하기도 한다.

아동학대는 다음과 같은 네 가지 유형을 포함한다.

① 신체적 학대(physical abuse): 신체적으로 고통을 가하고 상처를 입힌다.

② 정서적 학대(emotional abuse): 사회적 고립상태에 처하게 하고 반복적인 불합리한 요구와 조롱, 멸시, 모욕 및 위협을 포함하는 심각한 정신적 혹은 행동적 장애를 유발할 수 있는 행동(감금, 억제)을 하며, 애정과 정서적 지원을 받으려는 아동의 요구를 무시한다.

③ 성적 학대(sexual abuse): 성인이 자신의 성적 욕구충족을 위해 미성숙한 아동을 대상으로 하는 모든 성적 행위로서 애무, 성교, 성적 노출, 매춘이나 외설물의 제작을 통한 상업적 착취 및 다른 형태의 성적 착취를 모두 포함한다.

④ 방임(neglect): 보호자가 반복적으로 아동양육과 보호를 소홀히 하여, 충분한 음식물과 의복, 의료적 처치나 감독을 포함하여 아동의 기본적 욕구를 충족시키지 않는 행위로서 유기도 방임에 포함된다.

미국에서 공식적으로 집계된 아동학대 사례수는 매년 약 90만 건에 이른다(아동 1,000명 중 12명)(U.S. Department of Health and Human Services, 2008). 우리나라 보건복지부의 보도자료인 2008년 전국 아동학대 현황보고서(김춘경, 이주옥, 송영주, 2009; 보건복지부, 2008)에 의하면, 전국의 44개 아동보호전문기관에 접수된 아동학대 상담신고는 2001년 4,133건에서 2008년 9,570건으로 약 2.3배 증가하였고 학대피해아동 보호건수는 2001년 2,105건에서 2008년 5,578건으로 약 2.6배 증가하였다.

이 자료에 의하면, 국내 아동학대 행위의 80% 이상이 가정에서 부모에 의해 이루어진다. 학대유형 중에는 방임이 40% 이상으로 가장 많고 그 다음이 두 가지 이상의 학대가 함께 발생하는 중복학대 34.0%, 정서적 학대 12.2%였으며, 신체적 학대의 비율은 2001년에 22.6%에서 2008년 7.6%로 매년 감소추세를 보인다. 대부분의 전문가들은 보고된 사례들은 단지 빙산의 일각에 지나지 않을 뿐이며, 실제적인 아동학대는 보고된 수치의 2, 3배에 이를 것이라고 믿는다.

1) 아동학대의 특징

아동학대는 표 12-1에 제시된 바와 같이 부모와 아동의 특성, 가족특성, 지역사회 그리고 문화 등 여러 가지 요인들의 영향을 받는다.

표 12-1에 제시된 특성 외에도 얼굴이 예쁘고 귀염성이 있으며 매력적인 아동은 아동학대의 대상이 되지 않는다. 동일한 비행을 저질렀을 때에도 매력적인 아동보다는 매력 없는 아동들이, 실제보다 더 조숙하게 보이는 아동들이 그리고 조산아들이 정상아보다 더 심한 처벌을 받는다. 그러나 아동이 지니고 있는 학대의 요인들은 학대의 위험을 단지 약간 증가시킬 뿐이며(Sidebotham 등, 2003) 대부분 부모의 특성에 의해 아동학대가 일어난다.

학대하는 부모들은 자녀를 특별하고 비현실적으로 보는 경향이 있다. 그들은 아동의 욕구를 무시하면서 오히려 자녀가 부모를 이해해 줄 것으로 기대한다. 부모가 바쁠 때는 아동은 울지 않고 가만히 있으며 밤새도록 잠을 자고 대소변 실수를 하지 않을 것으로 생각한다. 그들은 아동의 조그만 위반 행동을 아동

표 12-1 | 아동학대에 영향을 미치는 요인

요 인	특 성
부모의 특성	심리적 혼란; 알코올과 약물남용; 아동기에 학대받은 역사; 거친 신체적 훈육경험; 충족되지 못한 정서적 욕구를 아동을 통하여 대리적으로 만족시키려는 소망; 아동의 행동에 대한 비합리적 기대; 젊은 부모(대부분 30세 이하); 낮은 교육수준
아동의 특성	미성숙한, 건강하지 못한, 질병 있는 아기; 까다로운 기질; 부주의함과 과활동성; 그 외의 다른 발달문제
가족 특성	적은 수입; 가난, 무주택, 결혼생활의 불안정; 사회적 고립; 어머니가 남편이나 남자 친구로부터 학대를 당함; 잦은 이사; 연령차가 적은 아동으로 구성되는 많은 수의 가족; 혼란스럽고 무질서한 가정; 실직 가정; 높은 생활스트레스 지표들
지역사회	폭력과 사회적 고립; 놀이시설의 부족; 탁아소나 유아 프로그램, 오락시설 및 종교기관의 부족
문 화	문제해결 방법으로 신체적 힘과 폭력 사용을 허용하는 문화

출처: Wekerle & Wolfe, 2003; Whipple, 2006.

의 고집이나 나쁜 성향 때문이라고 생각하고 실제보다 더 나쁘게 지각한다. 부모역할 능력이 부족한 학대하는 부모들은 신체적 힘이나 폭력으로 아동을 제압하려고 한다(Bugental & Happaney, 2004).

한번 학대가 일어나면 그것은 부모-아동관계의 일부가 되고 아동의 조그만 위반행동도 큰 문제가 되어 가혹한 처벌이 뒤따른다. 유아기에 이미 부모는 아동과 상호작용하는 일이 거의 없으며, 드물게 상호작용을 할 때조차도 아동에게 애정이나 기쁨을 표현하는 일이 없고 의사소통은 항상 부정적이다(Wolfe, 2005).

2) 아동학대의 결과

아동학대는 아동의 정서적 자기조절능력, 감정이입과 동정심, 자기개념, 사회적 기술의 발달 및 성취동기의 발달을 저해한다. 따라서 학대받은 아동들은 지나치게 수줍어하고 두려워하고 근심걱정이 많으며 때로는 지나치게 공격적이고 화를 잘 낸다. 시간이 경과할수록 그들은 학업실패와 심각한 우울증, 공격행동, 또래관계의 어려움, 물질남용 및 비행을 포함하는 심각한 적응 어려움을 보인다(Cicchetti & Toth, 2006). 학대받은 아동들이 지니고 있는 정서문제나 행동문제는 성인기까지 계속된다(Kaplow & Widom, 2007).

특히 아동을 조롱하고, 창피주고, 무시하고 그리고 위협하는 부모의 행동은 아동이 낮은 자기존중감을 갖게 하고 높은 불안과 자기비난을 경험하게 한다. 이 아동들이 청년기에 이르면 극단적인 불안과 고통을 회피하기 위한 수단으로 자살을 기도하기도 한다(Wolfe, 2005). 또한 학대받은 아동들은 교사에게 불복종적이고 공격적이며, 그들의 낮은 성취동기와 인지적 미성숙은 학업수행을 방해함으로써 인생에서의 성공기회를 스스로 차단한다(Wekerle & Wolfe, 2003).

Ⅲ. 또래관계

전 세계의 모든 아동은 연령증가와 함께 또래와 점점 더 많은 시간을 보낸다. 또래란 동일한 연령이나 유사한 성숙수준을 나타내는 아동들로 구성되기 때문에 연령차이가 있는 형제자매들과는 차이가 있다. 아동은 또래들을 통해 가족 바깥의 세계에 대한 정보를 얻고 그들로부터 능력에 대한 피드백을 받는가 하면 서로 비교대상이 되기도 한다.

1. 또래관계의 발달

또래관계는 아동의 인지적, 언어적 그리고 정서적 발달의 지원을 받을 뿐 아니라 그것들의 발달에 기여한다. 일찍부터 시작되는 또래관계는 연령증가와 함께 더 복잡해지고 더 조화된 사회적 교환을 포함하므로 연령에 따른 차이를 보인다.

1) 유아기의 또래관계

또래지향성은 일찍부터 나타난다. 생후 3-4개월경에 이미 영아는 또래와 마주보고 신체 접촉을 시도하며, 생후 6개월경에는 또래에게 미소짓고 옹알이한다. 첫돌 무렵에 이르면 웃음과 몸짓을 서로 교환하고 때로 또래의 행동을 모방하기도 한다. 1-2세 사이에 조화된 상호작용이 가능해지므로 함께 장난감을 두드리거나 뛰기 혹은 뒤쫓기와 같은 상호적 모방행동을 할 수 있고 또래를 놀이친구로 인식하기 시작한다(Brownell & Kopp, 2007).

2세경에 이르면 유아는 언어를 사용하여 또래의 행동에 영향을 주기 시작하며 공통의 놀이목표를 갖는다. 이제 부모나 주위 성인들보다는 또래들과 더 많은 접촉을 하기 시작한다. 가상놀이를 할 때, 한 아기가 인형을 들고 있으면 다른 아기는 인형에게 음식물을 먹이는 척하는 보충적 역할도 할 수 있다. 또래들 간의 상호적 놀이와 긍정적 정서의 교환이 점차 빈번해짐으로써 진정한 또래관계가 형성되기 시작했음을 보여준다.

2세와 5세 사이에, 또래 상호작용의 양과 질은 크게 변화한다. 이 시기의 또래관계에 관심을 갖는 많은 연구들은 유아의 놀이유형을 연구한다. 일찍이 파르텐(Parten, 1932)은 2-5세 유아들의 놀이를 관찰하고 연령에 따라 단계적으로 변화하는 다음과 같은 네 가지 유형의 놀이를 확인하였다.

① 혼자놀이(solitary play): 가까이 있는 또래들이 가지고 노는 장난감과는 다른 장난감을 가지고 혼자 논다. 또래들과 가까워지기 위한 어떠한 노력도 하지 않는다.

② 병렬놀이(parallel play): 옆에 있는 또래들이 가지고 노는 장난감과 동일한 장난감을 가지고 독립적으로 논다. 유아들 사이에 행동의 연결은 없다.

③ 연합놀이(associative play): 장난감을 서로 나누어 가지며 대화하면서 논다. 사회적 상호작용이 이루어지지만, 또래의 기분이나 욕구를 고려함이 없이 유아 자신의 뜻대로 논다. 또래들 사이에 공유된 목표도 없다.

④ 협동놀이(cooperative play): 단일적 놀이과제를 가지고 함께 논다. 서로

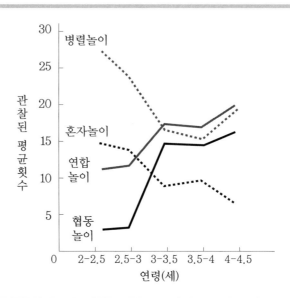

그림 12-2 | 연령에 따른 놀이유형의 변화

출처: Parten, 1932.

협동하고 역할을 분담하며 목표를 공유하므로 진정한 사회적 상호작용이 이루어진다.

그림 12-2에 제시된 바와 같이, 연령이 증가할수록 혼자놀이와 병렬놀이가 감소하고 연합놀이와 협동놀이가 증가한다. 파르텐의 주장대로 네 가지 놀이유형들이 차례로 나타나기는 하지만, 하나의 놀이가 다른 놀이에 의해 대치되는 방식으로 진행되는 것은 아니며 유아기에 이르면 모든 놀이유형이 공존한다. 비록 혼자놀이가 연령과 함께 감소하기는 하지만, 3-4세 유아 놀이의 41%가 아직도 혼자놀이로 구성되고 유치원 연령에서조차도 혼자놀이는 전체 놀이의 약 1/3을 차지한다(Howes & Matheson, 1992). 3세부터 6세까지 혼자놀이와 병렬놀이도 상당히 안정되게 유지된다. 5-6세 유아의 혼자놀이는 목적 없이 혼자 서성거리거나 친구 가까이에서 맴돌며 미성숙한 반복적 움직임을 포함하는 기능적 놀이가 아니며, 블록으로 집을 짓고 조각그림을 맞추거나 예술적 구성물을

표 12-2 | 인지적 수준에 따라 분류된 놀이유형

놀이범주	특 징	예
기능적 놀이	대상물을 가지고 혹은 대상물 없이 단순하고 반복적인 움직임을 나타낸다. 생애 첫 2년 동안 자주 일어난다.	방에서 뛰어다니거나 장난감 자동차를 가지고 앞뒤로 왔다갔다 하며, 어떤 것을 만들 의도 없이 진흙을 주무른다.
구성놀이	어떤 것을 창조하거나 구성한다. 3세와 6세 사이에 특히 자주 나타난다.	장난감 블록으로 집을 짓고 그림을 그리며 조각그림을 맞춘다.
가상놀이	매일의 역할행동과 상상의 역할을 연기한다. 2세와 6세 사이에 자주 나타난다.	집, 학교, 경찰관 놀이를 한다. 동화책이나 TV의 주인공을 연기한다.
규칙을 포함하는 게임	놀이활동에서의 규칙을 이해하고 규칙에 따라 놀이한다.	카드놀이, 사방치기, 야구놀이를 한다.

출처: Rubin, Fein & Vandenberg, 1983.

만드는 데 몰두하므로 긍정적으로 평가된다.

　놀이는 표 12-2와 같이 인지적 복잡성에 따라 구분되기도 한다. 기능적 놀이는 영아나 유아들 사이에서 주로 발견되는 반면, 규칙을 포함하는 게임은 유아기보다는 아동기에 더 빈번하게 나타난다.

2) 아동기의 또래관계

　공식적인 학교 교육이 시작될 때 아동은 성격이나 흥미 혹은 능력에서 서로 다른 또래들을 만난다. 다양한 또래들과의 접촉은 타인이 나와 다른 견해를 갖는다는 것을 인식할 수 있도록 하며, 특히 또래들 사이의 의사소통은 아동의 조망수용능력을 개선시키는 역할을 한다. 이 연령의 아동들은 타인의 의도와 정서를 더 정확하게 해석하고 그것을 또래들과의 대화 속에 반영한다. 놀이친구들 사이의 상보적 역할을 이해하는 아동의 능력은 규칙을 포함하는 놀이나 게임을 가능하게 한다.

아동기 동안 신체적 공격은 감소하고 도움주기나 나누기 같은 친사회적 행동이 증가한다. 또래를 돕는 방법에서도 유아들과는 차이가 있다. 유아들은 친구가 원하든 원하지 않든 무조건 도움을 주는 경향이 있으나, 초등학교 아동들은 친사회적으로 행동하기 전에 또래가 그것을 원하고 받아들일 수 있도록 기다린다.

이 시기에 또 다른 형태의 또래상호작용이 나타난다. 소위 난폭한 놀이(rough-and-tumble)로서 공격적인 싸움과는 질적으로 다르다. 이 놀이는 서로 미소짓고 웃으면서 또래들과 레슬링하고, 구르고, 발로 차고, 서로 쫓는 행동을 포함한다. 소년들이 소녀들보다 난폭한 놀이를 훨씬 더 많이 하기는 하지만, 소녀들도 달리고 뒤쫓고 잠시 신체접촉을 하는 거친 놀이를 한다(Boulton, 1996). 이러한 놀이는 서로 좋아하는 가까운 아동들 사이에서 주로 일어나며, 놀이 후에 또래들 사이의 상호작용은 크게 증가한다.

3) 또래관계에 영향을 주는 요인

또래관계에 영향을 주는 요인으로 부모의 격려와 놀이매체, 아동의 연령 및 성별이 있다. 우선 부모는 아동의 또래관계에 여러 가지 방식으로 영향을 준다. 그 중에서도 거주지역이 중요한 역할을 한다. 주위에 비슷한 연령의 아동들이 많이 살고 있는 지역이라면, 아동은 또래들과 쉽게 어울릴 수 있다. 반대로 주위에 비슷한 연령의 아동이 없다면 부모는 또래가 많은 곳으로 아동을 데리고 가거나 다른 아동을 집으로 초대하여 함께 놀이할 수 있도록 환경을 만들어야 한다.

또한 부모는 친구와 어떻게 접촉하고 어떻게 행동하는지를 가르치며 문제가 발생할 때 어떻게 해결할 것인지를 지도함으로써 유아의 사회적 능력을 증진시키고 또래수용을 촉진시킨다. 부모가 또래접촉을 유도하는 가정의 유아들은 더 큰 또래망과 사회적으로 더 발달된 기술을 지니고 있었다(Ladd, LeSieur, & Profilet, 1993).

부모에 대한 안정된 애착은 아동기는 물론 청년기 동안에도 반응이고 조화로운 또래 상호작용을 가능하게 하고 온정적이고 지원적 우정을 형성하게 하며 더 큰 또래망을 경험하게 한다(장휘숙, 2008; Laible, 2007; Lucas-Thompson & Clarke-Stewart, 2007). 동시에 부모가 사용하는 언어나 아동과 놀이하는 방식도 아동의 또래관계에 영향을 준다. 부모가 아동에게 지시할 때도 정중하고 긍정적인 언어를 사용하고 부모와 아동이 놀이할 때 서로 협동하며 빈번하게 긍정적 정서를 교환하면, 아동은 바람직한 사회적 기술을 획득하고 긍정적 또래관계를 형성할 수 있다(Mize & Pettit, 1997).

놀이매체도 아동의 또래관계에 영향을 준다. 우선 가지고 놀 수 있는 장난감의 수가 적고 놀이공간이 좁을 때 싸움과 말다툼이 증가한다. 또한 블록이나 조각그림과 같은 구성놀이 장난감들은 혼자놀이와 병렬놀이를 유도하고, 인형이나 소꿉놀이 혹은 트럭과 같은 실제적 장난감은 매일매일 만나는 인물들을 흉내내는 가상놀이를 자극한다(Berk, 2008).

일반적으로 유아원이나 학교에서는 비슷한 연령의 또래들끼리 상호작용하는 반면, 동네에서는 약 1년 정도의 연령차이를 보이는 또래들이 서로 어울린다. 또한 아동의 성별에 따라 집단 구성은 물론 집단의 크기와 상호작용방식이 달라진다(McDougall & Hymel, 2007). 그 예로서 소년들은 소녀들보다 더 큰 크기의 또래집단을 형성하는 반면, 소녀들은 2-3명으로 구성된 작은 크기의 또래집단을 형성한다. 일반적으로 소년들의 집단은 더 많은 경쟁이나 갈등, 모험 혹은 우월성을 추구하는 반면, 소녀들의 집단은 협조적 대화를 나누는 경향을 보인다.

2. 우정의 발달

우정(friendship)이란 친구들 사이의 애정적 유대로서 아동은 친구들과 서로의 생각과 감정을 공유하며 필요할 때 서로 위로하고 돌보는 상호적인 우정관계를 형성한다. 우정관계는 때때로 갈등을 일으키지만, 오랫동안 지속되는 특성이 있다. 초등학교 입학 이전에 아동들은 초보적인 형태의 우정을 경험한다. 일반적으로 초기의 우정은 즐거운 활동에 기초한 구체적 관계로 지각되지만, 점차 상호적 배려와 심리적 만족에 기초한 추상적 관계로 발전한다. 우정에 대한 추론은 개인의 사회인지능력의 발달과 높은 상관이 있기 때문에, 연령에 따른 차이를 나타낸다.

1) 우정발달의 3수준

일찍이 다몬(Damon, 1988)은 다음과 같은 우정발달의 3수준을 제시하였다.

(1) 수준 1: 가까운 놀이친구로서의 우정(4-7세)

초등학교 입학 이전의 유아들은 친구를 "나를 좋아하는 사람," "함께 오랜 시간 놀이할 수 있는 사람" 그리고 "장난감을 나누어 가질 수 있는 사람"으로 인식할 뿐 친구의 성격특성을 평가하거나 문제삼지 않는다. 이 수준의 우정은 놀이나 물건의 교환과 같이 구체적 행동으로 인식되기 때문에, 처음 만나 쉽게 친구가 되고 쉽게 친구관계를 끝낸다. 친구 중 한 사람이 장난감을 나누어 갖지 않거나 놀이할 때 도움이 되지 않으면 두 사람의 친구관계는 끝난다.

(2) 수준 2: 상호적 신뢰와 도움으로서의 우정

우정에 대한 아동의 개념은 보다 더 복잡해지고 심리적인 의미를 지니게 된다. 우정관계는 더 이상 함께 활동하는 문제가 아니며 각자의 개인적 특성을 좋아하고 서로의 욕구에 반응하는, 상호적으로 동의된 관계로 지각된다. 따라서 두 사람 사이에 우정이 형성될 수 있기 위해서는 이전 단계에서보다 더 많은 시간과 노력을 필요로 한다.

우정지속의 중요한 요인은 두 사람 사이의 신뢰이다. 초등학교 아동들은 상대편이 필요로 할 때 도움을 제공하지 않거나 약속을 어기는 행위 혹은 뒤에서 욕하는 행위와 같이 신뢰를 파괴하는 행위가 우정의 지속을 방해한다고 생각한다. 따라서 친구 사이에 갈등이 발생하면 유아기만큼 쉽게 수습되지 않으며 진지한 사과나 설명이 있어야만 문제가 해결될 수 있다.

(3) 수준 3: 친밀성과 상호적 이해 및 충성심으로서의 우정(11-15세 및 그 이상)

우정은 점점 더 깊어지고 상호간의 공유된 관계를 형성하려는 노력이 나타난다. 10대 청소년들이 우정형성에서 가장 중요시하는 요인은 심리적 가까움과 상호적 이해를 가능하게 하는 친밀성 그리고 어떤 이유로도 친구를 배신하지 않는 충성심이다. 그들은 우정을 나누는 가까운 친구로부터 심리적 괴로움을 위로받고 비밀과 감정을 공유하며 개인적인 문제를 해결하기 위해 서로서로 돕는다. 그러나 그들의 우정관계는 매우 배타적이며 가까운 친구 사이는 소유관계로 인식된다. 따라서 다른 사람들이 알지 못하는 둘만의 비밀을 갖기 원한다.

연령증가와 함께 청소년들은 수준 3의 우정에서 벗어나서 보다 상호적이고 개인의 자율성을 인정하는 우정관계를 형성할 수 있다. 이제 친구들은 서로에게

초등학교 아동들은 신뢰를 깨뜨리는 친구와 우정을 나누려고 하지 않는다.

강한 정서적 지원을 제공하면서도 독립적인 관계를 형성하기 위하여 서로의 욕구를 존중하게 됨으로써 우정발달의 최상의 단계에 도달한다.

2) 우정발달의 특성

어린 연령에서의 우정은 어느 동네에 사는가, 어느 유아원에 다니는가, 혹은 부모가 이사를 했는가에 따라 우정의 지속 여부가 결정된다. 그러나 더 나이 많은 아동의 우정은 정서적 가까움이나 신뢰와 같은 심리적 이유에 기초하기 때문에 연령과 함께 우정의 안정성도 증가한다.

유아들이 항상 친구가 많다고 이야기하는 것과는 대조적으로, 초등학교 아동들은 우정을 형성할 때 매우 선택적이다. 8, 9세 아동들은 단지 소수의 아동들만을 친구라고 부르며 자주 단 한 명의 친한 친구만을 갖기도 한다. 소년들보다 친구간에 더 가까운 관계를 요구하는 소녀들의 우정은 훨씬 더 배타적이다(Markovits, Benson, & Dolenky, 2001).

우정이 지속될수록 태도나 가치관은 점점 더 유사해진다. 친구들은 인종과 성별 그리고 사회경제적 수준에서 유사할 뿐 아니라 성격, 인기, 학업성취 및 친사회적 행동에서도 서로 닮아간다(Hartup, 2006). 청년기에 이르면 정체감 상태, 교육적 포부, 정치적 신념 및 반사회적 행동에 대한 태도도 유사한 경향이 있다. 따라서 공격적 아동들의 우정관계는 오히려 반사회적 행동을 확대시키는 역할을 한다.

우정을 나누는 친구들은 갈등도 경험한다. 아동들은 동등성에 기초한 우정을 중요시하기 때문에, 친한 친구와도 경쟁을 하고 경쟁에서 지는 것에 큰 관심을 갖는다. 그러나 친구들 사이의 불일치나 갈등은 두 사람이 진정으로 좋아하고 있기만 한다면 쉽게 해결될 수 있는 문제로 인식된다. 우정형성을 통하여 아동은 갈등이나 분쟁을 해결하는 방법을 학습하기도 한다.

따뜻하고 만족스러운 우정은 개인의 심리적 건강은 물론 다양한 능력의 발달에 기여하며 다음과 같은 이점을 가지고 있다.

① 가까운 우정은 자기를 탐색하고 타인에 대한 깊은 이해를 발달시킬 기회를 제공한다. 친구들과의 솔직하고 진실한 의사소통을 통하여 서로의 장점과 단점 그리고 욕구와 소망을 이해하게 됨으로써 아동은 자신은 물론 친구에 대해더 잘 알게 된다. 이 과정에서 아동의 자기개념, 조망수용능력, 그리고 가족 이외의 사람들과의 친밀한 유대가 발달될 수 있다. 또한 친한 친구와의 이원적 관계형성 경험은 이후의 애정적 관계형성을 위한 준비의 기능도 한다.

② 가까운 우정은 매일의 스트레스 해결에 도움이 된다. 우정은 타인에 대한 민감성과 관심을 증진시키기 때문에, 감정이입, 동정심 및 친사회적 행동을 증가시킨다. 친한 친구가 있는 아동과 청소년들은 친구들과의 다툼이나 갈등이 적고 만족스러운 생활을 하므로 더 높은 자기존중감과 안녕감을 경험한다.

③ 가까운 우정은 학교에 대한 태도를 개선시킨다. 만족스러운 우정을 경험하는 아동은 학교생활에 잘 적응한다(Wentzel, Barry, & Caldwell, 2004). 우정과 학업수행간의 관계는 친구가 학업을 중요시하는 정도에 따라 달라진다. 학교에서 친구들과 성공적으로 상호작용할 때 아동이나 청소년들은 학교를 더 긍정적으로 지각한다.

아동기부터 우정형성에서 성차가 나타난다. 소녀들은 소년들보다 정서적으로 더 가까운 관계를 형성한다(Markowits, Benenson, & Dolensky, 2001). 그들은 오로지 대화를 나누기 위하여 함께 있기를 원하고 깊은 생각이나 감정을 공유함으로써 공통의 관심사에 집중한다. 소년들보다 더 많은 자기노출을 하는 소녀들은 상호적으로 지원적인 의사소통을 한다. 그러나 친구들 사이에 갈등이 일어나면, 소녀들은 소년들보다 관계적 공격으로 친구를 괴롭힐 가능성이 더 많다. 가깝고 친밀한 관계를 원하는 소녀들의 소망은 청년초기에 이르러도 이성과의 우정보다는 동성과의 우정을 더 선호하게 한다.

소년들은 운동이나 다른 경쟁적 게임을 하기 위해 자주 모인다. 그들은 운동능력이나 학교 성적에서 소녀들보다 더 많은 경쟁과 갈등을 경험한다(Rubin, Bukowski, & Parker, 2006). 성취와 지위에 집중하는 소년들의 우정은 소녀들의 우정보다 훨씬 더 가변적이다. 그러나 양성적 성역할 정체감을 지니고 있는 소년들은 소녀들과 유사한 동성의 우정을 경험한다.

3. 또래집단의 수용

또래집단의 인기나 배척은 또래수용(peer acceptance)의 정도로써 평가될 수 있다. 또래수용이란 또래들에 의해 가치 있는 사회적 파트너로 인식되는 정도로서, 또래집단에 수용되는 아동들은 많은 친구를 가지고 있고 친구들과 더 긍정적 관계를 갖는다(Lansford 등, 2006). 중요한 것은 또래수용의 정도가 현재는 물론 더 이후의 심리적 적응 여부를 예언한다는 것이다.

또래집단의 수용 정도는 보통 다섯 가지 범주로 분류된다. 즉 인기 있는 아동(popular child), 거부당하는 아동(rejected child), 분류하기 어려운 아동(contro-versial child), 무시당하는 아동(neglected child) 그리고 평균적 아동(average child)이 그것이다.

1) 인기 있는 아동

일반적으로 인기 있는 아동들은 긍정적인 사회적 기술을 지니고 있지만, 공격행동 때문에 인기 있는 아동도 있으므로 다음과 같이 두 가지 유형으로 구분된다.

① 인기 있는 친사회적 아동(popular-prosocial children): 학업능력과 사회적 능력을 모두 갖추고 있는 이 유형의 아동들은 타인에게 민감하고 친절하고 협조적이며 적절히 자기주장적이다. 그들은 타인의 목표를 방해하는 방식으로 행동하는 일이 없으며 다른 아동의 행동반응을 이해할 수 없을 때에는 설명을 요구한다. 이 유형의 아동들 중에는 뛰어난 운동능력을 지니고 있는 아동도 많다. 특히 진행중인 놀이에 가담하고 싶을 때에는 또래들의 행동 흐름에 맞추어 자신의 행동을 조절할 수 있다(Cillessen & Bellmore, 2004).

② 인기 있는 반사회적 아동(popular-antisocial children): 이 유형의 아동은 거칠고 공격적이며 성인의 권위에 도전한다. 특히 다른 아동을 무시하거나 의도적으로 배제시키고 헛소문을 퍼뜨림으로써 자신의 지위를 높이는 관계적 공격을 행하는 소년소녀들이 여기에 해당한다. 또래들은 이러한 유형의 아동들이 지니고 있는 세련된 운동능력과 왜곡된 사회적 기술을 오히려 멋지다고 생각한다. 그러나 연령이 증가하면 아동들은 이러한 유형의 아동을 좋아하지 않게 되므로, 관계적 공격성을 지니고 있는 소녀들은 점차 배척의 대상이 된다.

2) 거부당하는 아동

부정적인 사회적 행동을 나타내는 거부당하는 아동들도 다음과 같은 두 가지 유형으로 다시 구분될 수 있다.

① 거부당하는 공격적 아동(rejected-aggressive children): 거부당하는 아동들의 대부분이 이 유형에 속한다. 이 유형의 아동들은 높은 수준의 갈등과 적개심은 물론 과활동적, 충동적 특성을 지니고 있다. 그들은 부정적 정서를 잘 조절하지 못하고 사회적 이해능력이 저조하여 또래의 정상적 행동을 적대적으로 해석한다. 또한 그들은 자신이 겪는 사회적 어려움을 타인의 탓으로 돌리고 화난 감정을 그대로 표출한다(Rubin 등, 2006).

② 거부당하는 철회적 아동(rejected-withdrawn children): 거부당하는 아동의 극히 일부에 해당하는 이 유형의 아동들은 지나치게 수동적이고 사회적으로 서투르며 정서를 잘 조절하지 못한다. 그들은 도전적 문제에 직면하면 당황하고 위축되며, 비웃음의 대상이 되거나 타인의 공격을 받을까 불안해 한다. 그들은 자주 외로움을 느끼고 친구들이 자신을 싫어한다고 생각한다. 이 유형의 아동들이 지니는 부적절하고 복종적 태도는 집단따돌림의 원인이 된다(Putallaz 등, 2007).

3) 분류하기 어려운 아동

이 유형의 아동들은 긍정적 그리고 부정적 사회적 행동을 모두 나타낸다.

그들은 적대적이고 파괴적이면서도 긍정적인 친사회적 행동도 많이 하므로 싫어하는 친구들도 많지만, 인기 있는 아동들만큼 많은 친구들을 가지고 있다. 이 아동들은 자주 또래들을 못살게 굴고 자신의 사회적 우월을 유지하기 위하여 관계적 공격에도 가담한다(Putallaz 등, 2007). 또래들이 싫어하고 좋아하는 정도가 극단적이 아닐 때 이 아동들은 평균적 아동으로 분류된다.

4) 무시당하는 아동

이 유형의 아동들은, 또래와의 상호작용에 가담하는 비율이 낮고 또래들에 의해 수줍음을 탄다고 생각되지만, 잘 적응한다. 그들은 평균적 아동보다 사회적 기술이 특별히 부족하지 않으며 외롭다거나 불행하다고 느끼지도 않는다. 그들은 언제든지 또래들과의 상호작용에 가담할 수 있으므로 무시당하는 상태는 보통 일시적이다. 이 아동들은 외향적이거나 사교적 성격특성을 지니고 있지도 않지만, 정서적 안녕감을 경험한다.

Ⅳ. 대중매체의 영향

지난 20-30년 동안 TV를 포함하는 대중매체들은 아동의 생활에 혁명적 변화를 일으켰다. 비록 TV의 영향력이 아직도 크기는 하지만, 컴퓨터는 이제 대부분의 가정과 학교 교실에 비치되어 있어 아동의 발달에 광범위한 영향을 준다.

1. TV의 영향

TV는 그것이 갖는 역기능 때문에 자주 비판의 대상이 된다. TV는 아동의 공부시간을 빼앗아가고 비만을 불러일으키는 주범이라고 비난을 받는다. 또한 TV는 가족간의 유대를 약화시키고 또래와의 상호작용을 감소시키기 때문에 아동의 자아중심성 극복을 제한한다고 매도당한다.

그러나 TV는 아동의 바람직한 발달을 촉진시킬 수 있는 동일한 잠재력을 지닐 수 있다. 만약 TV 프로그램의 내용이 개선되고 세계에 대한 아동의 관심을 증대시키는 프로그램이 만들어질 수 있다면 그것은 아동의 인지적, 정서적, 사회적 발달을 강화하는 효과적인 수단이 될 수 있다.

1) TV 시청과 개인차

아동은 출생 직후부터 TV에 노출된다. TV를 켜놓으면 어린 아기들도 TV를 보는 데 몰두하기 때문에 쉽게 조용해질 수 있다. 부모는 방해받지 않고 하던 일을 계속하기 위하여 어린 아기에게도 TV를 보인다. 보통 2세와 3세 사이에 TV 시청이 시작되어 12세까지 급격하게 증가하고 청년기 동안 약간 감소한다(Rideout & Hamel, 2006).

TV시청의 선호는 아동에 따라 차이가 있다. 유아기와 아동기 동안 소년들이 소녀들보다 TV시청을 약간 더 많이 하며 사회경제적 수준이 낮은 아동들이 더 많은 시간을 TV시청에 할애한다. 또한 부모가 TV시청을 많이 하면 할수록 아동도 더 오랜 시간 동안 TV를 시청한다(Rideout & Hamel, 2006). 일반적으로 과도한 생활스트레스를 경험하는 부모들이 하나의 도피수단으로 지나치게 오랜 시간 TV를 시청하며 그들의 자녀 또한 TV시청에 몰두한다.

2) TV의 폭력장면과 공격성

1950년대 이래로 연구자들은 시청자의 태도와 행동에 미치는 TV의 영향을 연구하였고 특히 TV의 폭력장면의 영향에 관심을 가졌다. 실제로 어느 정도의 물리적 폭력을 포함하지 않는 프로그램은 없다고 해도 과언이 아닐 정도로 TV의 폭력장면은 보편화되어 있다.

TV의 폭력성을 연구한 수많은 연구들은 TV 폭력은 적대적 사고와 정서 그리고 언어적, 신체적, 관계적 공격행동을 증가시킨다고 결론지었다(Comstock & Scharrer, 2006). 앤드슨과 부시맨(Anderson & Bushman, 2002)의 실험연구에서는 15분간 방송된 보통 정도의 폭력적 프로그램이 시청자들의 25%에서 공격성을 증가시켰음을 확인하였다. 종단연구들은 아동기와 청년초기에 TV를 시청한 시간의 양은 청년후기와 성인기의 공격행동을 예언한다고 보고한다(Huesmann 등, 2003).

TV 폭력장면을 가장 모방하기 쉬운 시기는 유아기와 아동기이다. 특히 남아들은 여아들보다 TV의 폭력장면이 정복과 모험지향적인 남성주제로 구성되기 때문에 그리고 주인공들이 대부분 남성들이기 때문에 TV의 폭력장면을 더 많이 시청한다. 또한 공격성 수준이 높은 아동들이 폭력적 프로그램을 선호하고, 폭력장면의 시청은 적대적 문제해결방식을 증가시키며 그것은 다시 청년기와 성인초기의 반사회적 행동에 기여하는 악순환을 초래한다.

지금까지의 연구들을 기초로 TV시청과 공격성의 관계를 정리하면 다음과 같다.

① TV의 폭력장면에 가장 민감한 연령은 약 8, 9세이다.
② TV의 폭력시청과 아동의 공격성간의 관계는 양방향적이다. 즉 TV의 폭력시청은 아동이 공격적이 되도록 하고 아동의 높은 공격성은 TV의 폭력장면을 더 많이 시청하도록 유도한다.
③ 폭력장면을 많이 시청한 아동들은 세상을 폭력적 조망에서 바라보고 실제보다 우리 사회에 더 많은 폭력과 위험이 존재한다고 믿는다.
④ 폭력장면의 시청은 공격행동이 정상적이고 문제해결을 위한 효과적인 수단이라고 생각하게 한다.
⑤ TV의 폭력장면은 아동을 공격성에 무감각하게 하고 공격성을 문제해결의 효과적인 수단으로 인식하게 한다.

3) TV와 사회적 태도

TV 시청을 통하여 아동은 사회적 태도나 생각을 학습한다. 일반적으로 TV는 남성과 여성의 역할과 직업, 연령 및 신체상에 대한 신념을 포함하여 성역할 고정관념적 태도와 행동에 영향을 준다(Cole & Daniel, 2005). TV에서 여성들은 남성들보다 더 열등하게 묘사하고 비굴한 역할을 수행하도록 구성되므로 성차별을 부추긴다.

또한 TV는 전문직이나 사무직을 갖는 남성들이 하류계층이나 노동자계층의 직업을 갖는 사람들보다 더 바람직하게 묘사되기 때문에, 직업에 대한 귀천의식을 은연중에 암시하며, 노인에 대한 묘사도 젊은 사람에 대한 묘사보다 더 부정적이어서 연령차별주의를 강화한다.

더 중요한 것은 TV는 아동에게 상업주의나 소비심리도 부추긴다는 것이다. 8-9세 이전까지 아동들은 TV 광고의 판매목적을 이해하지 못하고 오로지 시청자들을 돕기 위해 광고방송이 이루어진다고 생각하기 때문에 아동들은 TV 광고의 상업주의에 그대로 노출된다. 성인들을 대상으로 조사한 린(Linn, 2005)은 조사대상자들의 90% 이상이 광고방송을 본 아동들이 물건을 사기 위해 부모를 조르고 가족갈등을 일으킨다고 지각하고 있음을 밝혔다.

4) TV의 친사회적 행동과 학교학습

TV 프로그램이 아동의 친사회적 행동을 증가시킬 수 있다는 것은 이미 여러 연구를 통해 확인되고 있다. 아동은 TV의 폭력장면을 모방할 뿐 아니라 주인공의 도움행동, 협동, 타인의 감정이해 등 친사회적 행동을 모방한다. 문제는 많은 TV 프로그램들이 친사회적 행동과 반사회적 행동을 혼합하고 있다는 것이다. 앞에서도 설명한 것처럼 아동들은 두 가지 요소를 통합할 수 없기 때문에, 그들은 보통 주인공의 공격적 행동에 주의를 기울일 뿐 친사회적 행동이나 그의미에 관심을 갖지 않는다. 따라서 TV의 친사회적 행동은 폭력적 내용이 포함되지 않을 때에만 아동의 도움행동이나 친절한 행동을 증가시킬 수 있다.

TV는 아동의 학습능력도 향상시킬 수 있다. 아동용 교육 프로그램의 시청시간이 길어지면 읽고 쓰는 능력과 수계산 능력이 향상되고 초등학교는 물론 성장한 이후에도 학업성취를 증진시킨다(Ennemoser & Schneider, 2007). 앤드슨 등(Anderson 등, 2001)은 초등학교 입학 이전에 교육 프로그램을 많이 시청한 유아들은 고등학교에서 더 좋은 성적을 얻고 더 많은 책을 읽으며 성공이나 성취에 높은 가치를 둔다고 보고하고 창의성 검사에서도 높은 점수를 얻었다고 밝혔다.

대조적으로 TV 오락 프로그램의 시청은 아동의 책읽기를 감소시키고 타인들과 더 적은 상호작용을 하게 하며 학업성적을 저하시켰다(Ennemoster & Schneider, 2007).

2. 컴퓨터의 영향

TV와 달리 컴퓨터는 학습과 오락 및 소통을 모두 가능하게 하는 대중매체이다. 학교는 이미 교수 프로그램 속에 컴퓨터를 통합하였고 인터넷에도 접속한다.

1) 컴퓨터 게임

가정용 컴퓨터의 광범위한 보급과 초고속 인터넷망의 확산은 컴퓨터 게임을 놀이문화로 자리잡게 하였다. 그러나 대부분의 컴퓨터 게임은 총이나 칼을 사용하여 적을 전멸시키는 폭력적 줄거리로 구성되어 있으며 속도와 행위를 강조하기 때문에 스트레스 해소라는 긍정적 기능 외에 심각한 부작용을 일으킨다. 대부분의 게임 소프트웨어들이 폭력과 남성지향적 스포츠를 강조하기 때문에 소녀들은 게임에 큰 관심을 보이지 않지만, 소년들은 정복적, 공격적 주제로 구성된 모험적 게임과 축구같은 스포츠 게임을 좋아한다.

TV를 시청하는 것과 같이 폭력적 게임은 적개심과 공격성을 증가시킨다(Anderson, 2004). 더욱이 인종차별적 혹은 성차별적 내용을 담고 있는 게임도 많아 아동에게 다양한 부정적 고정관념을 부추긴다. 실제로 성역할 고정관념은 TV보다 만화나 게임과 같은 다른 오락 프로그램들에서 오히려 더 강하게 나타난다. 연구자들 중에는 컴퓨터 게임의 내용에 따라 이야기 기술과 상상력이 풍부해진다고 주장하는 사람들이 있는가 하면, 비협조적이고 무감각하고 무정하며 반사회적 행동을 증가시킨다고 주장하는 사람도 있다(Singer & Singer, 2005).

2) 게임중독

게임중독은 물질중독과 같이 내성과 금단증상을 포함하며 강박적으로 컴퓨터 게임을 하는 행동적 중독 증상에 해당한다 (Griffiths, 1996). 일반적으로 게임중독은 중고등학교 청소년들에서 많이 일어난다고 생각되지만, 최근에는 초등학생들이나 심지어 유아들에서도 발생하고 있다.

게임중독에서 내성이란 최초의 만족을 얻기 위하여 더 많은 시간을 투자해야 하는 증상이다. 따라서 점점 더 오랜 시간 컴퓨터 게임을 해야만 최초의 만족감을 얻을 수 있으므로 컴퓨터를 끄는 것이 점점 힘들어지는 현상에 해당한다. 또한 금단증상은 컴퓨터 게임을 하지 않으면 극도의 불안감과 초조감에 시달리고 게임에 대해 끊임없이 생각하는 현상으로 심리적 금단과 신체적 금단의 두 가지 유형을 포함한다. 보통 심리적 금단보다는 신체적 금단증상이 더 심각한 중독상태로 평가된다.

남학생들이 좋아하는 Karos

게임에 중독된 아동들은 꼭 해야 할 일이 없으면, 거의 모든 시간을 게임에 할애하고, 게임을 하지 않을 때도 게임에 대한 생각을 떨쳐 버리지 못한다. 그들은 자신이 게임을 너무 많이 한다고 생각하면서도 끊거나 줄일 수가 없다. 자극적 게임을 과도하게 하는 아동들은 가상과 현실을 구별하지 못하기 때문에, 게임을

여학생들이 좋아하는 Crazyracing KartRider

하는 도중에 주인공이 다치거나 사망하면 마치 자신이 그러한 경험을 한 것처럼 느낀다.

게임중독은 컴퓨터 게임을 일찍 시작할수록 그리고 여학생보다는 남학생들 사이에서 더 강하게 나타난다. 남학생들은 스타크래프트(Starcraft)나 카로스

(Karos), 던전 앤 파이트(Dungeon & Fighter), 와우(World of Warcraft의 약자) 혹은 서든 어택(Sudden Attack)과 같이 폭력적이고 남성지향적 게임을 선호하는 반면, 여학생들은 온라인 자동차 경주게임인 크레이지 레이싱 카트라이더(Crazyracing KartRider)나 비행(飛行) 레이싱 게임인 에어라이더(AirRider)같은 게임을 선호할 뿐이다.

더욱이 남성들은 여성들보다 내기나 도박과 같은 사행성 오락에 더 취약하기 때문에, 폭력적 게임 소프트웨어들이 난무하는 오늘날의 상황에서 남아들이 여아들보다 더 많은 게임중독을 일으키는 것은 당연한 일일 것이다. 최근에는 휴대전화를 이용한 게임이나 동영상에 중독되는 사례도 보고되고 있다(이정화, 박정연, 최선희, 2008).

게임에 중독되는 아동과 청소년들은 또래들보다 더 강한 충동성과 공격성을 지니고 있고 주의력결핍 과잉행동 장애도 지니고 있다(이유경, 채규만, 2006에서 재인용). 특히 주의력결핍 과잉행동 장애아동들은 게임이 제공하는 지속적이고 자극적인 신호와 메시지 때문에 주의집중을 할 수 있으므로 더 쉽게 중독된다. 또한 스릴과 서스펜스를 선호하는 높은 감각추구적 성향을 갖는 사람과 내성적이고 우울하며 친구가 없는 아동들이 게임에 자주 중독되며, 불유쾌한 가족경험과 학교경험으로부터 벗어나기 위한 수단으로 게임을 이용할 때도 쉽게 중독될 수 있다.

3) 인터넷과 의사소통

인터넷은 의사소통의 중요한 수단으로 성인들은 물론 아동들도 친구들과 e-mail을 주고받으면서 정보를 교환하고 의사소통을 한다. 2009국가정보화백서(한국정보화진흥원, 2009)에 의하면, 3-9세의 아동들이 인터넷을 사용하는 목적은 자료나 정보 획득을 위해(99.4%), 여가활동을 위해(80.9%) 그리고 커뮤니케이션을 위해서(23.3%)였다. 그러나 10대들은 여가활동을 위해(98.3%), 자료나 정보획득을 위해(97%) 그리고 커뮤니케이션을 위해(93.7%) 인터넷을 이용하고 있어 10대의 커뮤니케이션을 위한 인터넷 사용량이 어린 아동들의 사용량보다 훨씬 더 많은 것을 알 수 있다.

인터넷 이용시 아동이나 청소년들은 의사소통을 촉진시키고 프라이버시를 보호하기 위해 그들만의 독특한 언어를 사용함으로써 특유의 문화를 형성한다. 선행연구들은 친구들간에 인터넷에 의한 의사소통이 빈번할수록 더 친밀한 관계를 형성하고 더 높은 수준의 안녕감을 경험한다고 보고한다(Valkenburg & Peter, 2007a,b). 아동이나 청소년들은 때로 새로운 사람들을 만나기 위하여 채팅방이나 블로그 혹은 메시지 보드(message boards)를 사용하며, 사이버 공간에서 확립된 관계를 통하여 익명으로, 일상생활에서 나누기 어려운 성문제나 부모나 또래와의 갈등 혹은 태도나 가치관에 대해 탐색하고 토론한다.

이와 같이 낯선 사람과의 온라인 상호작용은 불안한 젊은이들이 사회적 기술을 연습하고 고독을 완화시킬 수 있도록 하며, 집단 소속감과 수용의 느낌을 경험할 수 있도록 하는 이점이 있다. 그러나 온라인 상호작용은 누구의 감독도 받지 않는 상태에서 이루어지므로 타인에 대한 터무니없는 비방이나 외설적 정보에 무방비 상태로 노출될 수 있는 위험이 있다.

...참고문헌...

강승희, 김정섭 (2003). 초등학교 언어 영재아동과 일반 아동의 언어적 창의성 발달에 관한 연구. 초등교육연구, 16(1), 401-421.

곽금주, 박혜원, 김청택 (2001). 한국 웩슬러 아동지능검사(K-WISC-III) 지침서. 서울: 특수교육.

김남주(1984). 아동의 죽음개념에 관한 연구. 숙명여자대학교 석사학위논문.

김연수, 정윤경, 곽금주 (2009). 영아기 공동주의와 아동 초기 마음이해 능력간의 관계. 한국심리학회지: 발달, 22(4), 125-139.

김은경 (2009). 유아의 기질 및 어머니 양육행동이 유아의 문제행동에 미치는 영향. 놀이치료연구, 13(3), 35-45.

김재춘, 변호종 (2008). 초등학교 사회교과서 화보에 나타난 성역할 고정관념 분석. 교육과정연구, 26(4), 21-46.

김정민 (2006). 사회적 상황의 제시 유무에 따른 아동의 성역할 개념의 유연성. 아동학회지, 27(3), 189-205.

김춘경, 이주옥, 송영주 (2009). 아동학대. 아동학회지, 30(6), 349-360.

김혜리, 조경자 (1993). 위계적인 유목 포함관계를 부분-전체관계로 잘못 이해하는 아동의 오류. 한국심리학회지: 발달, 6(2), 120-130.

문수백, 변창진 (1997). 한국판 K-ABC: 채점요강. 서울: 학지사.

문태영 (1998). 한국판 K-ABC의 심리측정학적 조명: 확인적 요인분석을 중심으로. 아동학회지, 19(2), 97-113.

박성연, 케네스 루빈(2008). 걸음마기 아동의 성, 기질 및 어머니의 스트레스가 양육행동에 미치는 영향. 아동학회지, 29(2), 109-124.

박영숙, 윤점룡, 박효적, 박혜경, 권기욱 (1991). KEDI-WISC의 검사요강. 서울: 교육개발원.

박영신, 박난희, 김효정 (2009). 영아들의 함께 주의하기와 어휘발달. 한국심리학회지: 발달, 22(3), 85-103.

박영아, 최경숙 (2007). 아동의 연령에 따른 기억책략 사용의 효율성 분석. 한국심리학회지: 발달, 20(2), 59-75.

박혜원, 곽금주, 박광배 (1996). 한국 웩슬러 유아지능검사 (K-WPPS) 지침서. 서울: 도서출판 특수교육.

박혜원, 김은지 (1997). 기질이 형제관계 및 또래관계에 미치는 영향. 인간발달연구, 4(1), 32-50.

보건복지부 (2008). 전국 아동학대 현황보고서.

송현주, 진경선, 이우열, 이윤하 (2009). 조사를 활용한 한국 아동의 단어 및 문장 이해 능력 발달. 한국심리학회 2009 연차학술대회 일반심포지움, 연차학술대회발표 논문집 42-43.

윤현민, 박현경 (2009). 아동의 죽음인식 및 죽음관련 경험-초등학교 6학년 아동을 중심으로-. 아동학회지, 30(4), 241-256.

이수희, 이재연 (2008). 부모 체벌과 아동의 심리적 부적응 관계에서 부모 거부의 중재효과. 아동학회지, 29(6), 136-146.

이승복 (1987). 어린이 언어에서의 부정문 이해. 서울대학교 대학원 박사학위 청구논문.

이유경, 채규만 (2006). 컴퓨터 게임중독과 청소년의 사회적 관계 및 적응과의 관계. 한국심리학회지: 임상, 25(3), 711-726.

이유진, 방희정, 이순행 (2009). 베일리 영유아 발달검사 3판 표현언어 척도의 한국 표준화를 위한 예비연구. 한국심리학회지: 발달, 22(2), 59-77.

이혜련 (1992). 연령, 범주전형성 및 회상조건에 따른 아동의 상위기억과 범주적 조직화 책략. 동아대학교 대학원 석사학위논문.

이희란, 이승복(2009). 학령전 아동의 구문표현력 발달. 한국심리학회 2009 연차학술대회 일반심포지움, 연차학술대회발표 논문집 38-39.

장유경 (2004). 한국 영아의 초기 어휘발달: 18개월-36개월. 한국심리학회지: 발달, 17(4), 91-105.

장유경 (2009). 영아의 어휘발달에 영향을 주는 요인들. 한국심리학회 2009 연차학술대회 일반심포지움, 연차학술대회발표 논문집 36-37.

장휘숙 (1993). 자기효율성의 특성에 관한 관련연구의 개관. 한국심리학회지: 발달, 6(2), 16-22.

장휘숙 (1997). 애착의 전생애 모델과 대물림: 전생애 발달심리학적 조망에서 애착연구의 개관. 한국심리학회지: 일반, 16(1), 80-97.

장휘숙 (2008). 기질과 애착이 형제자매관계와 친구관계에 미치는 영향. 한국심리학회지: 발달, 21(1), 69-87.

장휘숙 (2009). 두자녀 가정 대학생의 형제자매관계 특성. 한국심리학회지: 발달, 22(4), 1-14.

장휘숙 (2009). 성인초기의 발달과업과 행복의 관계. 한국심리학회지: 발달, 22(1), 19-36.

장휘숙 (2010). 노년기 여성의 빈곤과 주관적 건강 및 생활만족의 관계. 한국심리학회지: 발달, 23(1), 1-15.

전영순, 황순택, 이숙희 (2008). 한국 웩슬러 아동 지능검사(K-WISC-III) 단축형의 타당도. 한국심리학회지: 임상, 27(1), 277-290.

정윤경, 곽금주 (2005). 영아기 공동주의 발달에 대한 단기 종단연구: 어머니와 자유놀이에서의 주의상태와 가리키기 행동을 중심으로. 한국심리학회지: 발달, 18(1), 137-154.

조명한 (1982). 한국 아동의 언어획득 연구: 책략모형. 서울대학교 출판부.

한국사회조사연구소 (2003). 청소년 종합실태조사결과.

한국정보화진흥원 (2009). 2009 국가정보화백서.

한기순 (2000). 창의성의 영역 한정성과 영역 보편성에 관한 분석과 탐구. 한국영재학회지, 10, 47-69.

Anderson, C. A. (2004). An update on the effects of violent video games. *Journal of Adolescence, 27,* 113-122.

Abel, E. (2004). Paternal contritution to fetal alcohol syndrome. *Addiction Bilogy, 9,* 127-133.

Ackerman, B. P. (1993). Children's understanding of the speaker's meaning in referential communication. *Journal of Experimental Child Psychology, 55,* 56-86.

Acredolo, L. P., & Hake, J. L. (1982). Infant perception. In. B. B. Wolman (Ed.), *Handbook of developmental psychology.* Englewood Cliffs, NJ: Prentice Hall.

Adolph, K. E. (2008). Motor and physical development: Locomotion. In M. M. Haith & J. B. Benson (Eds.), *Encyclopedia of infant and early childhood development.* Oxford, Uk: Elsevier.

Adolph, K. E. (2009). The growing body in action: what infant locomotion tells us about perceptually guided action. In R. Klatsky, M. Behrmann, & B. McWhinney (Eds.), *Embodiment, ego-space, and action.* Clifton, NJ: Psychology Press.

Adolph, K. E., & Berger, S. E. (2005). Physical and motor development. In M. H. Bornstein & M. E. Lamb (Eds.), *Developmental psychology* (5th ed.). Mahwah, NJ: Erlbaum.

Adolph, K. E., & Joh, A. S. (2008). Multiple learning mechanisms in the development of action. In A. Woodward and A. Needham (Eds.), *Learning and the infant mind.* New York: Oxford University Press.

Ainsworth, M. D. S., Blehar, M., Waters, E., & Wall, S. (1978). *Patterns of attachment.* Hillsdale, NJ: Erlbaum.

Alexander, J. M., Fabricius, W. V., Fleming, V. M., Zwahr, M., & Brown, S. A. (2003). The development of metacognitive causal explanations. *Learning and Individual Differences, 13*, 227-238.

Al-Namlah, A. S., Fernyhough, C., & Meins, E. (2006). Sociocultural influences on the development of verbal mediation: Private speech and phonological recoding in Saudi Arabian and British samples. *Developmental Psychology, 42*, 117-131.

Alvarez, A., & del Rio, P. (2007). Inside and outside the zone of proximal development: An eco-functional reading of Vygotsky. In H. Daniels, J. Wertsch, & M. Cole (Eds.), *The Cambridge companion to Vygotsky.* New York: Cambridge University Press.

Amato, P. R. (2001). Children of divorce in the 1990s: An update of the Amato and Keith (1991) meta-analysis. *Journal of Family Psychology, 15*, 355-370.

Amato, P. R. (2006). Marital discord, divorce, and children's well-being: Results from a 20-year longitudinal study of two generation. In A. Clarke-Stewart & J. Dunn (Eds.), *Families count: Effects on child and adolescent development* (pp. 179-202). New York: Cambridge University Press.

Andersen, E. (2000). Exploring register knowledge: The value of "controlled improvisation." In L. Menn & N. B. Ratner (Eds.), *Methods for studying language production* (pp. 225-248). Mahwah, NJ: Erlbaum.

Anderson, C. A., & Bushman, B. J. (2002). The effects of media viloence on society. *Science, 295*, 2377-2379.

Anderson, D. M., Huston, A. C., Schmitt, K. L., Linebarger, D. L., & Wright, J. C. (2001). Early childhood television viewing and adolescent behavior. *Monographs of the Society for Research in Child Development, 66*(1, Serial No. 264).

Anderson, E. (1992). *Speaking with style: The sociolinguistic skills of children.* London: Routledge.

Anderson, J. L., Morgan, J. L., & White, K. S. (2003). A statistical basis for speech sound discrimination. *Language and Speech, 46*, 155-182.

Andersson, U., & Lyxell, B. (2007). Working memory deficit in children with mathematical difficulties: A general or specific deficit? *Journal of Experimental Child Psychology, 96*, 197-228.

Anglin, J. M. (1993). Vocabulary development: A morphological analysis. *Monographs of the Society for Research in Child Development, 58*(10, Serial No. 238).

Apgar, V. (1953). A proposal for new method of evaluation in the newborn infant. *Current Research in Anesthesia and Analgesia, 32*, 260-267.

Atkinson, J. W., & Birch, D. (1978). *Introduction to motivation* (2nd ed.). New York: Van Nostrand.

Atkinson, R. C., & Shiffrin, R. M. (1968). Human memory: A proposed system and its control processes. In K. W. Spence & J. T. Spence (Eds.), *Advances in the psychology of learning and motivation* (Vol. 2, pp. 90-195). New York: Academic Press.

Aunola, K., Stattin, H., & Nurmi, J. E. (2000). Parenting styles and adolescentss achievement strategies. *Journal of Adolescence, 23*, 205-222.

Axelin, A., Salantera, S., & Lehtonen, L. (2006). 'Facilitated tucking by parents' in pain management of preterm infants-a randomized corssover trial. *Early Human Development, 82*, 241-247.

Axelrad, D. A., Bellinger, D. C., Ryan, L. M., & Woodruff, T. J. (2007). Dose-response relationship of prenatal mercury exposure and IQ: An integrative analysis of epidemiologic data. *Environmental Health Perspectives, 115*, 609-615.

Baddeley, A. D. (2007a). *Working memory, thought and action.* New York: Oxfgord University Press.

Baddeley, A. D. (2007b). Working memory. In H. L. Roediger, Y. Dubai, & S. M. Fitzpatrick (Eds.), *Science of memory.* New York: Oxford University Press.

Baer, J. (1999). Domain of creativity. *Encyclopedia of Creativity, 6*, 591-596.

Bahrick, L. E., & Hollich, G. (2008). Intermodal perception. In M. Haith & J. Benson (Eds.), *Encyclopedia of infant and early childhood development.* London: Elsevier.

Baillargeon, R. (2004). Infants' reasoning about hidden objects: Evidence for event-general and event-specific expectations. *Developmental Science, 7,* 391-424.

Baillargeon, R., & DeVos, J. (1991). Object permanence in young infants: Further evidence. *Child Development, 62,* 1227-1246.

Bandura, A. (1977). *Social learning theory.* Englewood Cliffs, NJ: Prentice-Hall.

Bandura, A. (1991). Social cognitive theory of moral thought and action. In W.M. Kurtines & J. L. Gewirtz (Eds.), *Handbook of moral behavior and development* (Vol. 1). Hillsdale, NJ: Erlbaum.

Bandura, A. (1998). *Swimming against the mainstream: Accentuating the positive aspects of humanity.* Paper presented at the meeting of the American Psychological Association. San Francisco.

Bandura, A. (2008). Reconstrual of free will from the agentic Perspective of social cognitive theory. In J. Baer, J. C., Kaufman, & R. F. Baumeister (Eds.), *Are we free? Psychology and free will.* Oxford, UK: Oxford University Press.

Bandura, A. (2009). Social and policy impact of social cognitive theory. In M. Mark, S. Donaldson & B. Campell (Eds.), *Social psychology and program/policy evaluation.* New York: Guilford.

Bard, K. A., Todd, B. K., Bernier, C., Love, J., & Leavens, D. A. (2006). Self-awareness in human and chimpanzee infants: What is measured and what is meant by the mark and mirror test? *Infancy, 9,* 191-219.

Barkley, R. A. (2002). Psychosocial treatments of attention-deficit/hyperactivity disorder in children. *Journal of Clinical Psychology, 63*(12), 36-43.

Barkley, R. A. (2006). Attention-deficit/hyperactivity disorder. In R. A. Barkley, D. A. Wolfe, & E. J. Mash (Eds.), *Behavioral and emotional disorders in adolescents: Nature, assessment, and treatment* (pp. 91-152). New York: Guilford.

Baron-Cohen, S., Leslie, A. M., & Frith, U. (1985). Does the autistic child have a "theory of mind"? *Cognition, 21,* 37-46.

Barr, R. G. (2001). "Colic" is something infants do, rather than a condition they "have": A developmental approach to crying phenomena patterns, pacification and (patho)genesis. In R. G. Barr, I. ST. James-Roberts, & M. R. Keefe (Eds.), *New evidence on unexplained infant crying* (pp. 87-104). St. Louis: Johnson & Johnson Pediatric Institute.

Barr, R., & Hayne, H. (2003). It's not what you know, it's who you know: Older siblings facilitate imitation during infancy. *International Journal of Early Years Education, 11,* 7-21.

Barrett, T. M., & Needham, A. (2008). Developmental differences in infants' use of an object's shape to grasp it securely. *Developmental Psychobiology, 50,* 97-106.

Bartocci, M., Berggvist, L. L., Langercrantz, H., & Anand, K. J. (2006). Pain activates contical areas in the preterm newborn brain. *Pain, 122,* 109-117.

Bartrip, J., Morton, J., & de Schonen, S. (2001). Responses to mother's face in 3-week to 5-month-old infants. *British Journal of Developmental Psychology, 19,* 219-232.

Bateman, B. T., & Simpson, L. L. (2006). Higher rate of stillbirth at the extremes of reproductive age: A large nationwide sample of deliveries in the United Stats. *American Journal of Obstetrics and Gynecology, 194,* 840-845.

Bauer, P. J. (2006). Event memory. In W. Damon & R. Lerner (Eds.), *Handbook of child psychology* (6th ed.). New York: Wiley.

Bauer, P. J. (2008). Learning and memory: Like a horse and Carriage. In A. Needham & A.Woodward (Eds.), *Learning and the infant mind.* New York: Oxford University Press.

Baumeister, R. F., Campbell, J. D., Krueger, J. L., & Vohs, K. D. (2003). Does high self-esteem cause better performance, interpersonal success, happiness, or healthier lifestyles? *Psychological Science in the Public Interest, 4* (No. 1), 1-44.

Baumrind, D. (1971). Current patterns of parental authority. *Developmental Psychology Monograph, 4*(1), 16-23.

Baumrind, D. (1983). Rejoinder to Lewis's reinterpretation of parental firm control effects: Are authoritative families really harmonious? *Psychological Bulletin, 94*, 132-142.

Bayley, N. (1969). *Bayley Scales of Infant Development*. New York: Psychological Corporation.

Beck, C. T. (2006). Postpartum depression: It isn't just the blues. *American Journal of Nursing, 106*, 40-50.

Bellamy, C. (2005). *The state of the world's children 2005*. New York: UNICEF.

Benelli, B., Belacchi, C., Gini, G., & Luccangeli, D. (2006). "To define means to say what you know about things": The development of definitional skills as metalinguistic acquisition. *Journal of Child Language, 33*, 71-97.

Berk, L. E. (2000). *Child Development*. MA: A Pearson Education Company.

Berk, L. E. (2006). Make-believe play: Wellspring for development of self-regulation. In D. Singer, K. Hirsh-Pasek, & R. Golinkoff (Eds.), *Play=learning*. New York: Oxford University Press.

Berk, L. E., (2008). *Infants, children, and adolescents* (6th). Boston: Pearson.

Berk, L. E. (2009). *Child Development* (8th ed.). Boston: Pearson.

Berko Gleason, J. (2009). The development of language: An overview. In J. Berko Gleason & N. Ratner (Eds.), *The development of language* (7th ed.). Boston: Allyn & Bacon.

Bernier, J. C., & Siegel, D. H. (1994). Attention-deficit hyperactivity disorder: A family ecological systems perspective. *Families in Society, 75*, 142-150.

Berninger, V. W. (2006). A developmental approach to learning disabilities. In K. A. Renninger & I. E. Sigel (Eds.), *Handbook of child psychology: Vol. 4. Child Psychology in practice* (6th ed., pp. 420-452). Hoboken, NJ: Wiley.

Beyers, J. M., Bates, J. E., Pettit, G. S., & Dodge, K. A. (2003). Neighborhood structure, parenting processes, and the development of youths' externalizing behavior: A multilevel analysis. *American Journal of Community Psychology, 31*, 35-53.

Biernat, M. (1991). A multi-component developmental analysis of sex typing. *Sex Roles, 24*, 567-586.

Bjorklund, D. F. (2005). *Children's thinking* (4th ed.). Belmont, CA: Wadsworth.

Bjorklund, D. F. (2007). *Why youth is not wasted on the young*. Malden, MA: Blackwell.

Bjorklund, D. F., Miller, P. H., Coyle, T. R., & Slawinski, J. L. (1997). Instructing children to use memory strategies: Evidence of utilization deficiencies in memory training studies. *Developmental Review, 17*, 411-441.

Black, M. M. (2005). Failure to thrive. In M. C. roberts (Ed.), *Handbook of pediatric psychology and psychiatry* (3rd ed., pp. 499-511). New York: Guilford.

Blakemore, J. E. O. (2003). Children's beliefs about violating gender norms: Boys shouldn't look like girls, and girls shouldn't act like boys. *Sex Roles, 48*, 411-419.

Bohannon, J. N., & Bonvillian, J. D. (2009). Theoretical approaches to language acquisition. In J. Berko Gleason & N. B. Ratner (Eds.), *The development of language*. Boston: Allyn & Bacon.

Boloh, Y., & Champaud, C. (1993). The past conditional verb form in French children: The role of semantics in late grammatical development. *Journal of Child Language, 20*, 169-189.

Bornstein, M. H., & Arterberry, M. E. (2003). Recognition, discrimination, and categorization of smiling by 5-month-old infants. *Developmental Science, 6*, 585-599.

Bouldin, P. (2006). An investigation of the fantasy predisposition and fantasy style of children with imaginary companions. *Journal of Genetic Psychology, 167*, 17-29.

Boulton, M. J. (1996). A comparison of 8- and 11-year-old girls' and boys' participation in specific types of rough-and-tumble play and aggressive fighting: Implications for functional hypotheses. *Aggressive Behavior, 22*, 271-287.

Bowlby, J. (1969). *Attachment and loss: Vol. 1. Attach-*

ment. New York: Basic Books.

Bowlby, J. (1989). *Secure and insecure attachment.* New York: Basic Books.

Bracken, M. B., Eskenazi, B., Sachse, K., McSharry, J., Hellenbrand, K., & Leo-Summers, L. (1990). Association of cocaine use with sperm concentration, motility, and morphology. *Fertility and Sterility, 53,* 315-322.

Braine, L. G., Pomerantz, E., Loeber, D., & Krantz, D. H. (1991). Conflicts with authority: Children's feelings, actions, and justifications. *Developmental Psychology, 27,* 829-840.

Brainerd, C. J., & Reyna, V. F. (2004). Fuzzytrace theory and memory development. *Developmental Review, 24,* 396-439.

Brame, B., Nagin, D. S., & Tremblay, R. E. (2001). Developmental trajectories of physical aggression from school entry to late adolescence. *Journal of Child Psychology and Psychiatry, 42,* 503-512.

Brenner, E., & Salovey, P. (1997). Emotion regulation during childhood: Developmental, interpersonal, and individual considerations. In P. Salovey & D. Sluyter (Eds.), *Emotional literacy and emotional development* (pp. 168-192). New York: Basic Books.

Brisch, K. H., Bechinger, D., Betzler, S., Heineman, H., Kachele, H., Pohlandt, F., Schmucker, G., & Buchheim, A. (2005). Attachment quality in very low-birth-weight premature infants in relation to maternal attachment representations and neurological development. *Parenting: Science and Practice, 5,* 11-32.

Brody, N. (1992). *Intelligence* (2nd ed.). San Diego: Academic Press.

Bronfenbrenner, U. (2000). Ecological theory. In A. Kazdin (Ed.), *Encyclopedia of psychology.* Washington, DC. & New York: American Psychological Association and Oxford University Press.

Bronfenbrenner, U. (2004). *Making human beings human.* Thousand Oaks, CA: Sage.

Bronfenbrenner, U., & Morris, P. A. (2006). The ecology of developmental processes. In W. Damon & R.

Lerner (Eds.), *Handbook of child psychology* (6th ed.). New York: Wiley.

Brooker, R. J. (2009). *Genetics* (3rd ed.). New York: McGraw-Hill.

Brooks, R. G., & Meltzoff, A. N. (2005). The development of gaze following and its relation to language. *Developmental Science, 8,* 535-543.

Brown, A. L., & Campione, J. C. (1972). Recognition memory for perceptually similar pictures in preschool children. *Journal of Experimental Psychology, 95,* 55-62.

Brown, J. R., & Dunn, J. (1996). Continuities in emotion understanding from 3 to 6 years. *Child Development, 67,* 789-802.

Brown, M., Keynes, R., & Lumsden, A. (2001). *The developing brain.* New York: Oxford University Press.

Brownell, C. A., & Kopp, C. B. (2007). Transitions in toddler socioemotional development: Behavior, understanding, relationships. In C. A. Brownell & C. B. Kopp (Eds.), *Socioemotional development in the toddler years: Transitions and transformations* (pp. 1-40). New York: Guilford.

Bruce, D., Dolan, A., & Phillips-Grant, K. (2000). On the transition from childhood amnesia to recall of personal memories. *Psychological Science, 11,* 360-364.

Bruck, M., & Melnyk, L. (2004). Individual differences in children's suggestibility: A review and a synthesis. *Applied Cognitive Psycholgy, 18,* 947-996.

Bugental, D. B., & Happaney, K. (2004). Predicting infant maltreatment in low-income families: The interactive effects of maternal attritutions and child status at birth. *Developmental Psychology, 40,* 234-243.

Bukowski, R., & others. (2008). *Floic acid and preterm birth.* Paper presented at the meeting of the Society for Maternal-Fetal Medicine, Dellas.

Buss, D. M. (2008). *Evolutionary psychology* (3rd ed.). Boston: Allyn & Bacon.

Callaway, L. K., Lust, K., & McIntyre, H. D. (2005). Pregnancy outcomes in woman of very advanced maternal age. *Obstetric and Gynecology Survey, 60,* 562-563.

Campos, J. J., Frankel, C. B., & Camaras, L. (2004). On the nature of emotion regulation. *Child Development, 75,* 377-394.

Campos, J. J., Langer, A., & Krowitz, A. (1970). Cardiac responses on the visual cliff in prelocomotor human infants. *Science, 170,* 196-197.

Camras, L. A. (1992). Expressive development and basic emotions. *Cognition and Emotion, 6,* 267-283.

Carpendale, J. I., & Chandler, M. J. (1996). On the distinction between false belief understanding and subscribing to an interpretive theory of mind. *Child Development, 67,* 1686-1706.

Casasola, M., Cohen, L. B., & Chiarello, E. (2003). Six-month-old infants' categorization of containment spatial relations. *Child Development, 74,* 679-693.

Cassia, V. M., Turati, C., & Simion, F. (2004). Can a non-specific bias toward top-heavy patterns explain newborns' face preference? *Psychological Science, 15,* 379-383.

Ceci, S. J., Papierno, P. B., & Kulkovsky, S. (2007). Representational constraints on children's suggestibility. *Psychological Science, 18,* 503-509.

Centers for Disease Control and Prevention. (2006). *Assisted reproductive technology success rates.* Atlanta: Author.

Chalmers, J. B., & Townsend, M. A. R. (1990). The effects of training in social perspective taking on socially maladjusted girls. *Child Development, 61,* 178-190.

Chapman, R. S. (2006). Children's language learning: An interactionist perspective. In R. Paul (Ed.), *Language disorders from developmental perspective* (pp. 1-53). Mahwah, NJ: Erlbaum.

Charman, T., Baron-Cohen, S., Swettenham, J., Baird, G., Cox, A., & Drew, A. (2000). Testing joint attention, imitation, and play as infancy precursors to language and theory of mind. *Cognitive Development, 15*(4), 481-498.

Charman, T., Ruffman, T., & Clements, W. (2002). Is there a gender difference in false belief development? *Social Development, 11,* 1-10.

Chi, M. T. (1978). Knowledge structures and memory development. R. S. Siegler (Ed.), *Children's thinking: What develops?* Hillsdale, NJ: Erlbaum.

Chomsky, N. (1976). *Reflections on language.* London: Temple Smith.

Chomsky, N. (1997). *Language and mind: Current thoughts on ancient problems (Part 1).* Retrieved from http://fccl.ksuru/papers/chomsky1.htm

Christ, S. E., Steiner, R. D., Grange, D. K., Abrams, R. A., & White, D. A. (2006). Inhibitory control in children with phenylketonuria. *Developmental Neuropsychology, 30,* 845-864.

Cicchetti, D., & Toth, S. L. (2006). Developmental psychopathology and preventive intervention. In K. A. Renninger & J. E. Sigel (Eds.), *Handbook of child psychology: Vol. 4. Child psychology in practice* (6th ed., pp. 497-547). Hoboken, NJ: Wiley.

Cillessen, A. H. N., & Bellmore, A. D. (2004). Social skills and interpersonal perception in early and middle childhood. In P. K. Smith & C. H. Hart (Eds.), *Blackwell handbook of childhood and social development* (pp. 355-374). Malden, MA: Blackwell.

Clarke-Stewart, K. A., Aalloy, L. C., & Allhusen, V. D. (2004). Verbal ability, self-control and close relationships with parents protect children against misleading statements. *Applied Cognitive Psychology, 18,* 1037-1058.

Clarke-Stewart, K. A., & Hayward, C. (1996). Advantages of father custody and contact for the psychological well-being of school-age children. *Journal of Applied Developmental Psychology, 17,* 239-270.

Cole, E., & Daniel, J. (Ed.). (2005). *Featuring females: Feminist analyses of media.* Washington, DC: American Psychological Association.

Comstock, G., & Scharrer, E. (2006). Media and popular culture. In K. A. Renninger & I. E. Sigel (Eds.), *Handbook of child psychology: Vol. 4. Child psychology in practice* (6th ed., pp. 817-863). Hoboken, NJ: Wiley.

Conger, R. D., & Donnellan, M. B. (2007). An interactionist perspective on the socio-economic context of human development. *Annual Review of Psychology, 58*, 175-199.

Cosden, M., Peerson, S., & Elliott, K. (1997). Effects of prenatal drug exposure on birth outcomes and early child development. *Journal of Drug Issues, 27*, 525-539.

Côté, S. M., Vaillancourt, T., Barker, E. D., Nagin, D., & Tremblay, R. E. (2007). The joint development of physical and indirect aggression: Predictors of continuity and change during childhood. *Development and Psychopathology, 19*, 37-55.

Côté, S., Zoccolillo, M., Tremblay, R., Nagin, D., & Vitaro, F. (2001). Predicting girls' conduct disorder in adolescence from childhood trajectories of disruptive behaviors. *Journal of the American Academy of Child and Adolescent Psychiatry, 40*, 678-684.

Courage, M. L., & Richards, J. E. (2008). Attention. In M. M. Haith & J. B. Benson (Eds.), *Encyclopedia of infant and early childhood development.* Oxford, UK: Elsevier.

Courage, M. L., Howe, M. L., & Squires, S. E. (2004). Individual differences in 3.5 month olds' visual attention: What do they predict at 1 year? *Infant Behavior and Development, 127*, 19-30.

Crick, N. R., & Dodge, K. A. (1994). A review and reformulation of social information-processing mechanisms in children's social adjustment. *Psychological Bulletin, 115*, 74-101.

Crick, N. R., Ostrov, J. M., & Werner, N. E. (2006). A longitudinal study of relational aggression, physical aggression, and social-psychological adjustment. *Journal of Abnormal Child Psychology, 34*, 131-142.

Crick, N. R., Ostrov, J. M., Burr, J. E., Cullerton-Sen, C., Jansen-Yeh, E., & Ralston, P. (2006). A longitudinal study of relational and physical aggression in preschool. *Journal of Applied Developmental Psychology, 27*, 254-268.

Crockenberg, S., & Leekes, E. (2003). Infant negative emotionality, caregiving, and family relationships. In A. C. Crouter & A. Booth (Eds.), *Children's influence on family dynamics* (pp. 57-78). Mahwah, NJ: Erlbaum.

Csikszentmihalyi, M. (1996). *Creativity.* New York: Harper Collins.

Cummings, E. M., & Davies, P. T. (1994). *Children and marital conflict.* New York: Guilford.

Curran, K., DuCette, J., Eisenstein, J., & Hyman, I. A. (2001). *Statistical analysis of the cross-cultural data: The third paper.* Paper presented at the meeting of the American Psychological Association, San Francisco.

Cutter, W. J., Daly, E. M., Robertson, D. M. W., Chitnis, X. A., van Amelsvoort, T. A. M. J., & Simmons, A. (2006). Influence of X chromosome and hormones on human brain development: A magnetic resonance imaging and proton magnetic resonance spectroscopy study of Turner syndrome. *Biological Psychiatry, 59*, 273-283.

Czeizel, A. E., & Puho, E. (2005). Maternal use of nutritional supplements during the first month of pregnancy and decreased risk of Down's syndrome: Case-control study. *Nutrition, 21*, 698-704.

D'Onofrio, B. M., Turkheimer, E., Emery, R. E., Slutske, W. S., Heath, A. C., Madden, P. A., & Martin, N. G. (2006). A genetically informed study of the processes underlying the association between parental marital instability and offspring adjustment. *Developmental Psychology, 42*, 486-499.

Daley, A. J., Macarthur, C., & Winter, H. (2007). The role of exercise in treating postpartum depression: A review of the literature. *Journal of Midwifery and Women's Health, 52*, 56-62.

Damon, W. (1988). *The moral child.* New York: Free Press.

Davidson, R. J. (1994). Asymmetric brain function, affective style, and psychopathology: The role of early experience and plasticity. *Development and Psychopathology, 6*, 741-758.

de Haan, M., & Johnson, M. H. (2003). Mechanisms and theories of brain development. In M. de Haan & M. H. Johnson (Eds.), *The cognitive neuroscience of development* (pp. 1-18). Hove, UK: Psychology

Press.

de Weerd, A. W., & van den Bossche, A. S. (2003). The development of sleep during the first months of life. *Sleep Medicine Reviews, 7,* 179-191.

Dean, R. S., & Anderson, J. L. (1997). Lateralization of cerebral function. In A. M. Horton, Jr., D. Wedding, & J. Webster (Eds.), *The neuropsychology handbook: Vol. 1. Foundations and assessment* (2nd ed., pp. 139-168). New York: Springer.

Deary, I. J., Strand, S., Smith, P., & Fernandes, C. (2007). Intelligence and educational achievement. *Intelligence, 35,* 13-21.

Dempster, F. N. (1981). Memory span: Sources of individual and developmental differences. *Psychological Bulletin, 80,* 63-100.

Der, G., Batty, G. D., & Deary, I. J. (2006). Effect of breastfeeding on intelligence in children: Prospective study, sibling pairs analysis, and meta-analysis. *British Medical Journal, 333,* 945-950.

Derom, C., Thiery, E., Vietinck, R., Loos, R., & Derom, R. (1996). Handedness in twins according to zygosity and chorion type: A preliminary report. *Behavior Genetics, 26,* 407-408.

DeRosier, M. E., Cillessen, A. H. N., Coie, J. D., & Dodge, K. A. (1994). Group social context and children's aggressive behavior. *Child Development, 65,* 1068-1079.

DiLalla, L. F. (2000). Development of intelligence: Current research and theories. *Journal of School Psychology, 38,* 3-8.

Dodge, K. A., Coie, J. D., & Lynam, D. (2006). Aggression and antisocial behavior in youth. In N. Eisenberg (Ed.), *Handbook of child psychology: Vol. 3. Social, emotional, and personality development* (6th ed., pp. 719-788). New York: Wiley.

Doherty, N. N., & Hepper, P. G. (2000). Habituation in fetuses of diabetic mothers. *Early Human Development, 59,* 85-93.

Donnellan, M. B., Trzesniewski, K. H., Robins, R. W., Moffitt, T. E., & Caspi, A. (2005). Low self-esteem is related to aggression, antisocial behavior, and delinquency. *Psychological Science, 16,* 328-335.

Drewett, R. F., Corbett, S. S., & Wright, C. M. (2006). Physical and emotional development, appetite and body image in adolescents who failed to thrive as infants. *Journal of Child Psychology and Psychiatry, 47,* 524-531.

Duncan, G. J., & Magnuson, K. A. (2003). Off with Hollingshead: Socioeconomic resources, parenting, and child development. In M. H. Bornstein & R. H. Bradley (Eds.), *Socioeconomic status, parenting, and child development* (pp. 83-106). Mahwah, NJ: Erlbaum.

Dunham, P., & Dunham, F. (1996). The semantically reciprocating robot: Adult influences on children's early conversational skills. *Social Development, 5,* 261-274.

Dunn, J. (2002). Sibling relationships. In P. K. Smith & C. H. Hart (Eds.), *Blackwell handbook of childhood and social development* (pp. 223-237). Malden, MA: Blackwell.

Dunn, J. (2004). Sibling relationships. In F. K. Smith & C. H. Hart (Eds.), *Handbook of chilhood social development* (pp. 223-237). Malden, MA: Blackwell.

Dunn, J. (2007). Siblings and socialization. In J. E. Grusec & P. D. Hastings (Eds.), *Handbook of socialization.* New York: Guilford.

Dweck, C. S. (2002). Messages that motivate: How praise molds students' beliefs, motivation, and performance (in surprising ways). In J. Aronson (Ed.), *Improving academic achievement: Impact of psychological factors on education* (pp. 37-60). San Diego, CA: Academic Press.

Eccles, J. S., Freedman-Doan, C., Frome, P. Jacobs, J., & Yoon, K. S. (2000). Gender role socialization in the family: A longitudinal approach. In T. Eckes & H. M. Trautner (Eds.), *The developmental social psychology of gender* (pp. 333-360). Mahwah, NJ: Erlbaum.

Eisenberg, N. (1986). *Altruistic emotion, cognition, and behavior.* Hillsdale, NJ: Erlbaum.

Eisenberg, N., & Fabes, R. A. (1998). Prosocial development. In W. Damon (Series Ed.) & N. Eisenberg (Vol. Ed), *Handbook of child psychology: Vol. 3. Social, emotional, and personality development* (5th ed., pp. 701-778). New York: Wiley.

Eisenberg, N., Fabes, R. A., & Spinrad, T. L. (2006). Prosocial development. In W. Damon & R. Lerner (Eds.), *Handbook of child psychology* (6th ed.). New York: Wiley.

Eisenberg, N., Guthrie, I., Cumberland, A., Murphy, B. C., Shepard, S. A., Zhou, Q., & Carlo, G. (2002). Prosocial development in early adulthood: A longitudinal study. *Journal of Personality and Social Psychology, 82*, 993-1006.

Eisenberg, N., Sadovsky, A., Spinrad, T. L., Fabes, R. A., Losoya, S., & Valiente, C. (2005). The relations of problem behavior status to children's negative emotionality, effortful control, and impulsivity: Concurrent relations and prediction of change. *Developmental Psychology, 41*, 193-211.

Eisenberg, N., Spinrad, T., & Sadovsky, A. (2006). Empathy-related responding in children. In M. Killen & J. Smetana (Eds.), *Handbook of moral development.* Mahwah, NJ: Erlbaum.

Ekman, P. (2003). *Emotions revealed.* New York: Times Books.

Else-Quest, N. M., Hyde, J. S., Goldsmith, H. H., & Van Hulle, C. A. (2006). Gender differences in temperament: A meta-analysis. *Psychological Bulletin, 132*, 33-72.

Ennemoster, M., & Schneider, W. (2007). Relations of television viewing and reading: Findings from a 4-year longitudinal study. *Journal of Educational Psychology, 99*, 349-368.

Fagan, J. F. (1992). Intelligence: A theoretical viewpoint. *Current Directions in Psychological Science, 1*, 82-86.

Fantz, R. L. (1961). The origin of form perception. *Scientific American, 204*, 66-72.

Fantz, R. L. (1963). Pattern vision in newborn infants. *Science, 140*, 296-297.

Farroni, T., Csibra, G., Simion, F., & Johnson, M. H. (2002). Eye contact detection in humans from birth. *Proceedings of the National Academy of Sciences, 99*, 9602-9605.

Farroni, T., Massaccesi, S., Menon, E., & Johnson, M. H. (2007). Direct gaze modulates face recognition in young infants. *Cognition, 102*, 396-404.

Fear, N. T., Hey, K., Vincent, T., & Murphy, M. (2007). Paternal occupation and neural tube defects: A case-control study based on the Oxford Record Linkage Study register. *Pediatric and Perinatal Epidemiology, 21*, 163-168.

Feldman, R. (2006). From biological rhythms to social rhythms: Physiological precursors of mother-infant synchrony. *Developmental Psychology, 42*, 175-188.

Feldman, R., & Eidelman, A. I. (2007). Maternal postpartum behavior and the emergence of infant-mother and infant-father synchrony in preterm and full-term infants: The role of neonatal vagal tone. *Developmental Psychobiology, 49*, 290-302.

Fernyhough, C., & Fradley, E. (2005). Private speech on an executive task: Relations with task difficulty and task performance. *Cognitive Development, 20*, 103-120.

Field, T. M., Woodson, R., Greenberg, R., & Cohen, D. (1982). discrimination and imitation of facial expressions by neonates. *Science, 218*, 179-181.

Fingerman, K. L., Hay, E. L., & Berditt, K. S. (2004). The best of ties, the worst of ties: Close, problematic, and ambivalent social relationships. *Journal of Marriage and the Family, 66*, 792-808.

Fischer, K. W., & Bidell, T. R. (2006). Dynamic development of action and thought. In R. M. Lerner (Ed.), *Handbook of child psycholgoy: Vol. 1. Theoretical models of human development* (6th ed., pp. 313-399). Hoboken, NJ: Wiley.

FitzGerald, D. P., & White, K. J. (2003). Linking chidren's social worlds: Perspective-taking in parent-child and peer contexts. *Social Behavior and Personality, 31*, 509-522.

Fivush, R. (2001). Owning experience: Developing subjective perspective in autobiographical narratives. In C. Moore & K. Lemmon (Eds.), *The self in time: Developmental perspectives* (pp. 35-52). Mahwah, NJ: Erlbaum.

Flake, A. W. (2003). Surgery in the human fetus: The

future. *Journal of Physiology, 547*, 45-51.

Flynn, J. R. (1996). What environmental factors after intelligence: The relevance of IQ gains over time. In D. K. Detterman (Ed.), *Current topics in human intelligence: Vol. 5. The environment.* Norwood, NJ: Ablex.

Fogel, A., & Garvey, A. (2007). Alive communication. *Infant Behavior and Development, 30*, 251-257.

Forman, D. R., O'Hara, M. W., Larsen, K., Coy, K. C., Gorman, L. L., & Stewart, S. (2003). Infant emotionality: Observational methods and the validity of maternal reports. *Infancy, 4*, 541-565.

Fratelli, N., Papageorghiou, A. T., Prefumo, F., Bakalis, S., Homfray, T., & Thilaganathan, B. (2007). Outcome of prenatally diagnosed agenesis of the corpus callosum. *Prenatal diagnosis, 27*, 512-517.

Frederick, I. O., Williams, M. A., Sales, A. E., Martin, D. P., & Killien, M. (2007). Pre-pregnancy body mass index, gestational weight gain, and other maternal characteristics in relation to infant birth weight. *Maternal & Child Health Journal, 12*(5), 557-567.

Fretts, R. C., Zera, C., & Heffner, C. Z. (2008). Maternal age and pregnancy. In M. M. Haith & J. B. Benson (Eds.), *Encyclopedia of infancy and early childhood development.* London, UK: Elsevier.

Friedman, N. P., Haberstick, B. C., Willcutt, E. G., Miyake, A., Young, S. E., Corley, R. P., & Hewitt, J. K. (2007). Greater attention problems during childhood predict poorer executive functioning in late adolescence. *Psychological Science, 18*, 893-900.

Furman, W., & Buhrmester, D. (1992). Age and sex differences in perceptions of networks of personal relationships. *Child Development, 63*, 103-115.

Gardner, H. (1993). *Multiple intelligences: The theory in practice.* New York: Basic Books.

Gardner, H. E. (2000). *Intelligence reframed: Multiple intelligences for the twenty-first century.* New York: Basic Books.

Gardner, H., Phelps, E., & Wolf, D. (1990). The roots of adult creativity in children's symbolic products. In C. N. Alexander & E. J. Langer (Eds.), *Higher stages of human development: Perspectives on adult*

growth. New York: Oxford University Press.

Gee, C. L., & Heyman, G. D. (2007). Children's evaluations of other people's self-descriptions. *Social Development, 16*, 800-818.

Gelman, S. A., Heyman, G. D., & Legare, C. H. (2007). Developmental changes in the coherence of essentialist beliefs about psychological characteristics. *Child Development, 78*, 757-774.

Gerard, J. M., Krishnakumar, A., & Buehler, C. (2006). Marital conflict, parent-child relations, and youth maladjustment: A longitudinal investigation of spillover effects. *Journal of Family Issues, 27*, 951-975.

Giavecchio, L. (2001). *Sustained attention and receptive language in preschool Head Start story time.* Paper presented at the meeting of the Society for Research in Child Development, Minneapolis.

Gibbs, J. C. (2008). Moral development. In S. J. Lopez & A. Bevchamp (Eds.), *Encyclopedia of positive psychology.* Washinton, DC: American Psychological Association.

Gibbs, J. C., Basinger, K. S., Grime, R. L., & Snarey, J. R. (2007). Moral judgment development across cultures: Revisiting Kohlberg's universality claims. *Developmental Review, 27*, 443-500.

Gibson, E. J. (1969). *Principles of perceptual learning and development.* New York: Appleton Century-Crofts.

Gibson, E. J. (2003). The world is so full of a number of things: On specification and perceptual learning. *Ecological Psychology, 15*, 283-287.

Gibson, E. J., & Walk, R. D. (1960). The "visual cliff." *Scientific American, 202*, 64-71.

Giedd, J. N. (2008). The teen brain: Insights from neuroimaging. *Journal of Adolescent medicine, 42*, 353-343.

Girling, A. (2006). The benefits of using the Neonatal Behavioral Assessment Scale in health visiting practice. *Community Practice, 79*, 118-120.

Gleason, T. R. (2002). Social provisions of real and imaginary relationships in early childhood. *Devel-*

opmental Psychology, 38, 979-992.

Gogate, L. J., Bahrick, L. E., & Watson, J. D. (2000). A study of multimodal motherese: The role of temporal synchrony between verbal labels and gestures. *Child Development, 71*, 878-894.

Goldscheider, F., & Sassler, S. (2006). Creating stepfamilies: Integrating children into the study of union formation. *Journal of Marriage and the Family, 68*, 275-291.

Goldstein, S. E., & Tisak, M. S. (2004). Adolescents' outcome expectancies about relational aggression within acquintanceships, friendships, and dating relationships. *Journal of Adolescence, 27*, 283-302.

Golombok, S., MacCallum, F., & Goodman, E. (2001). The "test-tube" generation: Parent-child relationships and the psychological wellbeing of in vitro fertilization children at adolescence. *Child Development, 72*, 599-608.

Gonzalez, A. L., & Wolters, C. A. (2006). The relation between perceived parenting practices and achievement motivation in mathematics. *Journal of Research in Childhood Education, 21*, 203-217.

Good, T. L., & Brophy, J. (2003). *Looking in classrooms* (9th ed.). Boston: Allyn and Bacon.

Gotlib, I. H., Whiffen, V. E., Wallace, P. M., & Mount, J. (1991). Prospective investigation of postpartum depression: Factors involved in onset and recovery. *Journal of Abnormal Psychology, 100*, 122-132.

Gottesman, I. I. (1963). Genetic aspects of intelligent behavior. In N. R. Ellis (Ed.), *Handbook of mental deficiency* (pp. 253-296). New York: McGraw-Hill.

Gottesman, I. I. (1991). *Schizophrenia genesis: The origins of madness.* New York: W. H. Freeman.

Gottlieb, G. (1996). Developmental psychobiological theory. In R. B. Cairns, G. H. Elder, Jr., & E. J. Costello (Eds.), *Developmental science: Cambridge studies in social and emotional development* (pp. 63-77). New York: Cambridge University Press.

Gottlieb, G. (2003). On making behavioral genetics truly developmental. *Human Development, 46*, 337-355.

Gottlieb, G. (2005). *Unpublished review of J. W.*

Santrock's Topical approach in life span development (3rd ed.). New York: McGraw-Hill.

Gottlieb, G. (2007). Probalistic epigenesis. *Developmental Science, 10*, 1-11.

Gottlieb, G., Wahlsten, D., & Lickliter, R. (2006). The significance of biology for human development: A developmental psychological systems view. In W. Damon & R. Lerner (Eds.), *Handbook of child psychology* (6th ed.). New York: Wiley.

Graham, S. (2005, February 16). *Commentary in USA Today.* P. 2D.

Green, G. E., Irwin, J. R., & Gustafson, G. E. (2000). Acoustic cry analysis, neonatal status and long-term developmental outcomes. In R. G. Barr, B. Hopkins, & J. A. Green (Eds.), *Crying as a sign, a symptom and a signal* (pp. 137-156). Cambridge, UK: Cambridge University Press.

Greenfield, P. M., & Savage-Rumbaugh, E. S. (1993). Comparing communicative competence in child and chimp: The pragmatics of repetition. *Journal of Child Language, 20*, 1-26.

Greenough, A. (2007). Late respiratory outcomes after preterm birth. *Early Human Development, 83*, 785-788.

Griffiths, M. D. (1996). Behavioral addictions: Issue for everybody? *Journal of Workplace Learning, 8*(3), 19-25.

Gronau, R. C., & Waas, G. A. (1997). Delay of gratification and cue utilization: An examination of children's social information processing. *Merrill-Palmer Quarterly, 43*, 305-322.

Guilford, J. P. (1967). *The nature of human intelligence.* New York: McGraw-Hill.

Gunnar, M. R., & Cheatham, C. L. (2003). Brain and behavior interfaces: Stress and the developing brain. *Infant Mental Health Journal, 24*, 195-211.

Gunnar, M. R., & Vasquez, D. M. (2001). Low cortisol and a flattening of expected daytime rhythm: Potential indices of risk in human development. *Development and Psychopathology, 13*, 515-538.

Gutman, L. M., Sameroff, A. J., & Cole, R. (2003). Academic growth curve trajectories from 1st grade to 12th grade: Effects of multiple social risk factors and preschool child factors. *Developmental Psychology, 39*, 777-790.

Gwiazda, J., & Birch, E. E. (2001). Perceptual development: Vision. In E. B. Goldstein (Ed.), *Blackwell handbook of perception* (pp. 636-668). Oxford: Blackwell.

Hahn, C. S., & DiPietro, J. A. (2001). In vitro fertilization and the family: Quality of parenting, family functioning, and child psychosocial adjustment. *Developmental Psychology, 37*, 37-38.

Hahn, S., Zhong, X. Y., & Holzgreve, W. (2008). Recent progress in non-invasive prenatal diagnosis. *Seminars in Fetal and Neonatal Medicine, 13*, 57-62.

Hale, S. (1990). A global developmental trend in cognitive processing speed. *Child Development, 61*, 653-663.

Hammes, B., & Laitman, C. J. (2003). Diethylstilbestrol(DES) update: Recommendations for the identification and management of DES-exposed individuals. *Journal of Midwifery and Women's Health, 48*, 19-29.

Hannon, E. E., & Johnson, S. P. (2004). Infants use meter to categorize rhythms and melodies: Implications for musical structure learning. *Cognitive Psychology, 50*, 354-377.

Harlow, H. F., & Zimmerman, R. (1959). Affectional responses in the infant monkey. *Science, 130*, 421-432.

Harris, P. L. (2000). *The work of the imagination.* Oxford University Press.

Hart, C. H., Newwell, L. D., & Olsen, S. F. (2003). Parenting skills and social-communicative competence in childhood. In J. O. Greene & B. R. Burleson (Eds.), *Handbook of communication and social interaction skills* (pp. 753-797). Mahwah, NJ: Erlbaum.

Harter, S. (1985). *Self-Perception Profile for Children.* Denver: University of Denver, Department of Psychology.

Harter, S. (2006). The self. In N. Eisenberg (Ed.), *Handbook of child psychology: Vol. 3, Social, emotional, and personality development* (6th ed., pp. 505-570). Hoboken, NJ: Wiley.

Harter, S. (2006). The self. In W. Damon & R. Lerner (Eds.), *Handbook of child psychology* (6th ed.). New York: Wiley.

Hartup, W. W. (2006). Relationships in early and middle childhood. In A. L. Vangelisti & D. Perlman (Eds.), *Cambridge handbook of personal relationships* (pp. 177-190). New York: Cambridge University Press.

Hasebe, Y., Nucci, L., & Nucci, M. S. (2004). Parental control of the personal domain and adolescent symptoms of psychopathology: A cross-national study in the United States and Japan. *Child Development, 75*, 815-828.

Hastings, P. D., Utendale, W. T., & Sullivan, C. (2007). The socialization of prosocial development. In J. E. Grusec & P. D. Hastings (Eds.), *Handbook of socialization.* New York: Guilford.

Havighurst, R. J. (1972). *Developmental tasks and education* (3rd ed.). New York: Harper & Row.

Heimann, M., Strid, K., Smith, L., Tjus, T., Ulvund, S. E., & Melzoff, A. N. (2006). Exploring the relation between memory, gestural communication, and the emnergence of language in infancy: A longitudinal study. *Infant and Child Development, 15*, 233-249.

Helms, J. E. (1997). The triple quandary of race, culture, and social class in standardized cognitive ability testing. In D. P. Flanagan, J. Genshaft, & P. L. Harrison (Eds.), *Contemporary intellectual assessment: Theories, tests, and issues.* New York: Guilford.

Helwig, C. C. (2006). Rights, civil liberties, and democracy across cultures. In M. Killen & J. G. Smetana (Eds.), *Handbook of moral development* (pp. 185-210). Philadelphia: Erlbaum.

Herman-Giddens, M. E., Slora, E. J., Wasserman, R. C., Bourdony, C. J., Bhapkar, M. V., Koch, G. G., & Hasemeier, C. M. (1997). Secondary sexual characteristics and menses in young girls seen in office practice: A study from the Pediatric Research in Office Settings Network. *Pediatrics, 99*, 505-512.

Hetherington, E. M. (2006). The influence of conflict,

marital problem solving and parenting on children's adjustment in nondivorced, divorced, and remarried families. In A Clarke-Stewart & J. Dunn (Eds.), *Families count*. New York: Oxford University Press.

Heyes, C. (2005). Imitation by association. In S. Hurley & N. Chater (Eds.). *From neuroscience to social science: Vol. 1. Mechanisms of imitation and imitation in animals* (pp. 157-177). Cambridge, MA: MIT Press.

Heyman, G. D., & Legare, C. H. (2004). Children's beliefs about gender differences in the academic and social domains. *Sex Roles, 50*, 227-239.

Heyman, G. D., & Legare, C. H. (2005). Children's evaluation of sources of information about traits. *Developmental Psychology, 41*, 636-647.

Heyman, G. D., Fu, G., & Lee, K. (2007). Evaluating claims people make about themselves: The development of skepticism. *Child Development, 78*, 367-375.

Hilt, L. M. (2004). Attribution retaining for therapeutic change: Theory, practice, and future directions. *Imagination, Cognition and Personality, 23*, 289-307.

Hofferth, S. L., & Anderson, K. G. (2003). Are all dads equal? Biology versus marriage as a basis for paternal investment. *Journal of Marriage and the Family, 65*, 213-232.

Hogan, R. T., Harkness, A. R., & Lubinski, D. (2000). Personality and individual differences. In K. Pawlik & M. R. Rosensweig (Eds.), *International handbook of psychology* (pp. 283-304). London: Sage.

Holditch-Davis, D., Belyea, M., & Edwards, L. J. (2005). Prediction of 3-year developmental outcomes from sleep development over the preterm period. *Infant Behavior and Development, 79*, 49-58.

Holzman, L. (2009). *Vygotsky at work and play*. Oxford, UK: Routledge.

Horn, J. L., & Cattell, R. B. (1967). Age differences in fluid and crystallized intelligence. *Acta Psychologica, 26*, 107-129.

Horowitz, J. A., & Cousins, A. (2006). Postpartum depression treatment rates for at-risk women. *Nursing Research, 55*, (Suppl. 2), S23-S27.

Howe, M. L., & Courage, M. L. (1997). The emergence and early development of autobiographical memory. *Psychological Review, 104*, 499-523.

Howe, N., Aquan-Assee, J., & Bukowski, W. M. (2001). Predicting sibling relations over time: Synchrony between maternal magagement styles and sibling relationship quality. *Merrill-Palmer Quarterly, 47*, 121-141.

Howes, C., & Matheson, C. C. (1992). Sequences in the development of competent play with peers: Social and social pretend play. *Developmental Psychology, 28*, 961-974.

Hubbard, F. O. A., & van IJzendoorn, M. H. (1991). Maternal unresponsiveness and infant crying across the first 9 months: A naturalistic longitudinal study. *Infant Behavior and Development, 14*, 299-312.

Huesmann, L. R., Moise-Titus, J., Podolski, C., & Eron, L. D. (2003). Longitudinal relations between children's exposure to TV violence and their aggressive and violent behavior in young adulthood: 1977-1992. *Developmental Psychology, 39*, 201-221.

Hunnius, S., & Geuze, R. H. (2004). Developmental changes in visual scanning of dynamic faces and abstract stinmuli in infants: A longitudianl study. *Infancy, 6*, 231-255.

Huston, A. C., Wright, J. C., Marquis, J., & Green, S. B. (1999). How young children spend their time: Television and other activities. *Developmental Psychology, 35*, 912-925.

Huttenlocher, P. R., & Dabholkar, A. S. (1997). Regional differences in synaptogenesis in human cerebral cortex. *Journal of Comparative Neurology, 37* (2), 167-178.

Ito, A., Honmna, Y., Inamori, E., Yada, Y., Momoi, M. Y., & Nakamura, Y. (2006). Developmental outcome of very low birth weight twins conceived by assisted reproduction techniques. *Journal of Perinatology, 26*, 130-136.

Itti, E., Gaw, G. I. T., Pawlikowska-Haddal, A., Boone, K. B., Mlikotic, A., & Itti, L. (2006). The structural brain correlates of cognitive deficits in adults with Klinefelter's syndrome. *Journal of Clinical Endocrinoloigy and Matabolism, 91*, 1423-1427.

Jacobs, P. A., Burnton, M., & Melville, M. M. (1965). Aggressive behavior, mental subnormality and XYY male. *Nature, 208*, 1351-1352.

Jacobson, J. L., & Jacobson, S. W. (2002). Association of prenatal exposure to an environmental contaminant with intellectual function in childhood. *Journal of Toxicology-Clinical Toxicology, 40*, 467-475.

Jacobson, J. L., & Jacobson, S. W. (2003). Prenatal exposure to polychlorinated biphenyls and attention at school age. *Journal of Pediatrics, 143*, 780-788.

James, A. H., Brancazio, L. R., & Price, T. (2008). Aspirin and reproductive outcomes. *Obestetrical and Gynecological Survey, 63*, 49-57.

Jenkins, J. M., Rasbash, J., & O'Connor, T. G. (2003). The role of the shared family context in differential parenting. *Developmental Psychology, 39*, 99-113.

Johnson, J. S., & Newport, E. L. (1989). Critical period effects in second language learning: The influence of maturational state on the acquisition of English as a second language. *Cognitive Psychology, 21*, 60-99.

Johnson, J. S., & Newport, E. L. (1991). Critical period effects on universal properties of language: The status of subjacency in the acquisition of a second language. *Cognition, 39*, 215-258.

Johnson, S. (2007). Cognitive and behavioral outcomes following very preterm birth. *Seminars in Fetal and Neonatal Medicine, 12*, 363-373.

Johnson, S. P., Slemmer, J. A., & Amso, D. (2004). Where infants look determines how they see: Eye movements and object perception performance in 3-month-olds. *Infancy, 6*, 185-201.

Jolley, S. N., Ellmore, S., Barnard, K. E., & Carr, D. B. (2007). Dysregulation of the hypothalamic-pituitary-adrenal axis in postpartum depression. *Biological Research for Nursing, 8*, 210-222.

Kagan, J. (1994). *Galen's prophecy*. Nerw York: Basic Books.

Kagan, J. (1998). Biology and the child. In N. Eisenberg (Ed.), *Handbook of child psychology: Vol. 3. Social, emotional, and personality development* (5th ed., pp. 177-236). New York: Wiley.

Kagan, J. (2000). Temperament. In A. Kazdin (Ed.), *Encyclopedia of psychology*. Washington, DC., & New York: American Psychological Association and Oxford University Press.

Kagan, J. (2007). *What is emotion?* New Haven, CT: Yale University Press.

Kagan, J. (2009). Temperament. In R. E. Tremblay, DeV. Peters, M. Boivan, & R. G. Barr (Eds.), *Encyclopedia on early childhood development*. Montreal: Center of Excellence for Early Childhood Development.

Kail, R. V. (2007). Longitudinal evidence that increases in processing speed and working memory enhance children's reasoning. *Psychological Science, 18*, 312-313.

Kaitz, M., Lapidot, P., Bronner, R., & Eidelman, A. I. (1992). Parturient women recognize their infants by tough. *Developmental Psychology, 28*, 35-39.

Kanoy, K., Ulku-Steiner, B., Cox, M., & Burchinal, M. (2003). Marital relationship and individual psychological characteristics that predict physical punishment of children. *Journal of Family Psychology, 17*, 20-28.

Kaplow, J. B., & Widom, C. S. (2007). Age of onset of child maltreatment predicts long-term mental health outcomes. *Journal of Abnormal Psychology, 116*, 176-187.

Kaufman, A. S., & Kaufman, N. L. (1983). *Kaufman Assessment Battery for Children: Administration and scoring manual*. Circle Pines, MN: American Guidance Service.

Kaufman, A. S., & Lichtenberger, E. O. (2002). *Assessing adolescent and adult intelligence* (2nd ed.). Boston: Allyn and Bacon.

Kavanaugh, R. D. (2006). Pretend play. In B. Spodek & O. N. Saracho (Eds.), *Handbook of research on the education of young children* (2nd ed., pp. 269-278). Mahwah, NJ: Erlbaum.

Kavsek, M. (2004). Predicting later IQ from infant visual habituation and dishabituation: A meta-analysis. *Journal of Applied Developmental Psychology, 25*, 369-393.

Keen, R. (2005). *Unpublished review of J. W. Santrock's Topical life-span development* (3rd ed.), New York: McGraw-Hill.

Kelley, S. A., Brownell, C. A., & Campbell, S. B. (2000). Mastery motivation and self-evaluative affect in toddlers: Longitudinal relations with maternal behavior. *Child Development, 71*, 1061-1071.

Kellman, P. J., & Arteberry, M. E. (2006). Infant visual perception. In D. Kuhn & R. Siegler (Eds.), *Handbook of child psychology: Vol. 2. Cognition, perception, and languqge* (6th ed., pp. 109-160). Hoboken, NJ: Wiley.

Kelly, D. J., Liu, S., Ge, L., Quinn, P. C., Slater, A. M., Lee, K., Liu, Q., & Pascalis, O. (2007). Cross-race preferences for same-race faces extend beyond the African versus Caucasian contrast in 3-month-old infants. *Infancy, 11*, 87-95.

Kesler, S. R. (2007). Turner syndrome. *Child and Adolescent Psychiatric Clinics of North America, 16*, 709-722.

Kieras, J. E., Tobin, R. M., Graziano, W. G., & Rothbart, M. K. (2005). You can't always get what you want: Effortful control and children's responses to undesirable gifts. *Psychological Science, 16*, 391-396.

Klahr, D., & Nigam, M. (2004). The equivalence of learning paths in early science instruction: Effects of direct instruction and discovery learning. *Psychological Science, 15*, 661-667.

Klaus, M. H., & Kennell, J. H. (1976). *Maternal-infant bonding*. St. Louis: Mosby.

Klieger, C., Pollex, E., & Koren, G. (2008). Treating the mother-protecting the newborn: The safety of hypoglycemic drugs in pregnancy. *Journal of Maternal-Fetal and Neonatal Medicine, 21*, 191-196.

Klineberg, O. (1963). Negro-white differences in intelligence test performance: A new look at an old problem. *American Psychologist, 18*, 198-203.

Kochanska, G. (1997). Mutually responsive orientation between mothers and their young children: Implications for early socialization. *Child Development, 68*, 94-112.

Kochanska, G., & Aksan, N. (2006). Children's conscience and self-regulation. *Journal of Personality, 74*, 1587-1617.

Kochanska, G., & Aksan, N. (2007). Conscience in childhood: Past, present, and future. *Merrill-Palmer Quarterly, 50*, 299-310.

Kochanska, G., & Knack, A. (2003). Effortful control as a personality characteristic of young children: Antecedents, correlates, and consequences. *Journal of Personality, 71*, 1087-1112.

Kochanska, G., Aksan, N., & Carlson, J. J. (2005). Temperament, relationships, and young children's receptive cooperation with their parents. *Developmental Psychology, 41*(4), 648-660.

Kochanska, G., Aksan, N., & Koenig, A. L. (1995). A longitudinal study of the roots of preschoolers' conscience: Committed compliance and emerging internalization. *Child Development, 66*, 1752-1769.

Kochanska, G., Aksan, N., Prisco, T. R., & Adams, E. E. (2008). Mother-child and father-child mutually responsive orientation in the first two years and children's outcomes at preschool age: Mechanisms of influence. *Child Development, 79*, 30-44.

Kochanska, G., Murray, K., & Coy, K. C. (1997). Inhibitory control as a contributor to conscience in childhood: From toddler to early school age. *Child Development, 68*, 263-277.

Kohlberg, L. (1986). A current statement on some theoretical issues. In S. Modgil & C. Modgil (Eds.), *Lawrence Kohlberg*. Hpiladelphia: Falmer.

Koukoura, O., Sifakis, S., Stratoudakis, G., Manta, N., Kaminopetros, P., & Koumantakis, E. (2006). A case report of recurrent anencephaly and literature review. *Clinical and Experimental Obstetrics and Gynecology, 33*, 185-189.

Kramer, L. (2006). Commentary in "How your siblings make you who are" by J. Kluger, *Time*, pp. 46-55.

Krebs, D., & Gillmore, J. (1982). The relationship among

the first stages of cognitive development, role-taking abilities, and moral development. *Child Development, 53*, 877-886.

Krishnamoorthy, J. S., Hart, C., & Jelalian, E. (2006). The epidemic of childhood obesity: Review of research and implications for public policy. *Social Policy Report of the Society for Research in Child Development, 9*(2), 72-89.

Kuhl, P. K. (2007). Is speech learning "gated" by the social brain? *Developmental Science, 10*, 110-120.

Kunzinger, E. L. III. (1985). A short-term longitudinal study of memorial development during early grade school. *Developmental Psychology, 21*, 642-646.

Ladd, G. W., LeSieur, K., & Profilet, S. M. (1993). Direct parental influences on young children's peer relations. In S. Duck (Ed.). *Learning about relationships* (Vol. 2, pp. 152-183). Londonb: Sage.

Laible, D. (2007). Attachment with parents and peers in late adolescence: Links with emotional competence and social behavior. *Personality and Individual Differences, 43*, 1185-1197.

Laible, D., & Song, J. (2006). Constructing emotional and relational understanding: The role of affect and mother-child discourse. *Merrill-Palmer Quarterly, 52*, 44-69.

Lamarche, V., Brendgen, M., Boivin, M., Vitaro, F., Perusse, D., & Dionne, G. (2006). Do friendships and sibling relationships provide protection against peer victimization in a similar way? *Social Development, 15*, 373-393.

Lansford, J. E., Malone, P. S., Castellino, D. R., Dodge, K. A., Pettit, G., & Bates, J. E. (2006). Trajectories of internalizing, externalizing, and grades for children who have and have not experienced their parents' divorce or separation. *Journal of Family Psychology, 20*, 292-301.

Lavelli, M., & Fogel, A. (2005). Developmental changes in the relationship between the infant's attention and emotion during early face-to-face communication: The 2-month transition. *Developmental Psychology, 41*, 265-280.

Leaper, C. (1991). Influence and involvement in children's discourse: Age, gender, and parterner effects. *Child Development, 62*, 797-811.

Lenders, C. M., McElrath, T. F., & Scholl, T. O. (2000). Nutrition in pregnancy. *Current Opinions in Pediatrics, 12*, 291-296.

Lengua, I. J., Wolchik, S., Sandler, I. N., & West, S. G. (2000). The additive and interactive effects of parenting and temperament in predicting problems of children of divorce. *Journal of Clinical Psychology, 29*, 232-244.

Lennon, E. M., Gardner, J. M., Karmel, B. Z., & Flory, M. J. (2008). Bayley Scales of Infant Development. In M. M. Haith & J. B. Benson (Eds.), *Encyclopedia of infant and early childhood development*. Oxford, UK: Elsevier.

Leonardi-Bee, J. A., Smyth, A. R., Britton, J., & Coleman, T. (2008). Environmental tobacco smoke on fetal health: Systematic review and analysis. *Archives of Disease in Childhood: Fetal and Neonatal Edition, 93*(5), 351-361.

Lerner, R. (1995). *America's Youth in Crisis*. Sage Publications, Inc.

Levine, L. J. (1995). Young children's understanding of the causes of anger and sadness. *Child Development, 66*, 697-709.

Levy-Shiff, R., Goldschmidt, I., & Har-Even, D. (1991). Transition to parenthood in adoptive families. *Developmental Psychology, 27*, 131-140.

Lewis, M., & Brooks-Bunn, J. (1979). *Social cognition and the aquisition of self*. New York: Plenum.

Lewis, M., Sullivan, M. W., & Ramsay, D. S. (1992). Individual differences in anger and sad expressions during extinction: Antecedents and consequences. *Infant Behavior and Development, 15*, 443-452.

Liben, L. S., & Bigler, R. S. (2002). The developmental course of gender differentiation: Conceptualizing, measuring, and evaluating constructs and pathways. *Monographs of the Society for Research in Child Development, 67*(2, Serial No. 269).

Liben, L. S., Bigler, R. S., & Krogh, H. R. (2002). Language at work: Children's gendered interpretations of occupational titles. *Child Development, 73*, 810-

828.

Lidral, A. C., & Murray, J. C. (2005). Genetic approaches to identify disease genes for birth defects with cleft lip/palate as a model. *Birth Defects Research, 70,* 893-901.

Li-Grining, C. P. (2007). Effortful control among low-income preschoolers in three cities: Stability, change, and individual differences. *Developmental Psychology, 43,* 208-221.

Lindberg, M. A., Keiffer, J., & Thomas, S. W. (2000). Eyewitness testimony for physical abuse as a function of personal experience, development, and focus of study. *Journal of Applied Developmental Psychology, 21,* 555-591.

Lindsey, E. W., & Colwell, M. J. (2003). Preschoolers' emotional competence: Links to pretend and physical play. *Child Study Journal, 33,* 39-52.

Liu, J., Raine, A., Venables, P. H., Dalais, C., & Mednick, S. A. (2003). Malnutrition at age 3 years and lower cognitive ability at age 11 years. *Archives of Paediatric and Adolescent Medicine, 157,* 593-600.

Loebel, M., & Yali, A. M. (1999). *Effects of positive expectancies on adjustments to pregnancy.* Paper presented at the meeting of the American Psychological Association, Boston.

Lonigan, C. J., & Whitehurst, G. J. (1998). Relative efficacy of parent and teacher involvement in a shared-reading intervention for preschool children from low-income backgrounds. *Early Childhood Research Quarterly, 13,* 263-290.

Loock, C., Conry, J., Cook, J. L., Chudley, A. E., & Rosales, T. (2005). Identifying fetal alcohol spectrum disorder in primary care. *Canadian Medical Association Journal, 172,* 628-630.

Lorenz, K. Z. (1952). *King Solomon's ring.* New York: Crowell.

Lubart, T. I. (1994). Creativity. In R. J. Sternberg (Ed.), *Thinking and problem solving* (pp. 289-332). San Diego: Academic Press.

Lucariello, J., Kyratzis, A., & Nelson, K. (1992). Taxonomic knowledge: What kind and when? *Child Development, 63,* 978-998.

Lucas-Thompson, R., & Clarke-Stewart, K. A. (2007). Forecasting friendship: How marital quality, maternal mood, and attachment security are linked to children's peer relationships. *Journal of Applied Developmental Psyhology, 28,* 499-514.

Luthar, S. S., & Latendresse, S. J. (2005a). Children of the affluent: Challenges to well-being. *Current Directions in Psychological Science, 14,* 49-53.

Luthar, S. S., & Latendresse, S. J. (2005b). Comparable "risks" at the socioeconomic status extremes: Preadolescents' perceptions of parenting. *Development and Psychopathology, 17,* 207-230.

Lyon-Ruth, K., & Block, D. (1996). The disturbed caregiving system: Relations among childhood trauma, maternal caregiving, and infant affect and attachment. *Infant Mental Health Journal, 17,* 257-275.

Maccoby, E. E., & Martin, J. A. (1983). Socialization in the context of the family. In E. M. Hetherington (Ed.), *Handbook of child psychology: Vol. 4. Socialization, personality, and social development* (pp. 1-101). New York: Wiley.

Maccoby, E. E. (1998). *The two sexes: Growing up apart, coming together.* Cambridge, MA: Belknap/Harvard University Press.

Maccoby, E. E. (2002). Gender and group process: A developmental perspective. *Current Directions in Psychological Science, 11,* 54-58.

Mackie, S., Show, P., Lenroot, R., Pierson, R., Greenstein, D. K., & Nugent, T. F. III. (2007). Cerebellar development and clinical outcome in attention deficit hyperactivity disorder. *American Journal of Psychiatry, 164,* 647-655.

Maconochie, N., Doyle, P., Prior, S., & Simmons, R. (2007). Risk factors for first trimester miscarriage-results from a Uk-population-based case control study. *British Journal of Obstetrics and Gynecology, 114,* 170-176.

Main, M., & Solomon, J. (1990). Procedures for identifying infants as disorganized/disoriented during the Ainsworth Strange Situation. In M. Greenberg, D., Cicchetti, & M. Cummings (Eds.), *Attachment in the preschool years: Theory, research, and intervention* (pp. 121-160). Chicago: University of Chicago

Press.

Majdanzic, M., & van den Boom, D. C. (2007). Multi-method longitudinal assessment of temperament in early childhood. *Journal of Personality, 75*, 121-167.

Malamitsi-Puchner, A., & Boutsikou, T. (2006). Adolescent pregnancy and prerinatal outcome. *Pediatric Endocrinology Reviews, 3*, 170-171.

Malina, R. M., & Bouchard, C. (1991). *Growth, maturation and physical activity.* Champaign, IL: Human Kinetics.

Mandler, J. M. (2000). *Unpublished review of J. W. Santrock's Life-span development*, 8th ed. New York: McGraw-Hill.

Marcus, G. F., Vijayan, S., Rao, S. B., & Vishton, P. M. (1999). Rule learning by seven-month-old infants. *Science, 283*, 77-80.

Markova, G., & Legerstee, M. (2006). Contingency, imitation, and affect sharing: Foundations of infants' social awareness. *Developmental Psychology, 42*, 132-141.

Markovits, H., Benenson, J., & Dolensky, E. (2001). Evidence that children and adolescents have internal models of peer interactions that are gender differentiated. *Child Development, 72*, 879-886.

Marsh, H. W., Craven, R., & Debus, R. (1998). Structure, stability, and development of young children's self-concepts: A multi-cohort-multioccasion study. *Child Development, 69*, 1030-1053.

Martin, C. L., & Fabes, C. A. (2001). The stability and consequences of young children's same-sex peer interactions. *Developmental Psychology, 37*, 431-446.

Martin, C. L., & Halverson, C. F., Jr. (1987). The role of cognition in sex role acquisition. In D. B. Carter (Ed.), *Current conceptions of sex roles and sex typing: Theory and research* (pp. 123-137). New York: Praeger.

Martin, C. L., & Ruble, D. (2004). Children's search for gendercues: Cognitive perspective on gender developlment. *Current Directions in Psychological Science, 13*, 67-70.

Martin, C. L., Eisenbud, L., & Rose, H. (1995). Children's gender-based reasoning about toys. *Child Development, 66*, 1453-1471.

Martin, C. L., Ruble, D. N., & Szkrybalo, J. (2002). Cognitive theories of early gender development. *Psychological Bulletin, 128*, 903-933.

Martins, P. A., Hoffman, D. J., Fernandes, M. T., Nascimento, C. R., Roberts, S. B., Sesso, R., & Sawaya, A. L. (2004). Stunted children gain less lean body mass and more fat mass than their non-stunted counterparts: A prospective study. *British Journal of Nutrition, 92*, 819-825.

Mayer, R. E. (2008). *Learning and instruction* (2nd ed.). Upper Saddle River, NJ: Prentice Hall.

McAlister, A., & Peterson, C. (2007). A longitudinal study of child siblings and theory of mind development. *Cognitive Development, 22*, 258-270.

McCall, R. B. (1993). Developmental functions for general mental performance. In D. K. Detterman (Ed.), *Current topics in human intelligence* (Vol. 3, pp. 3-29). Norwood, NJ: Ablex.

McCartney, K., Owen, M., Booth, C., Clarke-Stewart, A., & Vandell, D. (2004). Testing a maternal attachment and model of behavior problems in early childhood. *Journal of Child Psychology and Psychiatry, 45*, 765-778.

McDougall, P., & Hymel, S. (2007). Same-gender versus cross-gender friendship conceptions. *Merrilll-Palmer Quarterly, 53*, 347-380.

McElwain, N. L., & Booth-LaForce, C. (2006). Maternal sensitivity to infant distress and nondistress as predictors of infant-mother attachment security. *Journal of Family Psychology, 20*, 247-255.

McGillicuddy-De Lisi, A. V., Watkins, C., & Vinchur, A. J. (1994). The effect of relationship on children's distributive justice reasoning. *Child Development, 65*, 1694-1700.

McMillen, I. C., MacLaughlin, S. M., Muhlhausler, B. S., Gentili, S., Duffield, J. L., & Morrison, J. L. (2008). Developmental origins of adult health and disease: The role of periconceptional and fetal nutrition. *Basic and Clinical Pharmacology and Toxicology,*

102, 82-89.

Meltzoff, A. N. (2007). 'Like me': A foundation for social cognition. *Developmental Science, 10*, 126-134.

Meltzoff, A. N. (2008). Unpublished review of J. W. Santrock's *Life-Span Development*(12th ed.). New York: McGraw-Hill.

Meltzoff, A. N., & Decety, J. (2003). What imitation tells us about social cognition: A rapprochement between developmental psychology and cognitive neuroscience. *Philosophical Transactions of the Royal Society of London, Series B, Biological Sciences, 358*, 491-500.

Meltzoff, A. N., & Moore, M. K. (1992). Early imitation within a functional framework: The importance of person identity, movement, and development. *Infant Behavior and Development, 15*, 479-505.

Melzi, G., & Ely, R. (2009). Language development in the school years. In J. B. Gleason & N. B. Ratner (Eds.), *The development of language* (7th ed., pp. 391-435). Boston: Allyn and Bacon.

Menendez, M. (2005). Down syndrome, Alzheimer's disease, and seizures. *Brain and Development, 27*, 246-252.

Milevsky, A., Schlechter, M., Netter, S., & Keehn, D. (2007). Maternal and paternal parenting styles in adolescents: Associations with self-esteem, depression, and life satisfaction. *Journal of Child and Family Studies, 16*, 39-47.

Misailidi, P. (2006). Young children's display rule knowledge: Understanding the distinction between apparent and real emotions and the motives underlying the use of display rules. *Social Behavior and Personality, 34*, 1285-1296.

Mischel, W. (1996). From good intentions to willpower. In P. M. Gollwitzer & J. A. Bargh (Eds.), *The psychology of action* (pp. 197-218). New York: Guilford.

Mitchell, A., & Boss, B. J. (2002). Adverse effects of pain on the nervous systems of newborns and young children: A review of the literature. *Journal of Neuroscience Nursing, 34*, 228-235.

Mize, J., & Pettit, G. S. (1997). Mother's social coaching, mother-child relationship style, and children's peer competence: Is the medium the message? *Child Development, 68*, 312-332.

Moore, K. L., & Persaud, T. V. N. (2008). *Before we are born* (7th ed.). Philadelphia: Saunders.

Moore, M. K., & Meltzoff, A. N. (2008). Factors affecting infants' manual search for occluded objects and the genesis of object permanence. *Infnat Behavior and Development, 31*, 168-180.

Morgan, C. D., & Murray, H. A. (1995). A method for investigating fantasies. *Archives of Neurological Psychiatry, 34*, 289-306.

Moses, L, J., Baldwin, D. A., Risicky, J. G., & Tidball, G. (2001). Evidence for referential understanding in the emotions domain at twelve and eighteen months. *Child Development, 72*, 718-735.

Moulson, M. C., & Nelson, C. A. (2008). Neurological development. In M. M. Haith & J. B. Benson (Eds.), *Encyclopedia of infancy and early childhood*. Oxford, UK: Elsevier.

Moulson, M. C., & Nelson, C. A. (2008). Neurological development. In M. M. Haith & J. B. Benson (Eds.), *Encyclopedia of infancy and early childhood*. Oxford, UK: Elsevier.

Müller, U., Overton, W. F., & Reese, K. (2001). Development of conditional reasoning: A longitudinal study. *Journal of Cognition and Development, 2*, 27-49.

MuGuffin, P., & Sargeant, M. P. (1991). Major affective disorder. In P. McGuffin & R. Murray (Eds.), *The new genetics of mental illness* (pp. 165-181). London: Butterworth-Heinemann.

Mulvaney, M. K., & Mebert, C. J. (2007). Parental corporal punishment predicts behavior problems in early childhood. *Journal of Family Psychology, 21*, 389-397.

Mumme, D. L., Bushnell, E. W., DiCorcia, J. A., & Larviere, L. A. (2007). Infants' use of gaze cues to interpret others' actions and emotional reactions. In R. Flom, K. Lee, & D. Muir (Eds.), *Gaze-following: Its development and significance* (pp. 143-

170). Mahwah, NJ: Erlbaum.

Munakata, Y. (2006). Information processing approaches to development. In W. Damon & R. Lerner (Eds.), *Handbook of child psychology* (6th ed.). New York: Wiley.

Munroe, R. L., & Romney, A. K. (2006). Gender and age differences in same-sex aggregation and social behavior. *Journal of Cross-Cultural Psychology, 37*, 3-19.

Naigles, L. G., & Gelman, S. A. (1995). Overextensions in comprehension and production revisited: Preferential-looking in a study of dog, cat, and cow. *Journal of Child Language, 22*, 19-46.

Nanez, J., & Yonas, A. (1994). Effects of luminance and texture motion on infant defensive reactions to optical collision. *Infant Behavior and Development, 17*, 165-174.

Narberhause, A., Segarra, D., Caldu, X., Gimenez, M., Pueyo, R., Botet, F., & Junque, C. (2008). Corpus callosum and prefrontal functions in adolescents with history of very preterm birth. *Neuropsychologia, 46*, 111-116.

Narvaez, D., & Lapsley, D. (Eds.). (2009). *Moral personality, identity, and character: An interdisciplinary future.* New York: Cambridge University Press.

Nelson, K. (1993). The psychological and social origins of autobiographical memory. *Psychological Science, 1*, 1-8.

Nelson, C. A. (2001). The development and neural bases of face recognition. *Infant and Child Development, 10*, 3-18.

Nelson, C. A. (2002). Neural development and lifelong plasticity. In R. M. Lerner, F. Jacobs, & D. Wertlieb (Eds.), *Handbook of applied developmental science* (Vol. 1, pp. 31-60). Thousand Oak, CA: Sage.

Nelson, K., Hampson, J., & Shaw, L. K. (1993). Nouns in early lexicons: Evidence, explanations, and implications. *Journal of Child Language, 20*, 61-84.

Neville, H. J. (2006). Different profiles of plasticity within human cognition. In Y. Munakata & M. H. Johnson (Eds.), *Attention and Performance XXI: Processes of change in brain and cognitive develop-*

ment. Oxford, UK: Oxford University Press.

NICHD Early Child Care Research Network. (2005). *Child care and development.* New York: Guilford.

Nichols, K. E., Fox, N., & Muncy, P. (2005). Joint attention, self-recognition, and neurocognitive function in toddlers. *Infancy, 7*, 35-51.

Norbury, G., & Norbury, C. J. (2008). Noninvasive prenatal diagnosis of single gene disorders: How close are we? *Seminars in Fetal and Neonatal Medicine, 13*, 76-83.

Nucci, L. P. (2002). The development of moral reasoning. In U. Goswami (Ed.), *Blackwell handbook of childhood cognitive development* (pp. 303-325). Malden, MA: Balckwell.

Nucci, L. P. (2005). Culture, context, and the psychological sources of human rights concepts. In W. Edelstein & G. Nunner-Winkler (Eds.), *Morality in context* (pp. 365-394). Amsterdam, Netherlands: Elsevier.

O' Neill, M., Bard, K. A., Kinnell, M., & Fluck, M. (2005). Maternal gestures with 20-month-old infants in two contexts. *Developmental Science, 8*, 352-359.

Oberlander, T. F., Bonaguro, R. J., Misri, S., Papsdorf, M., Ross, C. J., & Simpson, E. M. (2008). Infant serotonin transporter (SLC6A4) promoter genotype is associated with adverse neonatal outcomes after prenatal exposure to serotonin reuptake inhibitor medications. *Molecular Psychiatry, 13*, 65-73.

Ornstein, P. A., & Haden, C. A. (2001). False childhood memories and eyewitness suggestibility. In M. L. Eisen, J. A. Quas, & G. S. Goodman (Eds.), *Memory and suggestibility in the forensic interview.* Mahwah, NJ: Erlbaum.

Orobio de Castro, B., Veerman, J. W., Koops, W., Bosch, J. D., & Monshouwer, H. J. (2002). Hostile attribution of intent and aggressive behavior: A meta-analysis. *Child Development, 73*, 916-934.

Osvath, P., Voros, V., & Fekete, S. (2004). Life events and psychopathology in a group of suicide attempters. *Psychopathology, 37*, 36-40.

Palomaki, G. E., Steinort, K., Knight, G. J., & Haddow, J. E. (2006). Comparing three screening strategies for combining first-and second-trimester Down syndrome markers. *Obstetrics and Gynecology, 107,* 1170.

Papousek, M. (2007). Communication in early infancy: An arena of intersubjective learning. *Infant Behavior and Development, 30,* 258-266.

Parke, R. D., & Buriel, R. (2006). Socialization in the family: Ethnic and ecological perspectives. In J. Eisenberg (Ed.), *Handbook of child psychology: Vol. 3, Social, emotional, and personality development* (6th ed., pp. 429-504). Hoboken, NJ: Wiley.

Parke, R. D., Leidy, M. S., Schofield, T. J., Miller, M. A., & Morris, K. L. (2008). Socialization. In M. M. Haith & J. B. Benson (Eds.), *Encyclopedia of infant and early childhood development.* Oxford, UK: Elsevier.

Parten, M. (1932). Social participation among preschool children. *Journal of Abnormal and Social Psychology, 27,* 243-269.

Paulhus, D. L. (2008). Birth order. In M. M. Haith & J. B. Benson (Eds.), *Encyclopedia of infant and early childhood development.* Oxford, UK: Elsevier.

Penny, H., & Haddock, G. (2007). Anti-fat prejudice among children: The 'mere proximity' effect in 5-10 year olds. *Journal of Experimental Social Psychology, 43,* 678-683.

Pfeifer, M., Goldsmith, H. H., Davidson, R. J., & Richman, M. (2002). Continuity and change in inhibited and uninhibited children. *Child Development, 73,* 1474-1485.

Piaget, J. (1932). *The moral judgment of the child.* New York: Harcourt Brace Jovanovich.

Piaget, J. (1950). *The psychology of intelligence.* New York: International Universities Press.

Piaget, J. (1967). *Six psychological studies.* New York: Vintage.

Pipp, S., Easterbrooks, M. A., & Harmon, R. J. (1992). The relation between attachment and knowledge of self and mother in one-year-old infants to three-year-old infants. *Child Development, 63,* 738-750.

Plomin, R. (1990). *Nature and nurture: An introduction to behavior genetics.* Pacific Grove, CA: Brooks/Cole.

Plomin, R. (2004). Genetics and developmental psychology. *Merrill-Palmer Quarterly, 50,* 341-352.

Plomin, R., DeFries, J. C., McClearn, G. E., & McGuffin, P. (2001). *Behavioral genetics* (4th ed.). New York: Worth.

Pons, F., Lawson, J., Harris, P. L., & de Rosnay, M. (2003). Individual differences in children's emotion understanding: Effects of age and language. *Scandinavian Journal of Psychology, 44,* 347-353.

Posada, G., Carbonell, O. A., Alzate, G., & Plata, S. J. (2004). Through Colombian lenses: Ethnographic and conventional analyses of maternal care and their associations with secure base behavior. *Developmental Psychology, 40,* 508-518.

Powls, A., Botting, N., Cooke, R. W. I., & Marlow, N. (1996). Handedness in very-low-birth-weight (VLBW) children at 12 years of age: Relation to perinatal and outcome variables. *Developmental Medicine and Child Neurology, 38,* 594-602.

Pressley, M. (2003). Psychology of literacy and literacy instruction. In I. B. Weiner (Ed.), *Handbook of psychology* (Vol. 7). New York: Wiley.

Pressley, M., Cariligia-Bull, T., Deane, S., & Schneider, W. (1987). Short-term memory, verbal competence, and age as predictors of imagery instructional effectiveness. *Journal of Experimental Child Psychology, 43,* 194-211.

Putallaz, M., Grimes, C. L., Foster, K. J., Kupersmidt, J. B., Coie, J. D., & Dearing, K. (2007). Overt and relational aggression and victimization: Multiple perspectives within the school setting. *Journal of School Psychology, 45,* 523-547.

Raikes, H. A., & Thompson, R. A. (2006). Family emotional climate, attachment security, and young children's emotion knowledge in a high-risk sample. *British Journal of Developmental Psychology, 24,* 89-104.

Ramsey-Rennels, J. L., & Langlois, J. H. (2006). Differential processing of female and male faces. *Current Directions in Psychological Science, 15,* 59-62.

Ramus, F. (2002). Language discrimination by newborns: Teasing apart phonotactic, rhythmic, and intonational cues. *Annual Review of Language Acquisition, 2*, 85-115.

Rasmussen, E. R., Neuman, R. J., Heath, A. C., Levy, F., Hay, D. A., & Todd, R. D. (2004). Familial clustering of latent class and DSM-IV defined attention-deficit hyperactivity disorder (ADHD) subtypes. *Journal of Child Psychology and Psychology, 45*, 589-598.

Repacholi, B. M., & Gopnik, A. (1997). Early reasoning about desire: Evidence from 14- and 18-month-olds. *Developmental Psychology, 33*, 12-21.

Reyna, V. F., & Rivers, S. E. (2008). Current theories of risk and decision making. *Developmental Review, 28*, 1-11.

Rideout, V., & Hamel, E. (2006). *The media family: Electronic media in the lives of infants, toddlers, preschoolers and their parents*. Menlo Park, CA: Henry J. Kaiser Family Foundation.

Riley, E. P., McGee, C. L., & Sowell, E. R. (2004). Teratogenic effects of alcohol: A decade of brain imaging. *American Journal of Medical Genetics: Part C, Seminars in Medical Genetics, 127*, 35-41.

Rizzolatti, G., & Craighero, L. (2004). The mirror-neuron system. *Annual Review of Neuroscience, 27*, 169-192.

Robins, R. W., Trzesniewski, K. H., Tracy, J. L., Gosling, S. D., & Potter, J. (2002). Golbal self-esteem across the life span. *Psychology and Aging, 17*, 423-434.

Rogoff, B. (1998). Cognition as a collaborative process. In D. Kuhn & R. S. Siegler (Eds.), *Handbook of child psychology: Vol. 2. cognition, perception and language* (5th ed., pp. 6789-744). New York: Wiley.

Rogoff, B., & Chavajay, P. (1995). What's become of research on the cultural basis of cognitive development? *American Psychologist, 50*, 859-877.

Roid, G. (2003). *The Stanford-Binet Intelligence Scales, fifth edition, Interpretive manual*. Itasca, IL: Riverside Publishing.

Roizen, N. J., & Patterson, D. (2003). Down's syndrome. *Lancet, 361*, 1281-1289.

Rönnqvist, L., & Domellof, E. (2006). Quantitative assessment of right and left reaching movements in infants: A longitudinal study from 6 to 36 months. *Developmental Psychobiology, 48*, 444-459.

Rothbart, M. K. (2004). Temperament and the pursuit of an integrated developmental psychology. *Merrill-Palmer Quarterly, 50*, 492-505.

Rothbart, M. K. (2009). Early temperament and psychosocial development. In R. E. Tremblay, DeV. Peters, M. Boivan, & R. G. Barr (Eds.), *Encyclopedia on early childhood development*. Montreal: Center of Excellence for Early Childhood Development.

Rothbart, M. K., & Bates, J. E. (2006). Temperament. In W. Damon & R. Lerner (Eds.), *Handbook of child psychology* (6th ed.). New York: Wiley.

Rovee-Collier, C. (1997). dissociations in infant memory: Rethinking the development of implicit and explicit memory. *Psychological Review, 104*, 467-498.

Rovee-Collier, C. (2007). The development of infant memory. In N. Cowan & M. Courage (Eds.), *The development of memory in childhood*. Philadelphia: Psychology Press.

Roza, S. J., Verburg, B. O., Jaddoe, V. W., Hofman, A., Mackenbach, J. P., Steegers, E. A., Witteman, J. C., Verhulst, F. C., & Tiemeir, H. (2007). Effects of maternal smoking in pregnancy on prenatal brain development: The Generation R study. *European Journal of Neuroscience, 25*, 611-617.

Rubin, K. H., Fein, G. G., & Vandenberg, B. (1983). Play. In E. M. Hetherington (Ed.), *Handbook of child psychology: Vol. 4, Socialization, personality and social development* (4th ed., pp. 693-744). New York: Wiley.

Ruble, D. N., Martin, C. L., & Berenbaum, S. A. (2006). Gender development. In N. Eisenberg (Ed.), *Handbook of child psychology: Vol. 3. Social, emotional, and personality development* (6th ed., pp. 226-299). Hoboken, NJ: Wiley.

Ruble, D. N., Taylor, L. J., Cyphers, L., Greulich, F. K., Lurye, L. E., & Shrout, P. E. (2007). The role of gender constancy in early gender development. *Child Development, 78*, 1121-1136.

Rudy, D., & Grusec, J. E. (2006). Authoritarian parenting in individualist and collectivist groups: Associations with maternal emotion and cognition and children's self-esteem. *Journal of Family Psychology, 20*, 68-78.

Ruffman, T., Slade, L., & Crowe, E. (2002). The relation between children's and mothers' mental state language and theory-of-mind understanding. *Child Development, 73*, 734-751.

Rust, J., Golombok, S., Hines, M., Johnston, K. Golding, J., & the ALSPAC Study Team. (2000). The role of brothers and sisters in the gender development of preschool children. *Journal of Experimental Child Psychology, 77*, 292-303.

Rutter, M. (2006). *Genes and behavior: Nature-nurture interplay explained.* Malden, MA: Balckwell.

Saarni, C. (2000). Emotional competence: A developmental perspective. In R. Bar-On & J. D. A. Parker (Eds.), *Handbook of emotional intelligence* (pp. 68-91). San Francisco: Jossey-Bass.

Saarni, C., Campos, J. J., Camras, L. A., & Witherington, D. (2006). Emotional development: Action, communication, and understanding. In N. Eisenberg (Ed.), *Handbook of child psychology: Vol. 3. Social, emotional, and personality development* (6th ed., pp. 226-299). Hoboken, NJ: Wiley.

Sagara-Rosemeyer, M., & Davies, B. (2007). The integration of religious traditions in Japanese Children's View of Death and Afterlife. *Death Studies, 31*, 223-247.

Salapatek, P. (1975). Pattern perception in early infancy. In L. B. Cohen & P. Salapatek (Eds.), *Infant perception: From sensation to cognition* (pp. 133-248). New York: Academic Press.

Salbe, A. D., Weyer, C., Harper, I., Lindsay, R. S., Ravussin, E., & Tataranni, P. A. (2002). Assessing risk factors for obesity between childhood and adolescence: II. Energy metabolism and physical activity, *Pediatrics, 110*, 307-314.

Salbe, A. D., Weyer, C., Lindsay, R. S., Ravussin, E., & Tataranni, P. A. (2002). Assessing risk factors for obesity between childhood and adolescence: I. Birth weight, childhood adiposity, parental obesity, insulin, and leptin. *Pediatrics, 110*, 299-306.

Salihu, H. M., Shumpert, M. N., Slay, M., Kirby, R. S., & Alexander, G. R. (2003). Childbearing beyond maternal age 50 and fetal outcomes in the United States. *Obstetrics and Gynecology, 102*, 1006-1014.

Santiago-Delefosse, M. J., & Delefosse, J. M. O. (2002). Three positions on child thought and language. *Theory and Psychology, 12*, 723-747.

Santrock, J. W. (2009). *Child development* (12th ed.). McGraw-Hill.

Sato, T., Matsumoto, T., Kawano, H., Watanabe, T., Uematsu, Y., & Semine, K. (2004). Brain masculinization requires androgen receptor function. *Proceedings of the National Academy of Sciences, 101*, 1673-1678.

Saxton, M. (1997). The contrast theory of negative input. *Journal of Child Language, 24*, 139-161.

Scarr, S., & McCartney, K. (1983). How people make their own environments: A theory of genotype environment effects. *Child Development, 54*, 424-435.

Schaefer, E. S. (1959). A circumplex model for maternal behavior. *Journal of Abnormal and Social Psychology, 59*, 226-235.

Schaie, K. W. (1965). A general model for the study of developmental problems. *Psychological Bulletin, 64*, 92-107.

Schaie, K. W. (2007). Generational differences; The age-cohort period model. In J. E. Birren (Ed.), *Encyclopedia of gerontology* (2nd ed.). Oxford, UK: Elsevier.

Schneider, W. (2004). Memory development in childhood. In P. Smith & C. Han (Eds.), *Blackwell handbook of childhood cognitive development.* Malden, MA: Blackwell.

Schneider, W., Perner, J., Bullock, M., Stefanek, J., & Ziegler, A. (1999). Development of intelligence and thinking. In F. E. Weinert & W. Schneider (Eds.), *Individual development from 3 to 12: Findings from the Munich Longitudinal Study* (PP. 9-28). Cambridge, UK: Cambridge University Press.

Schuster, B., Ruble, D. N., & Weinert, F. E. (1998). Causal inferences and the positivity bias in children: The role of the covariation principle. *Child Development, 69,* 1577-1596.

Seiffge-Krenke, I., & Gelhaar, T. (2007). Does successful attainment of developmental tasks lead to happiness and success in later developmental tasks?-A test of Havighurst's (1948) theses. *Journal of Adolescence, 4,* 1-20.

Selman, R. L. (1980). *The growth of interpersonal understanding.* New York: Academic Press.

Shaffer, D. R. (1999). *Developmental psychology: Childhood and adolescence* (5th ed.). Brooks/Cole Publishing Company.

Shimada, S., & Hiraki, K. (2006). Infant's brain responses to live and televised action. *NeuroImage, 32,* 930-939.

Shipman, K. L., Zeman, J., Nesin, A. E., & Fitzgerald, M. (2003). Children's strategies for displaying anger and sadness: What works with whom? *Merrill-Palmer Quarterly, 49,* 100-122.

Shure, M. B. (1997). Interpersonal cognitive problem solving: Primary prevention of early high-risk behaviors in the preschool and primary years. In G. W. Albee & T. P. Gullota (Eds.), *Primary prevention works* (pp. 167-188). Thousand Oaks, CA: Sage.

Sidebotham, P., Heron, J., & the ALSPAC Study Team (2003). Child maltreatment in the "children of the nineties": The role of the child. *Child Abuse and Neglect, 27,* 337-352.

Siegler, R. S. (2006). Microgenetic analysis of learning. In W. Damon & R. Lerner (Eds.), *Handbook of child psychology* (6th ed.). New York: Wiley.

Siegler, R. S., & Svetina, M. (2006). What leads children to adopt new strategies? A microgenetic/cross-sectional study of class inclusion. *Child Development, 77,* 997-1015.

Signorella, M. L., Bigler, R. S., & Liben, L. S. (1993). Developmental differences in children's gender schemata about others: A meta-analytic review. *Developmental Review, 13,* 147-183.

Silver, L. B. (1992). *Attention-deficit hyperactivity disorder.* Washington, DC: American Psychiatric Association.

Simcock, G., & Hayne, H. (2003). Age-related changes in verbal and nonverbal memory during early childhood. *Developmental Psychology, 39,* 805-814.

Singer, D. G., & Singer, J. L. (2005). *Imagination and play in the electronic age.* Cambridge, MA: Harvard University Press.

Skinner, B. F. (1957). *Verbal behavior.* New York: Appleton-Century-Crofts.

Slater, A. (2001). Visual perception. In G. Bremner & A. Fogel (Eds.), *Blackwell handbook of infant development* (pp. 5-34). Malden, MA: Blackwell.

Slater, A. M., Brown, E., Mattock, A., & Bornstein, M. H. (1996). Continuity and change in habituation in the first 4 months from birth. *Journal of Reproductive and Infant Psychology, 14,* 187-194.

Slater, A. M., Mattock, A., & Brown, E. (1990). Size constancy at birth: Newborn infants responses to retinal and real size. *Journal of Experimental Child Psychology, 49,* 314-322.

Slater, A., & Johnson, S. P. (1999). visual sensory and perceptual abilities of the newborn: Beyond the blooming, buzzing confusion. In A. Slater & S. P. Johnson (Eds.), *The development of sensory, motor and cognitive capacities in early infancy* (pp. 121-141). Hove, UK: Sussex Press.

Slater, A., & Quinn, P. C. (2001). Face recognition in the newborn infant. *Infant and Child Development, 10,* 21-24.

Smetana, J. G. (2006). Social-cognitive domain theory: consistencies and variations in children's moral and social judgments. In M. Killen & J. G. Smetana (Eds.), *Handbook of moral development* (pp. 119-154). Mahwah, NJ: Erlbaum.

Smith, B. H., Barkley, R. A., & Shapiro, C. J. (2006). Attention-deficit/hyperactivity disorder. In E. J. Mash & R. A. Barkley (Eds.), *Treatment of childhood disorders* (3rd ed., pp. 65-136). New York: Guilford.

Snell, E. K., Adam., E. K., & Duncan, G. J. (2007). Sleep

and the body mass index and overweight status of children and adolescents. *Child Development, 78*, 309-323.

Soderstrom, M., Seidl, A., Nelson, D. G. K., & Jusczyk, P. W. (2003). The prosodic boot-strapping of phrases: Evidence from prelinguistic infants. *Journal of Memory and Language, 49*, 249-267.

Spadoni, A. D., McGee, C. L., Frayer, S. L., & Riley, E. P. (2007). Neuroimaging and fetal alcohol spectrum disorders. *Neuroscience and Biobehavioral Reviews, 31*, 239-245.

Spearman, C. (1927). *The abilities of man.* New York: Macmillan.

Spelke, E. S. (1979). Perceiving bimodally specified events in infancy. *Developmental Psychology, 5*, 626-636.

Spelke, E. S., & Owsley, C. J. (1979). Intermodal exploration and knowledge in infancy. *Infant Behavior and Development, 2*, 13-28.

Spohr, H. L., Willms, J., & Steinhausen, H. C. (2007). Fetal alcohol spectrum disorders in young adulthood. *Journal of Pediatrics, 150*, 175-179.

St. James-Roberts, I., & Halil, T. (1991). Infant crying patterns in the first year: Normal community and clinical findings. *Journal of Child Psychology and Psychiatry, 32*, 951-968.

Stams, G. J. M., Juffer, R., & van IJzendoorn, M. H. (2002). Maternal sensitivity, infant attachment and temperament in early childhood predict adjustment in middle childhood: The case of adopted children and their biologically unrelated parents. *Developmental Psychology, 38*, 806-821.

Steele, J. (2003). Children's gender stereotypes about math: The role of stereotype stratification. *Journal of Applied Social Psychology, 33*, 2587-2606.

Steinberg, L., Blatt-Eisengart, I., & Cauffman, E. (2006). Patterns of competence and adjustment among adolescents from authoritative, authoritarian, indulgent and neglectful homes: A replication in a sample of serious juvenile offenders. *Journal of Research on Adolescence, 16*, 47-58.

Steiner, J. E., Glaser, D., Hawilo, M. E., & Berridge, D.

C. (2001). Comparative expression of hedonic impact: Affective reactions to taste by human infants and other primates. *Neuroscience and Biobehavioral Review, 25*, 53-74.

Sternberg, R. J. (2002). Intelligence is not just inside the head: The theory of successful intelligence. In J. Aronson (Ed.), *Improving academic achievement* (pp. 227-244). San Diego, CA: Academic Press.

Sternberg, R. J. (2003). A broad view of intelligence: The theory of successful intelligence. *Consulting Psychology Journal: Practice and Research, 55*, 139-154.

Sternberg, R. J. (2005). The triarchic theory of successful intelligence. In D. P. Flanagan & P. L. Harrison (Eds.), *Contemporary intellectual assessment: Theories, tests, and issues* (pp. 103-119). New York: Guilford.

Sternberg, R. J., & Lubart, T. I. (1996). Investing in creativity. *American Psychologist, 51*, 677-688.

Sternberg, R. J., & O'Hara, L. A. (2000). Intelligence and creativity. In R. J. Sternberg (Ed.), *Handbook of intelligence.* New York: Cambridge University Press.

Sternberg, R. J., Castejaon, J. L., Prieto, M. D., Hautameaki, J., & Grigorenko, E. L. (2001). Confirmatory factor analysis of the Sternberg Triarchic Abilities Test (multiple-choice items) in three international samples: An empirical test of the triarchic theory of intelligence. *European Journal of Psychological Assessment, 17*, 1-16.

Stetsenko, A., Little, T. D., Gordeeva, T., Grassof, M., & Oettingen, G. (2000). Gender effects in children's beliefs about school performance: A cross-cultural study. *Child Development, 71*, 517-527.

Stiles, J., Rilly, J., Paul, B., & Moses, P. (2005). Cognitive development following early brain injury: Evidence for neural adaptation. *Trends in Cognitive Sciences, 9*, 136-143.

Stocker, C. M., & Lanthier, R. P. (1997). Sibling relationships in early adulthood. *Journal of Family Psychology, 11*(2), 210-221.

Streri, A. (2005). Touching for knowing in infancy: The

참고문헌

development of manual abilities in very young infants. *European Journal of Developmental Psychology, 2*, 325-343.

Strohschein, L. (2005). Parental divorce and child mental health trajectories. *Journal of Marriage and Family, 67*, 1286-1300.

Sullivan, M. W., & Lewis, M. (2003). Contextual determinants of anger and other negative expressions in young infants. *Developmental Psychology, 39*, 693-705.

Swamy, G. K., Ostbye, T., & Skjaerven, R. (2008). Association of preterm birth with long-term survival, reproduction, and next-generation preterm birth. *Journal of the American Medical Association, 299*, 1429-1436.

Symons, D. K. (2001). A dyad-oriented approach to distress and mother-child relationship outcomes in the first 24 months. *Parenting: Science and Practice, 1*, 101-122.

Tager-Flusberg, H., & Zukowski, A. (2009). Putting words together: Morphology and syntax in the preschool years. In J. Berko Gleason & N. Ratner (Eds.), *The development of language* (7th ed.). Boston: Allyn & Bacon.

Talge, N. M., Neal, C., Glover, V., and the Early Stress, Translational Research and Prevention Science Network: Fetal and Neonatal Experience on Child and Adolescent Mental Health (2007). Antenatal maternal stress and long-term effects on neurodevelopment: How and why? *Journal of Child Psychology and Psychiatry, 48*, 245-261.

Tanner, J. M. (1973). *Growing up.* Scientific American.

Tarren-Sweeney, M. (2006). Patterns of aberrant eating among preadolescent children in foster care. *Journal of Abnormal Child Psychology, 34*, 623-634.

Teti, D. M., & Towe-Goodman, N. (2008). Postpartum depression, effects on infant. In M. M. Haith & J. B. Benson (Eds.), *Encyclopedia of infancy and early childhood development.* Oxford, UK: Elsevier.

Thelen, E. (2000). Perception and motor development. In A. Kazdin (Ed.), *Encyclopedia of psychology.* Washington, DC, & New York: American Psychological Association and Oxford University Press.

Thelen, E. (2001). Dynamic mechanism of change in early perceptual-motor development. In J. L. McClelland & R. S. Siegler (Eds.), *Mechanisms of cognitive development.* Mahwah, NJ: Erlbaum.

Thelen, E., & Smith, L. B. (2006). Dynamic systems theories. In R. M. Lerner (Ed.), *Handbook of child psychology: Vol. 1. Theoretical modeles of human development* (6th ed., pp. 258-312). Hoboken, NJ: Wiley.

Thoman, E. B., & Ingersoll, E. W. (1993). Learning in premature infants. *Developmental Psychology, 29*, 692-700.

Thomas, A., & Chess, S. (1977). *Temperament and development.* New York: Brunner/Mazel.

Thomas, M. S. C., & Johnson, M. H. (2008). New advances in understanding sensitive periods in brain development. *Current Directions in Psychological Science, 17*, 1-5.

Thompson, R. A. (2006). The development of the person: Social understanding, relationships, conscience, self. In N. Eisenberg (Ed.), *Handbook of child psychology: Vol. 3. Social, emotional, and personality development* (6th ed, pp. 24-98). Hoboken, NJ: Wiley.

Thompson, R. A. (2009). Early foundations: Conscience and the development of moral character. In D. Narvaez & D. Lapsley (Eds.), *Moral personality, identity, and character.* New York: Cambridge University Press.

Thompson, R. A., & Goodvin, R. (2007). Taming the tempest in the teapot. In C. A. Brownell & C. B. Kopp (Eds.), *Socioemotional development in the toddler years: Transitions and transformations* (pp. 320-341). New York: Guilford.

Thompson, R. A., Meyer, S., & McGinley, M. (2006). Understanding values in relationships: The development of conscience. In M. Killen & J. G. Smetana (Eds.), *Handbook of moral developmnent* (pp. 267-298). Mahwah, NJ: Erlbaum.

Thornberry, T., & Krohn, M. D. (2001). The development of delinquency: An interactional perspective.

In S. O. White (Ed.), *Handbook of youth and justice* (pp. 289-305). Dordrecht, Netherlands: Kluwer.

Thurstone, L. L. (1938). *Primary mental abilities.* Chicago: University of Chicago Press.

Tomasello, M. (1995). Joint attention and social cognition. In C. Moore & P. J. Dunham (Eds.), *Joint attention: Its origins and role in development.* Hillsdale, NJ: Lawrence Erlbaum Associates, Publishers.

Torrance, E. P. (1969). *Creativity.* San Rafael, CA: Dimensions.

Trautner, H. M., Ruble, D. N., Cyphers, L., Kirsten, B., Behrendt, R., & Hartmann, P. (2005). Rigidity and flexibility of gender stereotypes in childhood: Developmental or differential? *Infant and Child Development, 14,* 365-381.

Trehub, S. E. (2001). Musical predispositions in infancy. *Annals of the New York Academy of Sciences, 930,* 1-16.

Tucker, C. J., McHale, S. M., & Crouter, A. C. (2003). Dimensions of mothers' and fathers' differential treatment of siblings: Links with adolescents' sex-typed personal qualities. *Family Relations, 52,* 82-89.

Turati, C. (2004). Why faces are not special to newborns: An account of the face preference. *Current Directions in Psychological Science, 13,* 5-8.

Turiel, E. (1983). *The development of social knowledge: Morality and convention.* Cambridge: Cambridge University Press.

Turiel, E. (1998). The development of morality. In N. Eisenberg (Ed.), *Handbook of child psychology: Vol. . 3. Social, emotional, and personality development* (Vol. 3, pp. 863-932). New York: Wiley.

Turiel, E. (2006). The development of morality. In N. Eisenberg (Ed.), *Handbook of child psychology: Vol. 3. Social, emotional, and personality development* (6th ed., pp. 789-857). Hoboken, NJ: Wiley.

Twenge, J. M., & Campbell, W. K. (2001). Age and birthcohort differences in self-esteem: A cross-temporal meta-analysis. *Personality and Social Psychology Review, 5,* 321-344.

U.S. Department of Helath and Human Services. (2008). *Child maltreatment, 2006.* Retrieved from www.acf.hhs.gov/programs/cb/pubs/cm06/index.htm

Vaish, A., & Striano, T. (2004). Is visual reference necessary? Contributions of facial versus vocal cues in 12-month-olds' social referencing behavior. *Developmental Science, 7,* 261-269.

Valkenburg, P. M., & Peter, J. (2007a). Internet communication and its relation to well-being: Identifying some underlying mechanism. *Media Psychology, 9,* 43-58.

Valkenburg, P. M., & Peter, J. (2007b). Preadolescents' and adolescents' online communication and their closeness to friends. *Developmental Psychology, 43,* 267-277.

Vallotton, C. D., & Fischer, K. W. (2008). Cognitive development. In M. M. Haith & J. B. Benson (Eds.), *Encyclopedia of infant and early childhood development.* Oxford, GB: Elsevier.

Van Hecke, A. S., Mundy, P. C., Acra, C. F., Block, J. J., Neal, A. R., & Pomares, Y. B. (2007). Infant joint attention, temperament, and social competence in preschool children. *Child Development, 78*(1), 53-69.

van IJzendoorn, M. H., Verijken, C. M. J. L., Bakermans-Kranenburg, M. J., & Riksen-Valraven, J. M. (2004). Assessing attachment security with the Attachmnent Q-Sort: Meat-analytic evidence for the validity of the observer AQS. *Child Development, 75,* 1180-1213.

Varendi, H., Christensson, K., Porter, R. H., & Winberg, J. (1998). Soothing effect of amniotic fluid smell in newborn infants. *Early Human Development, 51,* 47-55.

Vaughn, B. E., Kopp, C. B., & Krakow, J. B. (1984). The emergence and consolidation of self-control from eighteen to thirty months of age: Normative trends and individual differences. *Child Development, 55,* 990-1004.

Vazsonyi, A. T., Hibbert, J. R., & Snider, J. B. (2003). Exotic enterprise no more? Adolescent reports of family and parenting processes from youth in four countries. *Journal of Research on Adolescence, 13,*

129-160.

Venners, S. A., Wang, X., Chen, C., Wang, L., Chen, D., Guang, W., Huang, A., Ryan, L., O' Conner, J., Lasley, B., Overstreet, J., Wilcox, A., & Xu, X. (2004). Paternal smoking and pregnancy loss: A prospective study using a biomarker of pregnancy. *American Journal of Epidemiology, 159*, 993-1001.

Visser, B. A., Ashton, M. C., & Vernon, P. A. (2006). Beyond g: Putting multiple intelligences theory to the test. *Intelligence, 34*, 487-502.

Volling, B. L. (2001). Early attachment relationships as predictors of preschool children' s emotion regulation with a distressed sibling. *Early Education and Development, 12*, 185-207.

Waddington, C. H. (1966). *Principles of development and differentiation*. New York: Macmillan.

Wahlsten, D. (1994). The intelligence of heritability. *Canadian Psychology, 35*, 244-259.

Walker, L. J. (2002). Moral exemplarity. In W. Damon (Ed.), *Bringing in a new era of character education*. Stanford, CA: Hoover Press.

Walker, L. J., & Frimer, J. A. (2008). *The diverse personalities of moral heroism*. Paper presented at the meeting of the Canadian Psychological Association, Halifax.

Walker, L. J., & Hennig, K. H. (2004). Differing conceptions of moral exemplars: Just, brave, and caring. *Journal of Personality and Social Psychology, 86*, 629-647.

Wang, Q. (2006). Earliest recollections of self and others in European American and Taiwanese young adults. *Psychological Science, 17*, 708-714.

Wang, S., Baillargeon, R., & Paterson, S. (2005). Detecting continuity violations in infnacy: A new account and new evidence from covering and tube events. *Cognition, 95*, 129-173.

Wasserman, E. A., & Rovee-Collier, C. (2001). Pick the flowers and mind your As and 2s! Categorization by pigeons and infants. In M. E. Carroll & J. B. Overmier (Eds.), *Animal research and human health: Advancing human welfare through behavioral science* (pp. 263-279). Washington, DC: American Psychological Association.

Waters, E., Vaughn, B. E., Posada, G., & Kondo-Ikemura, K. (Eds.). (1995). Caregiving, cultural, and cognitive perspectives on secure-base behavior and working models: New growing points of attachnent theory and research. *Monographs of the Society for Research in Child Development, 60* (2-3, Serial No. 244), 1280-1298.

Waxman, S. (2009). How infants discover distinct word types and map them to distinctive meaning. In J. Colombo, P. McCardle, & L. Freund (Eds.), *Infant pathways to language*. Clifton, NJ: Psychology Press.

Webb, S. J., Monk, C. S., & Nelson, C. A. (2001). Mechanisms of postnatal neurobiological development: Implications for human development. *Developmental Neuropsychology, 19*, 147-171.

Wechsler, D. (2003). *WISC-IV: Wechsler Intelligence Scale for Children* (4th ed.). San Antonio, TX: Psychological Corporation.

Weinberg, M. K., Tronick, E. Z., Cohn, J. F., & Olson, K. L. (1999). Gender differences in emotional expressivity and self-regulation during early infancy. *Developmental Psychology, 35*, 175-188.

Weinert, F. E., & Hany, E. A. (2003). The stability of individual differences in intellectual development: Empirical evidence, theoretical problems, and new research questions. In R. J. Sternberg, J. Lautrey, & T. I. Lubart (Eds.), *Models of intelligence: International perspectives* (pp. 169-181). Washington, DC: American Psychological Association.

Wekerle, C., & Wolfe, D. A. (2003). Child maltreatment. In E. J. Mash & R. A. Barkley (Eds.), *Child psychopathology* (2nd ed., pp. 632-684). New York: Guilford.

Wellman, H. M., Cross, D., & Watson, J. (2001). Meta-analysis of theory-of-mind development: The truth about false belief. *Child Development, 72*, 655-684.

Weng, X., Odoulti, R., & Li, D. K. (2008). Maternal caffeine consumption during pregnancy and the risk of miscarriage: A prospective cohort study. *American Journal of Obstetrics and Gynecology, 198*(3). 2791-2798.

Whipple, E. E. (2006). Child abuse and neglect: Consequences of physical, sexual, and emotional abuse of children. In H. E. Fitzgerald, B. M. Lester, & B. Zuckerman (Eds.), *The crisis in youth mental health: Critical issues and effective programs: Vol. 1. Childhood disorders* (pp. 205-229). Westport, CT: Praeger.

Wigfield, A., Eccles, J. S., Schiefele, U., Roeser, R. W., & Davis-Kean, P. (2006). Development of achievement motivation. In N. Eisenberg (Ed.), *Handbook of child psychology: Vol. 3. Social, emotional, and personality development* (6th ed., pp. 933-1002). Hoboken, NJ: Wiley.

Wilkinson, R. B., & Scherl, F. B. (2006). Psychological health, maternal attachment and attachment style in breast- and formula-feeding mothers: A preliminary study. *Journal of Reproductive and Infant Psychology, 24,* 5-19.

Wille, M. C., Weitz, B., Kerper, P., & Frazier, S. (2004). Advances in preconception genetic counseling. *Journal of Perinatal and Neonatal Nursing, 18,* 28-40.

Williams, C. (2006). Dilemmas in fetal medicine: Premature application of technology or responding to women's choice? *Sociology of Helath and Illness, 28,* 1-20.

Williams, J. H., & Ross, L. (2007). Consequences of prenatal toxin exposure for mental health in children and adolescents: A systematic review. *European Child and Adolescent Psychiatry, 16,* 243-253.

Williams, K., & Dunne-Bryant, A. (2006). Divorce and adult psychological well-being: Clarifying the role of gender and age. *Journal of Marriage and Family, 68,* 1178-1196.

Williams, P. E., Weiss, L. G., & Rolfhus, E. (2003). *WICS-IV: Theoretical model and test blueprint.* San Antonio, TX: Psychological Corporation.

Winner, E. (2000). The origins and ends of giftedness. *American Psychologist, 55,* 159-169.

Winsler, A., Abar, B., Feder, M. A., Rubio, D. A., & Schunn, C. D. (2007). Private speech and executive functioning among high-functioning children with autistic spectrum disorders. *Journal of Autism and Developmental Disorders, 37,* 1617-1635.

Wolfe, D. A. (2005). *Child abuse* (2nd ed.). Thousand Oak: Sage.

Wright, B. C. (2006). On the emergence of the discriminative mode for transitive inference. *European Journal of Cognitive Psychology, 18,* 776-800.

Yan, J., & Smetana, J. G. (2003). Conceptions of moral, social-conventional, and personal events among Chinese preschoolers in Hong Kong. *Child Development, 74,* 647-658.

Zeifman, D. M. (2003). Predicting adult responses to infant distress: Adult characteristics associated with perceptions, emotional reactions, and timing of intervention. *Infant Mental Health Journal, 24,* 597-612.

...인명색인...

...사항색인...

저자 약력

장휘숙(章輝淑)

이화여자대학교 영어영문학과 졸업
이화여자대학교 대학원 심리학과 졸업(발달심리학 전공, 문학박사)
미국 미시간 주립대학교 객원교수 역임
한국발달심리학회 회장 역임
한국심리학회지: 발달 편집위원장 역임
한국심리학회지: 일반 편집위원장 역임
충남대학교 학생생활연구소장 역임
2000년도 충남대학교 연구실적 우수교수 총장 표창
2006년도 한국심리학회 학술상 수상
현재: 충남대학교 심리학과 명예교수
　　　발달심리전문가
　　　한국발달심리학회 이사
　　　한국인간발달학회 이사
　　　한국심리학회지: 발달 편집위원
　　　한국청소년연구 편집위원

관심분야

전생애 동안의 애착발달을 중심으로 정체감, 정신병리, 탄력성 등을 광범위하게 연구하였으며, 최근에는 적응적 발달을 위한 지표로서 발달과업에 관한 연구를 수행하는 동시에 노화와 노년기 적응문제를 집중적으로 연구하고 있다.

저서 및 역서

전생애 발달심리학 제5판(저서, 박영사, 2013)
성인발달 및 노화심리학 제2판(저서, 박영사, 2012)
청년심리학 제4판(저서, 박영사, 2009)
성인심리학(저서, 박영사, 2006)
발달정신병리학의 이해 제2판(저서, 창지사, 2005)
아동연구방법 제2판(저서, 창지사, 2005)
청년심리학 제4판(저서, 박영사, 2009)
애착장애의 치료: 이론에서 실제까지(역서, 시그마프레스, 2003)
여성심리학 제2판(저서, 박영사, 2002)
아동발달(저서, 박영사, 2001)
인간발달(저서, 박영사, 2000)
발달정신병리학의 이해(저서, 학지사, 1998)
아동연구방법 초판(저서, 창지사, 1998)
여성심리학 초판(저서, 박영사, 1996)
가족심리학 제2판(저서, 박영사, 2008)
아동심리학 제2판(저서, 박영사, 1995)
발달심리학 제2판(공저, 박영사, 1994)
자녀문제 이럴 때 이렇게(저서, 창지사, 1994)
청년심리학 초판(저서, 도서출판 장승, 1993)
아동심리학 초판(저서, 박영사, 1990)
아동연구법(편역서, 창지사, 1989)
발달심리학 초판(공저, 박영사, 1987)
심리학개론(공저, 정민사, 1987)
어머니의 역할(역서, 창지사, 1986)
아버지의 역할(역서, 창지사, 1986) 외 다수

아동심리학

2010년 8월 10일 초판 발행
2019년 2월 10일 중판 발행

저 자 장 휘 숙
발행인 안 종 만
발행처   (주) **박영사**

        서울특별시 종로구 새문안로3길 36, 1601
        전화 (733)6771   FAX (736)4818
        등록 1959. 3. 11. 제300-1959-1호(倫)

www.pybook.co.kr   e-mail: pys@pybook.co.kr

정 가 25,000원   ISBN 978-89-6454-047-3